GUIDELINES FOR CRIMINAL DEFENSE LAWYERS IN HANDLING CASES

刑辩律师办案指引

徐永兴 / 著

法律出版社 LAW PRESS · CHINA

目 录

Content

一切为了公平和正义（自序）

在本书的开头，我必须向读者朋友坦白，这是我第一次以刑事律师身份从刑事律师执业角度进行写作。这些文字不可避免烙上了个人经验的印记。诚然，个人经验受到知识储备、阅历、生活经验等因素的约束和影响，因此，这些文字能够给读者朋友多少帮助和启发，我内心是拿捏不准的。但我相信，我们的内心是相通的，即我们都在法治的道路上追求着公平和正义。

首先，请允许我对本书作一个简要的介绍。

在本书的执业技能与经验篇，笔者主要就刑事律师的谈案及收费艺术、刑事律师的风险预防及管理、刑事律师的职业素养及操守谈一些心得。这些观点乃一家之见，并非颠扑不破的真理，敬请读者自行斟酌。谈案和收费是每个律师都无法回避的环节，也是在很多律师看来十分棘手的问题。在《刑事律师的谈案及收费艺术》一文中，笔者主要从刑事律师在谈案过程中应当注意的事项展开讨论，目的是帮助刑事律师避免一些不必要的错误，提高代理的机会。刑事律师谈收费无伤大雅，笔者认为，只有刑事律师不为生存忧愁的时候，其职业操守才会到达顶峰。刑事辩护一直是律师执业风险的高发领域，如何规避执业过程中潜在的风险是每一位刑事律师关心的问题。在《刑事律师的风险预防及管理》一文中，笔者从刑事律师会见犯罪嫌疑人、调查取证、阅卷等方面论述了刑事律师在执业过程的风险管控。这里的风险主要是刑事风险，而非行业处分和行政处罚风险。一个没有职业素养和操守的律师注定不会有所作为，职业素养在律师的执业生涯中，从某种程度上来说，比专业素养更重要。在《刑事律师的职业素养及操守》一文中，笔者主要论述了一名刑事律师应当具备的基本的职业素养及操守，以及不能触碰的红线。

在本书的量刑把握与辩护思路篇，笔者选取了四种犯罪，即毒品犯罪、贪污贿赂犯罪、故意杀人犯罪和黑社会性质组织犯罪，从刑事辩护角度展开讨论。在罪名选择方面，这些都是实践中案发性和关注度较高的罪名，且除了黑社会性质组织罪外，最高刑期都是死刑。死刑剥夺的是被告人的生命，是人最宝贵的东西。关于死刑是否应当废除这里不展开论述。作为一名刑事律师，在这本书中笔者主要讨论的是刑罚适用的合法性和合理性问题。

我国是将毒品犯罪上升至国家安全层面的国家，国家始终坚持“重刑治毒”的政策。从2000年的《南宁会议纪要》到2008年的《大连会议纪要》到2015年的《武汉会议纪要》的内容演变可以看出，国家不仅始终坚持从严从重打击毒品犯罪，而且不惜降低毒品犯罪的举证难度，甚至一定程度上以不惜牺牲罪刑法定为代价。换言之，由于毒品犯罪具有隐蔽性，证据不易收集和固定，上述会议纪要将越来越多的情形推定为被告人构成犯罪，检察机关只需承担基本的证明责任，被告人要想获得无罪、罪轻或者不适用死刑的判决结果，只能自证清白。这实质上是把检察机关的举证义务转移给了被告人。

在《毒品犯罪量刑把握及辩护》一文中，笔者主要从毒品犯罪死刑适用的量刑把握、制造毒品的认定及量刑把握、毒品犯罪罪名的确定、毒品共同犯罪的罪责划分及量刑把握等方面，从刑事辩护视角对毒品犯罪中涉及的一些对定罪量刑有重要影响的事实认定和情节进行讨论。

近年来，我国廉政建设和反腐成果显著，国家反腐力度和决心深得民心。一大批利用公权力谋私的领导干部相继落网。职务犯罪和毒品犯罪、故意杀人犯罪和黑社会性质组织犯罪有所区别。职务犯罪侵害的法益是国家公权力的廉洁性和不可交易性，大部分犯罪表现为权钱交易、以权谋私、官官相护和官商勾结，不涉及人身侵害。在刑罚适用过程中，如何将犯罪预防和宽严相济的刑事政策有机结合，做到法律效果、社会效果和政治效果有机统一，是办理职务犯罪时需要考虑的问题。

在《贪污贿赂犯罪量刑把握及辩护》一文中，笔者对贪污罪和受贿罪进行了讨论。在贪污罪中，笔者主要对贪污罪犯罪主体的认定、贪污罪利用职务上的便利的认定、贪污罪公共财物的认定、贪污罪非法占有的目的的认定等进行了讨论。在受贿罪中，笔者主要围绕受贿罪犯罪主体的认定、受贿罪利用职务上的便利的认定、受贿罪为他人谋取利益的认定、共同受贿犯罪的认定、几种常见受贿行为的认定等进行了讨论。

在我国，“欠债还钱、杀人偿命”的观念深入人心，故意杀人犯罪适用死刑的数量长期居高不下，这和保留死刑、慎用死刑的刑事政策相背离。在很多故意杀人犯罪案件中，按照目前的法律规定和刑事政策，被告人“罪不至死”。被告人被判处死刑的很大部分原因是刑事辩护的空位和缺失，部分律师的辩护流于形式，没有做到有效辩护。

在《故意杀人犯罪量刑把握及辩护》一文中，笔者主要对故意杀人犯罪罪过心理的认定及量刑把握、故意杀人犯罪刑事责任能力的认定及量刑把握、原因自由行为的认定及量刑把握、正当防卫的认定及量刑把握、故意杀人犯罪自首的认定及量刑把握、故意杀人犯罪法定不适用死刑的认定、共同故意杀人犯罪的罪责划分、故意杀人犯罪情节轻微的认定及量刑把握、常见影响故意杀人罪的量刑因素、DNA 鉴定意见关联性的认定及量刑把握以及故意杀人犯罪案件证明标准的认定及案件处理等问题进行了讨论。

黑社会性质组织犯罪是社会危害性极大的犯罪。当前我国黑社会性质组织犯罪处于活跃期，黑社会性质组织犯罪模式逐渐从“以黑护商”“以商养黑”渗透到政治领域和经济领域。黑社会性质组织在“保护伞”的包庇和纵容下实施违法犯罪行为，严重威胁到人民群众的生命、财产安全。国家为此在全国开展了扫黑除恶专项运动。

在《黑社会性质组织犯罪量刑把握及辩护》一文中，笔者从黑社会性质组织的认定、黑社会性质组织形成时间的认定、黑社会性质组织成员的认定及罪责划分、黑社会性质组织犯罪证据要求和证明标准的认定、恶势力的认定及量刑把握等方面进行了讨论。

为了确保本书案例的公信力，本书的大部分案例引自最高人民法院刑事审判庭主办的《刑事审判参考》。为了更好地帮助读者把握案件事实和法律法规之间的内在联系和逻辑推理，本书尽可能保持了案例的完整性。因为在笔者看来，本书的目标读者不仅包括法官、检察官、公安和律师等业内人员，还包括没有法律教育背景的圈外读者，囿于检索手段和专业训练等原因，指引式的参考方式会让这部分圈外读者感到迷茫。

正义需要实现，也需要守护。

正义的守护者不只是法官和律师，还包括每一位为人正直、作风正派的社会人士，只是法官和律师的天然使命，要求他们承担更多的义务和道义。

长期以来，刑事律师的角色和定位饱受争议。有的人认为刑事律师“专为坏人办事，助纣为虐”，因此，刑事律师和他的“被告人”是一类人。尤其在一些轰动人心的案件中，举国上下一片杀声，有的人甚至觉得连同被告人的辩护律师也判死刑才解恨。这时刑事律师不仅要承受办理案件的压力，还要忍受人们茶余饭后的非议和谩骂。事实上，刑事律师的价值远非如此。刑事律师一方面基于事实和法律为被告人辩护，使被告人免遭轻罪重判或者冤假错案的命运，实现被告人的正义；另一方面通过执业活动促使司法机关依法司法，防止公权力的滥用。此外，刑事律师通过执业活动监督刑事追诉权的启动和运用，确保每一位无辜、清白之人免受刑事追诉权的威胁和恐吓，为每一位守法公民创造一个安全有序的刑事追究环境，实现社会正义。

我从踏上律师之路那天开始就做刑事辩护，这期间收获更多的是对生命的敬畏，对权利的尊重，对人性的洞悉。我之所以选择做刑事辩护，是因为觉得自己在这方面可以有所作为。刑事律师就像刀尖上的舞者，一个细微的失误，就可能造成无法弥补的后果，锒铛入狱。写这本书的初衷，一方面是想帮助刑事律师安全高效的执业，另一方面是想为中国刑事辩护事业的发展贡献绵薄之力。

在本书写作过程中，尽管笔者尽最大努力对引用的文献都作了说明，但也不能保证没有遗漏，如果出现侵权那一定是笔者的责任，实属无心之举。在此，恳请原著作权人跟笔者联系，笔者将在本书再版的时候予以修正并郑重道歉。由于本人学识和经验有限，本书不免存在谬误之处，敬请读者朋友批评指正。

总之，一切为了公平和正义。

2021年1月28日于北京

执业技能与经验篇

一、刑事律师的谈案及收费艺术

任何一个律师都应当具备两个能力，一个是说服当事人购买自己的法律服务，另一个是说服法官接受自己的观点。如果一位律师只能说服当事人购买自己的法律服务，但是无法说服法官接受自己的观点，那么，这种律师的代理效果值得商榷。如果一位律师只能说服法官接受自己的观点，但是无法说服当事人购买自己的法律服务，那么，这种律师会因为饥寒交迫的生存危机而离开律师行业。如果一位律师既无法说服当事人购买自己的法律服务，也无法说服法官接受自己的观点，那么，这种人可能不适合律师行业。

有人说刑事律师是公平正义的代表者，不应当这么世俗而赤裸裸地谈收费。笔者认为，这种观点有失偏颇，只要刑事律师恪尽职守，勤勉尽责完成当事人的委托事项，维护好当事人的权益，那么刑事律师谈钱就是正当的。一位优秀的刑事律师只有不为生存而忧愁的时候，他的职业操守才会到达顶峰。从这个角度来说，刑事律师谈费用是为了更好地代理案件，为当事人提供更高水准的法律服务。

一般来说，谈案是收费的前置环节。一个案子只有跟当事人谈透彻，当事人认可律师的能力才会进入谈费用环节。谈案直接体现一个刑事律师的综合能力，经验丰富的律师可以精准地抓住案件的突破口和争议点，迅速获得当事人的信任并建立委托关系；经验不足的律师即使全力以赴，几个回合下来也可能不见成效。谈案是门艺术，笔者结合自身经验，就刑事律师的谈案及收费谈点心得。

第一条规则：第一印象奠定当事人是否委托律师的心理基础

刑事辩护关乎人的生命、财产和自由。刑事律师作为生命、财产和自由的维护者，应当给人一种正直、正派、担当、干练的印象，这种印象会通过当事人的视觉转化为心理认同。这里的“印象”从本质上说是刑事律师的气质问题。刑事律师的气质不应当是刻意伪装出来的，而是流露于举手投足间的自然气息。如果当事人在谈案阶段察觉到刑事律师的气质有伪装和做作的痕迹，基本不会建立委托关系，因为当事人会怀疑律师的人品和职业操守。

第二条规则：准确定位自己的角色

在遭遇一系列变故之后，当事人往往经历了较长时间的惊恐和不安，他们迫切地需要律师的帮助和温暖。在交流过程中，刑事律师要诚恳而谦和，要有基本的礼仪礼貌，给当事人一种情感上的归宿感和认同感，让当事人知道律师和他站在一条战线上“并肩作战”。刑事律师不能一副趾高气昂、高高在上的姿态，也不能扮演“第二公诉人”或者站在道德的制高点上对被告人的行为妄加评论。

在经历惊恐和不安之后，当事人往往有倾诉的欲望。谈案过程中，刑事律师要学会倾听，不要轻易打断当事人说话。如果当事人的陈述抓不住重点或者不断重复，可以进行适当的引导。解答当事人咨询问题的时候，针对一些专业术语要进行适当释明，必要的时候可以结合案例进行解释。谈案的时间不宜过长，不然当事人会觉得律师整天无所事事，律师可以根据不同案情合理控制时间和节奏。

第三条规则：专业为王

一个刑事律师的外在形象如同礼品的包装盒，没有一点装饰显得没有品位，过度包装又给人不务实之感。因此，对“度”的拿捏非常重要。当然，当事人的根本需求不是盒子，而是盒子里的东西。当事人花钱是为了获得刑事律师的实质性帮助，而非请个只会“花拳绣腿”的摆设。专业度不仅是刑事律师谈案成功与否的重要条件，而且也是刑事律师安身立命之本。在谈案的时候，刑事律师可以根据案情，从法律法规、法理、刑事政策、司法惯例、国家政策等方面对案件进行全方位的分析，解答当事人的困惑和疑虑，让当事人相信律师有能力办好这个案子。

随着社会的发展，当事人的知识水平和法律水平越来越高，尤其是在一些职务犯罪中，当事人不仅有较高的文化水平，而且法律知识运用非常娴熟，这对刑事律师的专业素养提出了更高的要求。凡事预则立，不预则废。如果不是临时上门的当事人，刑事律师谈案前最好做一做功课，比如查阅相关法律规定、查找相似判例、制定初步代理策略等。功课做得越好，谈案时候就越自信和从容，被委托的可能性就越高。在影响刑事律师谈案成败的因素中，专业度是影响最大的。

第四条规则：眼见为实，耳听为虚

刑事律师要坚持案卷中心主义原则，不能过分相信当事人的陈述。由于被告人的人身自由被限制，谈案的时候往往都是家属或单位代为进行，他们不是案件的亲历者，对案件的真相和细节并不完全知情。从人性趋利避害的角度来看，他们在介绍案情的时候往往避重就轻，只说对被告人有利的事实，而忽略对被告人不利的事实。如果刑事律师仅根据他们的陈述就贸然对案件作出猜测和结论，不仅显得不够谨慎，而且会给自己制造很多的职业风险。

第五条规则：刑事律师可以对案件结果进行预判但不能承诺

谈案的时候，经常有当事人要求律师对案件作出判断和承诺。如果律师不对案件作出判断，当事人会觉得律师没有把握；如果律师对案件结果作出判断，最终案件结果和之前的判断差距较大，当事人就有可能投诉律师并要求退费。这让有的律师感到很为难。针对这种情况，刑事律师可以对案件结果作出预判，但是应当坚持假定条件不变原则，回答当事人时候可以说：由于我们现在没有看到案卷材料，我们无法对案件结果作出客观的分析和判断。如果案件事实真如你所言，在条件不变的前提下，根据现行的法律规定，我们认为该行为怎么样，结果可能会是什么样，但这并非案件的最终结果，最终结果还得以法院的判决为准。

在刑事案件中，律师可以对案件结果进行预判，但是不允许对案件结果进行承诺，这是禁止性规定。因为一旦允许律师对案件结果进行承诺，为了获取承诺的对价利益，刑事律师可能会实施伪造、编造证据或贿赂司法工作人员的行为，从而制造更多的违法犯罪。刑事律师对案件结果进行承诺，相当于给自己“埋下一颗地雷”。针对一定要律师承诺的当事人，律师可以实事求是地说：法律禁止我对案件结果作承诺，但是我可以向你承诺，如果我接了你这个案子，我会全力以赴去做。

第六条规则：少谈关系，更不能轻易给当事人找关系

当事人在谈案的时候一般会问律师在检察院和法院有没有关系。如何巧妙回答这个问题很重要。如果直接回答当事人自己没有关系，可能案子就没有谈下去的必要。这时候律师可以模糊化处理，比如回答当事人说：中国是个熟人社会，谁不认识几个人呢！这句话不仅可以转移话题、缓解气氛，而且经得起推敲和检验。刑事律师不能向当事人承诺自己有关系，更不能轻易给委托人找关系，否则，律师给自己埋下的不是地雷，而是大炮。

第七条规则：诚实做人，踏实做事

谈案过程中，无论是专业问题还是非专业问题，刑事律师都应当秉承诚实信用原则，不要对当事人撒谎。如果当事人提出的专业问题自己记不清或者不知道，可以实事求是地告诉当事人需要核实一下，不能不懂装懂，更不能临时造法。因为人外有人，天外有天，谁都无法准确估计当事人的真实能力。如果律师不假思索地回答当事人的专业问题，当事人可能会一本正经地指出律师的谬误之处，让律师恨不得找个地缝钻进去。如果是非专业问题，律师撒谎被当事人发现，当事人会觉得律师的人品有问题。

第八条规则：尊重被告人

刑事律师不是批评家，谈案过程中，要尊重被告人，不要站在道德制高点对被告人的行为进行道德拷问。比如，在一个强迫卖淫的案件中，被告人强迫怀孕幼女卖淫，律师义愤填膺，直接指责被告人说：你还是不是人？怎么不让你妻女去卖？此言一出，双方必然以尴尬收场。不可否认，有的被告人的犯罪行为罪大恶极，十恶不赦，但是，作为一名专业的刑事律师，要摆脱一般人正义观的困扰，秉承基本的职业道德和操守。

第九条规则：对当事人的隐私保持距离

刑事律师在谈案过程中，有时不可避免会涉及当事人的隐私。如果不是案件之必需，刑事律师要把握分寸，不要有过度的猎奇心理。有的当事人私生活比较复杂和混乱，这些私生活本身“见不得光”，从人性的角度来看，当事人不想更多的人知道。尤其在谈案阶段，如果刑事律师表现出强烈的好奇心，当事人会认为律师心术不正，图谋不轨。

第十条规则：尊重同行

在一些案件中，当事人支付能力比较强，对律师的要求很高，总觉得委托的律师水平不够，可以请到更好的律师，一个案子往往会换几拨律师。谈案过程中，如果当事人之前委托过其他律师，不要轻易否认同行的工作成果或贬低同行，即使同行的业务做得比较粗糙，也不宜当着当事人的面予以消极评价。律师可以谈自己独到的辩护思路和辩护方法，但不要以贬低同行来显示自己的过人之处。因为，很多时候解除委托并非全是同行的原因，也有可能是当事人自己的原因。

第十一条规则：不诋毁司法机关和政府

刑事辩护律师和司法机关接触较多，对抗性较强。在长期的执业过程中，有的刑事律师可能会受到不公平的待遇，久而久之形成一种偏执性格，动不动就对司法机关或者政府的行为评头论足。当然，不排除有的刑事律师只要达不到目的，就说司法机关或者政府腐败、黑暗、钱权交易、官商勾结、官官相护，以此为自己的无能和不负责辩护。刑事律师在谈案阶段不应对司法机关和国家政治发布过激的言论，因为这样当事人会觉得律师不够成熟和稳重，律师自己就可能成为司法机关和政府的打击对象，自然会想方设法和律师划清界限，更别说委托了。

第十二条规则：毫无保留地解答当事人的咨询

在谈案中，律师要毫无保留地解答当事人的问题。因为有的案子需要几个回合才能确定委托，当事人出门之后可能会找另一家律所进行咨询。如果律师保留了咨询意见，另一家律所的解答更专业，当事人就不会回来了。不要担心给当事人的解答过于具体和专业，当事人自己去操作，这种担心是多余的。因为刑事案件跟民商事案件不一样，刑事案件对身份有要求，很多事情只能以律师身份才能做。当事人内心有一杆秤，如果律师的解答最专业，无论转了多少家，他都会回来签合同。

第十三条规则：适当包装自己

律师行业是一个表面光鲜亮丽的行业，很多人对律师的印象停留在电视剧和电影里的精英形象。律师在谈案的时候要满足当事人对这种形象的期待。在经济条件允许的情况下，给自己置办一身质地不错的行头，配置一辆跟自己身份匹配的车辆。虽然豪车、名表、名包不能代表刑事律师的能力，但是我们要洞悉大众心理——消费和收入呈正比关系，收入和能力呈正比关系。适当的包装，既是对当事人负责，也是对自己负责。

第十四条规则：不同客户制定不同的接待标准和规格

刑事律师要根据情况制定不同的接待标准。如果案情比较简单，可以一个人接待；如果案情比较重大复杂，或者当事人的社会地位和职务都比较高，最好组织团队接待。团队谈案一方面可以向当事人显示团队的实力；另一方面每个律师都有自己长处和短板，在谈案过程中，律师之间可以分工合作，相互配合，从而提高谈案质量。

第十五条规则：把握好谈费用的时机

一个案子应当什么节点跟当事人谈费用，不同的律师有不同做法。有的律师开门见山对当事人说：我最低收费是多少，你要有支付能力我们就谈，你要没有这个支付能力就没有必要浪费大家时间。这种方式并不可取，因为见面就谈费用，当事人会觉得律师唯利是图，眼里只有钱。即使当事人比较着急，上来就问怎么收费，也不要急着报价，而应当先谈案子，先看案子能不能代理。当刑事律师把案子分析透彻，当事人内心建立起信任的时候，即使律师的报价超出当事人的预期，当事人也会想方设法签合同。

第十六条规则：给当事人超值的性价比

现在北京地区刑事案件收费已经市场化，一个案件到底收多少费用由律师和当事人自行商定，不同律师对同一个案子的报价可能存在天壤之别。在没有任何参考标准的情况下，律师报价可以考虑以下几个因素，如心理预期、工作量、同行报价、当事人支付能力等。刑事律师的报价要给当事人一个确定的数额，不能中途临时加价，也不能因为案件办理中才发现工作量巨大就敷衍了事，否则，最终的结局可能就是律师消极代理，当事人积极投诉，两败俱伤。

刑事律师在报价的时候，可以根据情况适当报高一点。因为国民消费有讨价还价的习惯。如果当事人还价，律师没有一点让步空间，当事人会觉得律师不近人情；如果律师适当报高点，当事人还价之后律师适当降点，当事人会觉得有较高的性价比。那么能不能律师报价一百万元，最后双方砍到十万元呢？答案当然是不能，因为当事人会觉得律师没原则没底线。

第十七条规则：让当事人及时付款

双方签署合同之后要让当事人及时付款，因为律师提供的服务是知识和经验，主要成本是时间和精力，如果签完合同当事人没有付款，律师也没有实际投入工作，合同就是几页废纸。有时候可能签完合同律所行政人员已经下班或者到了休息时间，这种情况要想办法让行政人员提供帮助，让当事人付完款再离开。当事人签完合同没有付款，出门之后可能会再找几家律所进行对比，其他律所旁敲侧击得知上一家律所报价一百万元，果断给当事人报价八十万元，当事人可能就一去不返。即使当事人带的费用不够，也要让委托人先支付一部分，当事人付完款就不会再有其他想法和念头。

第十八条规则："受人之托、忠人之事"

签合同和收费只是双方合作的前提条件，刑事律师不能收完费就不管不顾，最根本的是要实际解决当事人的问题。笔者遇见过不少律师在谈案阶段表现得非常积极，签完合同收完费就变了个人，该去会见不去会见，该出具法律意见不出具法律意见，该跟司法机关沟通不沟通，什么事情都以司法机关搞腐败和内定为由给自己开脱，庭审中只会千篇一律地讲初犯、偶犯、认罪悔罪态度好等蹩脚的套话。这种律师的品德存在问题，必然遭到当事人的投诉，市场只会越做越窄。

第十九条规则：知己知彼，百战不殆

在谈案前，如果条件允许的话，刑事律师可以了解一些当事人的先进事迹、社会任职、社会荣誉以及过往业绩和成就等，最重要的是要了解当事人的需求。适当地了解一些当事人的正面信息，不仅会让客户感觉到尊敬和重视，而且有利于消除陌生感和距离感，促进双方有效交流并建立信任。需要注意的是，这里必须是正面信息，而不能是客户的负面信息，否则，效果可能事与愿违。

第二十条规则："买卖不成仁义在"

刑事律师在谈案过程中，要体现出一个刑事律师应有的修养和胸怀，不能因为当事人不准备委托就冷眼相待。即使当事人表示暂时不委托，刑事律师也应当热情迎送。很多时候，成功和失败就蕴藏在这些细节之中。如果律师为人处世做得到位，当事人内心会感觉欠律师一个人情，有法律需求的时候自然登门造访。长年累月积累，必然门庭若市。

二、刑事律师的风险预防及管理

不言而喻，刑事辩护是律师执业风险的高发地带。不仅刚执业的年轻律师可能因为涉嫌帮助当事人伪造证据而锒铛入狱，而且执业多年的资深律师也可能会因为当事人“反水”而受制裁。《刑法》第 306 条就像一把挂在律师头上的“悬顶之剑”，稍不留神就“开光见血”。有时甚至出现犯罪嫌疑人还没有出狱，刑事律师就跟着入狱的尴尬局面。如何做好职业风险防范安全执业，是摆在刑事律师面前需要面对的问题。本文将从刑事律师的执业风险预防和管理谈几点心得。

1. 刑事律师会见犯罪嫌疑人风险预防及管理

《刑事诉讼法》第 34 条规定：犯罪嫌疑人自被侦查机关第一次讯问或者采取强制措施之日起，有权委托辩护人；在侦查期间，只能委托律师作为辩护人。被告人有权随时委托辩护人。第 39 条规定：辩护律师会见在押的犯罪嫌疑人、被告人，可以了解案件有关情况，提供法律咨询等；自案件移送审查起诉之日起，可以向犯罪嫌疑人、被告人核实有关证据。辩护律师会见犯罪嫌疑人、被告人时不被监听。会见是每一位刑事律师都不能避免的环节，也是刑事律师最容易出事的环节之一。关于刑事律师会见阶段的风险预防和管理，可以从以下几个方面予以把握。

第一，刑事律师首次会见犯罪嫌疑人时，要告知犯罪嫌疑人律师的功能和作用，尤其要告知犯罪嫌疑人虽然法律规定律师会见不受监听，但是律师并不能确保会见真的不受监听。因此，双方的会见应当假定处于被监听状态，说话应当谨慎小心。同时要告知犯罪嫌疑人律师保密义务的例外，即《刑事诉讼法》第48条规定的辩护律师在执业活动中知悉委托人或者其他人，准备或者正在实施危害国家安全、公共安全以及严重危害他人人身安全的犯罪的，应当及时告知司法机关。从而提醒犯罪嫌疑人说话要谨慎，否则，律师很容易陷入进退两难的境地。也就是说，如果犯罪嫌疑人告知律师其准备或者正在实施危害国家安全、公共安全以及严重危害他人人身安全的犯罪，律师不向司法机关报告，律师可能将被追究刑事责任；如果律师向司法机关报告，双方的委托关系将终止。为避免这种情况，刑事律师在首次会见犯罪嫌疑人时，要告知其律师保密义务的例外。

第二，刑事律师会见时不能私自给犯罪嫌疑人传递信件等物品。有的犯罪嫌疑人家属会提出要求让律师给犯罪嫌疑人捎带一些“生活用品”。比如，家属对律师说：犯罪嫌疑人烟瘾大，而且在未被羁押前只抽某品牌的香烟。让律师给他捎带一条烟，并从挎包里拿出一条外表封存完好的香烟。这时律师能不能答应犯罪嫌疑人家属的要求？答案是绝对不能。姑且不说这条外表封存完好的香烟里面是不是真的香烟，即使是真的香烟，律师给犯罪嫌疑人传递进去也是违规的。如果里面不是香烟，而是其他跟案件相关物品或其他违禁品，刑事律师要面临的就不是行业处分或行政处罚，而是刑事处罚。正确的做法是：如果犯罪嫌疑人家属有这样的要求，刑事律师可以明确告知家属法律禁止律师私自传递物品，可以让其通过看守所寄存。笔者的做法是，即便是刑事上诉状，也要交给值班民警，让值班民警检查之后交给犯罪嫌疑人的管教，由管教检查之后再转交给犯罪嫌疑人，而不能会见时直接给犯罪嫌疑人。

第三，刑事律师会见传话时要把握尺度，跟案件相关的内容禁止传达，以防犯罪嫌疑人之间串供或家属毁灭罪证。法律没有规定刑事律师不能传话，法无禁止即自由，刑事律师会见时可以传话，毕竟在刑事案件中，真正的委托人往往不是犯罪嫌疑人，而是犯罪嫌疑人的家属或单位。如果刑事律师什么情况都不告知真正的委托人，将不利于维系良好的委托关系。但无论是犯罪嫌疑人还是家属要求律师传话，刑事律师一定要权衡“信儿”是否有隐藏信息或延伸含义，如果可能涉及案件信息，尤其是证人名单以及物证信息等，刑事律师应当明确拒绝当事人。因此，传话内容应仅限于跟案件无关的内容，比如家人身体状况、生活状况以及其他跟案件无关的信息。即使是跟案件无关的信息，刑事律师也不能一字不变地传达，而应当把当事人要传达的内容转化为自己的语言，从表达顺序、表达方式上对内容进行改造，确保意思传到即可。因为实践中通过藏头诗、段尾句等形式利用律师从事违法犯罪活动的行为举不胜举，防不胜防。在会见时刑事律师更不能私自将手机交给犯罪嫌疑人与他人通信。

第四，刑事律师会见时不能引导、诱导、教唆犯罪嫌疑人供述、翻供或者串供，也不能对犯罪嫌疑人提有明显倾向性的建议。在会见时，要尽可能使用法言法语，可以引用相关案例对法律法规进行深入浅出的讲解，让犯罪嫌疑人根据法律法规和司法判例作出自己的判断和选择，不能指导犯罪嫌疑人进行部署和决策。有时犯罪嫌疑人会把问题抛向律师，让律师给拿主意。比如，犯罪嫌疑人问律师："我这个情况要不要跟公安机关反映?""我应当怎么供述和辩解?""我接下来应该怎么做?""我遭到了刑讯逼供，要不要翻供?"这时刑事律师不宜对犯罪嫌疑人提出的问题给出有明显倾向性的建议，因为这可能涉嫌引导、诱导、教唆犯罪嫌疑人作虚假陈述、翻供、串供、作伪证等。而应当对犯罪嫌疑人提出的问题进行法律评价。比如，被告人称遭到刑讯逼供要不要翻供的问题，就给其解释非法证据的定义、种类、申请排除非法证据的线索和材料的种类，以及如何申请排除非法证据和非法证据排除后案件如何处理等情况，同时要告知犯罪嫌疑人一旦翻供可能就不能适用认罪认罚，以及不适用认罪认罚的量刑区别，让犯罪嫌疑人自己根据法律规定作出决策。

第五，刑事律师会见时不宜将全部案卷材料给犯罪嫌疑人翻阅。法律规定刑事律师可以向犯罪嫌疑人核实证据。从理论上来说，刑事律师将案卷材料给犯罪嫌疑人翻阅不违反法律规定，但是刑事律师将全部案卷材料给犯罪嫌疑人翻阅容易导致犯罪嫌疑人之间串供。刑事律师的价值和意义不是帮助犯罪嫌疑人逃避法律制裁，而是基于事实和法律维护犯罪嫌疑人的合法权益。刑事律师可以将犯罪嫌疑人自己的供述以及其他不涉及同案犯的案卷材料给犯罪嫌疑人翻阅，比如鉴定意见、手续卷，而同案犯供述，尤其是同案犯在逃的相关案件材料不宜给犯罪嫌疑人翻阅，因为这容易导致犯罪嫌疑人翻供和虚假供述。

第六，刑事律师会见时不能向犯罪嫌疑人承诺案件结果。由于犯罪嫌疑人的人身自由被限制，无法通过互联网等技术手段获取刑事律师的执业经历，对刑事律师的专业水平不甚了解，为了衡量和考察刑事律师的能力，犯罪嫌疑人有可能会要求律师对案件结果作出承诺。针对这种情况，刑事律师可以给犯罪嫌疑人介绍一些自己曾经办理的相似案例，包括这些案例有哪些不利于被告人的情节，被告人对案件结果的心理预期是多少，最终被告人被判处的实际刑罚是多少，可以重点讲述案件办理中的成功之处，以强调自己具有丰富的办案经验，有能力将案件办好，但不能对案件结果进行随意的承诺。

2. 刑事律师调查取证风险预防和管理

《刑法》第 306 条规定：在刑事诉讼中，辩护人、诉讼代理人毁灭、伪造证据，帮助当事人毁灭、伪造证据，威胁、引诱证人违背事实改变证言或者作伪证的，处 3 年以下有期徒刑或者拘役；情节严重的，处 3 年以上 7 年以下有期徒刑。辩护人、诉讼代理人提供、出示、引用的证人证言或者其他证据失实，不是有意伪造的，不属于伪造证据。该条款被誉为律师的“悬顶之剑”。

调查取证是律师的法定权利，但是实践中刑事律师调查取证的比例非常低，毫不夸张地说，有的刑事律师一生都没有做过调查取证，辩护完全依据司法机关制作的案卷材料，姑且不说辩护效果，这种执业态度就值得怀疑。从侧面可以看出刑事律师调查取证的风险被妖魔化了。笔者认为，案件有必要且确有条件调查取证的，刑事律师应当积极调查取证。这不仅是刑事律师的权利，也是刑事律师的义务。刑事律师不能因为自身执业风险就拒绝调查取证。关于刑事律师调查取证的风险预防和管理，可以从以下几个方面进行把握。

第一，侦查阶段刑事律师不宜调查取证。由于侦查阶段案件处于未然状态，证据尚未固定。无论刑事律师是否实施妨碍侦查的行为，司法机关可能都会对律师持戒备心理。刑事律师没有必要加剧双方的紧张状态。因为证明犯罪嫌疑人的罪轻的证据不会因为时间而消逝，刑事律师可以在案件移送检察院，侦查机关证据收集完毕后再开展调查取证工作。

刑事律师要有一个清醒的认识，即调查取证不是弄虚作假，也不是帮助犯罪嫌疑人逃避法律制裁，而是还原案件事实和真相，让犯罪嫌疑人只承担其应当承担的罪责。公安、检察官、法官和律师都是法律的捍卫者，彼此之间应当相互尊重和理解，没有必要相互为难。因此，刑事律师要掌握好调查取证的时间节点，在证据不会无法收集的情况下，可以让司法机关先行取证。有一种特殊情况，刑事律师可以在侦查阶段调查取证并将结果告知司法机关，即《刑事诉讼法》第42条规定的，有关犯罪嫌疑人不在犯罪现场、未达到刑事责任年龄、属于依法不负刑事责任的精神病人的证据。

第二，刑事律师调查取证时应当二人以上进行，在调查取证过程中，应当全程录音录像，以证明取证过程的合法性。录音录像文件应当至少复制两份保存于不同的地方。刑事律师应当实事求是的调查取证，不能以暴力、威胁、贿买等方法阻止证人作证或者指使他人作伪证。刑事律师应当谨慎对案件被害人进行调查取证，确有必要调查取证的，要先跟司法机关沟通，司法机关不明确表示反对的，在有见证人的情况下可以对被害人调查取证，但应当全程录音录像；司法机关明确表示反对的，刑事律师不宜直接对被害人调查取证，而应当向法院申请调查取证或者申请被害人出庭作证。笔者之所以不建议律师在司法机关明确表示反对的情况下对被害人调查取证，是因为言词证据具有不稳定性，被害人一旦因为各种原因“被策反”，律师会变得很危险。

第三，刑事律师在调查取证过程中，要向被调查人宣读和解读作证的相关法律法规，以及虚假陈述、编造、捏造事实的法律后果。调查取证过程中要作好笔录，笔录应当完整记录调查的时间、地点、人物和调查事项等，并让被调查人和见证人签字捺手印，并扫描成电子文档封存。刑事律师调查取证过程中产生的任何文本、视听资料都应当有备份并储存于不同的地方，这句话看似平淡无奇，但只有资深的律师才知道这句话蕴含的深意。

3. 刑事律师阅卷风险预防及管理

《刑事诉讼法》第40条规定：辩护律师自人民检察院对案件审查起诉之日起，可以查阅、摘抄、复制本案的案卷材料。实践中，刑事律师的阅卷风险主要是将案卷材料通过复制、摘抄等方式泄露给犯罪嫌疑人家属或者第三人，涉嫌故意泄露国家秘密；或者过失将案卷材料丢失，造成国家秘密被公开等严重后果的，涉嫌过失泄露国家秘密。

一般来说，案卷材料一般分为无密级标注和有密级标注。密级分为秘密、机密、绝密，保密期限有短期保密和长期保密。刑事律师在保密期内故意泄露标注为秘密以上密级案卷材料的，构成故意泄露国家秘密罪没有争议。有争议的是，刑事律师将没有标注密级的案卷材料交给当事人家属或者第三人是否构成故意泄露国家秘密罪。从实践来看，每个地方的处理方式不尽相同，有的地方认为构成故意泄露国家秘密罪，有的地方认为不构成犯罪，有的地方一审认定为泄露国家秘密罪，二审改判无罪，如河南于萍案。

笔者想说的是，即使最终判决不构成犯罪，刑事律师付出的代价也是极其惨重的，一方面是判决前的人身自由被限制和剥夺，另一方面是人生轨迹将发生翻天覆地的改变。有的律师在遭此劫难后选择从此不做刑辩，有的律师选择出家念佛，足以看出伤害和代价是多么严重。因此，刑事律师应当拒绝将案卷材料交给犯罪嫌疑人家属或者第三人，否则后患无穷。刑事律师在办理标注为秘密以上的案件时要防止案卷材料丢失，否则，可能涉嫌过失泄露国家秘密。现在案卷材料大多数是电子数据形式，刑事律师从司法机关复制案卷材料之后要储存于加密设备，尽可能电子化办公，不要把案卷材料纸质化。因为电子化办公的好处是每一次操作都有记录和痕迹，这样即使刑事律师不慎将案卷材料丢失，他人通过技术手段窃取案卷材料并泄露的，刑事律师可以通过技术鉴定手段自证清白。

4. 刑事律师“勾兑”风险预防及管理

“勾兑”是指刑事律师以活动司法工作人员为名，向犯罪嫌疑人家属索要活动经费的行为。“勾兑”毋庸置疑是“自杀”行为。因为刑事律师以活动司法工作人员为名向犯罪嫌疑人家属索要活动经费，如果刑事律师确实将所谓的活动经费给予司法工作人员，那么刑事律师的行为可能构成行贿罪；如果刑事律师没有将费用给予司法工作人员，向犯罪嫌疑人家属谎称已经将费用用于活动司法工作人员并据为已有，那么刑事律师可能构成诈骗罪。

实践中，有的刑事律师以擅长承诺案件结果扬名在外，只要当事人支付足够费用，判决结果就和双方洽谈的结果一模一样，这样的“能人”确实存在。笔者想说的是，纸包不住火，该来的总会来。即使案件结果“皆大欢喜”，但不代表平安无事。因为一旦有一天这条利益链上的任何人遭受牢狱之灾，他都可能会为了立功而把这位“能人”供述出来。最安全的办法就是保证自己绝对地遵守法律。

5. 刑事律师无罪辩护的风险预防及管理

无罪辩护是对抗性最强的辩护策略，直接否定公诉机关指控的犯罪事实和罪名。实践中，司法机关对律师作无罪辩护可能持有偏见，这是一种不正确的价值观。因为无论是有罪辩护还是无罪辩护，都是律师基于案件事实和法律作出的一种价值取向和抉择。律师并不是案件结果的最终裁决者，并非律师作无罪辩护，法官就只能作无罪判决。从这个角度来说，律师作无罪辩护并不影响公诉机关的指控和法院的判决。司法机关之所以介意律师作无罪辩护，根本原因还是案件存在问题，至少是存在争议，否则，直接按照法律规定的程序进行就可以了。

尽管刑事律师作无罪辩护会可能有执业风险，但是笔者认为，只要案件符合无罪辩护的客观条件，刑事律师应当坚决作无罪辩护，不能因为自身存在执业风险就作有罪辩护。当然，刑事律师作无罪辩护应当征得被告人的同意。笔者始终认为，刑事律师既然选择了这个职业，就应当承受这个职业可能带来的风险。刑事律师在对敏感案件作无罪辩护时，可以向执业的律师事务所和当地的律师协会以及司法局报告和报备，以便制订和实施救援计划。

6. 刑事律师一般风险预防和管理

有人说，刑事律师最大的风险源不是司法机关，也不是政府，而是自己的当事人，这句话不无道理。刑事律师应当忠于自己的当事人，但是也要谨防当事人“反水”。刑事律师接受当事人的咨询应尽可能面谈，任何时候都不要对案件结果以任何形式作任何承诺。接见家属时要作书面记录并让其签字确认，会见犯罪嫌疑人时要作笔录并让其签字确认。记录和笔录应当扫描成电子数据另行储存，这都是日后可能用于自证清白的证据。如果案件解除委托，要及时签署解除委托代理协议，涉及退款的，通过律所账户原路返回。

依法不公开审理的案件，刑事律师不能在互联网和媒体上透露案件的相关信息，否则可能涉嫌泄露不应公开的案件信息罪。接受媒体采访时要把握好尺度和分寸，不能借机出位或借媒体炒作案件，不能在自媒体或网络上发表危害国家安全、诋毁司法机关和政府的言论，不能将辩护意见提前在网络上公布，也不能在网络上对办案机关发表主观倾向极强的言论。

最后，笔者用几个词来总结刑事律师的风险预防和管理，并结束这篇短文：客观、理性、克制、冷静、从容。

三、刑事律师的职业素养及操守

当前，刑事辩护行业可谓鱼龙混杂，不仅刑事律师的专业素养参差不齐，而且刑事律师的职业素养及职业操守也良莠不齐。在大数据逐渐普及并日渐成熟的背景下，刑事律师的执业活动变得有据可查，同时当事人的法律需求在不断升级换代，这意味着刑事律师不仅要有扎实的专业素养，而且要有崇高的职业素养和职业操守，否则，将被波涛汹涌的市场竞争淹没。关于刑事律师的职业素养和职业操守，笔者结合自身执业经验谈几点心得。

1. 关于刑事律师的忠诚义务

忠诚义务是刑事律师的基本义务。刑事律师首先要弄清楚自己从哪里来，到哪里去，对自己的角色定位有一个清晰的认识。被告人重金聘请律师是为了获得专业性帮助，从站位的角度来说，刑事律师应当无条件和被告人站在一起。实践中，有的刑事律师对此认识不到位，在辩护过程中，从辩护人的角色摇身一变充当“第二公诉人”，还以“维护法律实施”为名给自己辩护。这违反了律师的忠诚义务，是刑事律师的执业大忌。这不仅剥夺了被告人获得有效辩护的机会，而且摧毁了刑事辩护行业的信任根基。

实践中，有不少刑事律师以独立辩护权为由，罔顾被告人的意志进行独立辩护，这是违背律师忠诚义务的行为。独立辩护权并非指刑事律师的辩护可以独立于被告人的意志，而是指刑事律师的辩护不受被告人以外的其他个人、组织和团体的干预和控制。因此，在辩护过程中，刑事律师的辩护意见应当和被告人的意志保持一致。当双方意见不一致的情况下，即使被告人的意见不能实现利益最大化，也应当以被告人的意志为准，而不能想当然认为自己的辩护意见更有利于实现被告人权益最大化并固执己见，一意孤行。因为这涉及被告人权利处分的范畴，被告人之所以不同意刑事律师的辩护意见，要么是被告人有自己的利益考量，要么是刑事律师没有将自己的辩护意见给被告人讲解清楚。如果被告人有自己的利益考量，刑事律师应当无条件尊重被告人的意愿，不得限制和剥夺被告人对自己权利的处分，无论这种意愿能否实现其利益最大化。

2. 关于刑事律师的勤勉尽责义务

刑事案件不能以结果来衡量一个律师是否称职，而应当以律师执业过程中体现的专业素养和职业素养来衡量。一般来说，只要刑事律师勤勉尽责做好本职工作，即使案件结果不理想，被告人也会尊重和肯定律师的付出。毕竟刑事案件结果受多种因素的影响和制约，律师辩护只是影响案件结果的部分因素。当然，只要刑事律师勤勉尽责做好本职工作，大部分案件都会有一个好结果。

虽然无法对勤勉尽责作精确的界定，但是判断律师是否勤勉尽责，大体可以从以下几个方面进行把握。

首先，刑事律师提供的咨询是否全面、准确。在刑事案件中，被告人的法律知识有限，主要是通过律师的咨询意见作出利益抉择，律师的咨询意见影响着被告人对案件的定性和决策，进而影响被告人的量刑。这要求刑事律师必须对被告人涉嫌罪名的法律法规有全面的了解和把握，否则，将可能给被告人造成不可挽回的后果。

其次，刑事律师是否按期会见被告人。会见是刑事律师的重要工作内容之一，是被告人和外界沟通的渠道，很多工作需要在会见时完成，包括向被告人了解案件情况和核实相关证据、将被告人在“里面”的生活需求以及身体状况转达给家属、传达家人身体状况和家庭情况以及案件的进展，对被告人作心理疏导和辅导，让被告人保持平稳的心态和情绪等。一个刑事案件应当会见被告人多少次并没有一个固定标准，完全由律师根据案件需要进行把握。一般来说，在接受委托之后，律师应当会见被告人了解案件情况并确认委托关系，在阅卷之后要会见被告人并核实相关证据，在开庭前应当会见被告人将辩护策略和辩护意见确定下来，同时将庭审程序向被告人讲解清楚。其他时间由律师根据需要定期会见，一般来说，有条件的可以半个月或者一个月会见一次，条件不允许的一个季度应当至少会见一次，而不能因为觉得没有必要就不去会见。

再次，刑事律师是否积极跟司法机关沟通。无论是侦查阶段、审查起诉阶段还是审判阶段，刑事律师都应当积极和办案机关沟通，包括了解案件办理情况和办案机关对案件的态度，以及为被告人申请变更强制措施等。被告人存在刑讯逼供和揭发、检举他人违法犯罪的，要及时向办案机关和相关部门反映。被告人因疾病等原因不适合继续羁押的，应当向办案机关申请取保候审或者监视居住，办案机关拒绝的，应当及时向办案机关以及有关部门申请羁押必要性审查等。

最后，刑事律师是否将案件研究透彻并制定辩护策略和辩护意见，在一些重大疑难案件中，是否组织召开专家论证会并出具专家论证意见。庭审是控辩双方的正面交锋，被告人是否构成犯罪以及承担多大的罪责将以庭审情况为依据。庭审也是考察刑事律师是否勤勉尽责的最佳现场，基本上一个环节就能分辨出律师对案件的把握程度。律师在庭审前是否对案件进行深入研究，是否制定辩护策略和辩护意见，在庭审上的表现区别很大，辩护效果也非常明显。

实践中，有的律师没有阅完卷就上法庭了。在庭审中只会说一些被告人系初犯、偶犯、认罪态度好的套话。笔者并非主张刑事律师应当在法庭上滔滔不绝，无论什么事情都要发言，而是每个案件都有值得从轻处罚的情节，不可能只存在初犯、偶犯、认罪态度好这些量刑情节，刑事律师应当在庭前就从庞杂的案件中把这些情节梳理出来并呈现给法庭。

当然，笔者列举的上述情形都是律师基本的工作，在具体的案件中律师付出的劳动可能远多于此。正所谓内行看门道，外行看热闹。一个刑事律师是否勤勉尽责，无论是司法工作人员还是被告人都心知肚明。刑事律师不能掩耳盗铃，自欺欺人。中国是个熟人社会，律师的大部分案源来自熟人介绍，而介绍的前提是介绍人认可律师的专业素养和职业素养。与其整天研究律师营销和推广，不如多花点时间研究案件，把每一个案件都当作自己的事情来做。笔者认为，在律师的营销手段中，勤勉尽责是效果最好、效益最高、成本最低、见效最快的营销方式。

3. 关于刑事律师有效辩护的义务

刑事律师的辩护活动应当以实现有效辩护为目标，而不能把法庭当作发表极端言论或者宣扬个人主义的舞台，也不能进行“表演式”辩护。

刑事律师的辩护活动应当从事实和法律出发，一切以说服法官和检察官接受自己的辩护意见为中心。无论是内容还是方式都要考虑接受对象的感受。在庭审中，刑事律师要尊重司法工作人员，有礼有节，不卑不亢，不得实施扰乱法庭秩序的行为。如果认为法院审判不公，可以据理力争，但不得发表和案件无关、旨在扰乱法庭秩序的言论。这只会激化双方的对抗性，承担这种后果的大部分是被告人，有时律师也会“惹火烧身”。

4. 关于刑事律师的执业态度

在办理案件过程中，遇到司法机关的阻力是家常便饭，遇到这种情况刑事律师要学习控制自己的情绪，不要被情绪控制，冷静和克制并非胆小怕事。不可否认，当前无论是司法环境还是司法人员素养都离法治的要求有相当大的距离，司法人员刁难律师的情形确实存在，但是应当看到国家的法治水平在进步，司法人员的素养和操守也越来越高。在遇到司法人员刁难时，刑事律师可以向相关部门反映、投诉和举报，但不能利用互联网或媒体诋毁、谩骂、辱骂司法机关或者丑化司法机关，否则，有可能受到行业处分或行政处罚。

刑事律师要理性发表言论，不得在互联网、媒体上发表危害国家安全、恶意诽谤他人、揭露他人隐私、泄露案件信息、诋毁司法机关或其他有违公序良俗的言论，也不得指使、煽动和教唆当事人以扰乱公共秩序、危害公共安全等非法手段干扰司法活动。刑事律师要以正面的形象出现在公众视野，而不能让人感觉是一个文化流氓或者讼棍。尤其是在一些关注度较高的案件中，刑事律师的一言一行不仅代表自己，也代表着律师行业的形象。

量刑把握与辩护思路篇

四、毒品犯罪量刑把握及辩护

目前，我国毒品犯罪形势十分严峻，国家对毒品犯罪始终保持高压的打击态势，坚持“重刑治毒”的政策。毒品犯罪适用死刑数量在适用死刑总数量中占有较大的比例。在本书中，我们不对毒品犯罪适用死刑的正当性进行分析，而是从刑事辩护视角讨论毒品犯罪案件中一些事实认定和量刑把握问题，目的是帮助刑事律师在毒品犯罪案件中快速而精准地找到辩点。

1. 关于毒品犯罪死刑适用的量刑把握

关于毒品犯罪死刑适用的量刑把握，2008 年 12 月 1 日，最高人民法院印发的《全国部分法院审理毒品犯罪案件工作座谈会纪要》① （以下简称《大连会议纪要》）指出，审理毒品犯罪案件，应当切实贯彻宽严相济的刑事政策，突出毒品犯罪的打击重点。必须依法严惩毒枭、职业毒犯、再犯、累犯、惯犯、主犯等主观恶性深、人身危险性大、危害严重的毒品犯罪分子，以及具有将毒品走私入境，多次、大量或者向多人贩卖，诱使多人吸毒，武装掩护、暴力抗拒检查、拘留或者逮捕，或者参与有组织的国际贩毒活动等情节的毒品犯罪分子。对其中罪行极其严重依法应当判处死刑的，必须坚决依法判处死刑。

毒品数量是毒品犯罪案件量刑的重要情节，但不是唯一情节。对被告人量刑时，特别是在考虑是否适用死刑时，应当综合考虑毒品数量、犯罪情节、危害后果、被告人的主观恶性、人身危险性以及当地禁毒形势等各种因素，做到

---

① 2008 年 12 月 1 日发布，法〔2008〕324 号。

区别对待。近期，审理毒品犯罪案件掌握的死刑数量标准，应当结合本地毒品犯罪的实际情况和依法惩治、预防毒品犯罪的需要，并参照最高人民法院复核的毒品死刑案件的典型案例，恰当把握。量刑既不能只片面考虑毒品数量，不考虑犯罪的其他情节，也不能只片面考虑其他情节，而忽视毒品数量。

对虽然已达到实际掌握的判处死刑的毒品数量标准，但是具有法定、酌定从宽处罚情节的被告人，可以不判处死刑；反之，对毒品数量接近实际掌握的判处死刑的数量标准，但具有从重处罚情节的被告人，也可以判处死刑。毒品数量达到实际掌握的死刑数量标准，既有从重处罚情节，又有从宽处罚情节的，应当综合考虑各方面因素决定刑罚，判处死刑立即执行应当慎重。

有些毒品犯罪案件，往往由于毒品、毒资等证据已不存在，导致审查证据和认定事实困难。在处理这类案件时，只有被告人的口供与同案其他被告人供述吻合，并且完全排除诱供、逼供、串供等情形，被告人的口供与同案被告人的供述才可以作为定案的证据。仅有被告人口供与同案被告人供述作为定案证据的，对被告人判处死刑立即执行要特别慎重。

2015 年 5 月 18 日，最高人民法院印发的《全国法院毒品犯罪审判工作座谈会纪要》①（以下简称《武汉会议纪要》）进一步指出，当前，我国毒品犯罪形势严峻，审判工作中应当继续坚持依法从严惩处毒品犯罪的指导思想，充分发挥死刑对于预防和惩治毒品犯罪的重要作用。突出打击重点，对罪行极其严重、依法应当判处死刑的被告人，坚决依法判处。同时，应当全面、准确贯彻宽严相济的刑事政策，体现区别对待，做到罚当其罪，量刑时综合考虑毒品数量、犯罪性质、情节、危害后果、被告人的主观恶性、人身危险性及当地的禁毒形势等因素，严格审慎地决定死刑适用，确保死刑只适用于极少数罪行极其严重的犯罪分子。

对于运输毒品犯罪的死刑把握，重点打击运输毒品犯罪集团首要分子，组织、指使、雇用他人运输毒品的主犯或者毒枭、职业毒犯、毒品再犯，以及具有武装掩护运输毒品、以运输毒品为业、多次运输毒品等严重情节的被告人，对其中依法应当判处死刑的，坚决依法判处。

对于受人指使、雇用参与运输毒品的被告人，应当综合考虑毒品数量、犯

---

① 2015 年 5 月 18 日发布，法〔2015〕129 号。

罪次数、犯罪的主动性和独立性、在共同犯罪中的地位作用、获利程度和方式及其主观恶性、人身危险性等因素，予以区别对待，慎重适用死刑。对于有证据证明确属受人指使、雇用运输毒品，又系初犯、偶犯的被告人，即使毒品数量超过实际掌握的死刑数量标准，也可以不判处死刑；尤其对于其中被动参与犯罪，从属性、辅助性较强，获利程度较低的被告人，一般不应当判处死刑。对于不能排除受人指使、雇用初次运输毒品的被告人，毒品数量超过实际掌握的死刑数量标准，但尚不属数量巨大的，一般也可以不判处死刑。

一案中有多人受雇运输毒品的，在决定死刑适用时，除各被告人运输毒品的数量外，还应结合其具体犯罪情节、参与犯罪程度、与雇用者关系的紧密性及其主观恶性、人身危险性等因素综合考虑，同时判处二人以上死刑要特别慎重。

毒品共同犯罪案件的死刑适用应当与该案的毒品数量、社会危害及被告人的犯罪情节、主观恶性、人身危险性相适应。涉案毒品数量刚超过实际掌握的死刑数量标准，依法应当适用死刑的，要尽量区分主犯间的罪责大小，一般只对其中罪责最大的一名主犯判处死刑；各共同犯罪人地位作用相当，或者罪责大小难以区分的，可以不判处被告人死刑；两名主犯的罪责均很突出，且均具有法定从重处罚情节的，也要尽可能比较其主观恶性、人身危险性方面的差异，判处二人死刑要特别慎重。涉案毒品数量达到巨大以上，两名以上主犯的罪责均很突出，或者罪责稍次的主犯具有法定、重大酌定从重处罚情节，判处二人以上死刑符合罪刑相适应原则，并有利于全案量刑平衡的，可以依法判处。

对于部分共同犯罪人未到案的案件，在案被告人与未到案共同犯罪人均属罪行极其严重，即使共同犯罪人到案也不影响对在案被告人适用死刑的，可以依法判处在案被告人死刑；在案被告人的罪行不足以判处死刑，或者共同犯罪人归案后全案只宜判处其一人死刑的，不能因为共同犯罪人未到案而对在案被告人适用死刑；在案被告人与未到案共同犯罪人的罪责大小难以准确认定，进而影响准确适用死刑的，不应对在案被告人判处死刑。

对于贩卖毒品案件中的上下家，要结合其贩毒数量、次数及对象范围，犯罪的主动性，对促成交易所发挥的作用，犯罪行为的危害后果等因素，综合考虑其主观恶性和人身危险性，慎重、稳妥地决定死刑适用。对于买卖同宗毒品的上下家，涉案毒品数量刚超过实际掌握的死刑数量标准的，一般不能同时判处死刑；上家主动联络销售毒品，积极促成毒品交易的，通常可以判处上家死刑；下家积极筹资，主动向上家约购毒品，对促成毒品交易起更大作用的，可以考虑判处下家死刑。涉案毒品数量达到巨大以上的，也要综合上述因素决定死刑适用，同时判处上下家死刑符合罪刑相适应原则，并有利于全案量刑平衡的，可以依法判处。

一案中有多名共同犯罪人、上下家针对同宗毒品实施犯罪的，可以综合运用上述毒品共同犯罪、上下家犯罪的死刑适用原则予以处理。办理毒品犯罪案件，应当尽量将共同犯罪案件或者密切关联的上下游案件进行并案审理；因客观原因造成分案处理的，办案时应当及时了解关联案件的审理进展和处理结果，注重量刑平衡。

【案例 4－1】孙奇志等犯贩卖毒品罪案[①]

被告人孙奇志，男，1967 年 9 月 25 日出生。2000 年 11 月 14 日因犯贩卖毒品罪被判处有期徒刑 3 年 6 个月，并处罚金人民币 1000 元，2004 年 2 月 4 日刑满释放。2010 年 9 月 3 日因涉嫌犯贩卖毒品罪被逮捕。

被告人王守林，男，1977 年 5 月 18 日出生。2010 年 9 月 3 日因涉嫌犯贩卖毒品罪被逮捕。

被告人梁宗久，男，1964 年 4 月 29 日出生。1987 年 9 月 18 日因犯盗窃罪被判处死刑，缓期 2 年执行，剥夺政治权利终身。2006 年 11 月 8 日被假释。2010 年 9 月 3 日因涉嫌犯贩卖毒品罪被逮捕。

被告人马玉华，男，1966 年 3 月 16 日出生。1998 年 3 月 4 日因犯盗窃罪被判处有期徒刑 15 年，剥夺政治权利 5 年，并处罚金人民币 1 万元，2006 年 8 月 19 日刑满释放。2010 年 9 月 3 日因涉嫌犯贩卖毒品罪被逮捕。

被告人王孝新，男，1971 年 11 月 30 日出生。因犯盗窃罪于 2004 年 12 月 15 日被判处有期徒刑 2 年 6 个月，2006 年 12 月 27 日刑满释放。2010 年 9 月 3 日因涉嫌犯贩卖毒品罪被逮捕。

被告人段波，男，1977 年 5 月 9 日出生。因犯组织、领导、参加黑社会性质组织罪于 2001 年 6 月 29 日被判处有期徒刑 9 年，剥夺政治权利 3 年，2008

---

① 参见最高人民法院刑事审判第一、二、三、四、五庭编：《刑事审判参考》（总第 112 集），法律出版社 2018 年版，第 10～13 页。

年8月26日刑满释放。2010年9月3日因涉嫌犯贩卖毒品罪被逮捕。

被告人王义杰，男，1988年4月12日出生。2010年9月3日因涉嫌犯贩卖毒品罪被逮捕。

（其他同案被告人基本情况略）

四川省达州市人民检察院以被告人孙奇志、王守林、梁宗久、马玉华、王孝新、段波、王义杰等人犯贩卖毒品罪，向达州市中级人民法院提起公诉。

被告人孙奇志及其辩护人提出：（1）本案犯意并非由孙奇志提起，其主观恶性不深；（2）孙奇志的犯罪情节与本案其他主犯相比较小；（3）孙奇志挎包内含量为64%的375.03克甲基苯丙胺等毒品不应计入贩卖毒品的数量；（4）孙奇志到案后能够如实供述犯罪行为，具有悔罪表现；（5）涉案毒品已全部被查获，未造成严重后果，应予从轻处罚。

（其他同案被告人的辩护情况略）

达州市中级人民法院经审理查明：

2010年3月底，被告人王孝新和女友罗子芳（另案处理）从江苏省徐州市回四川省大竹县探亲时，从罗子芳的表哥黄昌彬（另案处理）处得知可以购买到甲基苯丙胺。之后，王孝新与在徐州市的被告人马玉华、梁宗久共同商定到大竹县购买甲基苯丙胺回徐州市贩卖。

2010年7月23日，王孝新向黄昌彬提出要到大竹县购买1~2公斤甲基苯丙胺，黄昌彬同意后联系被告人王守林准备毒品。次日，马玉华、王孝新、梁宗久及罗子芳携带50万元现金从徐州市出发，于7月25日到达大竹县。黄昌彬将四人安排在大竹县莲印乡天生村净土寺附近一农家乐住宿后，伙同王守林于当晚和26日凌晨两次携带甲基苯丙胺样品与王孝新、梁宗久、马玉华洽谈毒品交易，均因毒品质量不好和数量不够未能成交。

同年7月26日上午，王守林与在达州市的被告人孙奇志联系购买毒品并驾驶租赁的牌照为川S82211马自达轿车与被告人林欣欣（同案被告人，已判刑）前往达州市，又叫来被告人王义杰负责开车。当日下午，孙奇志带甲基苯丙胺样品到王守林三人所在的达州市达川区兰新宾馆888房间，与王守林谈妥甲基苯丙胺价格为每公斤21.5万元。王守林随后通知黄昌彬等人到达州市交易毒品，价格为每公斤25万元。当日17时许，马玉华、梁宗久、王孝新和罗子芳在黄昌彬的安排下到达达州市，王守林将四人安置在达川区兰郡商务酒店茶房

8210房间后，指使王义杰把孙奇志送来的甲基苯丙胺样品交给梁宗久、马玉华、王孝新试吸、验货。梁宗久、马玉华、王孝新决定购买2公斤甲基苯丙胺。当日22时许，梁宗久携带13万元现金，和王守林一同乘坐王义杰驾驶的轿车前往达州市达川区孙奇志所在的长城饭店进行毒品交易。途中，王守林让王义杰将车开到大竹县城，在其租用的大竹县新东方名都6楼18号房内，王守林卖给梁宗久甲基苯丙胺122.91克。而后，三人驾车返回长城饭店，王守林、梁宗久交给孙奇志毒品定金12万元。孙奇志找来被告人段波一同去向赵东（在逃）购买毒品。

次日4时许，孙奇志在长城饭店停车场将12万元定金交给赵东，同时收到赵东的毒品。后孙奇志与段波返回长城饭店8420房间，并通知王守林到该房间进行毒品交易。在等候期间，孙奇志将毒品分成两份，一份准备交给王守林，另一份交由许莉（同案被告人，已判刑）收藏保管。王守林与梁宗久乘坐王义杰驾驶的轿车到长城饭店接上孙奇志、段波前往兰郡商务酒店交易毒品。五人到达兰郡商务酒店门口后，王守林和梁宗久下车将甲基苯丙胺拿到该酒店茶房8210房间，并由王守林取走剩余购毒款37万元。此时，民警将在轿车内等候的孙奇志、王义杰、段波和在8210房间里的马玉华、梁宗久、王孝新等人抓获，王守林脱逃。民警当场从8210房间查获甲基苯丙胺858.25克，从轿车上查获甲基苯丙胺35.92克、海洛因4.98克、氯胺酮1.76克。

王守林脱逃后，打电话指使林欣欣（同案被告人，已判刑）前去兰郡商务酒店门前打探情况。二人见面后，王守林判断孙奇志等人已被公安机关抓获，便安排林欣欣到长城饭店8420房间通知许莉逃跑。当林欣欣通知许莉携带毒品刚逃出长城饭店8420房间，即被民警抓获。民警从许莉提着的孙奇志挎包内查获甲基苯丙胺375.03克、麻古62.78克、海洛因34.94克。后公安机关陆续将王守林、黄昌彬等人抓获归案。

达州市中级人民法院认为，被告人孙奇志、王守林、王义杰、段波明知是毒品而予以贩卖，被告人梁宗久、马玉华、王孝新以贩卖为目的非法收购毒品，其行为均已构成贩卖毒品罪。孙奇志贩卖甲基苯丙胺1233.28克、海洛因34.94克、麻古62.78克；王守林贩卖甲基苯丙胺1104.25克、海洛因323.35克、麻古8.4克、氯胺酮1.76克、烟酰胺205.07克；梁宗久贩卖甲基苯丙胺981.16克、海洛因0.32克；马玉华贩卖甲基苯丙胺981.16克；王孝新贩卖甲基苯丙胺981.16克；王义杰贩卖甲基苯丙胺981.16克；段波贩卖甲基苯丙胺1233.28克。在孙奇志与段波，王守林与王义杰，梁宗久与马玉华、王孝新的共同犯罪中，孙奇志、王守林、梁宗久、马玉华分别起主要作用，是主犯，应当按照四人组织、指挥、参与的全部犯罪处罚；王孝新、王义杰、段波起次要或辅助作用，是从犯，依法应当从轻或减轻处罚。孙奇志因犯贩卖毒品罪被判过刑，现又犯贩卖毒品罪，是毒品再犯，应当从重处罚。梁宗久、马玉华、王孝新、段波曾因犯罪被判处有期徒刑以上刑罚，在刑罚执行完毕或者假释考验期满以后，5年以内再犯应当判处有期徒刑以上刑罚之罪，是累犯，依法应当从重处罚。据此，达州市中级人民法院判决如下：

1. 被告人孙奇志犯贩卖毒品罪，判处死刑，剥夺政治权利终身，并处没收个人全部财产。

2. 被告人王守林犯贩卖毒品罪，判处死刑，缓期2年执行，剥夺政治权利终身，并处没收个人全部财产。

3. 被告人梁宗久犯贩卖毒品罪，判处死刑，缓期2年执行，剥夺政治权利终身，并处没收个人全部财产。

4. 被告人马玉华犯贩卖毒品罪，判处死刑，缓期2年执行，剥夺政治权利终身，并处没收个人全部财产。

5. 被告人王孝新犯贩卖毒品罪，判处无期徒刑，剥夺政治权利终身，并处没收个人财产人民币10万元。

6. 被告人段波犯贩卖毒品罪，判处有期徒刑15年，剥夺政治权利5年，并处罚金人民币5万元。

7. 被告人王义杰犯贩卖毒品罪，判处有期徒刑10年，剥夺政治权利3年，并处罚金人民币1万元。

（其他同案被告人的判刑情况略）

宣判后，被告人孙奇志、梁宗久、马玉华、王孝新、段波均提出上诉。孙奇志提出的上诉理由与一审中所提辩解理由相同。

（其他同案被告人的上诉情况略）

四川省高级人民法院认为，被告人孙奇志明知是毒品而予以贩卖，其行为构成贩卖毒品罪。孙奇志贩卖毒品数量为甲基苯丙胺1233.28克（挎包内毒品为其分装并待售的毒品，依法应当认定为贩卖毒品的数量）、海洛因34.94克、麻古62.78克，毒品数量大。孙奇志在本案中属毒品交易的最上游，系毒品来源；在与段波的共同犯罪中，其起主要作用，系主犯；其又系毒品再犯，虽认罪态度好，亦不足以从轻处罚。孙奇志贩卖毒品给王守林，王守林再将毒品贩卖给梁宗久、马玉华，他们分别构成毒品买卖的上下家关系，作用相当，鉴于孙奇志系毒品来源，又系毒品再犯，一审对其量刑适当。原判认定事实和定罪正确，审判程序合法。但发回重审后，因无新的犯罪事实，对王孝新、段波加重处罚不当。据此，四川省高级人民法院判决维持原审对被告人孙奇志、王守林等人的定罪量刑；以贩卖毒品罪分别改判上诉人王孝新有期徒刑15年，剥夺政治权利5年，改判上诉人段波有期徒刑10年，剥夺政治权利3年；将孙奇志的死刑判决依法报请最高人民法院核准。

最高人民法院经复核认为，被告人孙奇志非法贩卖含甲基苯丙胺、海洛因、咖啡因成分的毒品，其行为已构成贩卖毒品罪。孙奇志贩卖毒品数量大，在共同犯罪中起主要作用，系主犯，属罪行极其严重，并系毒品再犯，应依法从重处罚。但鉴于孙奇志归案后认罪态度好，对其判处死刑，可不立即执行。第一审判决、第二审判决认定的事实清楚，证据确实、充分，定罪准确，审判程序合法。据此，最高人民法院裁定不核准四川省高级人民法院维持第一审以贩卖毒品罪判处被告人孙奇志死刑，剥夺政治权利终身，并处没收个人全部财产的刑事判决。

在本案中，被告人孙奇志贩卖毒品给被告人王守林，王守林再将毒品贩卖给被告人梁宗久、被告人马玉华，他们分别构成毒品买卖的上下家关系。关于毒品上下家的罪责划分，一般认为，上家主动联络下家销售毒品，积极促成毒品交易的，可以判处上家死刑，下家积极筹资，主动向上家约购毒品，对促成毒品交易起更大作用的，可以考虑判处下家死刑。在本案中，王守林主动联系孙奇志购买毒品并支付定金，王守林还为他的下家提供住宿和上门验货服务，在促成毒品交易中的作用显然要大于孙奇志，而非作用相当。此外，孙奇志的毒品来源于在逃犯赵东，并非毒品来源的终端，孙奇志在本案中的角色和王守林的角色相同。虽然孙奇志系毒品再犯，但是其在本案中的作用要小于王守林，两名主犯的罪责难以划分，根据《武汉会议纪要》的规定，可不判处死刑立即执行。

据此，最高人民法院不予核准孙奇志的死刑。

2. 关于制造毒品的认定及量刑把握

2.1 关于制造毒品的认定

根据《刑法》第357条的规定，毒品是指鸦片、海洛因、甲基苯丙胺（冰毒）、吗啡、大麻、可卡因以及国家规定管制的其他能够使人形成瘾癖的麻醉药品和精神药品。关于制造毒品的概念，1994年12月20日，最高人民法院印发的《关于执行〈全国人民代表大会常务委员会关于禁毒的决定〉的若干问题的解释》的通知①（以下简称《1994年通知》）第2条规定：制造毒品，是指非法用毒品原植物直接提炼或者用化学方法加工、配制毒品的行为。

随着毒品种类和加工技术的发展，制造毒品的方法不再局限于从原植物直接提炼或用化学方法加工、配制毒品，还包括利用物理方式将不同毒品按照特定比例和配方混合生产出的混合型毒品。关于利用物理方式制造毒品和掺假的界定，《大连会议纪要》指出，鉴于毒品犯罪分子制造毒品的手段复杂多样、不断翻新，采用物理方法加工、配制毒品的情况大量出现，有必要进一步准确界定制造毒品的行为、方法。制造毒品不仅包括非法用毒品原植物直接提炼和用化学方法加工、配制毒品的行为，也包括以改变毒品成分和效用为目的，用混合等物理方法加工、配制毒品的行为，如将甲基苯丙胺或者其他苯丙胺类毒品与其他毒品混合成麻古或者摇头丸。为便于隐蔽运输、销售、使用、欺骗购买者，或者为了增重，对毒品掺杂使假，添加或者去除其他非毒品物质，不属于制造毒品的行为。

关于制造毒品数量的认定，《武汉会议纪要》指出，制造毒品案件中，毒品成品、半成品的数量应当全部认定为制造毒品的数量，对于无法再加工出成品、半成品的废液、废料则不应计入制造毒品的数量。对于废液、废料的认定，可以根据其毒品成分的含量、外观形态，结合被告人对制毒过程的供述等证据进行分析判断，必要时可以听取鉴定机构的意见。

2.2 关于制造毒品的量刑把握

关于制造毒品的量刑，《刑法》第347条规定：走私、贩卖、运输、制造毒

---

① 1994年12月20日发布，法发〔1994〕30号。

品，无论数量多少，都应当追究刑事责任，予以刑事处罚。走私、贩卖、运输、制造毒品，有下列情形之一的，处15年有期徒刑、无期徒刑或者死刑，并处没收财产：（1）走私、贩卖、运输、制造鸦片1000克以上、海洛因或者甲基苯丙胺50克以上或者其他毒品数量大的；（2）走私、贩卖、运输、制造毒品集团的首要分子；（3）武装掩护走私、贩卖、运输、制造毒品的；（4）以暴力抗拒检查、拘留、逮捕，情节严重的；（5）参与有组织的国际贩毒活动的。走私、贩卖、运输、制造鸦片200克以上不满1千克、海洛因或者甲基苯丙胺10克以上不满50克或者其他毒品数量较大的，处7年以上有期徒刑，并处罚金。走私、贩卖、运输、制造鸦片不满200克、海洛因或者甲基苯丙胺不满10克或者其他少量毒品的，处3年以下有期徒刑、拘役或者管制，并处罚金；情节严重的，处3年以上7年以下有期徒刑，并处罚金。单位犯第2款、第3款、第4款罪的，对单位判处罚金，并对其直接负责的主管人员和其他直接责任人员，依照各该款的规定处罚。利用、教唆未成年人走私、贩卖、运输、制造毒品，或者向未成年人出售毒品的，从重处罚。对多次走私、贩卖、运输、制造毒品，未经处理的，毒品数量累计计算。

关于制造毒品适用死刑的量刑把握以及犯罪形态的认定，《大连会议纪要》指出，已经制成毒品，达到实际掌握的死刑数量标准的，可以判处死刑；数量特别巨大的，应当判处死刑。已经制造出粗制毒品或者半成品的，以制造毒品罪的既遂论处。购进制造毒品的设备和原材料，开始着手制造毒品，但尚未制造出粗制毒品或者半成品的，以制造毒品罪的未遂论处。

【案例4-2】高国亮、李永望等犯贩卖、制造毒品罪案①

被告人高国亮，男，1978年12月24日出生，初中文化，农民。因涉嫌犯贩卖、运输、制造毒品罪于2006年4月18日被逮捕。

被告人李永望，男，1982年6月12日出生，初中文化，农民。因涉嫌犯贩卖、运输、制造毒品罪于2006年4月18日被逮捕。

被告人杨敬岗，男，1976年10月3日出生，初中文化，农民。因涉嫌犯贩卖、运输、制造毒品罪于2006年4月18日被逮捕。

---

① 参见最高人民法院刑事审判第一、二、三、四、五庭编：《刑事审判参考》（总第63集），法律出版社2008年版，第47~50页。

被告人郝永亮，男，1982 年 11 月 24 日出生，初中文化，农民。因涉嫌犯贩卖、运输、制造毒品罪于2006 年4 月18 日被逮捕。

被告人景孝兵，男，1982 年 10 月 18 日出生，初中文化，农民。因涉嫌犯贩卖、运输毒品罪于2006 年4 月18 日被逮捕。

河南省许昌市人民检察院以被告人高国亮、李永望、杨敬岗、郝永亮、景孝兵犯贩卖、制造、运输毒品罪向许昌市中级人民法院提起公诉。

许昌市中级人民法院经公开审理查明：

2005 年年底，被告人高国亮和李永望多次预谋制造含有甲基苯丙胺的毒品“麻古”，由高国亮提供资金、原料，李永望负责制造，高国亮负责销售。之后，被告人李永望、杨敬岗自行购买制毒原料、设备，并伙同范永伟、王国春（均另案处理）在襄城县双庙乡染坊杨村小李庄王国春的养鸡场内开始第一批毒品生产，制造出毒品“麻古”约1000 克。该1000 克“麻古”返工后，掺入第二批重新生产。

2006 年2 月初，被告人李永望接到高国亮提供的资金及冰毒、咖啡因后，即伙同杨敬岗及姚晓刚、姚晓伟、李向阳（均另案处理）在襄城县双庙乡门楼李村李向阳废弃的面粉厂内进行第二批毒品生产，制造毒品“麻古”约6500 克，其中360 克由被告人景孝兵运回深圳交给高国亮销售；余下6140 克返工后，掺入第三批重新生产。

2006 年3 月初，被告人李永望、高国亮、杨敬岗、郝永亮及姚晓刚、姚晓伟在襄城县双庙乡门楼李村李向阳废弃的面粉厂内进行第三批毒品生产，制造出含有甲基苯丙胺的毒品“麻古”9408 克。案发后，公安机关将该毒品查获，同时在被告人租住的酒店、出租屋、汽车及身上查获毒品若干。

许昌市中级人民法院认为，被告人李永望、高国亮、杨敬岗、郝永亮、景孝兵以获取非法利益为目的，大肆进行毒品贩卖、制造、运输活动，其中被告人李永望贩卖、制造含有甲基苯丙胺的毒品10,566 克，巴比妥等其他毒品4359克，其行为已构成贩卖、制造毒品罪；被告人高国亮贩卖、制造含有甲基苯丙胺的毒品10,929.45 克，氯胺酮等其他毒品1620.57 克，其行为已构成贩卖、制造毒品罪；被告人杨敬岗制造含有甲基苯丙胺的毒品9768 克，其行为已构成制造毒品罪；被告人郝永亮制造毒品9408 克，其行为已构成制造毒品罪；被告人景孝兵运输毒品360 克，其行为已构成运输毒品罪。在贩卖、制造毒品共同犯罪中，被告人李永望、高国亮、杨敬岗起主要作用，系主犯，被告人郝永亮起次要作用，系从犯。据此，许昌市中级人民法院判决如下：

1. 被告人李永望犯贩卖、制造毒品罪，判处死刑，剥夺政治权利终身，并处没收个人全部财产。

2. 被告人高国亮犯贩卖、制造毒品罪，判处死刑，剥夺政治权利终身，并处没收个人全部财产。

3. 被告人杨敬岗犯制造毒品罪，判处死刑，缓期 2 年执行，剥夺政治权利终身，并处没收个人全部财产。

4. 被告人郝永亮犯制造毒品罪，判处有期徒刑 15 年，剥夺政治权利 3 年，并处罚金人民币 5 万元。

5. 被告人景孝兵犯运输毒品罪，判处无期徒刑，剥夺政治权利终身，并处没收个人全部财产。

6. 作案工具丰田佳美轿车、红色五菱之光面包车各 1 辆，制造毒品的设备，毒资 553, 301 元，6 部手机均予以没收，上缴国库。

一审宣判后，被告人高国亮、李永望、景孝兵不服，提出上诉。

河南省高级人民法院认为，原审认定的事实清楚，证据确实、充分，定罪正确，量刑适当，审判程序合法。据此，河南省高级人民法院裁定驳回上诉，维持原判，并依法报送最高人民法院核准。

最高人民法院复核认为，被告人高国亮、李永望为获取非法利益，大肆进行贩卖、制造毒品活动，其行为均已构成贩卖、制造毒品罪。二被告人贩卖、制造毒品数量大，含量高，社会危害性大。且在共同犯罪中，二被告人均起主要作用，系主犯，应依法予以惩处。第一审判决、第二审裁定认定的事实清楚，证据确实、充分，定罪准确，量刑适当，审判程序合法。据此，最高人民法院裁定核准河南省高级人民法院维持第一审以贩卖、制造毒品罪判处被告人高国亮、李永望死刑，剥夺政治权利终身，并处没收个人全部财产的刑事裁定。

关于制造毒品死刑适用的量刑把握，《大连会议纪要》指出，已经制成毒品，达到实际掌握的死刑数量标准的，可以判处死刑；数量特别巨大的，应当判处死刑。在本案中，被告人高国亮、李永望等人通过物理方式将毒品进行加工生产出混合型的“麻古”，构成制造毒品罪。高国亮贩卖、制造含有甲基苯丙胺的毒品10,929.45克，氯胺酮等其他毒品1620.57克；李永望贩卖、制造含有甲基苯丙胺的毒品10,566克，巴比妥等其他毒品4359克。二人贩卖、制造毒品数量特别巨大，社会危害极大，依法应当判处死刑。

在制造毒品犯罪中，被告人利用化学方式加工、配制毒品的，刑事律师要注意被告人的配制方法和流程能否提炼出毒品，尚未提炼出毒品的，当以犯罪未遂论。同时要注意区分被告人利用物理方法制造毒品和掺假的区别。掺假是指在毒品中掺入不具有毒品成分和功效的物质，以假充真。利用物理方法制造毒品是按照一定比例和配方将不同的毒品混合生产出混合型毒品。关于掺假和以物理方法制造毒品的界定，应当根据混合型毒品能否给人一种新的消费体验，而不能以口感来确定两者的区别。因为掺假的毒品因纯度不同口感也不一样。

3. 关于毒品犯罪罪名的确定

关于毒品犯罪的罪名确定问题，《大连会议纪要》指出，《刑法》第347条规定的走私、贩卖、运输、制造毒品罪是选择性罪名，对同一宗毒品实施了两种以上犯罪行为并有相应确凿证据的，应当按照所实施的犯罪行为的性质并列确定罪名，毒品数量不重复计算，不实行数罪并罚。对同一宗毒品可能实施了两种以上犯罪行为，但相应证据只能认定其中一种或者几种行为，认定其他行为的证据不够确实充分的，则只按照依法能够认定的行为的性质定罪。如涉嫌为贩卖而运输毒品，认定贩卖的证据不够确实充分的，则只定运输毒品罪。对不同宗毒品分别实施了不同种犯罪行为的，应对不同行为并列确定罪名，累计毒品数量，不实行数罪并罚。对被告人一人走私、贩卖、运输、制造两种以上毒品的，不实行数罪并罚，量刑时可综合考虑毒品的种类、数量及危害，依法处理。

罪名不以行为实施的先后、毒品数量或者危害大小排列，一律以刑法条文规定的顺序表述。如对同一宗毒品制造后又走私的，以走私、制造毒品罪定罪。下级法院在判决中确定罪名不准确的，上级法院可以减少选择性罪名中的部分罪名或者改动罪名顺序，在不加重原判刑罚的情况下，也可以改变罪名，但不得增加罪名。对于吸毒者实施的毒品犯罪，在认定犯罪事实和确定罪名时要慎重。吸毒者在购买、运输、存储毒品过程中被查获的，如没有证据证明其是为了实施贩卖等其他毒品犯罪行为，毒品数量未超过《刑法》第348条规定的最低数量标准的，一般不定罪处罚；查获毒品数量达到较大以上的，应以其实际实施的毒品犯罪行为定罪处罚。

有证据证明行为人不以牟利为目的，为他人代购仅用于吸食的毒品，毒品数量超过《刑法》第348条规定的最低数量标准的，对托购者、代购者应以非法持有毒品罪定罪。代购者从中牟利，变相加价贩卖毒品的，对代购者应以贩卖毒品罪定罪。明知他人实施毒品犯罪而为其居间介绍、代购代卖的，无论是否牟利，都应以相关毒品犯罪的共犯论处。盗窃、抢夺、抢劫毒品的，应当分别以盗窃罪、抢夺罪或者抢劫罪定罪，但不计犯罪数额，根据情节轻重予以定罪量刑。盗窃、抢夺、抢劫毒品后又实施其他毒品犯罪的，对盗窃罪、抢夺罪、抢劫罪和所犯的具体毒品犯罪分别定罪，依法数罪并罚。走私毒品，又走私其他物品构成犯罪的，以走私毒品罪和其所犯的其他走私罪分别定罪，依法数罪并罚。

《武汉会议纪要》指出，贩毒人员被抓获后，对于从其住所、车辆等处查获的毒品，一般均应认定为其贩卖的毒品。确有证据证明查获的毒品并非贩毒人员用于贩卖，其行为另构成非法持有毒品罪、窝藏毒品罪等其他犯罪的，依法定罪处罚。吸毒者在购买、存储毒品过程中被查获，没有证据证明其是为了实施贩卖毒品等其他犯罪，毒品数量达到《刑法》第348条规定的最低数量标准的，以非法持有毒品罪定罪处罚。吸毒者在运输毒品过程中被查获，没有证据证明其是为了实施贩卖毒品等其他犯罪，毒品数量达到较大以上的，以运输毒品罪定罪处罚。

行为人为吸毒者代购毒品，在运输过程中被查获，没有证据证明托购者、代购者是为了实施贩卖毒品等其他犯罪，毒品数量达到较大以上的，对托购者、代购者以运输毒品罪的共犯论处。行为人为他人代购仅用于吸食的毒品，在交通、食宿等必要开销之外收取"介绍费""劳务费"，或者以贩卖为目的收取部分毒品作为酬劳的，应视为从中牟利，属于变相加价贩卖毒品，以贩卖毒品罪定罪处罚。

购毒者接收贩毒者通过物流寄递方式交付的毒品，没有证据证明其是为了实施贩卖毒品等其他犯罪，毒品数量达到《刑法》第348条规定的最低数量标准的，一般以非法持有毒品罪定罪处罚。代收者明知是物流寄递的毒品而代购毒者接收，没有证据证明其与购毒者有实施贩卖、运输毒品等犯罪的共同故意，毒品数量达到《刑法》第 348 条规定的最低数量标准的，对代收者以非法持有毒品罪定罪处罚。行为人利用信息网络贩卖毒品、在境内非法买卖用于制造毒品的原料或者配剂、传授制造毒品等犯罪的方法，构成贩卖毒品罪、非法买卖制毒物品罪、传授犯罪方法罪等犯罪的，依法定罪处罚。行为人开设网站、利用网络聊天室等组织他人共同吸毒，构成引诱、教唆、欺骗他人吸毒罪等犯罪的，依法定罪处罚。

关于吸毒者在购买、运输、存储毒品过程中被查获的罪名确定问题，《大连会议纪要》指出，吸毒者在购买、运输、存储毒品过程中被查获的，如没有证据证明其是为了实施贩卖等其他毒品犯罪行为，毒品数量未超过《刑法》第 348 条规定的最低数量标准的，一般不定罪处罚；查获毒品数量达到较大以上的，应以其实际实施的毒品犯罪行为定罪处罚。《武汉会议纪要》指出，吸毒者在购买、存储毒品过程中被查获，没有证据证明其是为了实施贩卖毒品等其他犯罪，毒品数量达到《刑法》第 348 条规定的最低数量标准的，以非法持有毒品罪定罪处罚。吸毒者在运输毒品过程中被查获，没有证据证明其是为了实施贩卖毒品等其他犯罪，毒品数量达到较大以上的，以运输毒品罪定罪处罚。这里涉及动态持有和运输毒品的界定，在实践中存在争议。被告人购买、存储毒品不可能是静止的状态，必然伴随“人走毒走”的位移，那么，这个过程是否属于运输毒品呢？如果持有毒品，不使用交通工具不能认定为运输毒品。那么，人工步行运毒的行为将无法处理和解释。《武汉会议纪要》实际上将购买、存储毒品运输过程中查获的行为认定为运输毒品，实践中司法机关也应如此认定。

关于代购者的罪名确定问题，《大连会议纪要》指出，有证据证明行为人不以牟利为目的，为他人代购仅用于吸食的毒品，毒品数量超过《刑法》第 348 条规定的最低数量标准的，对托购者、代购者应以非法持有毒品罪定罪。《武汉会议纪要》则指出，行为人为吸毒者代购毒品，在运输过程中被查获，没有证据证明托购者、代购者是为了实施贩卖毒品等其他犯罪，毒品数量达到较大以上的，对托购者、代购者以运输毒品罪的共犯论处。

【案例4-3】张应宣犯运输毒品罪案①

被告人张应宣，男，1966年11月20日出生。因涉嫌犯运输毒品罪于2014年1月10日被逮捕。

浙江省杭州市人民检察院以被告人张应宣犯运输毒品罪，向杭州市中级人民法院提起公诉。

被告人张应宣对指控其携带毒品乘坐大客车从广东省东莞市到浙江省杭州市的事实无异议，但辩称查获的毒品系为自吸而购入，其不构成运输毒品罪，应认定为非法持有毒品罪，且毒品未流入社会，请求从轻处罚。

杭州市中级人民法院经审理查明：

2013年12月3日，被告人张应宣在广东省东莞市常平镇携带藏有冰毒的"王老吉"润喉糖外包装盒，乘坐长途大客车从东莞市前往浙江省杭州市。次日10时许，该大客车驶入杭州市下沙高速服务区，张应宣见公安人员准备上车检查，便将藏有冰毒的"王老吉"润喉糖外包装盒丢弃于座位上，下车后即被抓获。公安人员从该大客车靠车门侧第三排座位上查获"王老吉"润喉糖外包装盒一个，内有黑色塑料袋一个，藏有两包白色可疑晶体。经鉴定，该两包白色可疑晶体分别净重180.33克、68.86克，均检出甲基苯丙胺成分。

杭州市中级人民法院认为，被告人张应宣明知是毒品而随身携带，乘坐长途客车将毒品从东莞市运输至杭州市，其行为已构成运输毒品罪，且运输毒品数量大。公诉机关指控的罪名成立。张应宣所提其行为应当构成非法持有毒品罪的意见与查证的事实及相关法律规定不符，不予采纳。鉴于涉案毒品全部被查获等情节，酌情对其从轻处罚。据此，杭州市中级人民法院以运输毒品罪，判处被告人张应宣无期徒刑，剥夺政治权利终身，并处没收个人全部财产。

一审宣判后，被告人张应宣不服，以原判定性不当，应当改判为非法持有毒品罪为由，提出上诉。

浙江省高级人民法院二审查明的事实与一审一致，认为原判定罪及适用法律正确，量刑适当，审判程序合法。据此，裁定驳回上诉，维持原判。

关于吸毒者在运输毒品时被抓获的罪名认定，《大连会议纪要》指出，没

---

① 参见最高人民法院刑事审判第一、二、三、四、五庭编：《刑事审判参考》（总第102集），法律出版社2016年版，第86~87页。

有证据证明被告人是为了实施贩卖等其他毒品犯罪行为，毒品数量达到较大以上的，应以其实际实施的毒品犯罪行为定罪处罚，即以非法持有毒品罪定罪处罚。《武汉会议纪要》指出，吸毒者在运输毒品过程中被查获，没有证据证明被告人是为了实施贩卖等其他毒品犯罪行为，毒品数量达到较大以上的，以运输毒品罪论处。本案发生在《武汉会议纪要》之前，根据《大连会议纪要》规定，张应宣应当构成非法持有毒品罪。法院之所以认定张应宣构成运输毒品罪的原因是查获的毒品数量明显超出吸食的合理范围。

在本案中，被告人张应宣涉案毒品接近250克，数量较大，根据张应宣个人的经济能力，不可能全部用于个人吸食，即张应宣事实上存在其他毒品犯罪行为，只是没有相关证据予以证实。法院以运输毒品罪判处张应宣无期徒刑的判决结果并不违反罪责刑相适应原则，但是却一定程度上违反了罪刑法定原则。从侧面反映了法院在审理毒品犯罪中更注重生活事实，而非法律事实。

4. 关于毒品共同犯罪的罪责划分及量刑把握

4.1　关于毒品共同犯罪的罪责划分

由于毒品犯罪案件没有受害人，毒品犯罪的案发具有主动性特征，即主要根据司法机关通过线索或情报主动侦破毒品犯罪，而非像一般刑事案件，主要通过群众报案、举报、控告而被动案发。毒品犯罪具有高度的隐蔽性，尤其在毒品共同犯罪中，行为人之间分工明确、职能清晰、相互配合、各司其职，这给司法机关打击毒品犯罪和收集证据造成一定难度，在物证难以固定和收集的情况下，如何认定各被告人在毒品共同犯罪中的地位和作用，是准确定罪量刑的前提和基础。

关于毒品共同犯罪的认定及各被告人的罪责划分，《大连会议纪要》指出，毒品犯罪中，部分共同犯罪人未到案，如现有证据能够认定已到案被告人为共同犯罪，或者能够认定为主犯或者从犯的，应当依法认定。没有实施毒品犯罪的共同故意，仅在客观上为相互关联的毒品犯罪上下家，不构成共同犯罪，但为了诉讼便利可并案审理。审理毒品共同犯罪案件应当注意以下几个方面的问题：

一是要正确区分主犯和从犯。区分主犯和从犯，应当以各共同犯罪人在毒品共同犯罪中的地位和作用为根据。要从犯意提起、具体行为分工、出资和实际分得毒赃多少以及共犯之间相互关系等方面，比较各个共同犯罪人在共同犯罪中的地位和作用。在毒品共同犯罪中，主出资者、毒品所有者或者起意、策划、纠集、组织、雇用、指使他人参与犯罪者以及其他起主要作用的是主犯；起次要或者辅助作用的是从犯。受雇用、受指使实施毒品犯罪的，应根据其在犯罪中实际发挥的作用具体认定为主犯或者从犯。对于确有证据证明在共同犯罪中起次要或者辅助作用的，不能因为其他共同犯罪人未到案而不认定为从犯，甚至将其认定为主犯或者按主犯处罚。只要认定为从犯，无论主犯是否到案，均应依照《刑法》关于从犯的规定从轻、减轻或者免除处罚。

二是要正确认定共同犯罪案件中主犯和从犯的毒品犯罪数量。对于毒品犯罪集团的首要分子，应按集团毒品犯罪的总数量处罚；对一般共同犯罪的主犯，应按其所参与的或者组织、指挥的毒品犯罪数量处罚；对于从犯，应当按照其所参与的毒品犯罪的数量处罚。

三是要根据行为人在共同犯罪中的作用和罪责大小确定刑罚。不同案件不能简单类比，一个案件的从犯参与犯罪的毒品数量可能比另一案件的主犯参与犯罪的毒品数量大，但对这一案件从犯的处罚不是必然重于另一案件的主犯。共同犯罪中能分清主从犯的，不能因为涉案的毒品数量特别巨大，就不分主从犯而一律将被告人认定为主犯或者实际上都按主犯处罚，一律判处重刑甚至死刑。对于共同犯罪中有多个主犯或者共同犯罪人的，处罚上也应做到区别对待。应当全面考察各主犯或者共同犯罪人在共同犯罪中实际发挥作用的差别，主观恶性和人身危险性方面的差异，对罪责或者人身危险性更大的主犯或者共同犯罪人依法判处更重的刑罚。

《武汉会议纪要》进一步指出，毒品共同犯罪案件的死刑适用应当与该案的毒品数量、社会危害及被告人的犯罪情节、主观恶性、人身危险性相适应。涉案毒品数量刚超过实际掌握的死刑数量标准，依法应当适用死刑的，要尽量区分主犯间的罪责大小，一般只对其中罪责最大的一名主犯判处死刑；各共同犯罪人地位作用相当，或者罪责大小难以区分的，可以不判处被告人死刑；两名主犯的罪责均很突出，且均具有法定从重处罚情节的，也要尽可能比较其主观恶性、人身危险性方面的差异，判处二人死刑要特别慎重。涉案毒品数量达到巨大以上，两名以上主犯的罪责均很突出，或者罪责稍次的主犯具有法定、重大酌定从重处罚情节，判处二人以上死刑符合罪刑相适应原则，并有利于全案量刑平衡的，可以依法判处。

对于部分共同犯罪人未到案的案件，在案被告人与未到案共同犯罪人均属罪行极其严重，即使共同犯罪人到案也不影响对在案被告人适用死刑的，可以依法判处在案被告人死刑；在案被告人的罪行不足以判处死刑，或者共同犯罪人归案后全案只宜判处其一人死刑的，不能因为共同犯罪人未到案而对在案被告人适用死刑；在案被告人与未到案共同犯罪人的罪责大小难以准确认定，进而影响准确适用死刑的，不应对在案被告人判处死刑。

4.2　关于毒品共同犯罪的量刑把握

4.2.1　关于家族式毒品共同犯罪的量刑把握

【案例4-4】侯占齐、李文书、侯金山等人犯走私、贩卖毒品罪案①

被告人侯占齐，男，1950年9月16日出生，苗族，农民。因本案于2004年9月2日被逮捕。

被告人李文书，男，1981年6月7日出生，苗族，农民。因本案于2004年9月1日被逮捕。

被告人侯金山，男，1972年10月30日出生，苗族，农民。被告人侯占齐之子。因本案于2004年9月1日被逮捕。

被告人王敬州，男，1956年9月1日出生，汉族，安徽省阜阳市颍东区地税局退休干部。因本案于2004年9月1日被逮捕。

被告人侯金姬，女，1977年8月11日出生，苗族，农民。被告人侯占齐之女。因本案于2004年9月1日被逮捕。

被告人杨礼芬，女，1953年6月14日出生，苗族，农民。被告人侯占齐之妻。因本案于2004年9月1日被逮捕。

被告人王晓梅，女，1967年12月6日出生，汉族，无业。被告人王敬州之妹。因本案于2004年9月1日被逮捕。

被告人张彩英，女，1962年11月12日出生，汉族，无业。被告人王敬州之妻。因本案于2004年9月1日被逮捕。

---

① 参见最高人民法院刑事审判第一、二、三、四、五庭编：《刑事审判参考》（总第67集），法律出版社2009年版，第20～25页。

安徽省阜阳市人民检察院以被告人侯占齐、李文书、侯金山犯走私、贩卖毒品罪，被告人王敬州、侯金姬、王晓梅、杨礼芬、张彩英犯贩卖毒品罪，向安徽省阜阳市中级人民法院提起公诉。

阜阳市中级人民法院经公开审理查明：

1. 2003 年年底，被告人侯占齐与儿子侯金山、妹妹侯占珍（另案处理）越境到老挝，通过他人购买毒品 12 千克，其中 500 克属侯占齐出资购买。三人携带该毒品入境后，由侯占珍的司机李艳（另案处理）驾车到贵州省贵阳市，四人乘王小龙（另案处理）安排的轿车到安徽省阜阳市。侯占齐与侯占珍将该毒品卖给王小龙。

2. 2004 年 6 月，侯占齐与侯金山从被告人李文书处购得毒品 1 千克，李文书又委托侯占齐代卖毒品 1 千克。由侯金山驾车将侯占齐和杨礼芬、侯金姬送到云南省曲靖市火车站。侯占齐与杨礼芬、侯金姬携带毒品 2 千克乘火车到阜阳市后，将毒品卖给王小龙。

3. 2004 年 7 月 24 日，侯占齐与王小龙联系毒品交易后，伙同李文书、侯金山、侯金姬、杨礼芬驾驶两辆汽车，携带毒品 8.5 千克从云南前往阜阳与王小龙进行毒品交易。7 月 28 日夜到阜阳后，次日 6 时许，侯金姬同王小龙电话约定交易地点后携带装有毒品的红色旅行箱到阜阳商厦门前将该箱交给王小龙。王小龙后将该箱交给同去的妻子王晓梅。王晓梅回到家中，按照王小龙的安排，从所购毒品中称量出 6.5 余千克，分装成 6 大袋和 1 小袋交给前来购毒的被告人王敬州和张彩英，并将剩余毒品放在家中。王敬州、张彩英离开王晓梅家时，被公安人员抓获。公安人员当场缴获二人携带的毒品 6.583 千克，从王敬州身上搜出盛放在一药瓶内的毒品 18 克，又从王晓梅家中查获毒品 2.006 千克。

阜阳市中级人民法院认为，被告人侯占齐、李文书、侯金山无视国法，从境外购买并携带毒品入境贩卖，三人的行为已构成走私、贩卖毒品罪；被告人侯金姬、杨礼芬、王晓梅、王敬州、张彩英为牟取非法利益贩卖毒品，五人的行为已构成贩卖毒品罪。公诉机关指控的罪名成立。被告人侯占齐、侯金山、李文书从境外购买毒品并和被告人侯金姬、杨礼芬驾车携带毒品到阜阳贩卖，侯金姬又携带毒品和王小龙进行交易；被告人王晓梅不但接收毒品，且重新称量和分包毒品；被告人王敬州、张彩英为销售而从王晓梅处购买毒品，各被告人在本案中的行为主动、积极，均起主要作用。本案的毒品虽未流入社会造成危害，但涉案毒品数量大，对各被告人依法应予严惩。根据杨礼芬、张彩英的犯罪情节，对二被告人判处死刑，可不立即执行。据此，阜阳市中级人民法院判决如下：

1. 被告人侯占齐犯走私、贩卖毒品罪，判处死刑，剥夺政治权利终身，并处没收个人全部财产。

2. 被告人李文书犯走私、贩卖毒品罪，判处死刑，剥夺政治权利终身，并处没收个人全部财产。

3. 被告人侯金山犯走私、贩卖毒品罪，判处死刑，剥夺政治权利终身，并处没收个人全部财产。

4. 被告人王敬州犯贩卖毒品罪，判处死刑，剥夺政治权利终身，并处没收个人全部财产。

5. 被告人侯金姬犯贩卖毒品罪，判处死刑，剥夺政治权利终身，并处没收个人全部财产。

6. 被告人王晓梅犯贩卖毒品罪，判处死刑，剥夺政治权利终身，并处没收个人全部财产。

7. 被告人杨礼芬犯贩卖毒品罪，判处死刑，缓期 2 年执行，剥夺政治权利终身，并处没收个人全部财产。

8. 被告人张彩英犯贩卖毒品罪，判处死刑，缓期 2 年执行，剥夺政治权利终身，并处没收个人全部财产。

一审宣判后，被告人侯占齐、李文书、侯金山、王敬州、侯金姬、杨礼芬、王晓梅、张彩英分别提出上诉。

安徽省高级人民法院经二审认为，上诉人侯占齐、李文书、侯金山共同从境外购买并携带含吗啡成分的毒品入境贩卖，三人的行为已构成走私、贩卖毒品罪；上诉人侯金姬、杨礼芬、王晓梅、王敬州、张彩英共同贩卖含吗啡成分的毒品，五人的行为已构成贩卖毒品罪，且贩卖毒品数量大，均应依法惩处。在共同犯罪中，侯占齐、李文书、侯金山、王敬州起主要作用，系主犯，应当按照其参与的全部犯罪处罚。根据上诉人侯金姬、杨礼芬、王晓梅、张彩英在贩卖毒品过程中的地位、作用及本案的具体情节，对其四人判处死刑，可不立即执行。原判认定事实清楚，证据确实、充分，定罪准确，审判程序合法。据此，安徽省高级人民法院判决如下：

1. 维持安徽省阜阳市中级人民法院（2005）阜刑初字第101号刑事判决中以走私、贩卖毒品罪分别判处被告人侯占齐、侯金山、李文书死刑，剥夺政治权利终身，并处没收个人全部财产；以贩卖毒品罪判处被告人王敬州死刑，剥夺政治权利终身，并处没收个人全部财产；以贩卖毒品罪分别判处杨礼芬、张彩英死刑，缓期2年执行，剥夺政治权利终身，并处没收个人全部财产及被告人侯金姬、王晓梅犯贩卖毒品罪的定罪部分。

2. 撤销安徽省阜阳市中级人民法院（2005）阜刑初字第101号刑事判决中对被告人侯金姬、王晓梅的量刑部分。

3. 上诉人侯金姬犯贩卖毒品罪，判处死刑，缓期2年执行，剥夺政治权利终身，并处没收个人全部财产。

4. 上诉人王晓梅犯贩卖毒品罪，判处死刑，缓期2年执行，剥夺政治权利终身，并处没收个人全部财产。

宣判后，安徽省高级人民法院依法将本案报请最高人民法院核准。

最高人民法院复核认为，被告人侯占齐、李文书、侯金山将吗啡偷运入境并予以运输、贩卖，其行为均已构成走私、贩卖毒品罪，且走私、贩卖的毒品数量大；被告人王敬州以贩卖为目的购买吗啡，其行为已构成贩卖毒品罪，且贩卖的毒品数量大，均应依法惩处。第一、二审判决认定的犯罪事实清楚，证据确实、充分，定罪准确，对侯占齐、李文书的量刑适当。审判程序合法。鉴于侯金山在走私、贩卖毒品共同犯罪中的地位和作用次于侯占齐，王敬州涉案的毒品数量明显低于侯金山，且毒品均未流入社会，对侯金山、王敬州判处死刑，可不立即执行。据此，最高人民法院判决如下：

1. 核准安徽省高级人民法院（2005）皖刑终字第0487号刑事判决中维持一审以走私、贩卖毒品罪判处被告人侯占齐、李文书死刑，剥夺政治权利终身，并处没收个人全部财产的判决部分；

2. 撤销安徽省高级人民法院（2005）皖刑终字第0487号刑事判决和阜阳市中级人民法院（2005）阜刑初字第101号刑事判决中对被告人侯金山、王敬州的量刑部分；

3. 被告人侯金山犯走私、贩卖毒品罪，判处死刑，缓期2年执行，剥夺政治权利终身，并处没收个人全部财产；

4. 被告人王敬州犯贩卖毒品罪，判处死刑，缓期2年执行，剥夺政治权利终身，并处没收个人全部财产。

家族式毒品共同犯罪在四川、甘肃等少数民族聚居区较为常见。本案是一起典型的家族式毒品共同犯罪，家庭成员中有多人被判处死刑。关于毒品共同犯罪中各被告人的罪责承担问题，《大连会议纪要》指出，共同犯罪中能分清主从犯的，不能因为涉案的毒品数量特别巨大，就不分主从犯而一律将被告人认定为主犯或者实际上都按主犯处罚，一律判处重刑甚至死刑。对于共同犯罪中有多个主犯或者共同犯罪人的，处罚上也应做到区别对待。应当全面考察各主犯或者共同犯罪人在共同犯罪中实际发挥作用的差别，主观恶性和人身危险性方面的差异，对罪责或者人身危险性更大的主犯或者共同犯罪人依法判处更重的刑罚。

在本案中，被告人侯金山在共同犯罪中服从被告人侯占齐的指挥，参与实施毒品犯罪，相比侯占齐作用小、地位低，主观恶性和人身危险相对较小，根据《大连会议纪要》精神，可不判处死刑立即执行。单从毒品数量来看，被告人王敬州的毒品数量比侯金山少，而且王敬州携带的毒品尚未流入社会，社会危害性相对较小，根据罪责刑相适应原则，可不判处死刑立即执行。

在毒品共同犯罪中，也要划分主犯之间的罪责，只对罪责最大的被告人适用死刑。在家族式毒品共同犯罪中，尤其要考虑各被告人在共同犯罪中的地位和作用，在判处部分家庭成员死刑的情况下，对作用相对较小、地位相对较低的被告人应当从轻处罚，不能因同一宗毒品犯罪将家族成员一律判处“极刑”。这是宽严相济的刑事政策的要求，也是人道主义的要求。从犯罪预防来看，对罪行最为突出的家庭成员判处死刑，能起到一般预防和特殊预防的作用。

4.2.2 关于毒品共同犯罪中毒品再犯的量刑把握

关于毒品再犯的量刑把握，《大连会议纪要》指出，只要因走私、贩卖、运输、制造、非法持有毒品罪被判过刑，无论是在刑罚执行完毕后，还是在缓刑、假释或者暂予监外执行期间，又犯刑法分则第六章第七节规定的犯罪的，都是毒品再犯，应当从重处罚。《武汉会议纪要》进一步指出，累犯、毒品再犯是法定从重处罚情节，即使本次毒品犯罪情节较轻，也要体现从严惩处的精神。尤其对于曾因实施严重暴力犯罪被判刑的累犯、刑满释放后短期内又实施毒品犯罪的再犯，以及在缓刑、假释、暂予监外执行期间又实施毒品犯罪的再犯，应当严格体现从重处罚。

【案例4－5】王会陆、李明等人犯贩卖、运输毒品罪案①

被告人王会陆，男，1979年5月15日出生，无业。因涉嫌犯贩卖毒品罪于2007年4月18日被逮捕。

被告人李明，男，1977年8月23日出生，无业。1998年9月29日因犯贩卖毒品罪被判处有期徒刑15年，2005年12月29日刑满释放。因涉嫌犯走私、贩卖毒品罪于2007年4月18日被逮捕。

云南省玉溪市人民检察院以被告人王会陆、李明犯贩卖、运输毒品罪，向玉溪市中级人民法院提起公诉。

玉溪市中级人民法院经公开审理查明：

被告人王会陆、李明和苏俊（同案被告人，已判刑）预谋贩毒，商定由王会陆出资、销售、事后主持分赃，李明联系购买，苏俊负责运输。后苏俊又邀约了张正奎（同案被告人，已判刑）参与运输。四人约定，毒品卖出后由王会陆分给李明、苏俊、张正奎各10万元，其余归王所有。2007年3月10日，李明、苏俊、张正奎驾驶东风货车到达云南省瑞丽市。次日，苏俊将自己的1万元连同王会陆给其的26万元一起交给李明，李明单独到边境附近联系卖家，购得海洛因12块，交给苏俊后先行返回昆明。同月12日，苏俊、张正奎将海洛因藏匿在东风货车驾驶室内运往昆明。次日16时许，王会陆接苏俊电话后，驾驶奇瑞QQ轿车，与李明一起到昆明市凉亭东路接取海洛因。当苏俊将海洛因提到王会陆驾驶的轿车上时，四人先后被公安人员抓获，当场查获海洛因4120克。

玉溪市中级人民法院认为，被告人王会陆、李明贩卖、运输海洛因的行为均构成贩卖毒品罪。在共同犯罪中，李明主动寻找毒品卖主并由其独自将毒品购得后交付苏俊、张正奎运输，后又与王会陆到昆明接应毒品；王会陆为主出资并实际操控其他三名被告人实施毒品犯罪，均起主要作用，是主犯。李明因犯贩卖毒品罪被判过刑，又犯贩卖毒品罪，应从重处罚。据此，玉溪市中级人民法院判决如下：

1. 被告人王会陆犯贩卖毒品罪，判处死刑，剥夺政治权利终身，并处没收个人全部财产；

---

① 参见最高人民法院刑事审判第一、二、三、四、五庭编：《刑事审判参考》（总第67集），法律出版社2009年版，第109～111页。

2. 被告人李明犯贩卖毒品罪，判处死刑，剥夺政治权利终身，并处没收个人全部财产。

一审宣判后，被告人王会陆、李明提出上诉。王会陆称其不是犯意提起者，系从犯，一审量刑过重；李明称其不是犯意提起者，也不是出资者和分工者，请求从轻处罚。

云南省高级人民法院经二审审理后认为，原判认定的事实清楚，证据确实、充分，审判程序合法，但对李明、王会陆的定罪不准。据此，云南省高级人民法院改判王会陆、李明犯贩卖、运输毒品罪，均判处死刑，剥夺政治权利终身，并处没收个人全部财产，并依法将本案报请最高人民法院核准。

最高人民法院经复核认为，被告人王会陆、李明伙同他人为销售而购买、运输海洛因，其行为均已构成贩卖、运输毒品罪，且毒品数量巨大。在犯罪过程中，王会陆为主出资购买海洛因，李明具体实施购买海洛因的行为，在共同犯罪中均起主要作用，系主犯，应当按照各自所参与的全部犯罪处罚。王会陆系本案毒品的出资者，预谋时约定由其事后负责销售海洛因、主持分赃并分得较多赃款，系共同犯罪中罪行最为严重者，应依法惩处。李明曾因犯贩卖毒品罪被判刑，又犯贩卖、运输毒品罪，系毒品再犯，其不思悔改，主观恶性深，社会危害性大，罪行极其严重，应依法从重处罚。一审、二审判决认定的事实清楚，证据确实、充分，审判程序合法。第二审判决定罪准确，量刑适当。据此，最高人民法院裁定如下：

核准云南省高级人民法院（2007）云高刑终字第 1436 号对被告人王会陆、李明以贩卖、运输毒品罪均判处死刑，剥夺政治权利终身，并处没收个人全部财产的刑事判决。

在本案中，被告人王会陆系毒品的出资者，预谋时约定由其事后负责销售海洛因、主持分赃并分得较多赃款，系共同犯罪中罪行最为严重者。被告人李明的作用和地位次之，根据一个毒品共同犯罪中只判处一名被告人死刑的司法惯例，李明可不判处死刑立即执行。但李明曾因贩卖毒品罪被判刑，刑满释放后短期内又犯贩卖、运输毒品罪，系毒品再犯，应依法从重处罚。据此，最高人民法院核准王会陆、李明死刑。

4.2.3　关于毒品共同犯罪中同案犯在逃的量刑把握

【案例4－6】宋光军犯运输毒品罪案[①]

被告人宋光军，男，1973年6月14日出生，初中文化，无固定职业，曾因犯抢劫罪（未遂）于2003年2月20日被判处有期徒刑10个月。因涉嫌犯运输毒品罪于2005年2月25日被逮捕。

福建省泉州市人民检察院以被告人宋光军犯运输毒品罪，向泉州市中级人民法院提起公诉。

被告人宋光军否认指控的事实，辩称自己是在不知情的情况下，同案被告人杨波、叶红军将毒品放入包内的。其辩护人提出，本案的主犯应认定为负案在逃的同案犯杨波，被告人宋光军及叶红军均为从犯。

泉州市中级人民法院经公开审理查明：

被告人宋光军与同案被告人叶红军（已被判处死刑，缓期2年执行）、杨波（在逃）事先预谋运送毒品到福建省。2005年1月20日，三人携带一内藏有4包海洛因的深蓝色长方形行李包（由宋光军随身携带），乘坐客车从四川省出发，1月23日22时许，抵达福建省石狮市。宋光军与叶红军、杨波转乘杨某某驾驶的闽CT1569号出租车欲将毒品运往福州，途经泉州市城东出城登记站接受例行检查时，宋光军和叶红军被公安人员抓获，当场查获海洛因998克。杨波逃脱。

泉州市中级人民法院认为，被告人宋光军违反国家法律，非法运输毒品海洛因998克，其行为已构成运输毒品罪，且数量大。被告人宋光军曾因犯罪被判处有期徒刑，刑满释放5年内再犯本案之罪，系累犯，应从重处罚。被告人宋光军与同案被告人叶红军在共同犯罪中，没有明显的主次之别，不宜区分主从犯，故被告人宋光军的辩护人提出的被告人宋光军是从犯的理由，不予采纳。据此，泉州市中级人民法院判决如下：

被告人宋光军犯运输毒品罪，判处死刑，剥夺政治权利终身，并处没收个人全部财产。

一审宣判后，宋光军不服，提出上诉，称其对所携带的行李包内藏有毒品

---

① 参见最高人民法院刑事审判第一、二、三、四、五庭编：《刑事审判参考》（总第51集），法律出版社2006年版，第33～35页。

不明知。其辩护人提出，本案主犯是负案在逃的杨波。被告人宋光军既非毒品的所有者，也不是犯罪的指挥者，他是在杨波设下圈套引诱之下犯罪，根本不知道是谁于何时将毒品藏于他的行李包中。其犯罪主观恶性相对较小，在共同犯罪中所起的作用较小，属于从犯，依法应当从轻、减轻处罚，并且该毒品也没有流入社会，未造成严重后果。

福建省高级人民法院经审理后认为，被告人宋光军运输毒品海洛因998克，其行为已构成运输毒品罪，运输毒品数量大。宋光军曾因犯罪被判处有期徒刑，刑满释放后5年内再犯罪，系累犯，依法应从重处罚。宋光军及其辩护人提出其不知所携带的行李包内藏有海洛因的理由，经查，宋光军、叶红军在公安机关侦查阶段均供述宋光军行李包内藏有海洛因；公安人员例行检查时宋光军、叶红军及杨波即弃包逃离，故其诉辩对于行李包内藏有海洛因不明知的理由不能成立，不予采纳。原判认定事实清楚，证据确凿，定罪准确，量刑适当。审判程序合法。宋光军要求从轻处罚理由不能成立，不予采纳。据此，福建省高级人民法院裁定驳回上诉，维持原判，并依法报请最高人民法院核准。

最高人民法院经复核后认为，被告人宋光军明知是海洛因而非法予以运输，其行为已构成运输毒品罪，且运输毒品数量大，又系累犯，应依法惩处。一审判决和二审裁定认定的事实清楚，证据确实、充分，定罪准确。审判程序合法。但根据现有证据，不能证明被告人宋光军在共同犯罪中的作用大于同案犯叶红军，对被告人宋光军判处死刑，可不立即执行。据此，最高人民法院判决如下：

1. 撤销福建省高级人民法院刑事裁定和福建省泉州市中级人民法院刑事判决中对被告人宋光军的量刑部分；

2. 被告人宋光军犯运输毒品罪，判处死刑，缓期2年执行，剥夺政治权利终身，并处没收个人全部财产。

在本案中，被告人宋光军否认指控的事实，辩称自己是在不知情的情况下，同案被告人杨波、叶红军将毒品放入包内。同案犯叶红军供述毒品系在逃同案犯杨波所有，其和宋光军受雇于杨波。由于同案犯杨波在逃，三人在共同犯罪中的地位和作用无法查明。根据《武汉会议纪要》规定，不应判处被告人宋光军死刑立即执行。

当然，本案发生在《武汉会议纪要》之前，最高人民法院裁定不予核准被告人宋光军的死刑判决的依据并非《武汉会议纪要》。最高人民法院认为，宋光军在共同犯罪中的作用和地位不明，已经被判处死缓并生效的同案犯叶红军的地位在共同犯罪中比宋光军高，判处宋光军死刑立即执行，将导致本案量刑失衡，同时宋光军虽系累犯，但并非毒品再犯，涉案毒品未流入社会，社会危害性较低，据此，最高人民法院裁定不予核准宋光军的死刑，依法改判为死缓。

4.2.4 关于主犯有法定从轻处罚量刑情节的量刑把握

【案例4-7】高洪雷等犯贩卖、运输毒品罪、介绍卖淫罪案[①]

被告人高洪雷，男，1974年5月21日出生。因涉嫌犯贩卖、运输毒品罪，介绍卖淫罪，于2015年1月7日被逮捕。

被告人杨军练，男，1968年3月4日出生。2005年1月12日因犯挪用公款罪被判处有期徒刑10年，2010年4月9日刑满释放。因涉嫌犯贩卖、运输毒品罪，介绍卖淫罪，于2015年1月7日被逮捕。

（同案被告人曾美英的身份情况和判刑情况略）

浙江省温州市人民检察院以被告人高洪雷、杨军练、曾美英犯贩卖、运输毒品罪，介绍卖淫罪，向温州市中级人民法院提起公诉。

被告人高洪雷对起诉书指控的事实无辩解。其辩护人提出，高洪雷贩卖的毒品数量在500克以内，且第二次购买的毒品全部被查获，未给社会造成实质性危害；高洪雷参与贩毒的作用相对杨军练较小；现有证据仅能证实曾美英介绍卖淫4次，其中高洪雷接送2次；高洪雷系初犯、偶犯，归案后如实供述自己的罪行，当庭自愿认罪，请求对高洪雷从轻处罚。

温州市中级人民法院经公开审理查明：

2014年11月中旬，被告人高洪雷与杨军练、曾美英经商议决定在浙江省温州市鹿城区贩毒，由杨军练负责向毒品上家姜雯静（另案处理）购买毒品，高洪雷负责销售毒品，曾美英负责提供“冰妹”陪吸毒者吸毒和发生性关系。11月21日，杨军练前往江西省南昌市向姜雯静购得甲基苯丙胺（冰毒）970克、甲基苯丙胺片剂（俗称“麻古”）200粒，运回温州市后藏匿于浙商证券有限责任公司营业部的保安室内。后高洪雷陆续将毒品卖给他人，剩余的84.08克甲基苯丙胺、13克甲基苯丙胺片剂后被公安人员查获。其间，曾美英先后6次介

---

① 参见最高人民法院刑事审判第一、二、三、四、五庭编：《刑事审判参考》（总第115集），法律出版社2019年版，第79～82页。

绍付某某（女，未成年）等人陪吸毒者吸毒并发生性关系。后经曾美英请求，杨军练、高洪雷同意曾美英退出合伙。同年12月2日，杨军练、高洪雷一起乘坐曹某某驾驶的汽车前往南昌市向姜雯静购买毒品。次日，杨军练和姜雯静在南昌市广州路华东建材市场附近广场公厕旁进行毒品交易。交易完成后，杨军练、高洪雷乘坐上述车辆返回温州，在温州市温州西高速公路收费站处被公安人员抓获，当场查获3大包毒品疑似物及104颗毒品疑似物。经鉴定，该3大包毒品疑似物重2497.98克，均检出甲基苯丙胺，其中1000.44克甲基苯丙胺的含量为79.0%，499.50克甲基苯丙胺的含量为80.5%，998.04克甲基苯丙胺的含量为79.4%；104颗毒品疑似物重9.73克，检出甲基苯丙胺及咖啡因成分。

温州市中级人民法院经审理认为，被告人高洪雷、杨军练、曾美英违反国家毒品管制法规，贩卖、运输毒品，其行为均已构成贩卖、运输毒品罪；高洪雷、杨军练、曾美英多次介绍他人卖淫，其中介绍未成年人卖淫4次，情节严重，其行为又均已构成介绍卖淫罪，公诉机关指控的罪名成立。高洪雷在公安机关任协警期间与杨军练、曾美英相识，案发时虽已辞职离开公安机关，但却未将该情况告知杨军练、曾美英，杨军练、曾美英供述约定分成之时已考虑高洪雷的身份。此外，高洪雷负责销售毒品，大量毒品经其手流入社会，行为积极，故高洪雷与杨军练的地位、作用基本相当。虽然高洪雷归案后能够如实供述主要犯罪事实，但不足以对其从轻处罚。杨军练曾因故意犯罪被判处有期徒刑以上刑罚，在刑满释放后5年内又故意犯罪，系累犯，应依法从重处罚。杨军练归案后协助公安机关抓获毒品上家姜雯静，有重大立功表现，且能够如实供述主要犯罪事实，可以从轻处罚。据此，温州市中级人民法院判决如下：

1. 被告人高洪雷犯贩卖、运输毒品罪，判处死刑，剥夺政治权利终身，并处没收个人全部财产；犯介绍卖淫罪，判处有期徒刑5年，并处罚金人民币3000元，决定执行死刑，剥夺政治权利终身，并处没收个人全部财产。

2. 被告人杨军练犯贩卖、运输毒品罪，判处死刑，缓期2年执行，剥夺政治权利终身，并处没收个人全部财产；犯介绍卖淫罪，判处有期徒刑5年，并处罚金人民币3000元；决定执行死刑，缓期2年执行，剥夺政治权利终身，并处没收个人全部财产。

一审宣判后，被告人高洪雷上诉提出，原判认定其在共同犯罪中的分工分成、贩毒数量等事实有误，其销售毒品数量应在500克以内，在共同犯罪中所起作用较杨军练小，本案所涉毒品大部分未流入社会，应对其从轻处罚。其辩护人提出，杨军练在共同犯罪中所起的作用比高洪雷大；第一次贩卖的毒品含量没有经过鉴定，含量应该推定为非常低；高洪雷曾担任过协警的身份不影响其在共同犯罪中的地位；原审量刑不平衡，应依法改判。被告人杨军练未提出上诉。

浙江省高级人民法院经二审审理认为，被告人高洪雷等人的行为均已构成贩卖、运输毒品罪，介绍卖淫罪。高洪雷及其辩护人所提高洪雷贩卖毒品数量应在500克以内、在共同犯罪中作用相较杨军练小的上诉理由及辩护意见，与查明的事实不符，不予采信。虽然第一次购进的毒品没有含量鉴定，但第二次购得的毒品含量达到80%，且两次购进毒品均来源于上家姜雯静，出庭检察员基于毒品来源及销售速度，提出第一批毒品质量较好，没有鉴定不影响本案定罪量刑的意见可以成立。原判定罪准确，量刑适当，审判程序合法。裁定驳回上诉，维持原判。对高洪雷的死刑判决依法报请最高人民法院核准。

最高人民法院经复核认为，被告人高洪雷伙同他人非法购买、销售毒品甲基苯丙胺和甲基苯丙胺片剂，并使用交通工具运送，其行为已构成贩卖、运输毒品罪。高洪雷伙同他人介绍妇女卖淫，其行为又构成介绍卖淫罪。在共同犯罪中，高洪雷起主要作用，系主犯，应按照其所参与的全部犯罪处罚。高洪雷贩卖、运输毒品数量大，罪行严重，还结伙多次介绍卖淫、介绍未成年人卖淫，情节严重，应依法惩处。鉴于高洪雷在共同贩卖、运输毒品中所起作用略小于同案被告人杨军练，归案后始终如实供述犯罪，能够认罪、悔罪，且涉案毒品大部分已查获，未进一步流入社会造成更严重危害，依法可不判处其死刑立即执行。高洪雷的辩护律师所提的部分意见，有事实和法律依据，予以采纳。第一审判决、第二审裁定认定的事实清楚，证据确实、充分，定罪准确，审判程序合法。裁定不核准高洪雷死刑，发回浙江省高级人民法院重新审判。

浙江省高级人民法院经重新审判，于2017年5月8日判处被告人高洪雷死刑缓期2年执行。

关于毒品共同犯罪中各被告人的作用和地位的认定，《大连会议纪要》指出，要从犯意提起、具体行为分工、出资和实际分得毒赃多少以及共犯之间相互关系等方面，比较各个共同犯罪人在共同犯罪中的地位和作用。在本案中，高洪雷和杨军练共同参与贩卖、运输毒品，在共同犯罪中均起主要作用，均系主犯。虽然无法证明犯意到底由谁提起，但是本案毒品均由杨军练负责联系上家并提供全款购买，杨军练亲自前往江西省南昌市将毒品运回浙江省温州市保管，毒资也由杨军练掌控，说明杨军练在共同犯罪中的作用更大、地位更高。

《武汉会议纪要》指出，毒品共同犯罪案件的死刑适用应当与该案的毒品数量、社会危害及被告人的犯罪情节、主观恶性、人身危险性相适应。涉案毒品数量刚超过实际掌握的死刑数量标准，依法应当适用死刑的，要尽量区分主犯间的罪责大小，一般只对其中罪责最大的一名主犯判处死刑。在本案中，被告人杨军练的罪责更大，理应只判处杨军练一人死刑。杨军练因法定从轻处罚的量刑情节不适用死刑，并不意味着可以判处地位和作用次之的高洪雷死刑。

4.2.5　关于代购者和托购者的量刑把握

【案例4-8】陈恒武、李祥光犯贩卖、运输毒品罪案①

被告人陈恒武，男，1972年11月4日出生，小学文化，农民。2012年9月6日因本案被逮捕。

被告人李祥光，男，1968年1月9日出生，文盲，无业。2003年12月17日因犯贩卖毒品罪被判处有期徒刑8年，并处罚金人民币3000元，2010年7月23日刑满释放。2012年9月6日因本案被逮捕。

贵州省毕节市人民检察院指控被告人陈恒武、李祥光犯贩卖、运输毒品罪一案，向毕节市中级人民法院提起公诉。

被告人陈恒武辩称，其没有和陈艳（在逃）商量，也没有邀约陈恒友（系同案被告人，已判刑）去贩毒，公安机关缴获的毒品与陈艳在缅甸购买的毒品不是一批货。其辩护人提出，本案定性应为运输毒品罪，陈恒武系本案从犯，买车、改装、联系买主等都是陈艳等人实施的，并且由陈艳安排同伙的行动，且陈恒武所购毒品数量较少，请求从宽判处。

被告人李祥光不否认起诉书指控的事实，但认为汇给陈恒武的钱中有10万元是借给陈恒武的。其辩护人提出，李祥光系从犯，只对其出资6万元购买的毒品承担责任。

---

① 参见最高人民法院刑事审判第一、二、三、四、五庭编：《刑事审判参考》（总第112集），法律出版社2018年版，第70~73页。

毕节市中级人民法院经审理查明：

被告人陈恒武与陈艳共谋到云南购买毒品，并分别邀约陈恒友、李启兵（系同案被告人，已判刑）、陈明权（在逃）一同前往。2012年7月24日，陈艳、李启兵、陈明权驾驶比亚迪轿车，陈恒武和陈恒友驾驶丰田凯美瑞轿车先后前往云南。7月25日，陈艳、陈明权、李启兵到达云南省勐海县打洛镇后，陈艳、陈明权偷渡到缅甸小勐拉。7月26日，陈恒武、陈恒友到达打洛镇后偷渡到小勐拉与陈艳、陈明权会合。陈恒武、陈艳、陈明权、陈恒友在入住的小勐拉凯旋宾馆内多次与货主“小龙”（在逃）等人查验毒品样品、商议购买毒品。其间，被告人李祥光、张佳勇（另案处理）分别通过银行汇款给陈恒武16万元和8.5万元购买毒品。7月31日晚，陈恒武、陈艳由缅甸返回打洛镇。8月1日凌晨1时许，李启兵按照陈艳的安排将比亚迪轿车开到事先指定的地点，送货人将毒品装入该车油箱。陈恒武驾驶丰田凯美瑞轿车与陈艳、陈恒友在前探路，李启兵驾驶比亚迪轿车运输毒品跟随其后。3时35分至50分，云南省勐海县公安边防支队在云南省西双版纳州国道老路3100路标处先后将陈恒武、陈恒友、陈艳和李启兵拦下检查，发现比亚迪轿车后排座位下的油箱电泵处有改动痕迹，怀疑藏有违禁品，遂将两车带到勐海县荣光汽修厂。6时30分，在荣光汽修厂专业人员的协助下，当场从比亚迪轿车油箱内查获含量为46.88%的毒品海洛因2760克，含量为14.45%的甲基苯丙胺片剂（俗称“麻古”）9015克。

贵州省毕节市中级人民法院认为，被告人陈恒武违反国家毒品管理法规，以牟取非法利益为目的贩卖、运输毒品甲基苯丙胺9015克，毒品海洛因2760克，毒品共计11,775克的行为已构成贩卖、运输毒品罪。被告人李祥光得知陈恒武至境外购买毒品后将毒资汇至陈恒武账户、要求陈恒武为其代购毒品并支付相应车费的行为构成贩卖、运输毒品罪。其中，陈恒武与陈艳共谋购买毒品，与毒品上线联系，参与检验毒品样品、试货、商议毒品价格，斥巨资购买毒品，验收毒品数量，驾驶车辆行驶在运毒车辆之前探路，在犯罪中起主要作用，系主犯。李祥光出资16万元请陈恒武为其购买毒品，应当对其所购毒品负责，其所涉毒品数量巨大，且系毒品再犯、累犯，应从重处罚。据此，贵州省毕节市中级人民法院以贩卖、运输毒品罪，分别判处被告人陈恒武死刑，剥夺政治权利终身，并处没收个人全部财产；判处被告人李祥光死刑，剥夺政治权利终身，并处没收个人全部财产。

一审宣判后，陈恒武、李祥光提出上诉。

被告人陈恒武上诉提出，陈艳在逃致关键事实不清，其行为应定运输毒品罪，系从犯，量刑过重。二审庭审中，陈恒武对其参与贩卖、运输毒品的事实不持异议，但辩解此前未与陈艳共谋，系到云南后陈艳再三邀约才参与的。其辩护人提出，鉴于陈艳在逃，请求对陈恒武作出留有余地的判决。

被告人李祥光上诉提出，其仅出资6万元购买毒品，应定贩卖毒品罪。其辩护人提出，一审判决认定事实不清，证据不足，量刑过重。

贵州省高级人民法院经审理认为，原判认定上诉人陈恒武、李祥光犯贩卖、运输毒品罪的事实清楚。陈恒武邀约陈恒友贩卖、运输毒品甲基苯丙胺和海洛因，其行为均已构成贩卖、运输毒品罪。李祥光贩卖毒品甲基苯丙胺和海洛因，其行为已构成贩卖毒品罪。陈恒武所提"应定运输毒品罪"的上诉理由不能成立，不予采纳。李祥光所提"应定贩卖毒品罪"的上诉理由成立，予以采纳。在陈恒武等人贩卖、运输毒品的共同犯罪中，陈恒武与陈艳等人共谋购买毒品，参与检验毒品样品、商议毒品价格、出资购买毒品，为他人代购毒品，驾驶车辆在运毒车辆之前探路，起主要作用，系本案主犯，应当按照其参与的全部犯罪处罚。其所提"系从犯，量刑过重"的上诉理由不能成立，不予采纳。上诉人李祥光出资16万元通过陈恒武为其购买毒品欲进行贩卖，且系毒品累犯和再犯，主观恶性极大，社会危害性特别严重，应依法从重处罚，原审法院据此对其量刑并无不当，其辩护人所提"量刑过重"的辩护意见不能成立，不予采纳。原审法院对陈恒武的定罪准确，对陈恒武、李祥光的量刑适当，但对李祥光的定罪不当，应予以改判，审判程序合法。据此，贵州省高级人民法院判决如下：

1. 维持毕节市中级人民法院对上诉人陈恒武的刑事判决；

2. 撤销毕节市中级人民法院对上诉人李祥光的刑事判决，以贩卖、运输毒品罪改判李祥光死刑，剥夺政治权利终身，并处没收个人全部财产。

贵州省高级人民法院依法将陈恒武、李祥光的死刑判决报请最高人民法院核准。

最高人民法院经复核认为，被告人陈恒武违反毒品管理法规，伙同他人购买、运输毒品海洛因、甲基苯丙胺的行为已构成贩卖、运输毒品罪。被告人李祥光委托陈恒武代为购买毒品的行为已构成贩卖毒品罪。陈恒武伙同陈艳共谋贩毒，纠集陈恒友参与贩卖、运输毒品，并邀约李祥光、张佳勇购买毒品，亲自赴境外检验毒品样品、商议毒品价格，且出资巨大，其在共同贩卖、运输毒品犯罪中起主要作用，系罪责最为严重的主犯之一，应当按照其所参与的全部犯罪处罚。陈恒武贩卖、运输毒品数量大，应依法惩处。第一审判决、第二审判决认定的事实清楚，证据确实、充分，定罪准确，对被告人陈恒武量刑适当，审判程序合法。李祥光受邀参与贩毒，未参与运输毒品，且归案后能如实供述罪行，对李祥光判处死刑，可不立即执行。据此，最高人民法院判决如下：

1. 核准贵州省高级人民法院刑事判决中维持第一审以贩卖、运输毒品罪判处被告人陈恒武死刑，剥夺政治权利终身，并处没收个人全部财产的部分。

2. 撤销贵州省高级人民法院以贩卖、运输毒品罪判处被告人李祥光死刑，剥夺政治权利终身，并处没收个人全部财产的判决部分。

3. 被告人李祥光犯贩卖毒品罪，判处死刑，缓期2年执行，剥夺政治权利终身，并处没收个人全部财产。

关于代购者和托购者的量刑，应当根据双方在毒品共同犯罪中的作用和地位而定，主要从犯意提起、毒资出资、实际参与毒品犯罪的环节等进行把握。在本案中，被告人陈恒武主动邀约被告人李祥光去贩毒，属于犯意提起者。李祥光将毒资通过转账方式汇入陈恒武的账户，并未实际参与购买、走私、运输毒品等环节。陈恒武亲自赴境外检验毒品样品、验货、商议毒品价格和进货，在共同犯罪中的作用更大、地位更高。根据同宗毒品共同犯罪中只判处一个人死刑的司法惯例，判处陈恒武死刑能实现全案量刑均衡。据此，最高人民法院不予核准李祥光的死刑。

4.3 关于毒品共同犯罪和毒品犯罪集团的认定

【案例4-9】练永伟等犯贩卖毒品罪案①

被告人练永明，男，1966年6月10日出生，初中文化，个体经营服装。1996年8月因犯贩卖毒品罪被判处有期徒刑3年6个月。2004年11月26日因涉嫌犯贩卖、运输毒品罪被逮捕。

---

① 参见最高人民法院刑事审判第一、二、三、四、五庭编：《刑事审判参考》（总第52集），法律出版社2007年版，第29~37页。

被告人吴兵，男，1968 年 5 月 6 日出生，初中文化，无业。1988 年 4 月因犯抢劫罪被判处有期徒刑 7 年；1996 年 4 月又因犯流氓罪被判处有期徒刑 6 年，2000 年 9 月 25 日被减刑后释放。2004 年 11 月 26 日因涉嫌犯贩卖、运输毒品罪被逮捕。

被告人练永伟，男，1963 年 7 月 7 日出生，小学文化，无业。2004 年 11 月 26 日因涉嫌犯贩卖、运输毒品罪被逮捕。

被告人刘宏伟，男，1966 年 1 月 28 日出生，初中文化，无业。1997 年 12 月因犯贩卖毒品罪被判处有期徒刑 8 年，并处罚金 5000 元，2003 年 5 月 17 日刑满释放。2004 年 11 月 26 日因涉嫌犯贩卖、运输毒品罪被逮捕。

被告人苏楚文，男，1955 年 9 月 24 日出生，小学文化，无业。1978 年 4 月因犯破坏社会治安罪被判处有期徒刑 7 年；1994 年又因犯盗窃罪被判处有期徒刑 3 年；1998 年 6 月又因犯贩卖毒品罪被判处有期徒刑 3 年，并处罚金 2000 元，2000 年 10 月 1 日刑满释放。2004 年 11 月 26 日因涉嫌犯贩卖、运输毒品罪被逮捕。

被告人鲜报，男，1966 年 11 月 14 日出生，初中文化，公司职员。2004 年 11 月 26 日因涉嫌犯贩卖毒品罪被逮捕。

被告人杨宗明，男，1965 年 11 月 30 日出生，初中文化，无业。2001 年 2 月因犯贩卖毒品罪被判处有期徒刑 2 年，并处罚金 2000 元，2002 年 10 月 14 日刑满释放。2004 年 11 月 15 日因犯非法持有毒品罪被判处有期徒刑 14 年。

被告人涂强，男，1964 年 8 月 15 日出生，小学文化，无业。1983 年 11 月因犯抢劫罪和脱逃罪被判处死刑，缓期 2 年执行，剥夺政治权利终身，2004 年减刑后释放，并附加剥夺政治权利 7 年。2004 年 11 月 26 日因涉嫌犯运输毒品罪被逮捕。

江苏省无锡市人民检察院以被告人练永明、吴兵、练永伟、杨宗明犯贩卖、运输毒品罪，被告人苏楚文、鲜报犯贩卖毒品罪，被告人刘宏伟、涂强犯运输毒品罪，向江苏省无锡市中级人民法院提起公诉。

无锡市中级人民法院经公开审理查明：

2004 年 3 月至 10 月，被告人练永明先后纠集了被告人吴兵、练永伟、刘宏伟、苏楚文和杨宗明、鲜报、涂强及陈民福（在逃）等人，组成了集购买、运输、储藏、贩卖于一体的贩毒网络。练永明在重庆市负责联系购买毒品海洛因，并安排人员运送至上海市、无锡市进行出售；练永伟在重庆市受练永明的指使取回练永明购买的海洛因，并负责将海洛因交给练永明安排的人员逐批运送，同时购买并提供从重庆市至上海市的火车票；刘宏伟和杨宗明、涂强、陈民福相继在练永明的安排下负责运输海洛因；吴兵在练永明的安排下，在上海市、无锡市负责接收和出售海洛因，并将回笼的赃款通过异地存储或委托运送毒品人员返程时带回等方式交给练永明；苏楚文受吴兵的指使在无锡市负责接收和出售海洛因；鲜报在练永明、吴兵的安排下，在无锡市的租住处储藏、中转海洛因。具体事实如下：

1. 2004 年 3 月，练永明与刘绍波（在逃）联系后，指使练永伟在重庆市沙坪坝区天心桥车站附近从刘绍波处取回购得的海洛因 1500 克。后练永伟根据练永明的安排，在该区妇幼保健站附近将海洛因连同火车票交给杨宗明，由杨乘火车运送至上海市，转交给吴兵贩卖。

2. 2004 年 4 月，练永明与刘绍波联系后，指使练永伟在重庆市沙坪坝区天心桥车站附近从刘绍波处取回购得的海洛因约 2000 克。后练永伟根据练永明的安排，于 4 月 8 日在该区妇幼保健站附近将海洛因连同火车票交给杨宗明，由杨乘火车将海洛因运送至上海市，准备转交给吴兵贩卖。同月 10 日，杨宗明到达上海市后，在吴兵租住地上海市共和新路 1865 弄 2 号 602 室附近被公安机关抓获，当场缴获海洛因 1959.01 克。

3. 2004 年 7 月，练永明与刘绍波联系后，指使练永伟在重庆市沙坪坝区烈士陵园旁的加油站附近从刘绍波处取回购得的海洛因 2000 克。后吴兵先后 3 次从练永伟的住处提取海洛因 2000 克运至无锡市，先储藏于鲜报在无锡市的租住处，后用于贩卖。

4. 2004 年 9 月中旬，练永明与刘绍波联系后，指使练永伟在重庆市沙坪坝区天心桥车站附近从刘绍波处取回购得的海洛因 3000 克。根据练永明的安排，练永伟于同月 14 日在都市花园某洗脚馆内将其中的 2000 克海洛因连同火车票交给刘宏伟，由刘宏伟从重庆市乘火车将海洛因于同月 16 日运输至无锡市，并根据吴兵的安排，在无锡市金城医院附近将海洛因交给吴兵派去的苏楚文。吴兵接收到海洛因后取走 1200 克贩卖，将剩余的 800 克储藏于鲜报在无锡市的租住处，后用于贩卖。

5. 2004 年 9 月下旬，练永明与刘绍波联系后，指使练永伟在重庆市沙坪坝区烈士陵园加油站附近从刘绍波处取回购得的海洛因9000克放于自己家中。同月28日，练永伟根据练永明的安排，在重庆市师范学院门口将其中的2000克海洛因连同火车票交给刘宏伟，由刘宏伟乘火车将海洛因于同月30日运输至无锡市，在无锡市金城医院附近交给吴兵派去的苏楚文。苏楚文将上述毒品全部储藏在鲜报在无锡市的租住处，后用于贩卖。

6. 2004年9月30日，练永伟根据练永明的安排，在重庆市沙阳路供电局缴费站附近将2000克海洛因连同火车票交给陈民福，由陈乘火车于10月2日将海洛因运送至无锡市，在无锡市金城医院附近交给吴兵。吴兵、苏楚文当即取走部分海洛因贩卖，将剩余的700克海洛因储藏于鲜报在无锡市的租住处，用于日后贩卖。

7. 2004年10月8日，练永伟根据练永明的安排，在重庆市第三中学门口将2000克海洛因连同火车票交给刘宏伟，由刘乘火车于同月10日将海洛因运送至无锡市，在无锡市金城医院附近交给吴兵派去的苏楚文。后吴兵取走100克贩卖，将剩余的1900克海洛因储藏于鲜报在无锡市的租住处，用于日后贩卖。

8. 2004年10月22日，练永伟根据练永明的安排，在重庆市第八中学附近将2000克海洛因连同火车票交给陈民福，由陈乘火车于同月24日将海洛因运送至无锡市，在无锡市的金城医院附近交给吴兵。后吴兵、苏楚文分别取走1200克和100克贩卖，将剩余的700克海洛因储藏于鲜报在无锡市的租住处，用于日后贩卖。

9. 2004年10月24日，练永伟根据练永明的安排，在重庆市第八中学附近将2817克海洛因连同火车票交给刘宏伟、涂强，由刘、涂二人乘火车于同月26日将海洛因运送至无锡市，在无锡市的金城医院附近交给吴兵派去的苏楚文。苏楚文将其中的500克海洛因直接用于贩卖，将其余的2317克海洛因带至鲜报在无锡市的租住处储藏。鲜报将其中的2000克海洛因藏匿于其妹妹鲜小群的住处，准备用于日后贩卖。同月29日，公安机关从鲜报、鲜小群处查获海洛因2317克。

10. 2004年10月27日，练永伟根据练永明的安排，在重庆市沙坪坝区武装部招待所附近将2008克海洛因连同火车票交给刘宏伟，由刘乘火车运送至上海市欲转交给吴兵贩卖。同月29日，刘宏伟在上海市火车站被公安机关抓获，当场缴获其随身携带的海洛因2008克。

此外，被告人练永明自2001年2月起即在无锡市、常州市、上海市一带从事贩卖海洛因的犯罪活动。自2001年2月至2003年1月，练永明单独或指使他人分别向刘兴军、王伟煌、林艺（均已判刑）、邓国富（在逃）贩卖海洛因共8次计902克；2004年7月练永明还伙同被告人练永伟向唐荣龙（已判刑）贩卖海洛因500克。被告人吴兵也曾于2002年7月22日在无锡市兴业招待所向王伟煌贩卖海洛因100克。

综上所述，被告人练永明纠集他人共同贩卖、运输海洛因10次计20,284.01克，此外还单独或伙同他人贩卖海洛因9次计1402克；被告人吴兵直接运输或者安排人员接收海洛因8次计16,317克并亲自贩卖或指使苏楚文、杨宗明贩卖，此外还单独贩卖海洛因1次100克；被告人练永伟在练永明指使下参与运输及贩卖海洛因11次计20,784.01克；被告人刘宏伟参与运输海洛因5次计10,825克；被告人苏楚文受吴兵的指使，4次在无锡市接收海洛因计8817克，并贩卖海洛因1436克。案发后，公安机关共缴获海洛因6381.01克，其余毒品均已流入社会。

无锡市中级人民法院经审理认为，被告人练永明不满足于零星贩卖海洛因而纠集被告人吴兵、练永伟、刘宏伟、苏楚文、鲜报、杨宗明、涂强等人，组成贩卖海洛因的犯罪集团，有组织地贩卖、运输大宗海洛因。被告人练永明、吴兵、练永伟、杨宗明的行为均已构成贩卖、运输毒品罪；被告人苏楚文、鲜报的行为均已构成贩卖毒品罪；被告人刘宏伟、涂强的行为均已构成运输毒品罪。且各被告人贩卖、运输海洛因的数量均达到且明显超过《刑法》第347条第2款第（1）项的法定标准。在犯罪集团中，被告人练永明系起组织、指挥作用的首要分子，应对集团所犯的全部罪行承担刑事责任；被告人吴兵、练永伟、刘宏伟、苏楚文、鲜报、杨宗明均系积极实施的主犯，均应对各自实施的全部犯罪承担刑事责任；被告人涂强起次要作用，系从犯。被告人练永明、刘宏伟、苏楚文、杨宗明曾因犯贩卖毒品罪均被判过刑，又进行毒品犯罪，依照《刑法》第356条之规定，均应当从重处罚；被告人吴兵、涂强在前罪有期徒刑以上刑罚执行完毕后的5年内又重新故意犯罪，依照《刑法》第65条第1款之规定均系累犯，均应当从重处罚。综合考察被告人练永明、吴兵、练永伟、刘宏伟、苏楚文、鲜报、杨宗明犯罪的主观恶性及造成的社会危害性，均属罪行极其严重，依法均应予以严惩。被告人涂强虽系累犯，但根据其在集团犯罪中所处的地位和所起的作用，对其判处死刑可不立即执行。被告人杨宗明在刑罚执行期间被发现还有其他罪行没有得到判决，应依照《刑法》第70条之规定实行数罪并罚；被告人涂强在前罪主刑执行完毕后的附加剥夺政治权利执行期间又犯新罪，应依照《刑法》第71条之规定实行数罪并罚。据此，无锡市中级人民法院判决如下：

1. 被告人练永明犯贩卖、运输毒品罪，判处死刑，剥夺政治权利终身，并处没收全部财产。

2. 被告人吴兵犯贩卖、运输毒品罪，判处死刑，剥夺政治权利终身，并处没收全部财产。

3. 被告人练永伟犯贩卖、运输毒品罪，判处死刑，剥夺政治权利终身，并处没收全部财产。

4. 被告人刘宏伟犯运输毒品罪，判处死刑，剥夺政治权利终身，并处没收全部财产。

5. 被告人苏楚文犯贩卖毒品罪，判处死刑，剥夺政治权利终身，并处没收全部财产。

6. 被告人鲜报犯贩卖毒品罪，判处死刑，剥夺政治权利终身，并处没收全部财产。

7. 被告人杨宗明犯贩卖、运输毒品罪，判处死刑，剥夺政治权利终身，并处没收全部财产；连同原判刑罚，决定执行死刑，剥夺政治权利终身，并处没收全部财产。

8. 被告人涂强犯运输毒品罪，判处死刑，缓期2年执行，剥夺政治权利终身，并处没收财产人民币8万元；连同前罪尚未执行完毕的刑罚，决定执行死刑，缓期2年执行（死刑缓期2年执行的期间，从高级人民法院核准之日起计算），剥夺政治权利终身，并处没收财产人民币8万元。

宣判后，被告人练永明、吴兵、涂强服判，未提出上诉，其余被告人均提出上诉。

江苏省高级人民法院经审理后认为，原审判决认定事实清楚，证据确实、充分，定罪正确，审判程序合法。被告人练永明纠集吴兵、练永伟、刘宏伟、苏楚文、杨宗明、鲜报、涂强贩卖运输大宗海洛因，系共同犯罪。原审判决认定本案被告人为犯罪集团不当。原审判决对杨宗明、鲜报、涂强量刑不当，应予改判。据此，江苏省高级人民法院判决如下：

1. 维持对被告人练永明、吴兵、练永伟、刘宏伟、苏楚文的判决。

2. 维持对被告人杨宗明、鲜报、涂强的定罪，撤销对杨宗明、鲜报、涂强的量刑。

3. 被告人杨宗明犯贩卖、运输毒品罪，判处死刑，缓期 2 年执行，剥夺政治权利终身，并处没收全部财产；连同原判刑罚，决定执行死刑，缓期 2 年执行，剥夺政治权利终身，并处没收全部财产。

被告人鲜报犯贩卖毒品罪，判处无期徒刑，剥夺政治权利终身，并处没收全部财产。

被告人涂强犯运输毒品罪，判处无期徒刑，剥夺政治权利终身，并处没收财产人民币 8 万元；连同前罪尚未执行完毕的刑罚，决定执行无期徒刑，剥夺政治权利终身，并处没收财产人民币 8 万元。

最高人民法院复核认为，被告人练永明纠集被告人吴兵、练永伟、刘宏伟、苏楚文等人，贩卖、运输海洛因数量特别巨大，吴兵积极参与运输、贩卖海洛因，刘宏伟积极参与运输海洛因，苏楚文积极参与贩卖海洛因，练永伟在练永明指使、安排下积极参与运输、贩卖海洛因，练永明、吴兵、练永伟的行为均已构成贩卖、运输毒品罪，刘宏伟的行为构成运输毒品罪，苏楚文的行为构成贩卖毒品罪。练永明、吴兵、刘宏伟、苏楚文均系主犯，应当按照其所参与的全部犯罪处罚。一审、二审判决认定的事实清楚，证据确实、充分，定罪准确。审判程序合法。练永明、刘宏伟、苏楚文曾因犯贩卖毒品罪被判刑，又进行毒品犯罪，系毒品再犯；吴兵因犯罪被判处有期徒刑以上刑罚，刑罚执行完毕后 5 年内又重新故意犯罪，系累犯，均应依法从重处罚。该四被告人犯罪主观恶性深，罪行极其严重，一审、二审判决对其量刑适当。练永伟在练永明的指使和安排下，取回和送出练永明购得的海洛因，参与运输、贩卖，其犯罪行为带有一定被动性。根据其在共同犯罪中实际所起的作用，以及主观恶性程度，对其判处死刑，可不立即执行。据此，最高人民法院判决如下：

1. 核准江苏省高级人民法院刑事判决维持一审以贩卖、运输毒品罪判处被告人练永明、吴兵死刑，剥夺政治权利终身，并处没收全部财产；以运输毒品罪判处被告人刘宏伟死刑，剥夺政治权利终身，并处没收全部财产；以贩卖毒品罪判处被告人苏楚文死刑，剥夺政治权利终身，并处没收全部财产的部分。

2. 撤销江苏省高级人民法院和无锡市中级人民法院刑事判决中对被告人练永伟的量刑部分。

3. 被告人练永伟犯贩卖、运输毒品罪，判处死刑，缓期2年执行，剥夺政治权利终身，并处没收全部财产。

《刑法》第26条规定，三人以上为共同实施犯罪而组成的较为固定的犯罪组织，是犯罪集团。犯罪集团应具备以下几个要素：首先，集团人数必须三人以上；其次，犯罪集团有明确的共同的犯罪目的；再次，集团具有稳定性，不因实施某一具体犯罪后解散；最后，具有严密的组织性和纪律性，成员之间层级分明。在本案中，练永明等人的行为看似符合集团犯罪的特征，但是，本案证据表明，练永明对其他被告人并不具有组织、领导、指挥的作用，其他被告人并不完全服从其管理和指令，各被告人之间属于合作分工的关系。因此，被告人练永明等人的行为属于共同犯罪。

关于毒品犯罪集团的量刑把握，《大连会议纪要》指出，对毒品数量接近实际掌握的判处死刑的数量标准，被告人是毒品犯罪集团首要分子的，可以判处死刑立即执行。在本案中，一审法院认定被告人练永明等人属于犯罪集团，判处练永明、吴兵、练永伟、刘宏伟、苏楚文、鲜报、杨宗明七人死刑立即执行，被告人涂强死刑缓期执行。二审法院认定练永明等人属于共同犯罪，维持练永明、吴兵、练永伟、刘宏伟、苏楚文五人的死刑判决，改判杨宗明为死刑缓期执行，改判涂强、鲜报为无期徒刑。因此可见，共同犯罪和犯罪集团的量刑具有明显的区别。

5. 关于毒品犯罪上下家的量刑把握

毒品犯罪涉及制造、走私、运输、贩卖等环节，毒品从制造者到消费者需要经过诸多的环节。比如，毒品从缅甸制造者到北京市朝阳区消费者手中，一般要经过以下几个环节，首先，贩毒人员从云南边境偷渡到缅甸，通过寻找卖家、试毒、购毒、包装等将毒品走私回云南，然后将毒品贩卖给北方地区的贩毒人员，北方地区的贩毒人员再把毒品贩卖给北京地区的贩毒人员，北京地区的贩毒人员再贩卖给零散贩卖人员，零散贩卖人员再将毒品贩卖给消费者。在毒品犯罪中，上下家是一个相对的概念。同一宗毒品，同一个被告人在不同案件中既可能是上家，也可能是下家。

关于毒品犯罪上下家的量刑把握，《武汉会议纪要》指出，对于贩卖毒品案件中的上下家，要结合其贩毒数量、次数及对象范围，犯罪的主动性，对促成交易所发挥的作用，犯罪行为的危害后果等因素，综合考虑其主观恶性和人身危险性，慎重、稳妥地决定死刑适用。对于买卖同宗毒品的上下家，涉案毒品数量刚超过实际掌握的死刑数量标准的，一般不能同时判处死刑；上家主动联络销售毒品，积极促成毒品交易的，通常可以判处上家死刑；下家积极筹资，主动向上家约购毒品，对促成毒品交易起更大作用的，可以考虑判处下家死刑。涉案毒品数量达到巨大以上的，也要综合上述因素决定死刑适用，同时判处上下家死刑符合罪刑相适应原则，并有利于全案量刑平衡的，可以依法判处。

一般来说，毒品犯罪上下家中谁积极主动谁被判处死刑的可能性大。比如，上家积极联络各贩毒人员，询问其是否需要毒品，得知下家需要大宗毒品后积极进货，为下家提供上门验货服务、提供交通工具或者报销路费等便利条件，对促成交易发挥主要作用的，可判处上家死刑；下家主动联系上家要求购买毒品，在上家没有毒源情况下采取预付定金，要求上家进货并购买的，或者多次联系上家要求购买毒品的，可判处下家死刑。积极主动性体现了被告人的主观恶性，在毒品数量相同的情况下，对主观恶性较深的被告人判处死刑符合罪责刑相适应原则。

【案例4-10】唐立新、蔡立兵犯贩卖毒品罪案①

被告人蔡立兵，男，1973年10月26日出生，无业。1991年3月14日因犯抢劫罪被判处有期徒刑3年。因本案于2011年12月23日被逮捕。

被告人唐立新，男，1967年8月17日出生，无业。2011年12月23日被逮捕。

（其他被告人情况略）

湖南省郴州市人民检察院以被告人唐立新、蔡立兵犯贩卖毒品罪，向郴州市中级人民法院提起公诉。

被告人唐立新及其辩护人提出，公诉机关指控的第一起贩毒事实证据不足；

① 参见最高人民法院刑事审判第一、二、三、四、五庭编：《刑事审判参考》（总第117集），法律出版社2019年版，第49~52页。

第二起贩毒的毒品未流入社会，社会危害不大，请求对唐立新从轻处罚。

被告人蔡立兵及其辩护人提出，蔡立兵为吸食而购买毒品，公诉机关指控蔡立兵购买毒品系为贩卖证据不足，且第二起贩毒的毒品未转移给蔡立兵，蔡立兵购买毒品的行为并未完成，不能定罪。

郴州市中级人民法院经公开审理查明：

2011年，被告人蔡立兵从天津市来到湖南省郴州市，认识了被告人廖小军（同案被告人，已判刑）。经廖小军介绍，蔡立兵从被告人唐立新处购买毒品，带回天津市用于自己吸食和贩卖。蔡立兵驾驶一辆东南牌小轿车到郴州购买毒品，并雇请雷水林（另案处理）驾驶一辆骐达牌小轿车在郴州市区内接送。具体犯罪事实如下：

1. 2011年7月，被告人蔡立兵从天津市来到郴州市找到廖小军，欲购买毒品。廖小军找到被告人唐立新，唐立新即从“阿英”（在逃）处购进冰毒100克，在郴州市第三人民医院家属区廖小军家中卖给蔡立兵。之后，蔡立兵将毒品带回天津市用于自己吸食和贩卖。

2. 2011年10月底，被告人蔡立兵联系廖小军，欲购买2000多克冰毒。廖小军将该信息告诉被告人唐立新。唐立新遂找到彭永根（同案被告人，已判刑）商议购买毒品卖给蔡立兵。同年11月15日，蔡立兵携带60.3万元毒资，驾驶东南牌小轿车从天津市来到郴州市，住在廖小军的妹妹廖某某家中。同月16日，彭永根在广东省陆丰市从“阿高”（在逃）处以每克220元的价格购进冰毒2000余克。同月17日下午，彭永根将冰毒带回郴州，同日18时许，唐立新购买了电子秤并与彭永根接应，将蔡立兵约至郴州市春天公寓进行交易。三人会合后，蔡立兵对毒品验货、称重，并与唐立新、彭永根议定购买该批冰毒的价格为每克260元。其间，唐立新另将300粒“麻古”以1万元的价格卖给蔡立兵。唐立新与蔡立兵因此次毒品交易系廖小军从中介绍，商定各出5000元给廖作为好处费，并当场打电话告知廖。唐立新、彭永根、蔡立兵将毒品包装好，准备出门前往廖某某住处取毒资时，被公安人员抓获。公安人员当场缴获白色晶体5包，红色药丸2包，经鉴定，白色晶体净重2227克，甲基苯丙胺含量为57.8%；红色药丸净重30.3389克，从中检出甲基苯丙胺和咖啡因成分。随后，公安机关从廖某某家卧室衣柜边查获蔡立兵藏置的毒资60.3万元，从蔡立兵驾驶的东南牌小轿车中查获“麻古”337粒，净重26.2208克。

郴州市中级人民法院认为，被告人唐立新、蔡立兵违反国家对毒品的管制法规，明知冰毒、“麻古”系毒品而予以贩卖，二人的行为均构成贩卖毒品罪。唐立新共贩卖毒品两次，其中冰毒2327克，“麻古”30.3389克；蔡立兵共贩卖毒品两次，其中冰毒2327克，“麻古”56.5597克。蔡立兵向唐立新购买100克冰毒用于吸食、贩卖的事实有唐立新、蔡立兵、雷水林在侦查阶段的供述相互印证，且公安机关在侦查阶段的审讯均合法有效，足以认定。蔡立兵一次性向唐立新购买价值60多万元的冰毒全部用于自己吸食，不符合常理，况且此前其已有过贩毒行为，蔡立兵、雷水林在侦查阶段的供述亦证实蔡立兵购买毒品除自己吸食外还用于贩卖，故蔡立兵及其辩护人所提蔡立兵购买毒品用于吸食的辩解和辩护意见不能成立。第二次贩毒中，唐立新从廖小军处获悉蔡立兵欲购买大量毒品后，主动联系彭永根商量贩毒牟利，并指使彭永根寻找、购买毒品，打电话与蔡立兵商谈毒品交易价格和安排交易地点，在彭永根买到毒品后又接应彭永根一同前往由其选定的交易地点与蔡立兵进行交易，系该起毒品犯罪的犯意提起、组织策划、具体实施者。蔡立兵应唐立新之约进入毒品交易现场，双方谈妥了毒品交易价格，并对毒品进行了查验和称重，准备赶往另一地点交付购毒款，故该起犯罪已经既遂。据此，郴州市中级人民法院判决如下：

1. 被告人唐立新犯贩卖毒品罪，判处死刑，剥夺政治权利终身，并处没收个人全部财产；

2. 被告人蔡立兵犯贩卖毒品罪，判处死刑，剥夺政治权利终身，并处没收个人全部财产。

一审宣判后，被告人唐立新、蔡立兵提出上诉。唐立新及其辩护人提出，一审认定第一起贩毒事实的证据不足：第二起贩毒系未遂，毒品未流入社会造成更大危害；唐立新归案后认罪态度好，一审对其量刑过重。蔡立兵及其辩护人提出，第一起贩毒中蔡立兵仅购买60克冰毒用于吸食；第二起贩毒系未遂，一审对其量刑过重。

湖南省高级人民法院经二审审理认为，第一起贩毒事实有依法取得的唐立新、蔡立兵和雷水林的供述证实，足以认定；第二起毒品交易是公安机关通过侦查掌握各被告人交易毒品的情况后布控破案，该起毒品没有流入社会，且唐立新、蔡立兵到案后如实供述自己的犯罪事实，但二人涉案毒品数量均多达2000余克，社会危害大，不足以对二人从轻处罚。原审认定的事实清楚，证据确实、充分，定罪准确，量刑适当，审判程序合法。据此，湖南省高级人民法院裁定驳回上诉，维持原判，对唐立新、蔡立兵的死刑判决依法报请最高人民法院核准。

最高人民法院经复核认为，被告人蔡立兵以贩卖为目的，伙同他人非法购买甲基苯丙胺并销售，单独或伙同他人非法购买甲基苯丙胺片剂，其行为已构成贩卖毒品罪。被告人唐立新以贩卖为目的，非法购买毒品甲基苯丙胺和甲基苯丙胺片剂并销售，其行为已构成贩卖毒品罪。蔡立兵提出购买毒品犯意，委托廖小军联系购买毒品，雇请雷水林驾车接应，直接交易、销售毒品，在共同贩卖毒品犯罪中起主要作用，系主犯，应当按照其所参与的全部犯罪处罚。蔡立兵曾因犯抢劫罪被判处刑罚，本案中又系犯罪的诱发者，行为更为积极、主动，对促成毒品交易所起作用更大，且跨省贩卖毒品数量大，主观恶性深，人身危险性和社会危害性大，罪行极其严重，应依法惩处。唐立新贩卖毒品数量大，社会危害性大，但在本案中的罪责相对小于蔡立兵，依法对其判处死刑，可不立即执行。第一审判决、第二审裁定认定的事实清楚，证据确实、充分，定罪准确，审判程序合法，对蔡立兵量刑适当。据此，最高人民法院核准蔡立兵死刑，改判唐立新死刑，缓期2年执行。

在本案中，被告人唐立新和被告人蔡立兵系毒品犯罪中的上下家。关于毒品犯罪中上下家的罪责划分，根据《武汉会议纪要》的规定，对于贩卖毒品案件中的上下家，要结合其贩毒数量、次数及对象范围，犯罪的主动性，对促成交易所发挥的作用，犯罪行为的危害后果等因素，综合考虑其主观恶性和人身危险性，慎重、稳妥地决定死刑适用。对涉案毒品数量刚超过实际掌握的死刑数量标准的，一般不宜同时判处死刑；上家主动联络销售毒品，积极促成毒品交易的，通常可以判处上家死刑；下家积极筹资，主动向上家约购毒品，对促成毒品交易起更大作用的，可以考虑判处下家死刑。

简言之，一般不宜同时判处死刑，在同等条件下，对犯意提起者判处死刑，即，上家主动联络销售毒品的，考虑判处上家死刑，下家主动约购毒品的，考虑判处下家死刑。在本案中，蔡立兵为犯意提起者，在共同犯罪中积极主动，对促成毒品交易作用更大，而且系跨省贩卖毒品，社会危害性大。同时，蔡立兵系累犯，依法应当从重处罚。据此，最高人民法院裁定核准蔡立兵死刑，改判唐立新死缓。

6. 关于毒品犯罪立功的认定及量刑把握

6.1 关于毒品犯罪立功的认定

关于立功的认定，1998 年 5 月 9 日，最高人民法院发布的《最高人民法院关于处理自首和立功具体应用法律若干问题的解释》[①]（以下简称《1998 年解释》）第 5 条规定：犯罪分子到案后有检举、揭发他人犯罪行为，包括共同犯罪案件中的犯罪分子揭发同案犯共同犯罪以外的其他犯罪，经查证属实；提供侦破其他案件的重要线索，经查证属实；阻止他人犯罪活动；协助司法机关抓捕其他犯罪嫌疑人（包括同案犯）；具有其他有利于国家和社会的突出表现的，应当认定为有立功表现。第 6 条规定：共同犯罪案件的犯罪分子到案后，揭发同案犯共同犯罪事实的，可以酌情予以从轻处罚。

关于重大立功的认定，《1998 年解释》第 7 条规定：犯罪分子有检举、揭发他人重大犯罪行为，经查证属实；提供侦破其他重大案件的重要线索，经查证属实；阻止他人重大犯罪活动；协助司法机关抓捕其他重大犯罪嫌疑人（包括同案犯）；对国家和社会有其他重大贡献等表现的，应当认定为有重大立功表现。关于重大立功的标准，一般是指被检举、揭发的犯罪嫌疑人、被告人可能被判处无期徒刑以上刑罚或者案件在本省、自治区、直辖市或者全国范围内有较大影响等情形。

关于毒品犯罪立功的认定，《大连会议纪要》指出，共同犯罪中同案犯的基本情况，包括同案犯姓名、住址、体貌特征、联络方式等信息，属于被告人应当供述的范围。公安机关根据被告人供述抓获同案犯的，不应认定其有立功表现。被告人在公安机关抓获同案犯过程中确实起到协助作用的，例如，经被告人现场指认、辨认抓获了同案犯；被告人带领公安人员抓获了同案犯；被告人提供了不为有关机关掌握或者有关机关按照正常工作程序无法掌握的同案犯藏匿的线索，有关机关据此抓获了同案犯；被告人交代了与同案犯的联系方式，又按要求与对方联络，积极协助公安机关抓获了同案犯等，属于协助司法机关抓获同案犯，应认定为立功。

关于毒品犯罪不能认定立功的情形，《大连会议纪要》指出，被告人亲属

---

① 1998 年 5 月 9 日发布，法释〔1998〕8 号。

为了使被告人得到从轻处罚，检举、揭发他人犯罪或者协助司法机关抓捕其他犯罪人的，不能视为被告人立功。同监犯将本人或者他人尚未被司法机关掌握的犯罪事实告知被告人，由被告人检举揭发的，如经查证属实，虽可认定被告人立功，但是否从宽处罚、从宽幅度大小，应与通常的立功有所区别。通过非法手段或者非法途径获取他人犯罪信息，如从国家工作人员处贿买他人犯罪信息，通过律师、看守人员等非法途径获取他人犯罪信息，由被告人检举揭发的，不能认定为立功，也不能作为酌情从轻处罚情节。

6.2 关于毒品犯罪立功的量刑把握

《刑法》第68条规定：犯罪分子有揭发他人犯罪行为，查证属实的，或者提供重要线索，从而得以侦破其他案件等立功表现的，可以从轻减轻处罚；有重大立功表现的，可以减轻或者免除处罚。

关于毒品犯罪立功的量刑，《大连会议纪要》指出，关于立功从宽处罚的把握，应以功是否足以抵罪为标准。在毒品共同犯罪案件中，毒枭、毒品犯罪集团首要分子、共同犯罪的主犯、职业毒犯、毒品惯犯等，由于掌握同案犯、从犯、马仔的犯罪情况和个人信息，被抓获后往往能协助抓捕同案犯，获得立功或者重大立功。对其是否从宽处罚以及从宽幅度的大小，应当主要看功是否足以抵罪，即应结合被告人罪行的严重程度、立功大小综合考虑。要充分注意毒品共同犯罪人以及上下家之间的量刑平衡。对于毒枭等严重毒品犯罪分子立功的，从轻或者减轻处罚应当从严掌握。如果其罪行极其严重，只有一般立功表现，功不足以抵罪的，可不予从轻处罚；如果其检举、揭发的是其他犯罪案件中罪行同样严重的犯罪分子，或者协助抓获的是同案中的其他首要分子、主犯，功足以抵罪的，原则上可以从轻或者减轻处罚；如果协助抓获的只是同案中的从犯或者马仔，功不足以抵罪，或者从轻处罚后全案处刑明显失衡的，不予从轻处罚。相反，对于从犯、马仔立功，特别是协助抓获毒枭、首要分子、主犯的，应当从轻处罚，甚至依法减轻或者免除处罚。

【案例4－11】李梦杰、刘辉犯贩卖毒品罪案①

上诉人（原审被告人）李梦杰，男，1980年7月6日出生，无业。2013年

---

① 参见最高人民法院刑事审判第一、二、三、四、五庭编：《刑事审判参考》（总第100集），法律出版社2015年版，第97～99页。

3月30日因涉嫌犯贩卖毒品罪被逮捕。

原审被告人刘辉，男，1991年4月9日出生，无业。2013年3月30日因涉嫌犯贩卖毒品罪被逮捕。

江苏省无锡市南长区人民检察院以被告人李梦杰、刘辉犯贩卖毒品罪，向南长区人民法院提起公诉。

无锡市南长区人民法院经公开审理查明：

被告人李梦杰于2013年2月20日晚，经与杜枫事先电话联系交易毒品后，指使被告人刘辉至无锡市第三人民医院附近的建设银行门口，向杜枫贩卖毒品甲基苯丙胺9余克。被告人李梦杰得款人民币4500元。

无锡市南长区人民法院认为，被告人李梦杰、刘辉结伙贩卖毒品甲基苯丙胺，情节严重，二被告人的行为均构成贩卖毒品罪。在共同犯罪中，李梦杰起主要作用，是主犯，应当按照其所参与的全部犯罪处罚；刘辉起次要作用，是从犯，应当从轻、减轻或者免除处罚。李梦杰曾因故意犯罪被判处有期徒刑，在刑罚执行完毕后，5年内再犯应当判处有期徒刑以上刑罚之罪，是累犯，应当从重处罚。李梦杰、刘辉到案后均如实供述自己的罪行，可以从轻处罚。综合李梦杰、刘辉的犯罪情节和量刑情节，南长区人民法院决定对李梦杰从重处罚，对刘辉减轻处罚。据此，无锡市南长区人民法院以贩卖毒品罪，分别判处被告人李梦杰有期徒刑6年6个月，并处罚金人民币6000元；判处被告人刘辉有期徒刑2年6个月，并处罚金人民币3000元。

一审宣判后，被告人李梦杰提出上诉。上诉理由是：李梦杰在2013年2月25日被公安机关抓获后，当晚便在公安民警的控制下电话联系了原审被告人刘辉，得知刘辉在无锡市马山镇的红灯笼网吧上网，即将该线索告知民警。民警查询到该网吧地址后即前往红灯笼网吧将刘辉抓获。李梦杰的行为应当构成立功。

无锡市中级人民法院经公开审理查明：

2013年2月20日晚，上诉人李梦杰经与杜枫事先电话联系交易毒品后，指使原审被告人刘辉至无锡市第三人民医院附近的建设银行门口，向杜枫贩卖毒品甲基苯丙胺9余克。同月25日，无锡市公安局南长分局金匮派出所民警在五星家园182号602室抓获了李梦杰。当晚，在民警的控制下，李梦杰与刘辉通话，得知刘辉在无锡马山的红灯笼网吧上网，即将该线索告知民警。民警查询到该网吧地址后即前往红灯笼网吧将刘辉抓获。

无锡市中级人民法院认为，虽然上诉人李梦杰在一审时未提出有协助抓获同案犯的意见，但根据二审查明的事实，应当认定李梦杰归案后协助公安机关抓获了原审被告人刘辉，具有立功情节。理由是：（1）上诉人李梦杰二审庭审时供称其归案当晚在与刘辉的通话中，刘辉告知其在马山的红灯笼网吧上班，其将该线索告知了民警。该供述亦得到了刘辉二审当庭供述的印证。（2）在二审审理过程中，公安机关出具《情况说明》证明公安机关系通过李梦杰手机中存储的刘辉的QQ号码采用技侦手段抓获了刘辉，但公安机关既未提供QQ号码，又未提供相关审批手续。故该《情况说明》证明的内容，法院不予采信。（3）李梦杰与刘辉二审庭审时的供述能够相互印证，而公安机关出具的《案件的侦破、揭发经过》和《情况说明》与李梦杰、刘辉的供述相互矛盾，且无其他证据印证。根据现行司法解释的规定，应当认定李梦杰确有立功表现，对李梦杰在原判量刑的基础上可以从轻处罚。据此，无锡市中级人民法院判决如下：

1. 维持无锡市南长区人民法院（2013）南刑初字第104号刑事判决对原审被告人李梦杰的定罪部分以及对原审被告人刘辉的定罪量刑部分，撤销对原审被告人李梦杰的量刑部分。

2. 上诉人（原审被告人）李梦杰犯贩卖毒品罪，判处有期徒刑6年，并处罚金人民币5000元。

在本案中，被告人李梦杰被公安机关控制后电话联系同案犯刘辉，得知刘辉在无锡市马山镇的红灯笼网吧上网，公安机关根据该线索将刘辉抓捕归案。一审法院未认定李梦杰构成立功，判处李梦杰有期徒刑6年6个月，并处罚金人民币6000元。二审法院认为，李梦杰与刘辉二审庭审时的供述能够相互印证，而公安机关出具的《案件的侦破、揭发经过》和《情况说明》与李梦杰、刘辉的供述相互矛盾，且无其他证据印证，被告人李梦杰构成立功。据此，改判李梦杰有期徒刑6年，并处罚金5000元。

刑事律师在会见被告人时，要主动询问被告人是否要揭发、检举他人违法犯罪，并释明立功的法律效果。被告人揭发、检举他人违法犯罪事实构成立功或者重大立功的，刑事律师要重点论述被告人“功足以抵罪”，说服法院在认定被告人立功的基础上对其从轻处罚。被告人揭发、检举他人违法犯罪，情况属实，虽不构成立功，也应当从轻处罚。一般来说，毒品犯罪不存在冤假错案，各级法院对被告人的定罪没有争议，有争议的是量刑。最高人民法院的法官在核准毒品死刑案件时的心理压力没有故意杀人罪等犯罪的心理压力大。因此，刑事律师在一审时就应当将“功足以抵罪”的辩护意见做扎实，否则，被告人将可能面临死刑判决。

7. 关于毒品犯罪特情引诱的认定及量刑把握

7.1 关于毒品犯罪特情引诱的认定

特情介入是司法机关在侦破毒品犯罪案件中常用的手段，特情介入分为机会引诱、犯意引诱和数量引诱。机会引诱是对已持有毒品待售或已准备实施大宗毒品犯罪的行为人采取特情贴靠、接洽的情形。犯意引诱是指行为人本没有实施毒品犯罪的主观意图，而是在特情诱惑和促成下形成犯意，进而实施毒品犯罪。数量引诱是指行为人本来只有实施数量较小的毒品犯罪的故意，在特情引诱下实施了数量较大甚至达到可判处死刑数量的毒品犯罪。机会引诱是特情人员仅为犯罪嫌疑人提供实施毒品犯罪的机会，不存在实质引诱，不属于特情引诱，而犯意引诱和数量引诱存在实质性引诱，属于特情引诱。

关于机会引诱、犯意引诱及数量引诱的界定问题。机会引诱和犯意引诱的界定，主要看行为人在特情介入前有没有实施毒品犯罪的主观故意。行为人在特情介入前已有实施毒品犯罪的主观故意，应当认定为机会引诱；行为人是在特情引诱和促成下产生犯意，应当属于犯意引诱。关于机会引诱和数量引诱的界定，两者的根本区别在于机会引诱只是提供机会，数量引诱不仅提供机会，而且存在引诱行为人实施更大毒品数量的犯罪；两者的相同之处在于主观故意都产生于实施毒品犯罪前。关于犯意引诱和数量引诱的界定，数量引诱是行为人在特情介入前已具有实施毒品犯罪的故意，犯意引诱行为人则在特情介入前没有实施毒品犯罪的主观故意。

刑事律师在办理毒品犯罪案件中，应当重点关注案件是否存在特情引诱，因为这是法定从轻处罚的量刑情节。这个量刑情节远比自首、立功及其他量刑情节要重要。关于特情引诱的表现，实践中主要有三种情形：第一种是群众特情人员，即公民获悉被告人毒品犯罪的事实，随即向公安机关举报并配合公安机关抓捕犯罪嫌疑人；第二种是公安机关工作人员扮演特情人员；第三种是毒品犯罪分子被抓获后，为了立功而配合公安机关充当特情人员。

刑事律师在阅卷和会见时要查清毒品交易方的基本情况，以及交易方是否被追究刑事责任。交易方没有被追究刑事责任的，应当向办案机关核实交易方没有被追究刑事责任的原因。交易方被追究刑事责任的，要查清交易方的处理结果，根据案卷材料和判决结果核实是否存在特情引诱。如果办案机关否认存在特情引诱，并且拒绝提供交易方的相关信息，刑事律师应当申请交易方出庭作证。交易方被追究刑事责任且并案处理，但检察院否认存在特情引诱的，可以在法庭调查阶段通过交叉询问查清是否存在特情引诱；如果交易方没有并案处理且未判决，有合理怀疑存在特情引诱的，应当申请交易方出庭作证。

刑事律师判断案件中是否存在特情引诱时，可以从以下两个方面入手：第一，仔细阅读案卷材料，从案卷中寻找线索，尤其要注意公安机关的《刑事案件登记表》《立案登记书》《抓获经过》《到案经过》《情况说明》，要核实被告人的到案过程。第二，可以在会见被告人的时候向其核实抓获经过以及交易方的相关情况，判断是否存在特情引诱。

7.2　关于毒品犯罪特情引诱的量刑把握

关于毒品犯罪中存在特情引诱的量刑把握，《大连会议纪要》指出，运用特情侦破毒品案件，是依法打击毒品犯罪的有效手段。对特情介入侦破的毒品案件，要区别不同情形予以分别处理。对已持有毒品待售或者有证据证明已准备实施大宗毒品犯罪者，采取特情贴靠、接洽而破获的案件，不存在犯罪引诱，应当依法处理。

行为人本没有实施毒品犯罪的主观意图，而是在特情诱惑和促成下形成犯意，进而实施毒品犯罪的，属于“犯意引诱”。对因“犯意引诱”实施毒品犯罪的被告人，根据罪刑相适应原则，应当依法从轻处罚，无论涉案毒品数量多大，都不应判处死刑立即执行。行为人在特情既为其安排上线，又提供下线的双重引诱，即“双套引诱”下实施毒品犯罪的，处刑时可予以更大幅度的从宽处罚或者依法免予刑事处罚。

行为人本来只有实施数量较小的毒品犯罪的故意，在特情引诱下实施了数量较大甚至达到实际掌握的死刑数量标准的毒品犯罪的，属于“数量引诱”。对因“数量引诱”实施毒品犯罪的被告人，应当依法从轻处罚，即使毒品数量超过实际掌握的死刑数量标准，一般也不判处死刑立即执行。

概言之，机会引诱的按照一般毒品犯罪定罪处罚；犯意引诱的应当从轻处罚，无论数量多少都不应判处死刑立即执行；数量引诱的应当从轻处罚，一般也不判处死刑立即执行。既有犯意引诱又有数量引诱的“双套引诱“应当更大幅度的从宽处罚或者免于刑事处罚。

【案例4-12】包占龙犯贩卖毒品罪案①

被告人包占龙，男，1967年3月21日出生，无业。1999年3月17日因犯贩卖毒品罪被判处有期徒刑9年，2005年11月19日刑满释放；2007年12月14日因涉嫌贩卖毒品罪被逮捕。

甘肃省兰州市人民检察院以被告人包占龙犯贩卖毒品罪，向兰州市中级人民法院提起公诉。

被告人包占龙辩称其贩卖毒品的行为系侦查引诱犯罪。包占龙的辩护人提出：包占龙未发生贩卖毒品的交易行为，不构成贩卖毒品罪；包占龙系从犯；本案存在犯意引诱及数量引诱；本案涉案毒品未流入社会，社会危害性较小。

兰州市中级人民法院经公开审理查明：

2007年11月9日10时30分许，翟建军（同案被告人，已判刑）打电话商定由被告人包占龙送300克毒品到甘肃省兰州市城关区嘉峪关东路641号403翟的住处交易。当日12时许，包占龙携带毒品赶至该641号单元楼下，侦查人员将包当场抓获，从包骑的摩托车脚踏板上查获毒品海洛因300.7克。经鉴定，海洛因含量为92.77%。

兰州市中级人民法院认为，被告人包占龙的行为构成贩卖毒品罪，且毒品数量大，罪行极其严重，应依法惩处。包占龙系毒品再犯，又系累犯，依法应从重处罚。据此，兰州市中级人民法院判决如下：

被告人包占龙犯贩卖毒品罪，判处死刑，剥夺政治权利终身，并处没收个人全部财产。

一审宣判后，被告人包占龙提出上诉。

甘肃省高级人民法院经审理认为，被告人包占龙的行为构成贩卖毒品罪。翟建军被抓获后，打电话向包占龙购买毒品，包占龙随即将毒品送至翟建军家

---

① 参见最高人民法院刑事审判第一、二、三、四、五庭编：《刑事审判参考》（总第75集），法律出版社2011年版，第65~67页。

楼下被抓获，同时在包占龙租住处查获用于贩毒的戥子等物品，包占龙贩卖毒品的主观故意明显，属持毒待售，不存在犯意引诱和数量引诱的情节。包占龙贩卖毒品数量大，系毒品再犯，又系累犯，且查获的毒品海洛因含量达92.77%，依法应从重处罚。原判认定事实清楚，证据确实、充分，定罪准确，量刑适当，审判程序合法。甘肃省高级人民法院裁定驳回上诉，维持原判，并依法报请最高人民法院核准。

最高人民法院经复核认为，被告人包占龙为牟取非法利益，向他人出售毒品海洛因300.7克，其行为构成贩卖毒品罪，且毒品数量大，应依法惩处。包占龙系毒品再犯，且系累犯，依法应从重处罚。但鉴于包占龙认罪态度较好，其贩卖毒品行为系在侦查人员控制下实施，毒品尚未流入社会，社会危害性相对较小，故对包占龙可不判处死刑立即执行。据此，最高人民法院裁定如下：

一、不核准甘肃省高级人民法院（2009）甘刑二终字第70号维持第一审以贩卖毒品罪判处被告人包占龙死刑，剥夺政治权利终身，并处没收个人全部财产的刑事裁定。

二、撤销甘肃省高级人民法院（2009）甘刑二终字第70号维持第一审以贩卖毒品罪判处被告人包占龙死刑，剥夺政治权利终身，并处没收个人全部财产的刑事裁定。

三、发回甘肃省高级人民法院重新审判。

在本案中，被告人翟建军被抓后电话联系被告人包占龙，说需要毒品，包占龙携带毒品赶赴约定地点交易时被公安机关抓获。翟建军谎称需要大量毒品，越多越好，至少存在数量引诱。根据《大连会议纪要》的规定，行为人本来只有实施数量较小的毒品犯罪的故意，在特情引诱下实施了数量较大甚至达到实际掌握的死刑数量标准的毒品犯罪的，属于“数量引诱”。对因“数量引诱”实施毒品犯罪的被告人，应当依法从轻处罚，即使毒品数量超过实际掌握的死刑数量标准，一般也不判处死刑立即执行。据此，最高人民法院裁定不予核准包占龙的死刑，发回甘肃省高级人民法院重新审判。

8. 关于吸毒者毒品犯罪的数量认定

在毒品犯罪中，大多数被告人都有吸毒的恶习，这是毒品犯罪的特征。关于被告人有吸毒情节的毒品数量认定，《大连会议纪要》指出，对于以贩养吸的被告人，其被查获的毒品数量应认定为其犯罪的数量，但量刑时应考虑被告人吸食毒品的情节，酌情处理；被告人购买了一定数量的毒品后，部分已被其吸食的，应当按能够证明的贩卖数量及查获的毒品数量认定其贩毒的数量，已被吸食部分不计入在内。

简言之，根据《大连会议纪要》的规定，对有吸毒情节的被告人的毒品犯罪的数量认定时，已被吸食的部分不计入在内。这是因为吸毒行为在我国不构成犯罪，根据法律面前人人平等原则，被告人的吸毒行为同样不构成犯罪，不能因为被告人的身份区别对待。一般来说，购买毒品的总数量 = 确有证据证明已贩卖的数量 + 查获的剩余数量 + 耗损的数量 + 去向不明的数量 + 已被吸食的数量。这种计量方式是选择组合式的，在不同的毒品犯罪中计量形式不同。司法实践中，购买的毒品总数量和已贩卖的毒品数量可以通过被告人以及上下家的供述相互印证予以证明，不好把握的是去向不明的毒品数量和已被吸食的毒品数量的认定和界定问题。

被告人为了逃避打击，往往辩解去向不明的毒品数量全部被其吸食。实践中，关于去向不明的毒品的认定，主要看去向不明的毒品数量是否在吸食的合理范围内。如果去向不明的毒品数量不大，没有超出吸食的合理范围，一般认定这部分毒品已被被告人吸食。如果去向不明的毒品数量超出被告人吸食的合理范围，数量较大的情况下，仅有被告人的供述一般不认定为其吸食部分，而认定为相应毒品犯罪的数量。这种做法虽然一定程度上打击了毒品犯罪，但存在司法不统一，以及个案证明标准不一的司法乱象。

针对上述情况，《武汉会议纪要》指出，对于有吸毒情节的贩毒人员，一般应当按照其购买的毒品数量认定其贩卖毒品的数量，量刑时酌情考虑其吸食毒品的情节；购买的毒品数量无法查明的，按照能够证明的贩卖数量及查获的毒品数量认定其贩毒数量；确有证据证明其购买的部分毒品并非用于贩卖的，不应计入其贩毒数量。《武汉会议纪要》按照购买的毒品数量认定被告人毒品犯罪的数量，把被告人吸食毒品的行为作为量刑酌情考虑的情节。这在《大连会议纪要》“以查获的毒品数量为其犯罪的数量”基础上，增强了司法机关毒品数量认定的可操作性和便利性，但同时增加了被告人被重罚的可能性。

《武汉会议纪要》同时指出，确有证据证明其购买的部分毒品并非用于贩卖的，不应计入其贩毒数量。实践中，司法机关大多以没有证据证明毒品并非用于贩卖，而直接计入贩卖的毒品数量。这实际上是将司法机关的举证责任转移给了被告人，要被告人自证清白，否则承担不利的后果。

关于《武汉会议纪要》指出的“确有证据证明其购买的部分毒品并非用于贩卖的，不应计入其贩毒数量”。这里“并非用于贩卖”的部分，主要包括以下几种情形：第一，被告人自己吸食的部分；第二，耗损的部分，比如运输、分装、称量过程中耗损的部分；第三，将毒品免费提供他人吸食的部分；第四，不以牟利为目的为吸食者代购的少量毒品。在毒品犯罪死刑案件中，如果案件事实符合以上几种情形，刑事律师应当调查取证，将该部分毒品数量从毒品总数量中减掉，这会使被告人的量刑有明显的变化。

虽然法律规定由检察机关承担证明被告人有罪的责任，被告人不承担证明自己无罪的责任，但是，从几次会议纪要的内容演变来看，很多情况下这种举证责任的承担发生了变化。在定罪没有异议、定量推定的诉讼结构下，被告人只得自证罪轻、罪不至死。由于被告人的人身自由受到限制，被告人只能把一线生机寄托于辩护人。

关于刑事律师调查取证的职业风险问题。笔者认为，刑事律师既然选择了这个职业，就应当坦然面对这个职业可能存在的风险。任何一个行业都存在风险，不能因为存在风险就画地为牢。如果只强调自身风险而置被告人合法权益于不顾，最终只会毁了这个行业的根基。调查取证不是弄虚作假、颠倒黑白，而是查明事实和真相，使被告人只承担与其罪行相当的罪责。很多时候，在毒品犯罪中，被告人被判处死刑的原因并非法院要“致被告人于死地”，而是辩护人贪生怕死，畏首畏尾，导致一部分本可扭转乾坤的事实和真相被埋没，使被告人错失活命的机会。

【案例 4－13】姚明跃等犯贩卖毒品罪案①

被告人姚明跃，男，1963 年 3 月 24 日出生，无业。2012 年 5 月 2 日因涉嫌犯贩卖毒品罪被逮捕。

---

① 参见最高人民法院刑事审判第一、二、三、四、五庭编：《刑事审判参考》（总第 112 集），法律出版社 2018 年版，第 86～88 页。

(其他同案被告人基本情况略)

浙江省湖州市人民检察院以被告人姚明跃等犯贩卖毒品罪，向湖州市中级人民法院提起公诉。公诉机关指控被告人姚明跃贩卖毒品的数量为20.35克。在审理过程中，湖州市中级人民法院认为起诉书遗漏重要犯罪事实，建议变更起诉。检察院经审查后变更起诉，指控姚明跃贩卖毒品205克。

被告人姚明跃及其辩护人辩护称，姚明跃购买毒品并非出于贩卖目的，其购买的205克冰毒中，自己吸食的数量较大，贩卖的只有20余克。

湖州市中级人民法院经公开审理查明：

1. 2011年11月，同案被告人虞靓经事先联系，从杨澜（另案处理）处以人民币8000元的价格，为被告人姚明跃购入冰毒20克。

2. 2011年11月，同案被告人虞靓经事先联系，从杨澜处以人民币19,000元的价格，为被告人姚明跃购入冰毒50克。

3. 2012年春节前，同案被告人虞靓经事先联系，从杨澜处以人民币38,000元的价格，为姚明跃购入冰毒100克。

4. 2012年2月20日，同案被告人毛友鱼携带冰毒至湖州市，同案被告人虞靓遂与被告人姚明跃联系，后以人民币7000元的价格，为姚明跃购入冰毒15克。

5. 2012年2月底3月初，同案被告人毛友鱼再次携带冰毒至湖州市，同案被告人虞靓经与被告人姚明跃联系，以人民币9000元的价格，为姚明跃购入冰毒20克。

6. 2011年10月中下旬至2012年3月26日，姚明跃本人或者指使马某某、罗某分多次向谈某某、鲁某等人贩卖毒品共计20.35克。

(本案其他被告人其他事实略)

湖州市中级人民法院认为，被告人姚明跃为贩卖而购入毒品，其行为构成贩卖毒品罪，应以其购入毒品的数量认定其贩卖毒品的数量。姚明跃的贩毒行为持续发生于其购买毒品期间，每次购买毒品后均有贩卖行为，足以证实其购买毒品具有贩卖目的，姚明跃及其辩护人提出姚明跃购买毒品并非出于贩卖目的的辩护意见，与审理查明的事实不符，不予采纳。在共同犯罪中，姚明跃起主要作用，系主犯。姚明跃到案后如实供述自己的主要犯罪事实，坦白交代了同种较重罪行，可依法从轻处罚。姚明跃具有协助抓捕其他犯罪嫌疑人的情节，应认定为立功，可依法减轻处罚。据此，湖州市中级人民法院以贩卖毒品罪，判处被告人姚明跃有期徒刑 14 年，剥夺政治权利 4 年，并处没收个人财产人民币 8 万元。

宣判后，被告人姚明跃提出上诉，称其购入的但未被查获的毒品已被其吸食，其只贩卖了 20.35 克冰毒，原审认定其贩卖 205 克冰毒不符合事实。其到案后如实供述自己主要犯罪事实，坦白交代同种较重罪行，协助抓捕其他犯罪嫌疑人，有立功表现。请求撤销一审判决，对其减轻处罚。

浙江省高级人民法院认为，被告人姚明跃在侦查阶段多次供述，其从虞靓处购入冰毒有 80～90 克贩卖给了他人，其供述显示所购进的毒品有一半左右都用于贩卖。故其上诉提出仅贩卖 20.35 克冰毒的理由，明显与其先前的供述相矛盾。姚明跃在由虞靓代为购进毒品之前即有贩卖毒品的行为，其在短时间内通过虞靓、毛友鱼处多次购进大量毒品，在购进毒品后一直持续地多次贩卖，足见其购买毒品时具有明显的贩卖意图。原判以其购进毒品的数量追究其刑事责任并无不当。姚明跃的上诉理由与事实不符不予采纳。原审已经根据姚明跃的犯罪情节以及立功表现、坦白情节依法从轻事或减轻处罚。原判定罪及适用法律正确，量刑适当，审判程序合法。据此，浙江省高级人民法院裁定驳回上诉，维持原判。

关于吸毒者毒品犯罪数量的认定，《武汉会议纪要》指出，对于有吸毒情节的贩毒人员，一般应当按照其购买的毒品数量认定其贩卖毒品的数量，量刑时酌情考虑其吸食毒品的情节；购买的毒品数量无法查明的，按照能够证明的贩卖数量及查获的毒品数量认定其贩毒数量；确有证据证明其购买的部分毒品并非用于贩卖的，不应计入其贩毒数量。

在本案中，被告人姚明跃多次通过虞靓从他人处购进毒品 200 余克，每次购进的毒品数量较大，明显超出个人吸食的合理范围，足以认定姚明跃具有贩卖毒品的目的。根据《武汉会议纪要》的规定，应当以姚明跃购进的毒品总数量认定其贩卖的毒品数量，量刑时酌情考虑其吸食毒品的情节。姚明跃到案后如实供述自己的主要犯罪事实，依法可以从轻处罚。姚明跃协助抓捕其他犯罪嫌疑人，构成立功，可依法减轻处罚。据此，湖州市中级人民法院以贩卖毒品罪，判处被告人姚明跃有期徒刑 14 年。

9. 关于毒品犯罪非法证据排除的认定

毒品犯罪中，非法证据排除重点要关注被告人供述、毒品收集程序以及鉴定意见。我国十分重视言词证据，无论是侦查机关还是审判机关都十分依赖口供。尤其在毒品犯罪中，实物证据不好固定和收集，定罪量刑往往依据言词证据。侦查机关为了获取口供，有可能对被告人刑讯逼供，刑事律师会见被告人时要核实是否存在刑讯逼供。

2017 年 11 月 27 日，最高人民法院发布的《人民法院办理刑事案件排除非法证据规程（试行）》[①] 第 1 条规定：采取下列非法方法收集的被告人供述，应当予以排除：（1）采用殴打、违法使用戒具等暴力方法或者变相肉刑的恶劣手段，使被告人遭受难以忍受的痛苦而违背意愿作出的供述；（2）采用以暴力或者严重损害本人及其近亲属合法权益等进行威胁的方法，使被告人遭受难以忍受的痛苦而违背意愿作出的供述；（3）采用非法拘禁等非法限制人身自由的方法收集的被告人供述。采用刑讯逼供方法使被告人作出供述，之后被告人受该刑讯逼供行为影响而作出的与该供述相同的重复性供述，应当一并排除，但下列情形除外：（1）侦查期间，根据控告、举报或者自己发现等，侦查机关确认或者不能排除以非法方法收集证据而更换侦查人员，其他侦查人员再次讯问时告知诉讼权利和认罪的法律后果，被告人自愿供述的；（2）审查逮捕、审查起诉和审判期间，检察人员、审判人员讯问时告知诉讼权利和认罪的法律后果，被告人自愿供述的。

在审查被告人供述时，可以从以下几个方面进行把握：第一，讯问的时间、地点，讯问人的人数、身份等是否符合法律及有关规定，讯问是否个别进行等。第二，讯问笔录的制作、修改是否符合法律及有关规定，讯问笔录是否注明讯问的起止时间和讯问地点，首次讯问时是否告知被告人申请回避、聘请律师等诉讼权利，被告人是否核对确认并签名、捺指印，是否有不少于二人的讯问人签名等。第三，讯问聋哑人、少数民族人员、外国人时是否提供了通晓聋哑手势的人员或者翻译人员，讯问未成年被告人时，其法定代理人是否在场。第四，

---

① 2017 年 11 月 27 日发布，法发〔2017〕31 号。

被告人的供述是否前后一致，有无前后矛盾；被告人的所有供述和辩解是否均已收集入卷，应当入卷的供述和辩解没有入卷的，是否有相关说明。第五，被告人供述和辩解内容是否符合案情和常理。第六，被告人的供述和辩解与同案犯的供述和辩解以及其他证据能否相互印证，有无矛盾。

关于申请排除非法证据的线索和材料，可以从以下几种情形进行把握。第一，被告人的供述。被告人是否可以准确说明被刑讯逼供的时间、地点、人物、方式等。第二，被告人提供的物证。被告人提供的血衣、身体伤痕等。第三，《看守所入所人员身体检查表》与看守所出具的医疗诊断报告和体检报告，重点关注进入看守所前和后的区别，同时要结合讯问录像看被告人是否具有明显的伤痕。第四，提审时间是否超出合理范围，讯问地点是否在看守所内进行。第五，讯问录音录像。

毒品收集程序违法是毒品犯罪中排除非法证据的另一重点对象。2016 年 5 月 24 日，最高人民法院、最高人民检察院、公安部联合发布《最高人民法院、最高人民检察院、公安部关于印发〈办理毒品犯罪案件毒品提取、扣押、称量、取样和送检程序若干问题的规定〉的通知》[①]（以下简称《2016 年通知》），对毒品的收集程序作了具体而详细的规定。

在办理毒品犯罪案件中，可以从以下几个方面进行把握：第一，毒品的提取、扣押、称量和取样犯罪嫌疑人和证人是否在场；第二，各种笔录和清单是否有侦查人员签名，并由被告人和证人签名确认；第三，照片和录像资料是否可以清晰的显示毒品的外观特征、衡器示数和犯罪嫌疑人对称量结果的指认；第四，取样笔录是否有侦查人员和取样人员的签名；第五，取样方法是否符合法律规定；第六，不同包装的检材是否混同；第七，证人资格是否适格；第八，毒品在庭审中经被告人辨认是否一致等。

关于鉴定意见的审查要注意以下几个问题：第一，鉴定人是否存在应当回避而未回避的情形；第二，鉴定机构和鉴定人是否具有合法的资质；第三，鉴定程序是否符合法律及有关规定；第四，检材的来源、取得、保管、送检是否符合法律及有关规定，与相关提取笔录、扣押物品清单等记载的内容是否相符，检材是否充足、可靠；第五，鉴定的程序、方法、分析过程是否符合专业检验

---

① 2016 年 5 月 24 日发布，公禁毒〔2016〕511 号。

鉴定规程和技术方法要求；第六，鉴定意见的形式要件是否完备，是否注明提起鉴定的事由、鉴定委托人、鉴定机构、鉴定要求、鉴定过程、检验方法、鉴定文书的日期和鉴定结论等相关内容，是否由鉴定机构加盖鉴定专用章并由鉴定人签名盖章；第七，鉴定意见是否明确；第八，鉴定意见与案件待证事实有无关联；第九，鉴定意见与检验笔录、被告人供述以及其他证据之间是否矛盾。

在毒品犯罪死刑案件中，刑事律师申请排除非法证据的终极目标是事实不清、证据不足，指控的犯罪事实不能成立的无罪判决。在无罪判决无望的情况下，要通过排除非法证据把毒品数量减下来。除被告人供述、毒品收集程序和鉴定意见以外，证人证言和同案被告人供述也是非法证据排除的重点审查对象。单从书面材料很难进行有效质证，可以申请证人和同案被告人出庭作证，在交叉询问环节指出证人证言逻辑错误和矛盾的地方，从而否定证言的证明力。

【案例 4－14】文某犯非法持有毒品罪案①

被告人文某，男，1963 年 6 月 28 日生。2013 年 2 月 21 日因吸食毒品被送戒毒所行政拘留 15 日（未执行完毕），同年 3 月 8 日因涉嫌犯运输毒品罪被逮捕。

某区人民检察院以被告人文某犯运输毒品罪，向某区人民法院提起公诉。

被告人文某辩称，其在侦查阶段的有罪供述系侦查机关刑讯逼供的结果，其行为不构成运输毒品罪。

辩护人基于以下理由提出被告人文某的行为不构成运输毒品罪：（1）本案言词证据存在矛盾；（2）本案存在特情引诱；（3）侦查人员实施了刑讯逼供取证行为，公诉机关提供的相关证据应当作为非法证据予以排除。

某区人民法院经公开审理查明：

1. 关于审判前供述取得合法性的审查

被告人文某在公安机关共作有四份有罪供述，分别是 2013 年 2 月 20 日、21 日在某派出所两份，2 月 26 日、4 月 10 日在某看守所两份。文某及其辩护人提出相关供述系侦查人员刑讯逼供所致，并提供如下材料、线索：（1）提交的

---

① 参见最高人民法院刑事审判第一、二、三、四、五庭编：《刑事审判参考》（总第 101 集），法律出版社 2015 年版，第 1 ~4 页。

照片显示文某进看守所时脸有浮肿、眼睛青紫；（2）看守所出具的健康检查笔录，载明文某入所时“双眼青紫，左头部痛，自述系在派出所被吊飞机和被按在地上所致”；（3）文某曾于2013年2月22日、26日两次到当地某医院就诊，其中2月22日的病历载明患者“头部外伤后头痛3天，约3天前头部撞伤”。

经庭审先行调查，公诉人当庭宣读和出示了下列证据：

（1）某医院的两份病历。该两份病历证明，2013年2月22日、26日文某确有至某医院就诊的事实，其中2月22日的病历载明文某头部外伤后头痛3天，约3天前头部撞伤。

（2）戒毒所提供的健康检查表、派出所提供的谈话笔录、文某亲笔说明。某戒毒所出具的健康检查表载明，文某于2013年2月21日入所时“双眼有青紫，有情况说明”；文某自书情况说明一份，载明“本人文某眼睛伤系正常的碰撞，自己撞到的，脚有痛风”；某派出所出具的谈话笔录证明，文某在戒毒所期间未受到打骂、体罚等。

（3）公安机关出具的情况说明。该情况说明载明：2013年2月19日晚，民警抓获文某，因天色已晚在现场未发现文某眼部有伤。后将文某带至某派出所审查，发现眼部有伤。文某当时自称是同月18日自己撞到眼部所致。2月21日文某因吸毒被送至戒毒所执行行政拘留。入所检查时，戒毒所民警发现文某眼部有伤，遂询问其伤情原因。文某依然称是自己撞到眼部所致，并亲笔写下情况说明。

（4）公安机关出具的另一份情况说明。该情况说明载明：侦查人员就本案审讯过程制作过全程同步录音录像，但因主办人员于2013年4月调离且其电脑已报废，故该录音录像资料灭失。

（5）公诉机关分别于2013年3月4日、6日和5月7日对文某所做的三份讯问笔录。其中3月6日的笔录内容证明文某向公诉机关反映被刑讯逼供的情形，其余两份内容为有罪供述。

在对上述证据当庭质证过程中，被告人文某及其辩护人提出，文某的亲笔说明系因被逼迫所写，且根据上述证据不能排除文某被刑讯逼供的可能。而公诉机关认为，根据文某本人所写情况说明，结合其他证据，可以证明文某的外伤与刑讯逼供无关；按照法律规定，文某所犯罪行尚未达到必须要进行全程录音录像的条件，且目前该录像已灭失；文某在审查起诉阶段的有罪供述能够证明其运输毒品犯罪事实。

2. 非法持有毒品事实

2013年2月19日晚，文某在某小区某号楼门前被公安机关抓获，其随身携带的2小包毒品及身边雪地上的2大包毒品被查获。经鉴定，4包毒品均含有甲基苯丙胺成分，经称重，4包毒品分别为0.29克、0.14克、25.06克、25.05克，合计50.54克。

某区人民法院认为：(1) 关于审判前供述取得合法性的审查。首先，关于文某在侦查机关所作的有罪供述的合法性审查。文某自2013年2月19日被抓获至同月26日进入看守所，多份证据证明其有眼睛青紫，面部肿胀的外伤。文某在入所体检及公诉机关提审时均进行了反映，而公诉机关为论证侦查机关证据收集的合法性仅提供了文某自书的情况说明、侦查机关出具的情况说明，未能提供同步录音录像等更有力的客观证据。根据现有的证据及线索，不能排除文某的伤情系侦查人员刑讯逼供所致的可能，故对文某在侦查机关所作的供述笔录应当依法予以排除。其次，关于文某在公诉机关三份有罪供述笔录的合法性审查。文某在侦查、审查起诉阶段的有罪供述具有连贯性，既然侦查阶段的有罪供述应当依法予以排除，那么公诉机关在审查起诉阶段的取证亦应依法予以排除。更何况文某在审查起诉阶段亦未形成多次稳定的供述，且文某当庭供述的犯罪事实与审查起诉阶段的供述存有反复，其关于其在审查起诉阶段所作有罪供述笔录系在害怕打击报复且未细看的情况下完成的辩解，具有一定合理性，故其在审判前的所有供述都应依法予以排除。(2) 关于文某非法持有毒品的事实部分。文某非法持有甲基苯丙胺50克以上，其行为构成非法持有毒品罪。首先，公诉机关指控文某犯运输毒品罪，在排除了文某庭前供述后，剩余证据尚无法形成证据锁链证明文某运输毒品的犯罪事实，故指控文某犯运输毒品罪的证据不足，不予采纳。其次，文某作为吸毒人员被公安机关抓获时现场查获毒品甲基苯丙胺50克以上，有文某当庭的供述及公安机关的扣押物品、文件清单、称量记录、物证检验报告、毒品照片等证据相互印证。现有证据尚无法证明涉案的50.54克冰毒是用于贩卖或者是自己吸食，故对文某的行为应当以非法持有毒品罪论处。(3) 关于本案可能存在特情引诱辩护意见的审查。

根据公安机关提供的情况说明，证人陈某并非特情人员，且本案是否存在特情，与定罪量刑并无直接关系。该辩护意见与事实和法律不符，故不予采纳。

据此，某区人民法院以被告人文某犯非法持有毒品罪，判处有期徒刑7年，并处罚金人民币1万元。

一审宣判后，被告人文某未提起上诉，检察院亦未抗诉，该判决已发生法律效力。

关于非法证据排除后的案件处理，案件事实清楚，证据确实、充分，依法作出有罪判决；案件部分犯罪事实清楚，证据充分的，对事实清楚、证据充分的部分犯罪作出有罪判决；案件事实清楚，证据确实、充分，被告人不构成犯罪的，依法作出无罪判决；案件事实不清，证据不足的，依法作出事实不清、证据不足，指控罪名不能成立的无罪判决。在本案中，公诉机关以被告人文某犯运输毒品罪提起公诉，文某称遭受刑讯逼供，提出排除非法证据。法院经审理认为公诉机关不能证明证据收集的合法性，依法予以排除。虽然文某的有罪供述被排除，但是文某被抓获时公安机关在现场查获含有甲基苯丙胺成分的毒品50.54克，即使文某有罪供述被排除，文某的行为也构成非法持有毒品罪。

在办理毒品犯罪案件中，案件存在刑讯逼供等非法取证行为的，刑事律师要申请排除非法证据，一旦将相关非法证据予以排除，案件的走向将截然不同。在本案中，文某涉案毒品数量50.54克，如果检察机关指控的罪名成立，文某将面临至少15年以上有期徒刑的刑罚，非法证据排除后，法院以文某犯非法持有毒品罪，判处7年有期徒刑。由此可见，两者量刑区别非常大。

10. 关于毒品再犯的量刑把握

累犯分为一般累犯和特殊累犯，是法定从重处罚的量刑情节。毒品再犯制度和累犯制度有相同之处也有所区别。相同之处都是对人身危险性、社会危害性较高的犯罪分子从重处罚的制度，区别在于毒品再犯制度比累犯制度的适用条件更低。从本质上说，毒品再犯制度是更为严格和苛刻的累犯制度。《刑法》第356条对毒品再犯制度作了规定：因走私、贩卖、运输、制造、非法持有毒品罪被判过刑，又犯本节规定之罪的，从重处罚。

理论上对该条文的解读存在争议，一种观点认为，该条文是毒品犯罪的累犯规定，和特殊累犯类似，对“被判过刑”的解读应当等同于特殊累犯规定的

“刑罚执行完毕或者赦免以后”。被告人在缓刑、假释或暂予监外执行期间犯罪的，不属于刑罚执行完毕，故而不适用该规定。另一种观点认为，该规定是对毒品累犯的特殊规定，为严厉打击毒品犯罪，“被判过刑”应当理解为被告人因毒品犯罪刑罚执行期间和刑罚执行完毕或者赦免的全过程。对于被告人在缓刑、假释或暂予监外执行期间又犯毒品犯罪的，应当适用毒品再犯的从重处罚规定。

为此，《大连会议纪要》指出，只要因走私、贩卖、运输、制造、非法持有毒品罪被判过刑，无论是在刑罚执行完毕后，还是在缓刑、假释或者暂予监外执行期间，又犯《刑法》分则第 6 章第 7 节规定的犯罪的，都是毒品再犯，应当从重处罚。因走私、贩卖、运输、制造、非法持有毒品罪被判刑的犯罪分子，在缓刑、假释或者暂予监外执行期间又犯《刑法》分则第 6 章第 7 节规定的犯罪的，应当在对其所犯新的毒品犯罪适用《刑法》第 356 条从重处罚的规定确定刑罚后，再依法数罪并罚。对同时构成累犯和毒品再犯的被告人，应当同时引用《刑法》关于累犯和毒品再犯的条款从重处罚。

《武汉会议纪要》进一步指出，累犯、毒品再犯是法定从重处罚情节，即使本次毒品犯罪情节较轻，也要体现从严惩处的精神。尤其对于曾因实施严重暴力犯罪被判刑的累犯、刑满释放后短期内又实施毒品犯罪的再犯，以及在缓刑、假释、暂予监外执行期间又实施毒品犯罪的再犯，应当严格体现从重处罚。对于因同一毒品犯罪前科同时构成累犯和毒品再犯的被告人，在裁判文书中应当同时引用《刑法》关于累犯和毒品再犯的条款，但在量刑时不得重复予以从重处罚。对于因不同犯罪前科同时构成累犯和毒品再犯的被告人，量刑时的从重处罚幅度一般应大于前述情形。

毒品数量不是判处死刑的唯一标准，被告人的主观恶性、人身危险性、犯罪情节、危害后果以及当地禁毒形势等都是影响毒品犯罪死刑适用的因素。毒品再犯的认定没有什么技术要求，主要根据被告人是否有毒品犯罪前科进行把握。但有一种情形需要注意，我国《刑事诉讼法》规定了未成年犯罪记录封存制度，司法机关因办案需要可以查询被告人的犯罪记录，但是不得作为被告人从重处罚的证据。即不满 18 周岁的被告人因毒品犯罪被判处 5 年有期徒刑以下刑罚，再次实施毒品犯罪的，无论毒品数量多少都不构成累犯和毒品再犯。

【案例4-15】李光耀等犯贩卖、运输毒品罪案①

被告人李光耀，男，1973年11月28日出生。1992年2月15日因犯运输毒品罪（犯罪时未满18周岁）被判处死刑，缓期2年执行，剥夺政治权利终身，经减刑于2006年10月20日释放。2010年4月2日因涉嫌贩卖、运输毒品罪被逮捕。

（同案其他被告人基本情况略）

云南省大理白族自治州人民检察院以被告人李光耀犯贩卖、运输毒品罪，向大理白族自治州中级人民法院提起公诉。

被告人李光耀对公诉机关指控的犯罪事实及罪名不持异议。其辩护人辩称，李光耀归案后能如实供述司法机关尚未掌握的同种其他犯罪事实，认罪态度好，有悔罪表现，建议对其从轻处罚。

云南省大理白族自治州中级人民法院经公开审理查明：

2009年12月，被告人李光耀与同案被告人鲁应和先后两次在云南省耿马傣族佤族自治县孟定河外购得海洛因400克和700克，并由鲁应和雇用同案被告人黄中良探路，二人将海洛因运至云南省巍山彝族回族自治县，贩卖给李光耀联系的买主马步云。

2010年1月，李光耀与鲁应和在耿马傣族佤族自治县孟定河外购得海洛因1740克，鲁应和再次雇用黄中良探路，二人将海洛因运至巍山彝族回族自治县永建镇李林利家。因李林利未联系到买主，李光耀将海洛因带至昆明市贩卖给他人。

2010年2月24日，李光耀与鲁应和在耿马傣族佤族自治县孟定河外购得海洛因。次日，鲁应和继续雇用黄中良在前探路，二人将海洛因运至云南省南涧彝族自治县。2月26日，李光耀与李林利商定毒品交易事宜后，李林利安排同案被告人张争到南涧彝族自治县接取海洛因。李光耀与张争见面后，将海洛因放入张争驾驶的车牌号为云L97797的微型车上，由鲁应和所骑车牌号为云SH7991的摩托车在前探路，张争驾驶微型车携带海洛因跟随其后前往巍山彝族回族自治县。当日20时许，三人行至巍南公路洗澡塘路段时被公安人员相继抓

① 参见最高人民法院刑事审判第一、二、三、四、五庭编：《刑事审判参考》（总第90集），法律出版社2013年版，第96～98页。

获，当场从微型车后排座位下查获海洛因1737克。

大理白族自治州中级人民法院认为，被告人李光耀违反国家毒品管制法规，结伙贩卖、运输海洛因，其行为构成贩卖、运输毒品罪。李光耀归案后能如实供述司法机关尚未掌握的另三次贩卖、运输海洛因的事实，认罪态度好，但其多次贩卖、运输海洛因，数量大，且系主犯，又系毒品再犯、累犯，应当从重处罚。据此，大理白族自治州中级人民法院以被告人李光耀犯贩卖、运输毒品罪，判处死刑，剥夺政治权利终身，并处没收个人全部财产。

一审宣判后，被告人李光耀以其属于从犯，原判量刑过重为由，向云南省高级人民法院提出上诉。

云南省高级人民法院经审理认为，上诉人李光耀伙同鲁应和贩卖、运输海洛因的行为构成贩卖、运输毒品罪。在共同犯罪中，李光耀与鲁应和积极联系购买和运输毒品，均系主犯，应当依法惩处。李光耀到案后虽然坦白司法机关尚未掌握的贩卖、运输海洛因的犯罪事实，但李光耀系累犯、毒品再犯，应当从重处罚。一审判决认定的事实清楚，证据确实、充分，定罪准确，量刑适当，审判程序合法。据此，云南省高级人民法院裁定驳回上诉，维持原判，并依法报请最高人民法院核准。

最高人民法院经复核认为，被告人李光耀结伙贩卖、运输海洛因，其行为构成贩卖、运输毒品罪，且系共同犯罪，同时贩卖、运输毒品数量大，社会危害严重。被告人李光耀系在共同犯罪中起主要作用的主犯，又系毒品再犯，主观恶性深，依法应当从重处罚。李光耀归案后虽然主动交代公安机关尚未掌握的同种罪行，但其所犯罪行极其严重，不足以从轻处罚。一审判决、二审裁定认定的事实清楚，证据确实、充分，定罪准确，量刑适当，审判程序合法。据此，最高人民法院裁定核准云南省高级人民法院维持一审对被告人李光耀以贩卖、运输毒品罪判处死刑，剥夺政治权利终身，并处没收个人全部财产的刑事裁定。

关于被告人同时构成累犯和毒品再犯的适用规定，《大连会议纪要》指出，对同时构成累犯和毒品再犯的被告人，应当同时引用《刑法》关于累犯和毒品再犯的条款从重处罚。《武汉会议纪要》进一步指出，对于因同一毒品犯罪前科同时构成累犯和毒品再犯的被告人，在裁判文书中应当同时引用《刑法》关于累犯和毒品再犯的条款，但在量刑时不得重复予以从重处罚。对于因不同犯罪前科同时构成累犯和毒品再犯的被告人，量刑时的从重处罚幅度一般应大于前述情形。简言之，累犯和毒品再犯制度是并存关系，被告人构成累犯和毒品再犯的应当同时引用，只是量刑时不得重复从重处罚。被告人同时构成累犯和毒品再犯的，从重处罚力度大于只构成累犯或毒品再犯的力度。

本案在最高人民法院复核期间，《刑法修正案（八）》生效，增加犯罪时不满18周岁被判处5年有期徒刑以下刑罚的人免除报告义务，以及犯罪时不满18周岁的不构成累犯。在本案中，被告人李光耀1992年2月15日因犯运输毒品罪被判处死刑，缓期两年执行，犯罪时不满18周岁，根据从旧兼从轻原则，李光耀不构成累犯，但李光耀不满足未成年犯罪记录封存的条件，构成毒品再犯，依法应当从重处罚，据此，最高人民法院核准李光耀的死刑。

11. 关于武装掩护、暴力拒捕的认定及量刑把握

11.1 关于武装掩护、暴力拒捕的认定

虽然我国对枪支、弹药、爆炸物等杀伤性较大的武器实行严格的管控，但是实践中毒品犯罪武装掩护的情形并不少见。实践中，司法机关对武装掩护走私、贩卖、运输、制造毒品和以暴力抗拒检查、拘留、逮捕的犯罪分子的打击毫不手软。这一方面是为了打击犯罪分子的嚣张气焰；另一方面是这两种行为造成不少缉毒工作人员伤亡，直接威胁到缉毒工作人员的人身安全。

关于“武装掩护”的认定问题，2016年4月6日最高人民法院发布的《关于审理毒品犯罪案件适用法律若干问题的解释》① （以下简称《2016年解释》）第3条规定：在实施走私、贩卖、运输、制造毒品犯罪的过程中，携带枪支、弹药或者爆炸物用于掩护的，应当认定为《刑法》第347条第2款第3项规定的“武装掩护走私、贩卖、运输、制造毒品”。枪支、弹药、爆炸物种类的认定，依照相关司法解释的规定执行。换言之，在实施走私、贩卖、运输、制造毒品犯罪过程中，只能是携带枪支、弹药、爆炸物才属于武装掩护，携带尖刀、棍棒等普通器械的不能认定为武装掩护。这里的携带包括随身携带、随包携带、随车携带、存放于制毒场所等。由于该行为具有高度的危险性，因此不要求被

① 2016年4月6日发布，法释〔2016〕8号。

告人有显示、出示、使用枪支、弹药和爆炸物的行为，对数量也没有要求。关于枪支、弹药、爆炸物的认定，参照2009年11月16日发布的《最高人民法院关于审理非法制造、买卖、运输枪支、弹药、爆炸物等刑事案件具体应用法律若干问题的解释》执行。

关于“以暴力抗拒检查、拘留、逮捕，情节严重”的认定，《2016年解释》第3条规定：在实施走私、贩卖、运输、制造毒品犯罪的过程中，以暴力抗拒检查、拘留、逮捕，造成执法人员死亡、重伤、多人轻伤或者具有其他严重情节的，应当认定为刑法第347条第2款第4项规定的“以暴力抗拒检查、拘留、逮捕，情节严重”。需要注意的是，“其他严重情节”应当和“死亡、重伤、多人轻伤”具有等价性，属于同等危害后果的情形。

11.2　关于武装掩护、暴力拒捕的量刑把握

关于武装掩护、暴力抗拒检查、拘留或者逮捕的量刑把握，《大连会议纪要》指出，具有毒品犯罪集团首要分子、武装掩护毒品犯罪、暴力抗拒检查、拘留或者逮捕、参与有组织的国际贩毒活动等严重情节的，可以判处死刑。对于运输毒品犯罪集团首要分子，组织、指使、雇用他人运输毒品的主犯或者毒枭、职业毒犯、毒品再犯，以及具有武装掩护、暴力抗拒检查、拘留或者逮捕、参与有组织的国际毒品犯罪、以运输毒品为业、多次运输毒品或者其他严重情节的，应当按照《刑法》、有关司法解释和司法实践实际掌握的数量标准，从严惩处，依法应判处死刑的必须坚决判处死刑。

《武汉会议纪要》进一步指出，对于运输毒品犯罪，应当继续按照《大连会议纪要》的有关精神，重点打击运输毒品犯罪集团首要分子，组织、指使、雇用他人运输毒品的主犯或者毒枭、职业毒犯、毒品再犯，以及具有武装掩护运输毒品、以运输毒品为业、多次运输毒品等严重情节的被告人，对其中依法应当判处死刑的，坚决依法判处。

【案例4-16】易大元犯运输毒品罪案①

被告人易大元，男，1974年2月23日出生，农民。1993年11月11日因犯抢劫罪被判处有期徒刑5年；1999年2月9日因犯盗窃罪被判处有期徒刑4年，

① 参见最高人民法院刑事审判第一、二、三、四、五庭编：《刑事审判参考》（总第89集），法律出版社2013年版，第84~85页。

并处罚金人民币5000元，2003年1月15日刑满释放。2011年3月19日因涉嫌犯妨害公务罪被刑事拘留，同年4月20日被逮捕。

重庆市人民检察院第二分院以被告人易大元犯运输毒品罪、故意伤害罪，向重庆市第二中级人民法院提起公诉。

重庆市第二中级人民法院经开庭审理查明：

2011年3月17日20时许，被告人易大元携带冰毒、麻古驾驶渝FF2602轿车沿渝万高速公路从重庆市梁平县前往重庆市万州区。当晚22时许，易大元驾车在渝万高速公路高梁收费站下道缴费时被万州区公安局禁毒支队民警蒲某等人拦住。蒲某走到渝FF2602轿车驾驶室前出示警官证并抓住易大元左手，易大元因害怕毒品被查获便加油门强行撞横杆冲出收费站，致使蒲某被渝FF2602轿车拖带并摔倒在收费站安全道的水泥台处，造成蒲某左面部多处挫裂伤，左侧眼眶外侧壁及外上壁等处骨折，损伤程度为重伤。易大元驾车逃出一段路后将车丢在路边，并将冰毒、麻古等抛弃在公路边的排水沟内后逃匿。当晚，公安机关在易大元丢弃车辆附近查获冰毒98.04克、麻古2.59克。经鉴定，均检出甲基苯丙胺成分。2011年3月18日，公安机关在梁平县将易大元抓获。

重庆市第二中级人民法院认为，被告人易大元运输甲基苯丙胺100.63克，并驾车撞伤对其执行检查和抓捕任务的民警蒲某，造成蒲某重伤，其行为已触犯《刑法》第347条第1款，第2款第1项、第4项之规定，构成运输毒品罪。易大元在运输毒品过程中，为抗拒检查、抓捕，驾车撞伤对其执行检查和抓捕任务的民警蒲某，造成蒲某重伤。其行为已触犯《刑法》第347条第2款第4项的规定，属于运输毒品的加重情节之一，不能单独构成其他犯罪。对公诉机关指控被告人易大元构成故意伤害罪以及辩护人提出被告人易大元抗拒检查、抓捕的行为构成妨害公务罪的意见均不予采纳。据此，重庆市第二中级人民法院判决如下：

1. 被告人易大元犯运输毒品罪，判处无期徒刑，剥夺政治权利终身，并处没收个人全部财产。

2. 查获的毒品和违法所得予以没收。

一审宣判后，重庆市人民检察院第二分院提出抗诉称，《刑法》第347条第2款第4项规定的“以暴力抗拒检查、拘留、逮捕，情节严重的”，属情节加重犯，不属于“结果严重的”结果加重犯。造成重伤或者死亡结果是结果加重犯的范畴，故被告人易大元的行为应分别构成运输毒品罪和故意伤害罪，应数罪并罚，一审认定易大元的行为仅构成运输毒品罪系适用法律不当。被告人易大元亦提出上诉。

重庆市高级人民法院经审理认为，原判认定事实清楚，证据确实、充分，定罪准确，量刑适当，审判程序合法。依法驳回抗诉、上诉，维持原判。

关于“以暴力抗拒检查、拘留、逮捕，情节严重”的认定，《2016 年解释》第 3 条规定，在实施走私、贩卖、运输、制造毒品犯罪的过程中，以暴力抗拒检查、拘留、逮捕，造成执法人员死亡、重伤、多人轻伤或者具有其他严重情节的，属于以暴力抗拒检查、拘留、逮捕，情节严重。在本案中，被告人易大元因担心毒品被查获加油门强行闯卡致民警蒲某重伤，属于以暴力抗拒检查、拘留、逮捕，情节严重。

关于武装掩护、以暴力抗拒检查、拘留、逮捕，情节严重的量刑，《大连会议纪要》指出，具有武装掩护、暴力抗拒检查、拘留或者逮捕、参与有组织的国际毒品犯罪、以运输毒品为业、多次运输毒品或者其他严重情节的，从严惩处，依法应判处死刑的必须坚决判处死刑。在本案中，被告人易大元运输毒品 100.63 克，数量较大，有暴力抗拒检查、拘留、逮捕情节，量刑幅度为 15 年以上有期徒刑、无期徒刑和死刑。据此，法院判决易大元犯运输毒品罪，处无期徒刑，剥夺政治权利终身，并处没收个人全部财产。

12. 关于毒品纯度和毒品成分对量刑的影响

《刑法》第 357 条规定：毒品数量以查证属实的数量计算，不以纯度折算。虽然毒品犯罪以数量作为定罪量刑的依据，但这并不意味着毒品纯度对被告人的量刑没有影响。2007 年 12 月 26 日，最高人民法院、最高人民检察院、公安部联合印发的《办理毒品犯罪案件适用法律若干问题的意见》① （以下简称《2007 年意见》）第 4 条规定：对可能判处死刑的毒品犯罪案件，毒品鉴定结论中应当有含量鉴定的结论。

---

① 2007 年 12 月 26 日发布，公通字〔2007〕84 号。

《大连会议纪要》指出，鉴于大量掺假毒品和成分复杂的新类型毒品不断出现，为做到罪刑相当、罚当其罪，保证毒品案件的审判质量，并考虑目前毒品鉴定的条件和现状，对可能判处被告人死刑的毒品犯罪案件，应当根据最高人民法院、最高人民检察院、公安部 2007 年 12 月颁布的《2007 年意见》，作出毒品含量鉴定；对涉案毒品可能大量掺假或者系成分复杂的新类型毒品的，亦应当作出毒品含量鉴定。

对于含有两种以上毒品成分的毒品混合物，应进一步作成分鉴定，确定所含的不同毒品成分及比例。对于毒品中含有海洛因、甲基苯丙胺的，应以海洛因、甲基苯丙胺分别确定其毒品种类；不含海洛因、甲基苯丙胺的，应以其中毒性较大的毒品成分确定其毒品种类；如果毒性相当或者难以确定毒性大小的，以其中比例较大的毒品成分确定其毒品种类，并在量刑时综合考虑其他毒品成分、含量和全案所涉毒品数量。

关于成分混合型毒品的量刑把握，《武汉会议纪要》指出，甲基苯丙胺片剂（俗称“麻古”等）是以甲基苯丙胺为主要毒品成分的混合型毒品，其甲基苯丙胺含量相对较低，危害性亦有所不同。为体现罚当其罪，甲基苯丙胺片剂的死刑数量标准一般可以按照甲基苯丙胺（冰毒）的 2 倍左右掌握，具体可以根据当地的毒品犯罪形势和涉案毒品含量等因素确定。涉案毒品为氯胺酮（俗称“K 粉”）的，结合毒品数量、犯罪性质、情节及危害后果等因素，对符合死刑适用条件的被告人可以依法判处死刑。综合考虑氯胺酮的致瘾癖性、滥用范围和危害性等因素，其死刑数量标准一般可以按照海洛因的 10 倍掌握。涉案毒品为其他滥用范围和危害性相对较小的新类型、混合型毒品的，一般不宜判处被告人死刑。但对于司法解释、规范性文件明确规定了定罪量刑数量标准，且涉案毒品数量特别巨大，社会危害大，不判处死刑难以体现罚当其罪的，必要时可以判处被告人死刑。

关于毒品纯度的量刑把握，《大连会议纪要》指出，毒品数量达到实际掌握的死刑数量标准，经鉴定毒品含量极低，掺假之后的数量才达到实际掌握的死刑数量标准的，或者有证据表明可能大量掺假但因故不能鉴定的，可以不判处被告人死刑立即执行。此外，《武汉会议纪要》指出，办理毒品犯罪案件，无论毒品纯度高低，一般均应将查证属实的毒品数量认定为毒品犯罪的数量，并据此确定适用的法定刑幅度，但司法解释另有规定或者为了隐蔽运输而临时改变毒品常规形态的除外。涉案毒品纯度明显低于同类毒品的正常纯度的，量刑时可以酌情考虑。

被告人毒品数量达到适用死刑的标准，刑事律师要关注案卷中是否有毒品含量鉴定，在会见被告人时要了解该涉案毒品的情况，即被告人本人是否在毒品中大量掺假，但毒品含量鉴定结论纯度较高，被告人在毒品犯罪上中下游处于什么位置，一般来说，上游的毒品纯度高，下游的毒品纯度低，倒手次数少的纯度高，倒手次数多的纯度低，对毒品含量鉴定结论存在合理怀疑的，可以申请法院重新鉴定。案卷中没有作含量鉴定的，无论数量多少都不能判处死刑立即执行。

【案例4-17】赵敏波犯贩卖、运输毒品罪案①

被告人赵敏波，男，1980年1月29日出生，农民。因涉嫌犯贩卖毒品罪于2005年10月26日被逮捕。

浙江省杭州市人民检察院以被告人赵敏波犯贩卖、运输毒品罪，向杭州市中级人民法院提起公诉。

杭州市中级人民法院经公开审理查明：

2005年9月初，储宁峰（同案被告人，已判刑）受被告人赵敏波指使寻找卖毒品的人，并通过徐昌标（同案被告人，已判刑）与孙杰（另案处理）联系交易毒品。同年9月12日，经储、徐事先联系，赵敏波在浙江省杭州凯悦酒店561房间，对孙杰提供的“麻果”样品进行试货后表示其能提供品质较好的缅甸产“麻果”，但需1万粒起批。后经储宁峰、徐昌标居间联系，双方约定交易“麻果”1万粒。同月19日下午，陈焕雨（同案被告人，已判刑）在赵敏波的指使下，将50包“麻果”从浙江省宁海县赵的住处运至杭州华辰大酒店5016房间，并将房卡交给赵敏波。次日凌晨，赵敏波指使储宁峰持该房卡将上述“麻果”从杭州华辰大酒店5016房间携带至杭州湾大酒店1401房间。随后储将其中4包“麻果”交给徐昌标保管，徐即将其中3包藏匿于杭州市江干区龙洲旅馆8310房间。而后，储、徐二人在该1401房间，将剩余的46包“麻果”以35元一粒的价格贩卖给孙杰介绍的买家蒋军（同案被告人，已判刑）。在交易

---

① 参见最高人民法院刑事审判第一、二、三、四、五庭编：《刑事审判参考》（总第67集），法律出版社2009年版，第55~57页。

过程中被公安机关当场抓获，现场缴获“麻果”46包（净重829.49克），在储宁峰处缴获当日供验货后剩余的“麻果”碎片1包（净重24克），在徐昌标处缴获“麻果”1包（净重18.38克）。同年11月10日，公安机关在杭州市江干区龙洲旅馆查获徐昌标藏匿的“麻果”3包，以上共查获片状“麻果”925.7649克。

杭州市中级人民法院认为，被告人赵敏波明知是毒品而进行贩卖并指使他人进行运输，其行为已构成贩卖、运输毒品罪。所贩卖、运输的毒品数量大，认罪态度极差，依法应予严惩。据此，杭州市中级人民法院以贩卖、运输毒品罪，判处被告人赵敏波死刑，剥夺政治权利终身，并处没收其个人全部财产。

一审宣判后，赵敏波不服，提出上诉。赵敏波及其辩护人提出，本案公安特情提出要购买3万粒“麻果”，存在犯意和数量引诱；对所贩卖、运输的毒品应进行定量鉴定。

浙江省高级人民法院经审理认为，赵敏波实施贩卖毒品的犯意系其主动提出，并非在特情引诱下形成，且1万粒的交易量也是赵敏波在孙杰提出要买3万粒之前事先设定的，故本案不存在犯意和数量引诱的问题。依照《刑法》规定，毒品不以纯度折算，故不需对毒品进行定量分析。原判认定的事实清楚，证据确实充分，定罪准确，对赵敏波的量刑适当，审判程序合法。据此，浙江省高级人民法院裁定驳回上诉，维持原判，并依法报送最高人民法院复核。

最高人民法院经复核认为，一审、二审判决认定的事实清楚，证据确实、充分，定罪准确，审判程序合法。鉴于本案查获的片状“麻果”虽含有甲基苯丙胺成分，亦杂以其他物质，且毒品全部查获，对赵敏波判处死刑，可不立即执行，依法以贩卖、运输毒品罪，改判被告人赵敏波死刑，缓期2年执行，剥夺政治权利终身，并处没收个人全部财产。

关于成分混合型毒品的量刑把握，《武汉会议纪要》指出，甲基苯丙胺片剂（俗称“麻古”等）是以甲基苯丙胺为主要毒品成分的混合型毒品，其甲基苯丙胺含量相对较低，危害性亦有所不同。为体现罚当其罪，甲基苯丙胺片剂的死刑数量标准一般可以按照甲基苯丙胺（冰毒）的2倍左右掌握，具体可以根据当地的毒品犯罪形势和涉案毒品含量等因素确定。在本案中，被告人赵敏波贩卖的毒品“麻果”为混合型毒品，数量巨大，理应判处死刑，但鉴于查获的毒品含有杂质，且毒品未流入社会，判处死刑，可不立即执行。当然，本案发生在《武汉会议纪要》之前，最高人民法院的判决依据并非《武汉会议纪要》。

13. 关于运输毒品的量刑把握

关于运输毒品的量刑把握，《大连会议纪要》指出，对于运输毒品犯罪，要注意重点打击指使、雇用他人运输毒品的犯罪分子和接应、接货的毒品所有者、买家或者卖家。对于运输毒品犯罪集团首要分子，组织、指使、雇用他人运输毒品的主犯或者毒枭、职业毒犯、毒品再犯，以及具有武装掩护、暴力抗拒检查、拘留或者逮捕、参与有组织的国际毒品犯罪、以运输毒品为业、多次运输毒品或者其他严重情节的，应当按照《刑法》、有关司法解释和司法实践实际掌握的数量标准，从严惩处，依法应判处死刑的必须坚决判处死刑。

毒品犯罪中，单纯的运输毒品行为具有从属性、辅助性特点，且情况复杂多样。部分涉案人员系受指使、雇用的贫民、边民或者无业人员，只是为了赚取少量运费而为他人运输毒品，他们不是毒品的所有者、买家或者卖家，与幕后的组织、指使、雇用者相比，在整个毒品犯罪环节中处于从属、辅助和被支配地位，所起作用和主观恶性相对较小，社会危害性也相对较小。因此，对于运输毒品犯罪中的这部分人员，在量刑标准的把握上，应当与走私、贩卖、制造毒品和前述具有严重情节的运输毒品犯罪分子有所区别，不应单纯以涉案毒品数量的大小决定刑罚适用的轻重。

对有证据证明被告人确属受人指使、雇用参与运输毒品犯罪，又系初犯、偶犯的，可以从轻处罚，即使毒品数量超过实际掌握的死刑数量标准，也可以不判处死刑立即执行。毒品数量超过实际掌握的死刑数量标准，不能证明被告人系受人指使、雇用参与运输毒品犯罪的，可以依法判处重刑直至死刑。涉嫌为贩卖而自行运输毒品，由于认定贩卖毒品的证据不足，因而认定为运输毒品罪的，不同于单纯的受指使为他人运输毒品行为，其量刑标准应当与单纯的运输毒品行为有所区别。

《武汉会议纪要》进一步指出，对于运输毒品犯罪，应当重点打击运输毒品犯罪集团首要分子，组织、指使、雇用他人运输毒品的主犯或者毒枭、职业毒犯、毒品再犯，以及具有武装掩护运输毒品、以运输毒品为业、多次运输毒品等严重情节的被告人，对其中依法应当判处死刑的，坚决依法判处。

对于受人指使、雇用参与运输毒品的被告人，应当综合考虑毒品数量、犯罪次数、犯罪的主动性和独立性、在共同犯罪中的地位作用、获利程度和方式及其主观恶性、人身危险性等因素，予以区别对待，慎重适用死刑。对于有证据证明确属受人指使、雇用运输毒品，又系初犯、偶犯的被告人，即使毒品数量超过实际掌握的死刑数量标准，也可以不判处死刑；尤其对于其中被动参与犯罪，从属性、辅助性较强，获利程度较低的被告人，一般不应当判处死刑。对于不能排除受人指使、雇用初次运输毒品的被告人，毒品数量超过实际掌握的死刑数量标准，但尚不属数量巨大的，一般也可以不判处死刑。

一案中有多人受雇运输毒品的，在决定死刑适用时，除各被告人运输毒品的数量外，还应结合其具体犯罪情节、参与犯罪程度、与雇用者关系的紧密性及其主观恶性、人身危险性等因素综合考虑，同时判处二人以上死刑要特别慎重。

关于二人以上同行运输毒品在罪责划分，《武汉会议纪要》指出，两人以上同行运输毒品的，应当从是否明知他人带有毒品，有无共同运输毒品的意思联络，有无实施配合、掩护他人运输毒品的行为等方面综合审查认定是否构成共同犯罪。受雇于同一雇主同行运输毒品，但受雇者之间没有共同犯罪故意，或者虽然明知他人受雇运输毒品，但各自的运输行为相对独立，既没有实施配合、掩护他人运输毒品的行为，又分别按照各自运输的毒品数量领取报酬的，不应认定为共同犯罪。受雇于同一雇主分段运输同一宗毒品，但受雇者之间没有犯罪共谋的，也不应认定为共同犯罪。雇用他人运输毒品的雇主，及其他对受雇者起到一定组织、指挥作用的人员，与各受雇者分别构成运输毒品罪的共同犯罪，对运输的全部毒品数量承担刑事责任。

【案例4－18】傅勇、朱小勇犯贩卖、运输毒品罪案①

被告人傅勇，男，1970年4月22日出生，无业。1999年6月因犯销售赃物罪被判处有期徒刑8个月；2001年11月因犯贩卖毒品罪被判处有期徒刑3年；2008年1月29日因犯贩卖毒品罪被判处有期徒刑6年10个月，2012年8月20日刑满释放；2013年3月29日因涉嫌非法持有毒品罪被逮捕。

---

① 参见最高人民法院刑事审判第一、二、三、四、五庭编：《刑事审判参考》（总第101集），法律出版社2015年版，第127～130页。

被告人朱小勇，男，1982年3月29日出生，农民。2013年4月12日因涉嫌犯运输毒品罪被逮捕。

被告人石远德，男，1991年9月28日出生，农民。2008年6月11日因犯盗窃罪被判处有期徒刑6个月；2010年8月12日因犯盗窃罪被判处有期徒刑1年9个月，2012年1月9日刑满释放；2013年3月29日因涉嫌犯非法持有毒品罪被逮捕。

浙江省杭州市人民检察院以被告人朱小勇、傅勇犯贩卖、运输毒品罪，被告人石远德犯运输毒品罪，向杭州市中级人民法院提起公诉。

傅勇、朱小勇、石远德均对公诉机关指控的事实及罪名提出异议，请求法院宣告无罪。其中，傅勇辩称，其不明知朱小勇携带毒品来杭州，其从未实施贩毒行为，司法机关所查扣的毒品系其用于自吸。朱小勇辩称，案发期间其不在杭州，不认识傅勇等人，没有实施指控的贩卖、运输毒品行为，且司法机关在其租住处查扣的毒品并非其所有。石远德辩称，其不明知运输的物品是毒品。

杭州市中级人民法院经公开审理查明：

2013年2月20日，朱小勇携带毒品，雇人驾车从广东省东莞市前往浙江省杭州市余杭区。当日21时许，朱小勇因车辆在行驶途中出现故障，给傅勇打电话求助。傅勇明知朱小勇携带毒品，仍指使石远德、郭俊富（另案处理）驾车接应朱小勇。次日1时许，石远德、郭俊富在浙江省杭新景高速公路杭州南出口附近与朱小勇会合，朱小勇将藏有996.8克甲基苯丙胺的红牛饮料箱交给石远德、郭俊富二人后，自行驾车前往杭州市余杭区。石远德、郭俊富驾车行至杭州市上城区钱江一桥附近，遇到交警检查酒驾，石远德下车逃跑，并将藏有毒品的红牛饮料箱扔在杭州武警支队三中队营地内。石远德随即被交警抓获，郭俊富因无酒驾嫌疑被释放。武警官兵在营地内发现毒品后送交公安机关。其间，石远德将毒品被其丢弃的情况电话告知傅勇。傅勇与朱小勇见面后商定，由郭俊富指路，傅勇指使严勇驾驶朱小勇的汽车回到石远德丢弃毒品的地点寻找毒品。当日4时许，傅勇等人下车寻找毒品时，被武警官兵及交警抓获。随后，公安机关又从傅勇的租住处和暂住处查获甲基苯丙胺733.8克、海洛因22.88克，扣押电子秤1台、天平秤1台及砝码、吸毒工具等物。同年3月8日，公安机关在东莞市虎门镇新世界大酒店908房间抓获朱小勇，从朱小勇的租住处查获甲基苯丙胺36.94克等物。

综上所述，傅勇贩卖甲基苯丙胺733.8克、海洛因22.8克，运输甲基苯丙胺999.6克；朱小勇贩卖、运输甲基苯丙胺999.6克，贩卖甲基苯丙胺36.94克；石远德运输甲基苯丙胺999.6克。

杭州市中级人民法院认为，傅勇、朱小勇明知是毒品而贩卖、运输，其行为均构成贩卖、运输毒晶罪；石远德明知是毒品而接驳转运，其行为构成运输毒品罪。三被告人提出的辩解理由均与在案证据不符，不能成立。傅勇、石远德曾因犯罪被判处有期徒刑，刑满释放后5年内再犯应当判处有期徒刑以上刑罚之罪，系累犯，且傅勇又系毒品再犯，依法均应从重处罚。在运输毒品共同犯罪中，石远德受指使接驳转运毒品，与朱小勇、傅勇相比作用略小，对其可酌情从轻处罚。据此，杭州市中级人民法院判决如下：

1. 被告人傅勇犯贩卖、运输毒品罪，判处死刑，剥夺政治权利终身，并处没收个人全部财产。

2. 被告人朱小勇犯贩卖、运输毒品罪，判处死刑，缓期2年执行，剥夺政治权利终身，并处没收个人全部财产。

3. 被告人石远德犯运输毒品罪，判处无期徒刑，剥夺政治权利终身，并处没收个人全部财产。

一审宣判后，傅勇、朱小勇、石远德均提出上诉。傅勇上诉提出，其对朱小勇是否携带毒品以及毒品种类、数量均不知情；从其住处查扣的毒品并非为贩卖而购入，原判定罪错误，应当认定为非法持有毒品罪；其辩护人辩称，原判认定傅勇犯贩卖、运输毒品罪的证据不充分，请求依法改判。朱小勇上诉提出，其不认识傅勇、石远德等人，未雇人驾车携带毒品来杭州，在其租房内查扣的毒品系其朋友所有，原判认定其犯贩卖、运输毒品罪的事实不清，证据不足；其辩护人提出相同的辩护意见。石远德上诉提出，其并不明知朱小勇运输毒品，郭俊富叫其拿着红牛饮料箱逃跑，其不知箱内有毒品，请求改判。

检察机关认为，原判认定的事实清楚，证据确实、充分，定罪准确，量刑适当，各被告人的上诉理由均不能成立，建议驳回上诉，维持原判。

浙江省高级人民法院经公开审理认为，上诉人傅勇、朱小勇明知是毒品而贩卖、运输，其行为均构成贩卖、运输毒品罪；上诉人石远德明知是毒品而接驳转运，其行为构成运输毒品罪。傅勇、朱小勇、石远德及其辩护人提出关于改判的理由不能成立，不予采纳。原判认定的事实清楚，证据确实、充分，定罪准确，量刑适当，审判程序合法。据此，浙江省高级人民法院裁定驳回三名被告人的上诉，维持原判；核准以贩卖、运输毒品罪判处被告人朱小勇死刑，缓期2年执行，剥夺政治权利终身，并处没收个人全部财产的刑事判决，并将同意核准判处傅勇死刑的裁定依法报请最高人民法院复核。

最高人民法院经复核认为，被告人傅勇伙同他人贩卖、运输甲基苯丙胺和海洛因，其行为构成贩卖、运输毒品罪。贩卖、运输毒品数量大，在共同犯罪中起主要作用，系主犯，罪行极其严重，又系毒品再犯、累犯，依法应当从重处罚。一审判决、二审裁定认定的事实清楚，证据确实、充分，定罪准确，量刑适当，审判程序合法。据此，裁定核准浙江省高级人民法院维持一审以贩卖、运输毒品罪判处被告人傅勇死刑，剥夺政治权利终身，并处没收个人全部财产的刑事裁定。

关于运输毒品罪的量刑把握，《武汉会议纪要》指出，对于运输毒品犯罪，应当重点打击运输毒品犯罪集团首要分子，组织、指使、雇用他人运输毒品的主犯或者毒枭、职业毒犯、毒品再犯，以及具有武装掩护运输毒品、以运输毒品为业、多次运输毒品等严重情节的被告人，对其中依法应当判处死刑的，坚决依法判处。在本案中，被告人傅勇、朱小勇明知是毒品而贩卖、运输，构成贩卖、运输毒品罪，毒品数量巨大，均系主犯，二人地位和作用相当。傅勇系毒品再犯，依法应当从重处罚，根据同宗毒品一般只判处一名被告人死刑的司法惯例，法院判决傅勇死刑立即执行。

同时《大连会议纪要》指出，对有证据证明被告人确属受人指使、雇用参与运输毒品犯罪，又系初犯、偶犯的，可以从轻处罚，即使毒品数量超过实际掌握的死刑数量标准，也可以不判处死刑立即执行。在本案中，虽然本案涉案毒品数量巨大，但是被告人石远德系受傅勇指使参与运输毒品，在共同犯罪中起辅助作用，系从犯，可以从轻处罚，其罪责要小于傅勇和朱小勇。据此，法院判处石德远无期徒刑。

14. 关于居间介绍贩卖毒品和居中倒卖毒品的界定

关于居间介绍贩卖毒品和居中倒卖毒品的界定，《武汉会议纪要》指出，居间介绍者在毒品交易中处于中间人地位，发挥介绍联络作用，通常与交易一方构成共同犯罪，但不以牟利为要件；居中倒卖者属于毒品交易主体，与前后环节的交易对象是上下家关系，直接参与毒品交易并从中获利。居间介绍者受贩毒者委托，为其介绍联络购毒者的，与贩毒者构成贩卖毒品罪的共同犯罪；明知购毒者以贩卖为目的购买毒品，受委托为其介绍联络贩毒者的，与购毒者构成贩卖毒品罪的共同犯罪；受以吸食为目的的购毒者委托，为其介绍联络贩毒者，毒品数量达到《刑法》第348条规定的最低数量标准的，一般与购毒者构成非法持有毒品罪的共同犯罪；同时与贩毒者、购毒者共谋，联络促成双方交易的，通常认定与贩毒者构成贩卖毒品罪的共同犯罪。居间介绍者实施为毒品交易主体提供交易信息、介绍交易对象等帮助行为，对促成交易起次要、辅助作用的，应当认定为从犯；对于以居间介绍者的身份介入毒品交易，但在交易中超出居间介绍者的地位，对交易的发起和达成起重要作用的被告人，可以认定为主犯。

【案例4-19】张菊、王福贵、周道会犯贩卖、运输毒品罪案①

被告人张菊，女，汉族，1976年2月21日出生。2012年11月23日因涉嫌犯贩卖、运输毒品罪被逮捕。

被告人王福贵，男，汉族，1968年12月9日出生。2012年11月24日因涉嫌犯贩卖、运输毒品罪被逮捕。

被告人周道会，男，汉族，1981年12月11日出生。2012年11月24日因涉嫌犯贩卖、运输毒品罪被逮捕。

河北省唐山市人民检察院以被告人张菊、王福贵、周道会犯贩卖毒品罪向唐山市中级人民法院提起公诉。

被告人张菊、周道会对公诉机关指控的事实供认不讳。被告人王福贵供述公诉机关指控的事实基本属实，但辩称在白石家园查获的315克毒品不是其所有，除被查获的4100余克毒品外，其之前未提供给张菊毒品。

被告人张菊的辩护人提出：张菊系从犯，应当从轻、减轻处罚。被告人王福贵的辩护人提出：购买后分两批邮寄的共计4100余克毒品应属王福贵非法持有，且认定其贩卖毒品数量证据不足，其主动供述周道会贩卖给其毒品的犯罪

---

① 参见最高人民法院刑事审判第一、二、三、四、五庭编：《刑事审判参考》（总第114集），法律出版社2019年版，第95~98页。

事实属立功，可以从轻、减轻处罚。被告人周道会的辩护人提出：周道会的行为只构成运输毒品罪，而非贩卖毒品罪；周道会系从犯，供述毒品“上线”个人信息及贩卖毒品事实属立功，可以从轻或减轻处罚。

唐山市中级人民法院经审理查明：

2011 年 11 月至 2012 年 10 月，被告人张菊在河北省唐山市丰南区租赁多处房屋作为贩卖毒品的窝点，以给付报酬或提供毒品吸食为利诱，先后集结同案被告人马永帅、周海全、王海涛、贾春芳、张广永（均已判刑）等为其交接毒品，以每克 500 元左右的价格分别向吸毒人员孙兆伟（另案处理）等十二人出售毒品，共计贩卖甲基苯丙胺（冰毒）800 余克。其间，2012 年 8 月张菊还和周海全共同出资 5 万元，由周海全与王海涛到安徽省阜南县购得甲基苯丙胺 150 克，张菊给付王海涛 5000 元报酬及甲基苯丙胺 60 克，给付周海全甲基苯丙胺 10 克，将剩余 80 克甲基苯丙胺贩卖。

2012 年 6 月，被告人王福贵找到被告人张菊，提出以优惠价格提供甲基苯丙胺，双方合作贩毒，张菊表示同意，后王福贵陆续批量购进毒品交给张菊贩卖。同年 10 月，王福贵、张菊商定将前期合作贩毒所得作为共同出资，扩大贩毒规模，获利共分。王福贵随即到广东省佛山市找到被告人周道会，商定以每克 220 元的价格购买甲基苯丙胺 4000 克，并要求周道会分两批寄至河北省唐山市。王福贵向周道会支付现金 80 万元，又与张菊通过银行汇款付给周道会 7.97 万元。周道会接收毒资后向他人两次购得甲基苯丙胺，指使同案被告人周虎成（已判刑）将甲基苯丙胺伪装在茶具中分两批通过物流公司寄给张菊。当月 17 日 10 时许，张菊指派马永帅在唐山市一小区门口接收第一批送到的甲基苯丙胺，马永帅接到毒品准备交给张菊时被抓获，公安人员当场查获甲基苯丙胺 1980.26 克，随即将张菊抓获，并查获甲基苯丙胺 131.21 克、甲基苯丙胺片剂（麻古）3.02 克。随后，公安人员将王福贵抓获，查获甲基苯丙胺 16.01 克；并在王福贵指认下，在丰南区一小区查获甲基苯丙胺 315 克。当月 19 日，公安人员在物流公司查获周道会邮寄的第二批甲基苯丙 2149.45 克。当月 30 日，公安人员在佛山市将周道会抓获。

唐山市中级人民法院认为，被告人张菊、王福贵、周道会贩卖毒品，其行为均已构成贩卖毒品罪，且贩卖数量大。三被告人及其辩护人的辩解、辩护意见理据不足，均不予采纳。综合考虑各被告人在毒品犯罪中的地位、作用、毒品数量、毒资来源、参与情节及社会危害程度，依法以贩卖毒品罪，分别判处三被告人死刑，剥夺政治权利终身，并处没收个人全部财产。

一审宣判后，张菊、周道会提出上诉。

被告人张菊上诉及其辩护人提出：一审认定张菊与王福贵在2012年共同出资购买4000余克毒品证据不足，且此部分毒品未流入社会，危害性小；张菊受王福贵雇用贩卖毒品，应认定为从犯；如实供述犯罪事实，有积极认罪情节，请求从轻、减轻处罚。

被告人周道会上诉及其辩护人提出：一审仅认定周道会自愿认罪，未认定系从犯；具有毒品未流入社会、坦白、立功、积极退赃、初犯偶犯等酌定从轻、减轻处罚情节；亲属有积极退赃的情节，请求从轻处罚。

被告人王福贵未提出上诉。其辩护人的意见是，一审认定王福贵与张菊共同出资情况和贩卖毒品的数量不清，证据不足；量刑过重，不应适用死刑。

河北省高级人民法院认为，上诉人张菊、周道会及原审被告人王福贵的行为构成贩卖毒品罪，且贩卖毒品数量大，罪行极其严重，均应依法惩处。相关上诉理由及辩护意见，均不能成立，不予采纳。原判认定的事实清楚，证据确实、充分，定罪准确，量刑适当，审判程序合法。据此，依法裁定驳回上诉，维持原判，并报请最高人民法院核准。

最高人民法院经复核认为，被告人张菊、王福贵为牟取非法利益，结伙贩卖甲基苯丙胺，其行为均已构成贩卖毒品罪；被告人周道会为牟取非法利益，与他人结伙贩卖、运输甲基苯丙胺，其行为已构成贩卖、运输毒品罪。被告人张菊、王福贵共同出资购买毒品并贩卖给他人，数量巨大，均系共同犯罪中罪责严重的主犯，犯罪情节严重，社会危害极大，应依法惩处。被告人周道会居中倒卖毒品并通过物流运输，贩卖、运输毒品数量巨大，犯罪情节严重，社会危害大，应依法惩处。一审、二审判决认定的事实清楚，证据确实、充分，审判程序合法。对被告人张菊、王福贵定罪准确、量刑适当。鉴于被告人周道会在毒品犯罪中，与王福贵、张菊相比，罪责相对较轻，对其判处死刑，可不立即执行。据此，最高人民法院判决如下：

1. 核准河北省高级人民法院刑事裁定中维持一审以贩卖毒品罪分别判处被告人张菊、王福贵死刑，剥夺政治权利终身，并处没收个人全部财产的部分。

2. 撤销河北省高级人民法院刑事裁定和唐山市中级人民法院刑事判决中对

被告人周道会以贩卖毒品罪判处死刑，剥夺政治权利终身，并处没收个人全部财产的部分。

3. 被告人周道会犯贩卖、运输毒品罪，判处死刑，缓期2年执行，剥夺政治权利终身，并处没收个人全部财产。

关于居间介绍贩卖毒品和居中倒卖毒品的界定，《武汉会议纪要》指出，居间介绍者在毒品交易中处于中间人地位，发挥介绍联络作用，通常与交易一方构成共同犯罪，但不以牟利为要件；居中倒卖者属于毒品交易主体，与前后环节的交易对象是上下家关系，直接参与毒品交易并从中获利。简言之，无论是居间介绍贩卖毒品还是居中倒卖毒品都是犯罪行为，两者的区别在于居间介绍毒品不以牟利为目的，居中倒卖毒品要求以牟利为目的。

在本案中，被告人王福贵找到被告人周道会，商定以每克220元的价格购买甲基苯丙胺4000克，并要求周道会分两批寄至河北省唐山市。周道会接收毒资后向他人两次购得甲基苯丙胺，而非提供媒介和信息，介绍王福贵和上家对接毒品交易，其行为属于居中倒卖毒品行为，构成贩卖毒品罪，其指使周虎成将毒品通过物流方式邮寄给张菊，构成运输毒品罪的共犯。因此，周道会构成贩卖、运输毒品罪。

15. 关于毒品犯罪主观明知的认定

在毒品犯罪中，被告人主观内容的认定不能仅凭被告人的供述，而应当依据被告人实施毒品犯罪行为的过程、方式、查获的毒品等客观证据，结合被告人的年龄、阅历、智力等情况综合判断。《2007年意见》第2条规定：走私、贩卖、运输、非法持有毒品主观故意中的“明知”，是指行为人知道或者应当知道所实施的行为是走私、贩卖、运输、非法持有毒品行为。具有下列情形之一，并且犯罪嫌疑人、被告人不能做出合理解释的，可以认定其“应当知道”，但有证据证明确属被蒙骗的除外：（1）执法人员在口岸、机场、车站、港口和其他检查站检查时，要求行为人申报为他人携带的物品和其他疑似毒品物，并告知其法律责任，而行为人未如实申报，在其所携带的物品内查获毒品的；（2）以伪报、藏匿、伪装等蒙蔽手段逃避海关、边防等检查，在其携带、运输、邮寄的物品中查获毒品的；（3）执法人员检查时，有逃跑、丢弃携带物品或逃避、抗拒检查等行为，在其携带或丢弃的物品中查获毒品的；（4）体内藏匿毒品的；（5）为获取不同寻常的高额或不等值的报酬而携带、运输毒品的；（6）采用高度隐蔽的方式携带、运输毒品的；（7）采用高度隐蔽的方式交接毒品，明显违背合法物品惯常交接方式的；（8）有其他证据足以证明行为人应当知道的。

《大连会议纪要》进一步指出，具有下列情形之一，被告人不能做出合理解释的，可以认定其“明知”是毒品，但有证据证明确属被蒙骗的除外：（1）执法人员在口岸、机场、车站、港口和其他检查站点检查时，要求行为人申报为他人携带的物品和其他疑似毒品物，并告知其法律责任，而行为人未如实申报，在其携带的物品中查获毒品的；（2）以伪报、藏匿、伪装等蒙蔽手段，逃避海关、边防等检查，在其携带、运输、邮寄的物品中查获毒品的；（3）执法人员检查时，有逃跑、丢弃携带物品或者逃避、抗拒检查等行为，在其携带或者丢弃的物品中查获毒品的；（4）体内或者贴身隐秘处藏匿毒品的；（5）为获取不同寻常的高额、不等值报酬为他人携带、运输物品，从中查获毒品的；（6）采用高度隐蔽的方式携带、运输物品，从中查获毒品的；（7）采用高度隐蔽的方式交接物品，明显违背合法物品惯常交接方式，从中查获毒品的；（8）行程路线故意绕开检查站点，在其携带、运输的物品中查获毒品的；（9）以虚假身份或者地址办理托运手续，在其托运的物品中查获毒品的；（10）有其他证据足以认定行为人应当知道的。

【案例4－20】骆小林犯运输毒品罪案①

被告人骆小林，男，1971年7月6日出生，四川省成都市人，无业。2008年6月21日因涉嫌犯运输毒品罪被逮捕。

云南省普洱市人民检察院以被告人骆小林犯运输毒品罪，向普洱市中级人民法院提起公诉。

被告人骆小林对公诉机关指控的事实和当庭宣读、出示的证据未提出异议，但其提出是一个叫“二哥”的人从四川租他的车到云南，在孟连县城“二哥”用过车子，返回途中从他车上查获的毒品不知从何而来。辩护人提出，毒品的外包装袋上无骆小林的指纹，骆小林主观上不明知是毒品，应当宣告其无罪。

① 参见最高人民法院刑事审判第一、二、三、四、五庭编：《刑事审判参考》（总第99集），法律出版社2015年版，第98～99页。

普洱市中级人民法院经公开审理查明：

2008年5月16日，被告人骆小林驾驶藏有毒品的车牌号为川A5V165的黑色长安轿车从云南省孟连县经景洪市前往四川省成都市。当日23时50分，途经普洱市思茅区刀官寨时，被公开查缉的公安民警抓获，当场从其驾驶的车辆后排两扇门夹层中查获毒品甲基苯丙胺11块，净重5589克。

普洱市中级人民法院认为，被告人骆小林为牟取非法利益，违反国家毒品管制法规，非法运输毒品，其行为构成运输毒品罪，依法应当惩处。骆小林利用交通工具以隐蔽方式运输大量毒品，在运输途中被公安民警查获，其提出不知车上有毒品的辩解及辩护人提出骆小林无罪的辩护意见，与事实不符，不予采纳。据此，普洱市中级人民法院以运输毒品罪判处骆小林死刑，剥夺政治权利终身，并处没收个人全部财产。

一审宣判后，骆小林不服，以不明知所驾驶的轿车车门夹层内藏有毒品，认定其犯运输毒品罪的事实不清、证据不足为由提出上诉。云南省人民检察院以书面意见形式向云南省高级人民法院提出，一审判决认定被告人骆小林犯运输毒品罪的事实不清，证据不足，建议将此案发回重审。

云南省高级人民法院经审理认为，上诉人骆小林始终辩解不知道所驾驶的轿车车门夹层内藏有毒品，本案又无证据能够印证骆小林明知毒品而进行运输，一审判决认定被告人骆小林运输毒品甲基苯丙胺5589克的犯罪事实不清，证据不足，遂裁定撤销一审判决，发回重审。同时，指出在证据上需要补充以下问题：(1) 骆小林在公安机关审讯及后来会见辩护人时称：他是受“二哥”的雇用，为“二哥”等三人开车到孟连县并住了三四天。其住在榕孟旅馆306号房间，未用身份证登记，其间有个叫“阿信”的服务员帮骆小林买过水果。请公安机关调查该地有无该旅馆和叫“阿信”的服务员，并出示混合照片让该旅馆服务员辨认。(2) 请公安机关查证骆小林的手机通话清单，以证实其是否与供述的“二哥”的手机有过通话联系。(3) 二审辩护人提供了2008年5月11日，骆小林所驾驶机动车在昭待公路因超速被交警处罚的通知书及照片，从照片上大致可看出是四人乘坐该车，以印证骆小林的供述。请与该交警核实此事。(4) 骆小林在二审辩护人会见时称，“二哥”住成都市资子金中路的一农行对面的小区，该小区附近有一广场，“二哥”的妻子叫“娟娟”。请当地公安机关协助查找“二哥”。

普洱市中级人民法院重审期间，公诉机关建议延期审理，并以事实不清、证据不足两次退回公安机关补充侦查未果。2010 年 5 月 24 日，普洱市人民检察院作出不起诉决定（存疑不诉），并于当天将骆小林释放。

运输毒品罪是故意犯罪，要求行为人客观上实施了运输毒品的行为，主观上有明知是毒品而运输的故意。在本案中，民警从被告人骆小林驾驶的车辆后排两扇门夹层中查获毒品，客观上符合运输毒品的要件，但骆小林是否构成运输毒品罪还要看其主观上是否明知是毒品而运输。关于毒品犯罪主观内容的认定，《大连会议纪要》指出，不能仅凭被告人的供述，而应当依据被告人实施毒品犯罪行为的过程、方式、查获的毒品等客观证据，结合被告人的年龄、阅历、智力等情况综合判断。

在本案中，被告人骆小林称系"二哥"等人从四川租他的车到云南，在孟连县城"二哥"用过车子，其对查获的毒品不知情，证据表明毒品的外包装袋上无骆小林的指纹，违章截图大致可以看出骆小林驾驶的车辆上坐有四人，不排除"二哥"作案的嫌疑。骆小林供述了在云南居住时的一些细节以及"二哥"在四川的住所，但公安机关并未对上述线索和供述进行查证，导致本案证据无法证明骆小林主观上明知是毒品而运输。据此，普洱市人民检察院作出不起诉决定，骆小林无罪释放。

16. 关于地方禁毒形势对量刑的影响

禁毒形势随着社会发展变化而变化，不同时期、不同地域禁毒形势不同，对毒品犯罪的打击力度也不一样。目前，禁毒形势的主要理论依据是国家禁毒办发布的年度禁毒形势报告。禁毒形势对毒品犯罪死刑适用的影响主要体现在对法官的自由心证。相同的案情，不同时期、不同地域的禁毒形势不同，法官可能会作出不一样的判决。刑事律师在办理毒品犯罪死刑案件中，要密切关注当地禁毒形势对被告人的量刑是否有利，如果当地禁毒形势对被告人不利，刑事律师在辩护过程中可以避而不谈；反之，应当作为对被告人有利的量刑情节予以提出。

有时判处被告人死刑还是无期徒刑在事实层面和法律层面难以精确界定，是否判处被告人死刑在法官一念之间。在办理毒品犯罪过程中，刑事律师要应势而谋，因势而动，顺势而为。刑事律师的使命是从现实出发，尊重事实和法律，提出被告人无罪、罪轻的量刑情节，让法官看到更多的事实和真相，从而作出对被告人最有利的判决。

五、贪污贿赂犯罪量刑把握及辩护

贪污贿赂犯罪是《刑法》第8章规定的犯罪，包括贪污罪、挪用公款罪、受贿罪、单位受贿罪、利用影响力受贿罪、行贿罪、对有影响力的人行贿罪、对单位行贿罪、介绍贿赂罪、单位行贿罪、巨额财产来源不明罪、隐瞒境外存款罪、私分国有资产罪、私分罚没财产罪，共14个罪名。由于贪污贿赂犯罪中只有贪污罪和受贿罪保留死刑，因此，本文仅对贪污罪和受贿罪从刑事辩护视角进行讨论。在体例方面，本文将对贪污罪和受贿罪分篇讨论。本文重点对贪污罪进行讨论，受贿罪相关事实认定和量刑可以参照贪污罪进行把握。

（一）贪污罪

1. 关于贪污罪犯罪主体的认定

贪污罪，是指国家工作人员利用职务上的便利，侵吞、窃取、骗取或者以其他手段非法占有公共财物的行为。贪污罪的主体是国家工作人员。关于国家工作人员的认定，《刑法》第93条规定：国家工作人员，是指国家机关中从事公务的人员。国有公司、企业、事业单位、人民团体中从事公务的人员和国家机关、国有公司、企业、事业单位委派到非国有公司、企业、事业单位、社会团体从事公务的人员，以及其他依照法律从事公务的人员，以国家工作人员论。

2003年11月13日，最高人民法院印发的《全国法院审理经济犯罪案件工作座谈会纪要》（以下简称《2003 年纪要》）对国家工作人员的范围作了进一步的规定。《2003 年纪要》指出，刑法中所称的国家机关工作人员，是指在国家机关中从事公务的人员，包括在各级国家权力机关、行政机关、司法机关和军事机关中从事公务的人员。根据有关立法解释的规定，在依照法律、法规规定行使国家行政管理职权的组织中从事公务的人员，或者在受国家机关委托代表国家行使职权的组织中从事公务的人员，或者虽未列入国家机关人员编制但在国家机关中从事公务的人员，视为国家机关工作人员。在乡（镇）以上中国共产党机关、人民政协机关中从事公务的人员，司法实践中也应当视为国家机关工作人员。国家机关、国有公司、企业、事业单位委派到非国有公司、企业、事业单位、社会团体从事公务的人员的认定。所谓委派，即委任、派遣，其形式多种多样，如任命、指派、提名、批准等。不论被委派的人身份如何，只要是接受国家机关、国有公司、企业、事业单位委派，代表国家机关、国有公司、企业、事业单位在非国有公司、企业、事业单位、社会团体中从事组织、领导、监督、管理等工作，都可以认定为国家机关、国有公司、企业、事业单位委派到非国有公司、企业、事业单位、社会团体从事公务的人员。如国家机关、国有公司、企业、事业单位委派在国有控股或者参股的股份有限公司从事组织、领导、监督、管理等工作的人员，应当以国家工作人员论。国有公司、企业改制为股份有限公司后，原国有公司、企业的工作人员和股份有限公司新任命的人员中，除代表国有投资主体行使监督、管理职权的人外，不以国家工作人员论。

关于《刑法》第 93 条规定的“其他依照法律从事公务的人员”的认定，2000 年 4 月 29 日第九届全国人民代表大会常务委员会第十五次会议通过并被 2009 年 8 月 27 日第十一届全国人民代表大会常务委员会第十次会议通过的《关于修改部分法律的决定》修正的《关于〈中华人民共和国刑法〉第九十三条第二款的解释》（以下简称《2000 年解释》）规定：村民委员会等村基层组织人员协助人民政府从事下列行政管理工作，属于《刑法》第 93 条第 2 款规定的“其他依照法律从事公务的人员”：（1）救灾、抢险、防汛、优抚、扶贫、移民、救济款物的管理；（2）社会捐助公益事业款物的管理；（3）国有土地的经营和管理；（4）土地征收、征用补偿费用的管理；（5）代征、代缴税款；（6）有关计划生育、户籍、征兵工作；（7）协助人民政府从事的其他行政管理工作。村民委员会等村基层组织人员从事前款规定的公务，利用职务上的便利，非法占有公共财物、挪用公款、索取他人财物或者非法收受他人财物，构成犯罪的，适用《刑法》第382条和第383条贪污罪、第384条挪用公款罪、第385条和第386条受贿罪的规定。

《2003年纪要》同时指出，《刑法》第93条第2款规定的“其他依照法律从事公务的人员”应当具有两个特征：一是在特定条件下行使国家管理职能；二是依照法律规定从事公务。具体包括：（1）依法履行职责的各级人民代表大会代表；（2）依法履行审判职责的人民陪审员；（3）协助乡镇人民政府、街道办事处从事行政管理工作的村民委员会、居民委员会等农村和城市基层组织人员；（4）其他由法律授权从事公务的人员。

关于“从事公务”的认定，《2003年纪要》指出，从事公务，是指代表国家机关、国有公司、企业、事业单位、人民团体等履行组织、领导、监督、管理等职责。公务主要表现为与职权相联系的公共事务以及监督、管理国有财产的职务活动。如国家机关工作人员依法履行职责，国有公司的董事、经理、监事、会计、出纳人员等管理、监督国有财产等活动，属于从事公务。那些不具备职权内容的劳务活动、技术服务工作，如售货员、售票员等所从事的工作，一般不认为是公务。

2010年11月26日，最高人民法院、最高人民检察院联合印发的《关于办理国家出资企业中职务犯罪案件具体应用法律若干问题的意见》①（以下简称《2010年意见》）第6条对国家出资企业中国家工作人员的认定作了规定：经国家机关、国有公司、企业、事业单位提名、推荐、任命、批准等，在国有控股、参股公司及其分支机构中从事公务的人员，应当认定为国家工作人员。具体的任命机构和程序，不影响国家工作人员的认定。经国家出资企业中负有管理、监督国有资产职责的组织批准或者研究决定，代表其在国有控股、参股公司及其分支机构中从事组织、领导、监督、经营、管理工作的人员，应当认定为国家工作人员。国家出资企业中的国家工作人员，在国家出资企业中持有个人股份或者同时接受非国有股东委托的，不影响其国家工作人员身份的认定。

关于贪污罪犯罪主体的认定，一般按照法律条文予以认定，当犯罪主体出

① 法发〔2010〕49号。

现争议时，可以从国家工作人员的职务属性予以把握，首先是在特定条件下行使国家管理职能，其次是依照法律规定从事公务。当被告人主体资格出现争议时，刑事律师可以作罪轻辩护，在被告人构成犯罪的基础上，论述被告人不构成贪污罪，而构成职务侵占罪，这样可以最大限度减轻被告人要承担的刑罚。

【案例5－1】李培光犯贪污罪、挪用公款罪案①

被告人李培光，又名李建华，男，汉族，1973年11月19日出生，原系中铁三局集团有限公司第四工程有限公司（以下简称中铁三局四公司）南广铁路NGZQ－4项目部一分部财务主任。2010年9月8日因涉嫌犯挪用公款罪被逮捕。

广西壮族自治区人民检察院南宁铁路运输分院以被告人李培光犯贪污罪和挪用公款罪，向南宁铁路运输中级人民法院提起公诉。

被告人李培光对公诉机关指控的事实无异议，但辩解其行为不构成贪污罪、挪用公款罪。其辩护人提出：公诉机关指控李培光犯贪污罪的事实不清，证据不足，且李培光不具备贪污罪的主体要件，不构成贪污罪；指控李培光犯挪用公款罪定性不准。

南宁铁路运输中级人民法院经公开审理查明：

（一）贪污事实

2009年5月至9月，被告人李培光利用担任中铁三局四公司南广铁路NGZQ－4项目部一分部财务主任的职务便利，多次到贵港市港北区国家税务局虚开收款人为林建顺、谢茂全，总金额为人民币（以下币种同）1,247,040元的发票4张，在单位报账后将1,247,040元据为己有。具体事实如下：

1. 2009年5月8日，李培光虚设西江农场林建顺财务科目，以林建顺名义在贵港市的工商银行开立了账号为6222××××××××××8478银行账户，制作了科目为“应付账款—应付货款—贵港市西江农场林建顺”、总金额为561,060元的转账凭证，并于5月11日到贵港市港北区国家税务局开具收款人为林建顺、金额为561,060元的发票，在其单位中铁三局四公司南广铁路

---

① 参见最高人民法院刑事审判第一、二、三、四、五庭编：《刑事审判参考》（总第99集），法律出版社2015年版，第103～107页。

NGZQ－4项目部一分部报账。一分部财务分别于5月12日、6月26日、7月27日开具转账支票361,060元、102,000元、98,000元并付款至工商银行账号为6222××××××××××8478的林建顺账户，李培光将虚报所得561,060元据为己有。

2.2009年7月至9月，李培光在其单位与谢茂全发生业务后，以谢茂全名义在贵港市的工商银行开立了账号为2111××××××××××4128的银行账户，随后3次到贵港市港北区国家税务局开具收款人为谢茂全、金额分别为98,400元、96,180元和491,400元的发票3张，列入其所在单位中铁三局四公司南广铁路NGZQ－4项目部一分部虚设的"港城镇谢茂全"财务科目中报账。2009年8月18日、9月14日、9月17日，一分部财务分别先后3次转款98,400元、300,000元、287,580元至工商银行账号为2111××××××××××4128的谢茂全账户，李培光将虚报所得685,980元据为己有。

李培光将虚报所得款项中的825,000元用于购买国债和银行定期存款，370,000元取现后交由一分部食堂职工高进庆藏入一分部食堂的库房里。2010年8月25日李培光因挪用公款事实被检察机关立案侦查。8月31日，李培光主动向检察机关交代了检察机关未掌握的自己以林建顺、谢茂全名义到税务局代开发票报销所得款1,247,040元并据为己有的事实，还向南宁铁路运输检察院供述了其用虚报所得款购买国债和定期存单的藏匿地点及370,000元现金藏匿处。检察机关根据其供述，在其一分部宿舍及一分部食堂的库房里查获了825,000元国债凭证、银行定期存单及现金370,000元。至此，李培光共退出贪污所得1,216,855.96元。

（二）挪用公款事实

2010年3月，被告人李培光利用担任中铁三局四公司南广铁路NGZQ－4项目部一分部财务主任的职务便利，挪用公款共计860,000元归个人使用，进行营利活动。具体事实如下：

2009年10月至2010年5月，南广铁路NGZQ－4项目部一分部在无真实业务发生的情况下，在贵港市港北区国家税务局港城镇分局虚开"贵港市港北区宝（伟）锋建材经营部"片石销售发票16张，总金额6,354,208.30元，套出现金5,896,042元。李培光利用保管上述套现款，一分部在出售商品灰、废旧材料、赔偿、罚款等收入，报销后未归还垫付人刘建球的购车款以及其他账外现金的便利，先后3次将其保管的账外资金860,000元挪用，存入账号为6062××××××××××××4804、户名为李培光的贵港市邮政储蓄银行个人账户，用于购买银行理财产品。其中，2010年1月28日存入300,000元，2月10日将该款全部用于购买名称为“财富日日升”的银行理财产品；2月24日存入350,000元，2月28日将该款全部用于购买名称为“财富月月升”的银行理财产品；3月5日存入210,000元，3月8日将该款全部用于购买名称为“财富日日升”的银行理财产品。2010年5月，国家审计部门对一分部财务部门进行经济审计后，李培光于5月21日赎回两笔“财富日日升”的银行理财产品，共计510,000元并归还单位。案发后，尚有350,000元“财富月月升”的银行理财产品没有赎回。

2011年9月20日，南宁铁路运输中级人民法院依法冻结了该350,000元“财富月月升”的银行理财产品。

另查明李培光在被司法机关调查期间，提供了贵港市港北区国家税务局工作人员廖晓丽涉嫌职务犯罪的重要线索，并经查证属实。

南宁铁路运输中级人民法院认为，被告人李培光身为国家出资企业中从事公务的人员，利用职务上的便利，以虚开发票在单位报账的方式，侵吞公款1,247,040元，其行为侵犯了公共财产的所有权和国家工作人员职务行为的廉洁性，已构成贪污罪。同时，李培光利用职务上的便利，以营利为目的，在任职期间擅自决定挪用本单位公款860,000元归个人使用，其行为构成挪用公款罪。公诉机关指控的罪名成立。

李培光所犯贪污罪和挪用公款罪依法应当并罚。李培光挪用公款860,000元，数额巨大，情节严重；其在司法机关立案调查其挪用公款犯罪事实期间，主动向司法机关交代了司法机关尚未掌握的其贪污犯罪事实，属于自首，依法可以减轻处罚；其在被办案机关调查期间，提供侦破其他案件的重要线索，并查证属实，具有立功表现，依法可以从轻处罚；其在案发前退出挪用的大部分公款，依法可以从轻处罚；其归案后主动供述了赃款去向，退出了绝大部分贪污的赃款，可以酌情从轻处罚。据此，南宁铁路运输中级人民法院判决如下：

被告人李培光犯贪污罪，判处有期徒刑7年，并处没收财产人民币20万元；犯挪用公款罪，判处有期徒刑5年；数罪并罚，决定执行有期徒刑10年6个月，并处没收财产人民币20万元。

一审宣判后，被告人李培光提出上诉。被告人李培光上诉提出：（1）其所在公司是原国有企业改制后的有限公司，已不属于国有企业。其仅是该公司聘请的工作人员，不属于受委派从事公务的人员，其不具备贪污罪、挪用公款罪的主体要件。(2) 其主观上无贪污故意，客观上并未利用职务之便实施贪污的行为，侦查机关收集证据的过程不合法，其供述不能作为证据使用，其行为不构成贪污罪。(3) 原判认定其挪用的 86 万元中有 28.9 万元是刘建球帮其公司垫付的购车款，其余 57.1 万元是小金库资金，把小金库资金存在个人名下是单位认可的，其行为亦不构成挪用公款罪。请求宣告无罪。其辩护人还提出：(1) 李培光不具有非法占有目的，不存在利用职务上的便利侵吞公款、挪用公款的事实，李培光的行为系职务行为，其上级主管部门领导知道李培光保管小金库资金的情况；原判认定贪污数额错误，虚开的 4 张发票总金额 1,247,040 元与李培光购买国债、存银行定期及查获的现金合计 1,195,000 元，相差 52,040 元，贪污数额不准确；套现的 1,247,040 元已先用于单位开支；李培光保管小金库资金经过领导同意，挪用资金购买理财产品，没有进行营利活动，李培光的行为不构成犯罪。(2) 李培光揭发他人职务犯罪，有立功表现。(3) 即使认定李培光构成犯罪，其行为只宜定职务侵占罪一罪，并综合考虑其自首、立功、退赃等情节，请求法院对其适用缓刑。

广西壮族自治区高级人民法院经审理认为，上诉人李培光所在中铁三局四公司系国有资本控股公司中铁三局的全资子公司，属于国家出资企业。李培光系该公司合同制员工，只有技术职称，没有行政级别，其担任南广铁路 NGZQ-4 项目部一分部财务主任是经过公司人力资源部提名，主管总会计师同意，报公司总经理聘任的，未经公司党委或者党政联席会讨论、批准或者任命，故其不具有国家工作人员身份。上诉人李培光身为国家出资企业中的工作人员，利用职务上的便利，以虚开发票在单位报账的方式，将本单位资金 1,247,040 元非法占为己有，数额巨大，其行为构成职务侵占罪；同时其利用职务上的便利，挪用本单位资金 86 万元归个人使用，进行营利活动，数额巨大，其行为构成挪用资金罪，依法应当惩处。一审判决定性不准，应予纠正。据此，广西壮族自治区高级人民法院改判如下：

上诉人李培光犯职务侵占罪，判处有期徒刑 4 年；犯挪用资金罪，判处有期徒刑 3 年；数罪并罚，决定执行有期徒刑 6 年。

关于国家出资企业中国家工作人员的认定，《2010 年意见》规定，经国家机关、国有公司、企业、事业单位提名、推荐、任命、批准等，在国有控股、参股公司及其分支机构中从事公务的人员，应当认定为国家工作人员。具体的任命机构和程序，不影响国家工作人员的认定。经国家出资企业中负有管理、监督国有资产职责的组织批准或者研究决定，代表其在国有控股、参股公司及其分支机构中从事组织、领导、监督、经营、管理工作的人员，应当认定为国家工作人员。

在本案中，被告人李培光系国家出资企业中的合同制员工，只有技术职称，没有行政级别，其任职是经公司人力资源部提名，主管总会计师同意，报公司总经理聘任的，未经公司负有管理、监督国有资产职责的组织批准或者研究决定，故不具有国家工作人员身份。李培光身为国家出资企业中的工作人员，利用职务上的便利，以虚开发票在单位报账的方式，将本单位资金非法占为己有，其行为构成职务侵占罪；同时李培光利用职务上的便利，挪用本单位资金归个人使用，进行营利活动，其行为构成挪用资金罪。

2. 关于贪污罪利用职务上的便利的认定

贪污罪是职务犯罪，利用职务上的便利条件实施犯罪是贪污罪的构成要件。关于被告人利用职务上的便利的认定，1999 年 9 月 16 日，最高人民检察院发布的《关于人民检察院直接受理立案侦查案件立案标准的规定（试行）》[①]（以下简称《1999 年规定》）第 1 条规定："利用职务上的便利"是指利用职务上主管、管理、经手公共财物的权力及方便条件。

主管，是指行为人本人虽然不具体管理、经手公共财物，但是对公共财物具有调拨、统筹、使用的决定权和决策权。管理，是指具有监守、保管、使用公共财物的职权。经手，是指具有领取、支出等经办公共财物的某些方便条件。[②] 这里职务上的便利应当作狭义解释，即必须是行为人利用国家公权力形成的主管、管理、经手的便利条件而实施的犯罪行为，而非宽泛的便利条件。比如，国家工作人员张某某临下班之际，趁单位财务人员不备，顺走单位 10 万

---

① 高检发释字〔1999〕2 号。

② 参见陈兴良主编：《刑法各论精释》，人民法院出版社 2015 年版，第 1027 页。

元现金，张某某的行为不构成贪污罪，而构成盗窃罪。

3. 关于贪污罪公共财物的认定

贪污罪的行为对象是公共财物，关于公共财物的认定，《刑法》第 91 条规定："本法所称公共财产，是指下列财产：（一）国有财产；（二）劳动群众集体所有的财产；（三）用于扶贫和其他公益事业的社会捐助或者专项基金的财产。在国家机关、国有公司、企业、集体企业和人民团体管理、使用或者运输中的私人财产，以公共财产论。"财产形式包括有形财产、无形财产和财产性权益。

【案例 5－2】刘宝春犯贪污罪案①

被告人刘宝春，男，1962 年 2 月 14 日出生，原系北京市顺义区自来水公司经理，2016 年 2 月 4 日被逮捕。

北京市顺义区人民检察院以被告人刘宝春犯贪污罪，向北京市顺义区人民法院提起公诉。

被告人刘宝春否认指控的罪名，辩解称其领取的绩效奖金是经公司领导班子集体讨论发放的，未如实记账是为了避免职工知道此事后引起混乱。其辩护人提出，刘宝春的行为属于违规违纪行为，不构成贪污罪，理由是自来水公司系企业化管理的自收自支事业单位，公司领导班子有权自主决定利润分配方式，刘宝春领取的钱款系经过公司领导班子集体研究决定并且是相对公开的，其不具有非法占有公款的主观故意。

北京市顺义区人民法院经公开审理查明：

北京市顺义区自来水公司自 2006 年至 2013 年系自收自支事业单位（2016 年改制变更为北京顺义自来水有限责任公司，以下简称自来水公司）。2007 年至 2012 年，被告人刘宝春在担任自来水公司经理期间，利用管理自来水公司全面工作的职务便利，指使自来水公司财务科科长李海容（另案处理）、现金会计张淑桂（另案处理），采取虚构交易、通过其他公司倒账等形式每年从公司账户套取现金为其本人、公司其他领导班子成员及李海容、张淑桂发放年度

① 参见最高人民法院刑事审判第一、二、三、四、五庭编：《刑事审判参考》（总第 115 集），法律出版社 2019 年版，第 92～93 页。

“额外奖金”，并采取虚列开支、使用没有发生真实业务的发票等方式平账。其中，刘宝春分得人民币63万元，李海容分得人民币32万元，张淑桂分得人民币16万元。2016年1月22日，刘宝春经侦查机关电话通知后主动到案。案发后，刘宝春、李海容、张淑桂已将上述个人所得钱款全部退缴。

顺义区人民法院经审理认为，被告人刘宝春作为国家工作人员，伙同他人利用职务上的便利，非法占有公共财物，数额巨大，其行为已构成贪污罪，且系共同犯罪，应予惩处。刘宝春违反相关规定，擅自决定为其本人及其他人发放“奖金”，并采取了虚构交易、虚开发票平账等隐蔽手段，其实质是以发放奖金之名行侵吞公款之实，客观上符合贪污罪的构成要件；主观上，刘宝春明知奖金的正常决策和发放程序以及会计应如实记账的规定，仍然违反相关程序和要求发放涉案钱款、授意会计虚假记账，其本人亦领取了涉案钱款，足以证明其主观上具有非法占有的故意，故其行为已构成贪污罪。刘宝春及其辩护人的相关辩解及辩护意见不予采纳。鉴于刘宝春有自首情节，积极退缴赃款，依法对其从轻处罚。据此，顺义区人民法院判决被告人刘宝春犯贪污罪，判处有期徒刑3年，并处罚金人民币20万元。

宣判后，被告人刘宝春提出上诉，认为其行为属于自定薪酬，违规发放津贴、补贴，没有非法占有国有资产的主观故意，不构成贪污罪。

北京市第三中级人民法院经依法审理，裁定驳回上诉，维持原判。

在本案中，被告人刘宝春是否构成贪污罪，主要看其套取的“公款”是否属于公共财物。关于这个问题可以从投资主体和收益归属两个方面进行把握。首先，北京市顺义区自来水公司的投资主体是国家，具有公共性、公益性和垄断性，北京市顺义区自来水公司的财产及投资收益归国家所有。其次，自收自支是一种经营方式和管理模式，并没有改变北京市顺义区自来水公司国有性质的属性，北京市顺义区自来水公司仍然受国资委的管理，工资、奖金和绩效的核算和发放仍由国资委核定，因此，北京市顺义区自来水公司的资产属于刑法意义上的公共财物。

在本案中，被告人刘宝春授意公司财务科科长李海容和现金会计张淑桂，采取虚构交易和通过其他公司倒账等形式，每年从公司账户套取现金为本人和公司其他领导班子成员发放年度“额外奖金”，并采取虚列开支和使用没有发生真实业务的发票等方式平账，主观上具有非法占有目的，属于利用职务上的便利，侵吞公共财物，因此，刘宝春构成贪污罪。

4. 关于贪污罪非法占有目的的认定

非法占有目的是贪污罪不成文的构成要件要素，非法占有目的属于主观方面的内容。关于非法占有目的的认定，不能以被告人的供述为准，而应当根据主客观相统一原则进行把握。《2003 年纪要》指出，挪用公款罪与贪污罪的主要区别在于行为人主观上是否具有非法占有公款的目的。挪用公款是否转化为贪污，应当按照主客观相一致的原则，具体判断和认定行为人主观上是否具有非法占有公款的目的。在司法实践中，具有以下情形之一的，可以认定行为人具有非法占有公款的目的：（1）行为人“携带挪用的公款潜逃的”，对其携带挪用的公款部分，以贪污罪定罪处罚。（2）行为人挪用公款后采取虚假发票平账、销毁有关账目等手段，使所挪用的公款已难以在单位财务账目上反映出来，且没有归还行为的，应当以贪污罪定罪处罚。（3）行为人截取单位收入不入账，非法占有，使所占有的公款难以在单位财务账目上反映出来，且没有归还行为的，应当以贪污罪定罪处罚。（4）有证据证明行为人有能力归还所挪用的公款而拒不归还，并隐瞒挪用的公款去向的，应当以贪污罪定罪处罚。

【案例 5－3】王妙兴犯贪污罪、受贿罪、职务侵占罪案①

被告人王妙兴，男，1952 年 1 月 27 日出生于上海市，汉族，原系上海新长征（集团）有限公司（以下简称新长征集团）党委书记、新长征集团董事长，住上海市兰溪路 90 弄 28 号 701 室。因涉嫌犯贪污罪、受贿罪于 2007 年 10 月 23 日被逮捕。

上海市人民检察院第二分院以被告人王妙兴犯贪污罪、受贿罪、职务侵占罪，向上海市第二中级人民法院起诉。

上海市第二中级人民法院经审理查明：

新长征集团是由长征镇政府和其投资成立的上海长征城乡建设开发有限公司（以下简称长征城建公司）共同出资设立。2004 年至 2005 年，长征镇政府

---

① 参见最高人民法院刑事审判第一、二、三、四、五庭编：《刑事审判参考》（总第 82 集），法律出版社 2012 年版，第 77～79 页。

决定对新长征集团实行改制，由国有公司改制为非国有公司，并委托上海万隆资产评估有限公司进行资产评估。其间，被告人王妙兴利用担任长征镇党委书记兼新长征集团董事长等职务便利，指使新长征集团会计金枫，在新长征集团资产评估前即2004年7月至2005年5月，秘密将长征镇政府拨给新长征集团发展资金等共计人民币（以下币种均为人民币）9700万元划到由其个人控制和管理的长征镇集体经济合作联社账外账户，没有计入新长征集团的评估资产中，导致新长征集团改制的资产价值仅为1.7亿余元。后王妙兴辞去了长征镇党委书记的职务。2005年10月和2006年7月，新长征集团通过两次改制，将其资产以1.7亿余元的价格转让给包括王妙兴在内的个人和其他私营性质的单位，其中王妙兴占有5%的股份。2005年12月至2007年2月，王妙兴又指使金枫将上述9700万元转到其个人控制和管理的原新长征集团账外账户，并将其中的2000余万元用于改制后新长征集团发放奖金、购买基金等。

此外，被告人王妙兴还利用担任长征镇政府镇长职务的便利，为上海嘉定区房地产（集团）有限公司等单位在参与开发长征镇土地、项目建设等方面提供帮助，并收受上述单位负责人贿赂计630余万元；利用担任非国有性质的上海真北商务服务管理有限公司法定代表人和改制后新长征集团党委书记、董事长职务的便利，侵吞上述单位资金500余万元。

法院认为，王妙兴在新长征集团改制期间，利用担任长征镇党委书记兼新长征集团董事长等职务的便利，非法将9700万元国有资产隐匿在其个人控制的账户中，使长征镇政府失去了对该笔国有资产的控制，其行为构成贪污罪；王妙兴还利用担任长征镇政府镇长等职务的便利，非法收受他人贿赂630余万元，为他人谋取利益，其行为又构成受贿罪；王妙兴在担任非国有公司负责人期间，利用职务便利，非法将公司资金500余万元据为己有，其行为还构成职务侵占罪。据此，上海市第二中级人民法院判决如下：

以贪污罪判处王妙兴无期徒刑，剥夺政治权利终身，并处没收财产60万元；以受贿罪判处王妙兴有期徒刑12年，剥夺政治权利3年，并处没收财产30万元；以职务侵占罪判处王妙兴有期徒刑8年，并处没收财产10万元；决定对王妙兴执行无期徒刑，剥夺政治权利终身，并处没收财产100万元；贪污和职务侵占所得予以追缴并分别发还长征镇政府等单位，不足部分责令退赔；受贿所得予以没收。

一审宣判后，被告人王妙兴不服，以其主观上没有非法占有新长征集团9700万元的故意，其行为不构成贪污罪等为由，提出上诉。

针对上诉人王妙兴提出的其不构成贪污罪的上诉理由，上海市高级人民法院认为，被告人王妙兴在新长征集团改制过程中，利用担任长征镇党委书记兼新长征集团党委书记、董事长职务的便利，非法将9700万元国有资产隐匿在其个人控制的账户中，使长征镇政府失去对该笔国有资产的控制，其行为构成贪污罪，且贪污金额为9700万元。上海市高级人民法院经综合审查确认，一审认定王妙兴犯贪污罪、受贿罪、职务侵占罪的事实清楚，证据确实、充分，适用法律正确，量刑适当，审判程序合法。据此，上海市高级人民法院裁定驳回上诉，维持原判。

关于贪污罪非法占有目的的认定不能以被告人的供述为准，而应当根据主客观相统一原则进行把握。《2003年纪要》指出，行为人截取单位收入不入账，非法占有，使所占有的公款难以在单位财务账目上反映出来，且没有归还行为的，应当以贪污罪定罪处罚。在本案中，被告人王妙兴利用担任长征镇党委书记兼新长征集团董事长等职务便利，指使新长征集团会计金枫，秘密将长征镇政府拨给新长征集团发展资金等共计人民币9700万元划到由其个人控制和管理的长征镇集体经济合作联社账外账户，使新长征集团的9700万元资产在评估报告中难以体现。2005年10月和2006年7月，新长征集团通过两次改制，将其资产以1.7亿余元的价格转让给包括王妙兴在内的个人和其他私营性质的单位，其中王妙兴占有5%的股份。2005年12月至2007年2月，王妙兴又指使金枫将上述9700万元转到其个人控制和管理的原新长征集团账外账户。以上证据足以证明王妙兴主观上具有非法占有的目的，因此，依法构成贪污罪。

5. 关于贪污罪犯罪形态的认定

犯罪未遂，是指已经着手实施犯罪，由于犯罪分子意志以外的原因而未得逞的犯罪停止形态。犯罪未遂分为主观的未遂论和客观的未遂论。主观的未遂论认为，未遂犯的处罚依据在于表现为危险或者不法状态的法敌对意思，即，认为对未遂的处罚依据不是由行为所引起的对法益的侵害，而是由犯罪分子的犯意或其性格所产生的行为无价值。客观的未遂论认为，未遂犯的处罚依据在于对构成要件所保护的法益的危险性，有关预备、未遂和既遂在所有行为阶段中的主观故意都是相同的，因此只能从客观方面考察其间的区别。处罚未遂犯的根据并非行为人的犯意，而是即刻能够实现法益侵害的危险性。[①] 犯罪既遂，是指行为人实施的行为符合《刑法》分则规定的具体罪名的该当性、违法性和有责性构成要件要素。

关于贪污罪的未遂和既遂的认定，《2003 年纪要》指出，贪污罪是一种以非法占有为目的的财产性职务犯罪，与盗窃、诈骗、抢夺等侵犯财产罪一样，应当以行为人是否实际控制财物作为区分贪污罪既遂与未遂的标准。对于行为人利用职务上的便利，实施了虚假平账等贪污行为，但公共财物尚未实际转移，或者尚未被行为人控制就被查获的，应当认定为贪污未遂。行为人控制公共财物后，是否将财物据为已有，不影响贪污既遂的认定。

【案例 5 -4】王雪龙犯挪用公款罪、贪污罪案[②]

被告人王雪龙，男，1964 年 1 月 2 日出生，原系上海市青浦区农业机械管理站站长、上海神牛农机服务有限公司法定代表人、上海通阳农机服务有限公司法定代表人。于 2014 年 5 月 7 日被逮捕。

上海市青浦区人民检察院以被告人王雪龙犯挪用公款罪、贪污罪向上海市青浦区人民法院提起公诉。

被告人王雪龙及其辩护人对公诉机关指控的犯罪事实和罪名均无异议，但王雪龙辩称其贪污所得钱款绝大部分用于公务支出。其辩护人以王雪龙挪用公款部分系自首，贪污部分属如实供述罪行，贪污所得绝大部分用于农机站日常工作开支，以及王雪龙的家属代为部分退赃等为由，请求法庭对王雪龙予以从轻处罚。

上海市青浦区人民法院经公开审理查明：

（一）挪用公款罪

上海市青浦区农业机械管理站（以下简称青浦区农机站）是青浦区农业委员会设立的全额拨款事业单位。上海神牛农机服务有限公司（以下简称神牛公

---

① 参见陈兴良主编：《刑法总论精释》，人民法院出版社 2016 年版，第 434 ~ 435 页。

② 参见最高人民法院刑事审判第一、二、三、四、五庭编：《刑事审判参考》（总第 106 集），法律出版社 2017 年版，第 91 ~ 93 页。

司）是青浦区农机站全额出资成立的有限责任公司。2008年1月至2014年，被告人王雪龙任青浦区农机站站长、神牛公司法定代表人。

2008年11月，被告人王雪龙与张永辉经事先商量，欲共同成立上海青育农机服务有限公司（以下简称青育公司）。同年11月5日、11月10日，王雪龙利用其全面负责神牛公司工作的职务便利，个人决定挪用神牛公司公款人民币（以下币种同）20万元，用于青育公司申报注册资本；2009年1月5日，青育公司归还神牛公司20万元。2009年6月24日，王雪龙个人决定挪用神牛公司公款70万元，用于青育公司增加注册资本；同年8月4日，青育公司归还神牛公司70万元。

（二）贪污罪

2009年8月，神牛公司以设置青浦区农机零配件服务网点名义出资成立上海通阳农机服务有限公司（以下简称通阳公司），王雪龙担任公司法定代表人，股东为王雪龙及时任青浦区农机站党支部书记的祝建林。2011年4月19日，王雪龙利用其全面负责神牛公司、通阳公司工作的职务便利，私自将通阳公司无偿转让至马雪元名下并由王雪龙个人实际控制，至工商变更登记当日，通阳公司利润合计22万余元。2012年9月，王雪龙个人决定将上海昊粲农业机械设备有限公司（以下简称昊粲公司）支付神牛公司的服务费36万元由通阳公司收取。后王雪龙将上述通阳公司利润及收取的服务费用于个人套现、消费等。

2013年4月，王雪龙与王川民经事先商量，成立上海厚缘农业科技服务有限公司（以下简称厚缘公司），王雪龙为实质股东之一。2013年5月、12月，王雪龙利用其全面负责神牛公司的职务便利，个人决定将吴桑公司支付神牛公司的服务费42万元由厚缘公司收取。后王雪龙将上述厚缘公司收取的服务费用于个人套现、消费等。

另查明，王雪龙有自首、积极退赃等量刑情节。

上海市青浦区人民法院认为，被告人王雪龙利用职务上的便利，挪用公款共计90万元，数额较大，归个人进行营利活动，其行为已构成挪用公款罪。王雪龙利用职务上的便利，侵吞公款100余万元，数额巨大，其行为已构成贪污罪，应数罪并罚。王雪龙犯罪以后自动投案，并如实供述其挪用公款的罪行，后又供述了贪污部分的基本事实，对挪用公款部分罪行可认定为自首，依法可从轻处罚，对贪污部分也可从轻处罚。据此，上海市青浦区人民法院以挪用公款罪判处王雪龙有期徒刑2年；以贪污罪判处有期徒刑5年6个月，并处罚金人民币50万元；决定执行有期徒刑7年，并处罚金人民币50万元。

一审宣判后，被告人王雪龙不服，向上海市第二中级人民法院提起上诉。

被告人王雪龙的主要上诉理由是：原判认定其犯贪污罪的事实不清、证据不足。通阳公司、厚缘公司均属于青浦区农机站下属的“小金库”性质企业，且其将绝大部分涉案款项用于青浦区农机站日常开支等公务性支出，其行为不构成贪污罪。即使构成贪污罪，也应将用于公务性支出的款项从贪污数额中扣除。

上海市第二中级人民法院经审理后认为，原判定罪及适用法律正确，量刑适当，裁定驳回上诉，维持原判。

在本案中，被告人王雪龙利用其全面负责通阳公司工作的职务便利，私自将通阳公司无偿转让至马雪元名下，并由王雪龙个人实际控制；王雪龙个人决定将昊槃公司支付神牛公司的服务费36万元由通阳公司收取；王雪龙利用其全面负责神牛公司的职务便利，个人决定将昊桑公司支付神牛公司的服务费42万元由厚缘公司收取。在王雪龙对上述公司和资金实际控制时其贪污罪已经既遂，是否取现以及资金用途不影响其贪污罪既遂的认定。

6. 关于贪污罪的量刑把握

关于贪污罪的量刑，《刑法》第383条规定：对犯贪污罪的，根据情节轻重，分别依照下列规定处罚：（1）贪污数额较大或者有其他较重情节的，处3年以下有期徒刑或者拘役，并处罚金。（2）贪污数额巨大或者有其他严重情节的，处3年以上10年以下有期徒刑，并处罚金或者没收财产。（3）贪污数额特别巨大或者有其他特别严重情节的，处10年以上有期徒刑或者无期徒刑，并处罚金或者没收财产；数额特别巨大，并使国家和人民利益遭受特别重大损失的，处无期徒刑或者死刑，并处没收财产。对多次贪污未经处理的，按照累计贪污数额处罚。犯第1款罪，在提起公诉前如实供述自己罪行、真诚悔罪、积极退赃，避免、减少损害结果的发生，有第1项规定情形的，可以从轻、减轻或者免除处罚；有第2项、第3项规定情形的，可以从轻处罚。犯第1款罪，有第3项规定情形被判处死刑缓期执行的，人民法院根据犯罪情节等情况可以同时决定在其死刑缓期执行2年期满依法减为无期徒刑后，终身监禁，不得减刑、假释。

2016年4月18日，最高人民法院、最高人民检察院联合发布的《关于办理贪污贿赂刑事案件适用法律若干问题的解释》①（以下简称《2016年解释》）对贪污罪量刑数额和量刑幅度以及财产刑作了具体规定。关于贪污罪“数额较大”的认定，《2016年解释》第1条规定：贪污或者受贿数额在3万元以上不满20万元的，应当认定为《刑法》第383条第1款规定的“数额较大”，依法判处3年以下有期徒刑或者拘役，并处罚金。贪污数额在1万元以上不满3万元，具有下列情形之一的，应当认定为《刑法》第383条第1款规定的“其他较重情节”，依法判处3年以下有期徒刑或者拘役，并处罚金：（1）贪污救灾、抢险、防汛、优抚、扶贫、移民、救济、防疫、社会捐助等特定款物的；（2）曾因贪污、受贿、挪用公款受过党纪、行政处分的；（3）曾因故意犯罪受过刑事追究的；（4）赃款赃物用于非法活动的；（5）拒不交代赃款赃物去向或者拒不配合追缴工作，致使无法追缴的；（6）造成恶劣影响或者其他严重后果的。

关于贪污罪“数额巨大”的认定，《2016年解释》第2条规定：贪污或者受贿数额在20万元以上不满300万元的，应当认定为《刑法》第383条第1款规定的“数额巨大”，依法判处3年以上10年以下有期徒刑，并处罚金或者没收财产。贪污数额在10万元以上不满20万元，具有本解释第1条第2款规定的情形之一的，应当认定为《刑法》第383条第1款规定的“其他严重情节”，依法判处3年以上10年以下有期徒刑，并处罚金或者没收财产。

关于贪污罪“数额特别巨大”的认定，《2016年解释》第3条规定：贪污或者受贿数额在300万元以上的，应当认定为《刑法》第383条第1款规定的“数额特别巨大”，依法判处10年以上有期徒刑、无期徒刑或者死刑，并处罚金或者没收财产。贪污数额在150万元以上不满300万元，具有本解释第1条第2款规定的情形之一的，应当认定为《刑法》第383条第1款规定的“其他特别严重情节”，依法判处10年以上有期徒刑、无期徒刑或者死刑，并处罚金或者没收财产。

---

① 法释〔2016〕9号。

关于贪污罪死刑适用的量刑把握，《2016 年解释》第 4 条规定：贪污、受贿数额特别巨大，犯罪情节特别严重、社会影响特别恶劣、给国家和人民利益造成特别重大损失的，可以判处死刑。符合前款规定的情形，但具有自首，立功，如实供述自己罪行、真诚悔罪、积极退赃，或者避免、减少损害结果的发生等情节，不是必须立即执行的，可以判处死刑缓期 2 年执行。符合第 1 款规定情形的，根据犯罪情节等情况可以判处死刑缓期 2 年执行，同时裁判决定在其死刑缓期执行 2 年期满依法减为无期徒刑后，终身监禁，不得减刑、假释。

关于贪污罪的财产刑的量刑把握，《2016 年解释》第 19 条规定：对贪污罪、受贿罪判处 3 年以下有期徒刑或者拘役的，应当并处 10 万元以上 50 万元以下的罚金；判处 3 年以上 10 年以下有期徒刑的，应当并处 20 万元以上犯罪数额 2 倍以下的罚金或者没收财产；判处 10 年以上有期徒刑或者无期徒刑的，应当并处 50 万元以上犯罪数额 2 倍以下的罚金或者没收财产。

关于贪污犯罪适用缓刑和免予刑事处罚的认定，2012 年 8 月 8 日，最高人民法院、最高人民检察院联合发布的《关于办理职务犯罪案件严格适用缓刑、免予刑事处罚若干问题的意见》（以下简称《2012 年意见》）作了具体规定。关于职务犯罪适用缓刑、免予刑事处罚的量刑原则，《2012 年意见》第 1 条规定：职务犯罪案件的刑罚适用直接关系反腐败工作的实际效果。人民法院、人民检察院要深刻认识职务犯罪的严重社会危害性，正确贯彻宽严相济刑事政策，充分发挥刑罚的惩治和预防功能。要在全面把握犯罪事实和量刑情节的基础上严格依照《刑法》规定的条件适用缓刑、免予刑事处罚，既要考虑从宽情节，又要考虑从严情节；既要做到刑罚与犯罪相当，又要做到刑罚执行方式与犯罪相当，切实避免缓刑、免予刑事处罚不当适用造成的消极影响。

关于不能适用缓刑、免予刑事处罚的认定，《2012 年意见》第 2 条规定：具有下列情形之一的职务犯罪分子，一般不适用缓刑或者免予刑事处罚：（1）不如实供述罪行的；（2）不予退缴赃款赃物或者将赃款赃物用于非法活动的；（3）属于共同犯罪中情节严重的主犯的；（4）犯有数个职务犯罪依法实行并罚或者以一罪处理的；（5）曾因职务违纪违法行为受过行政处分的；（6）犯罪涉及的财物属于救灾、抢险、防汛、优抚、扶贫、移民、救济、防疫等特定款物的；（7）受贿犯罪中具有索贿情节的；（8）渎职犯罪中徇私舞弊情节或者滥用职权情节恶劣的；（9）其他不应适用缓刑、免予刑事处罚的情形。

关于可以适用缓刑、免予刑事处罚的认定，《2012 年意见》第 3 条规定：不具有本意见第 2 条规定的情形，全部退缴赃款赃物，依法判处 3 年有期徒刑以下刑罚，符合《刑法》规定的缓刑适用条件的贪污、受贿犯罪分子，可以适用缓刑；符合《刑法》第 383 条第 1 款第 3 项的规定，依法不需要判处刑罚的，可以免予刑事处罚。不具有本意见第 2 条所列情形，挪用公款进行营利活动或者超过 3 个月未还构成犯罪，一审宣判前已将公款归还，依法判处 3 年有期徒刑以下刑罚，符合刑法规定的缓刑适用条件的，可以适用缓刑；在案发前已归还，情节轻微，不需要判处刑罚的，可以免予刑事处罚。

【案例 5 -5】许迈永犯受贿罪、贪污罪、滥用职权罪案①

被告人许迈永，男，汉族，1959 年 1 月 18 日出生于浙江省杭州市萧山区，党校研究生学历，原系杭州市人民政府副市长，曾任中共萧山市委常委、萧山市人民政府副市长，杭州（香港）实业有限公司总经理，杭州金港实业有限公司董事长，杭州市西湖区人民政府代区长、区长，杭州之江国家旅游度假区管理委员会主任，中共杭州之江国家旅游度假区工作委员会书记，中共杭州市西湖区委书记，杭州西溪湿地公园管理委员会主任，住杭州市西湖区曙光路 67 号曙光公寓 2 幢 1 单元 401 室。2010 年 1 月 5 日被逮捕。

浙江省宁波市中级人民法院审理宁波市人民检察院指控被告人许迈永犯受贿罪、贪污罪、滥用职权罪一案，于 2011 年 5 月 11 日以（2011）浙甬刑一初字第 16 号刑事判决，认定被告人许迈永犯受贿罪，判处死刑，剥夺政治权利终身，并处没收个人全部财产；犯贪污罪，判处死刑，缓期 2 年执行，剥夺政治权利终身，并处没收个人全部财产；犯滥用职权罪，判处有期徒刑 10 年；决定执行死刑，剥夺政治权利终身，并处没收个人全部财产。宣判后，许迈永提出上诉。浙江省高级人民法院经依法开庭审理，于 2011 年 6 月 20 日以（2011）浙刑二终字第 66 号刑事裁定，驳回上诉，维持原判，并依法报请最高人民法院核准。

最高人民法院经复核确认：

---

① 参见最高人民法院刑事审判第一、二、三、四、五庭编：《刑事审判参考》（总第 92 集），法律出版社 2014 年版，第 262 ~268 页。

（一）受贿事实

1995年5月至2009年4月，被告人许迈永担任中共浙江省萧山市委常委、萧山市副市长，杭州（香港）实业有限公司总经理，杭州金港实业有限公司（以下简称金港公司）董事长，杭州市西湖区代区长、区长，杭州之江国家旅游度假区管理委员会主任，中共杭州之江国家旅游度假区工作委员会书记，中共杭州市西湖区委书记，杭州西溪湿地公园管理委员会主任，杭州市副市长期间，利用职务便利，为有关单位和个人在取得土地使用权、享受税收优惠政策、受让项目股权、承揽工程、结算工程款、解决亲属就业等事项上谋取利益，先后多次收受、索取浙江坤和建设集团股份有限公司（以下简称坤和集团）董事长李宝库等14人款物共计折合人民币14,529.11万余元。具体事实如下：

1.2003年至2008年7月，被告人许迈永利用职务便利，为坤和集团及其子公司杭州山水人家置业有限公司等单位在取得西湖科技产业园项目的土地使用权、享受税收优惠政策、承建“和家园”项目的配套设施、代理集镇改造等事项上谋取利益，先后10次收受坤和集团董事长李宝库给予的美元842万元，并以低于市场价人民币110.67万余元的价格购买杭州山水人家置业有限公司开发的“山水人家二期清水湾”房屋5套。

2.2001年下半年至2009年1月，被告人许迈永利用职务便利，为杭州一方房产有限公司、亿科置业（杭州）有限公司、杭州天元世纪置业有限公司等单位在受让“阳光华庭”等项目股权、取得“西港新界”等项目开发权、返还土地出让金、变更用地性质、推进项目用地拆迁、购买商铺等事项上谋取利益。2001年下半年至2009年4月，许迈永先后22次收受上述单位的负责人项兴良给予的397.32万余元人民币、港元1793万、美元40万、英镑8万、欧元1万以及价值人民币44.64万余元的玉器、手表等贵重物品7件。

3.2005年年初至2007年上半年，被告人许迈永利用职务便利，为高志伟出资设立的香港汇骏（国际）控股有限公司在取得杭州市西湖区三墩镇“29号”地块土地使用权、延期支付土地出让金等事项上谋取利益。2005年年初，许迈永指使其妻戚继秋在杭州市西湖区曙光公寓小区门口收受高志伟送给的人民币100万元。2007年5月，许迈永向高志伟索取人民币2000万元。

4.1995年3月至2009年年初，被告人许迈永利用职务便利，为浙江海陆控股集团有限公司、杭州龙申置业有限公司等单位在取得萧山市酿造厂等地块土地使用权、参股杭州联合银行等事项上谋取利益。1995 年 5 月至 2008 年年底，许迈永先后 10 次收受上述单位的负责人许飞跃送给的人民币 1450 万元、价值人民币 234.15 万余元的股票、价值港元 24.04 万的手表 3 块及价值人民币 324.24 万余元的商铺 1 间。

5. 1999 年 5 月至 2008 年年初，被告人许迈永利用职务便利，为浙江通策房地产开发有限公司（以下简称通策公司）、杭州宝群实业集团有限公司在受让浙江联发房地产有限公司（以下简称联发公司）、杭州口腔医院股权、变更用地性质、开设杭州口腔医院西湖分院等事项上谋取利益。2002 年年初，上述公司负责人吕建明承诺送给许迈永联发公司 10% 干股。2005 年年底，许迈永与吕建明商定，上述干股收益为人民币 2000 万元，吕建明已给付许迈永人民币 300 万元，剩余人民币 1700 万元因项目至案发时未最终结算而尚未支付。

6. 2000 年上半年至 2004 年 7 月，被告人许迈永利用职务便利，为萧山市轻纺工贸有限公司在参股联发公司及安排该公司董事长任亚飞侄女就业等事项上谋取利益。2000 年 11 月至 2003 年年底，许迈永先后两次收受任亚飞送给的港元 532.69 万。

7. 2003 年上半年，戚继秋应杭州南源联合置业有限公司总经理张宏济请求，向被告人许迈永转达帮助该公司解决“公元大厦”项目用地拆迁问题的请托事项，许迈永利用职务便利为该公司提供了帮助。2005 年 4 月 26 日，许迈永借用戴建坤名义，以低于市场价人民币 321.57 万余元的价格购买“公元大厦”南楼 2301 室房屋 1 套。

8. 2005 年 7 月，被告人许迈永利用职务便利，为许明担任常务副总经理的浙江大学科技园方易建设发展有限公司在支付拆迁补偿费等事项上谋取利益。2007 年 12 月 5 日，许迈永借用戴建坤名义，以低于市场价人民币 131.81 万余元的价格，向该公司购买“西鉴枫景”公寓 7 幢 3 单元 802 室房屋 1 套。

9. 1996 年上半年，被告人许迈永利用职务便利，为浙江龙发股份有限公司在取得中国银行萧山支行办公大楼基建项目等事项上谋取利益。1998 年 10 月，许迈永在香港收受该公司董事长戴云法送给的港元 93 万。

10. 2006 年 7 月，被告人许迈永利用职务便利，为浙江国都控股有限公司在变更“阳明谷”项目用地性质等事项上谋取利益。2004 年上半年至 2005 年下半年，许迈永以低于市场价人民币 86.57 万余元的价格向该公司购买了“云栖蝶谷”金蝶苑第73号排屋1套，还收受该公司董事长柴慧京给予的价值人民币10.38万元的“伯爵”牌手表1块。

11.2005年至2008年下半年，被告人许迈永利用职务便利，为莱茵达控股集团有限公司在返还“紫荆庭苑”项目地方营业税、成为西湖区小额贷款公司主发起人、建设“冰雪世界”项目等事项上谋取利益。2007年7月至2008年11月，许迈永先后4次收受该公司董事长高继胜送给的人民币40万元、港元8万及价值人民币3.93万元的“卡地亚”牌男式手表1块。

12.2006年年初至2007年年初，被告人许迈永利用职务便利，为陆熠在支付西溪湿地保留农居整治工程的工程款事项上谋取利益，在办公室先后3次收受楼金昌为陆熠转送的人民币20万元。2008年上半年，许迈永将该人民币20万元退还楼金昌，同年年底，楼金昌再次将人民币20万元送给了许迈永。

13.2004年11月至2007年12月，被告人许迈永利用职务便利，为金威置业（杭州）有限公司在受让杭州西湖区三墩镇五里塘河旧城改造项目土地使用权等事项上谋取利益。2007年年底，许迈永在杭州市西湖区“龙井草堂”酒店收受该公司董事长朱近峰美元2万。

14.2002年下半年至2004年下半年，被告人许迈永利用职务便利，为杭州钱塘房地产开发有限公司在推进“云栖蝶谷”项目用地拆迁以及变更“樱花度假村”项目用地性质等事项上谋取利益。2005年6月，许迈永在杭州市西湖区“醉白楼”酒店收受该公司董事长路虹送给的美元1万。

案发后，赃款、赃物已全部追缴。

（二）贪污事实

1998年年底至2002年5月，许迈永利用担任金港公司董事长的职务便利，侵吞国有资产共计人民币5359.44万余元。具体事实如下：

1.1998年年底，许迈永为将金港公司开发项目的利润据为己有，指使高志伟以其名下的香港伟量发展有限公司（以下简称香港伟量公司）及汇丽绣花制衣有限公司（以下简称汇丽公司）名义借给金港公司人民币1465.39万余元，之后安排上述两公司与金港公司签订虚假合作开发协议，将金港公司与两公司实质上的借贷关系变成投资关系。许迈永与高志伟商定，金港公司转到上述两公司的利润归许迈永个人所有。2002年5月，许迈永安排金港公司将人民币1465.39万余元归还汇丽公司，同时以投资收益款的名义，将金港公司开发利润人民币1584.73万余元转至汇丽公司，许迈永将该款据为已有并用于其个人投资。

2.2000年12月，为将金港公司开发项目的利润据为已有，许迈永设立杭州瑞博房地产有限公司（以下简称瑞博公司），金港公司出资人民币100万元占10%股份，剩余90%股份由汇丽公司和通策公司代许迈永持有，未实际出资。瑞博公司成立后，开发项目投入的资金及人员均来自金港公司。2002年2月，许迈永指使高志伟以他人名义与金港公司、通策公司签订了受让上述两公司持有的瑞博公司股权的协议，向金港公司支付股权转让金人民币237.27万元，将瑞博公司的全部股权转由汇丽公司代许迈永持有。同年3月办理了股权变更的工商登记手续。至此，许迈永实际占有了瑞博公司的全部股权。经评估，2002年2月15日，瑞博公司资产增值人民币3911.98万元，扣除金港公司收回的10%股权转让溢价款人民币137.27万元，许迈永将剩余的3774.71万元占为已有。

（三）滥用职权事实

2003年至2008年，许迈永为使其隐名持股40%的杭州伟量机电五金置业有限公司（以下简称杭州伟量公司）低价获取土地，利用其担任西湖区区长、区委书记的职权，亲自或安排区政府向杭州市政府提出杭州伟量公司市场项目用地继续享受土地出让金返还政策，及土地出让金增加部分专项用于该市场的基础设施和配套建设的申请。2005年12月，杭州市政府下发府办简复第B20050155号简复单，同意将该项目二期用地的土地出让金全额返还西湖区，由西湖区政府负责，香港伟量公司将土地出让金增加部分专门用于杭州伟量公司市场的基础设施和配套建设。2007年9月，杭州市政府召开协调会，形成杭府〔2007〕189号会议纪要，同意将该项目A2北地块的土地出让金在扣除相关费用后全额核拨给西湖区政府。杭州市政府的上述简复单及会议纪要下发后，许迈永明知国务院办公厅等部门关于严禁以各种名义减免土地出让金的规定，故意曲解简复单和会议纪要的含义，指使西湖区有关部门和人员将土地出让金共计人民币7170.47万余元违规返还杭州伟量公司。

2009年3月，西湖区政府在国家审计署审计前自查自纠时发现上述违规返还土地出让金问题，时任杭州市副市长的许迈永指示西湖区政府应付好审计并避免给杭州伟量公司造成损失。为应付审计，西湖区政府提出由杭州伟量公司先将7170万余元退回，审计之后再返还。许迈永同意，同时要求三墩镇集镇建设总指挥部与杭州伟量公司签订了内容为该指挥部出资7500万元向杭州伟量公司购买车位的虚假协议，以期保障杭州伟量公司在审计后能继续获得相应利益。之后，杭州伟量公司将7170万余元退还西湖区财政局。

最高人民法院认为，被告人许迈永身为国家工作人员，利用职务便利为他人谋取利益，非法收受、索取他人财物，其行为已构成受贿罪；许迈永身为国有公司工作人员，利用职务便利侵吞国有资产，其行为已构成贪污罪；许迈永身为国家机关工作人员，为徇私利，不正确履行职权，违规将土地出让金返还企业，造成了恶劣的社会影响，给国家利益造成重大损失，其行为已构成滥用职权罪。许迈永受贿数额特别巨大，且具有索贿情节，情节特别严重，社会危害性极大，应依法惩处，并与其所犯贪污罪、滥用职权罪数罪并罚。许迈永虽在有关部门调查期间主动交代了部分受贿事实，且赃款已全部追缴，但考虑其行为已严重侵害了国家工作人员的职务廉洁性，造成了极其恶劣的社会影响，故不足以对其从宽处罚。许迈永归案后检举他人违纪违法线索，经查，其检举线索均未查证属实，其行为不构成立功。第一审判决、第二审裁定认定的事实清楚，证据确实、充分，定罪准确，量刑适当。审判程序合法。据此，最高人民法院裁定如下：

核准浙江省高级人民法院（2011）浙刑二终字第66号维持第一审对被告人许迈永以受贿罪判处死刑，剥夺政治权利终身，并处没收个人全部财产；以贪污罪判处死刑，缓期2年执行，剥夺政治权利终身，并处没收个人全部财产；以滥用职权罪判处有期徒刑10年；决定执行死刑，剥夺政治权利终身，并处没收个人全部财产的刑事裁定。

关于贪污罪死刑适用的量刑把握，《刑法》第383条规定，贪污数额特别巨大或者有其他特别严重情节的，处10年以上有期徒刑或者无期徒刑，并处罚金或者没收财产；数额特别巨大，并使国家和人民利益遭受特别重大损失的，处无期徒刑或者死刑，并处没收财产。同时《2016年解释》第4条规定，贪污、受贿数额特别巨大，犯罪情节特别严重、社会影响特别恶劣、给国家和人民利益造成特别重大损失的，可以判处死刑。符合前款规定的情形，但具有自首，立功，如实供述自己罪行、真诚悔罪、积极退赃，或者避免、减少损害结果的发生等情节，不是必须立即执行的，可以判处死刑缓期2年执行。符合第1款规定情形的，根据犯罪情节等情况可以判处死刑缓期 2 年执行，同时裁判决定在其死刑缓期执行 2 年期满依法减为无期徒刑后，终身监禁，不得减刑、假释。

在本案中，被告人许迈永利用职务之便，为他人谋取不正当利益，多次收受、索取他人钱财 14,529.11 万余元；利用担任金港公司董事长的职务便利，侵吞国有资产 5359.44 万元，犯罪数额特别巨大，社会影响极其恶劣，给国家利益造成重大损失，据此，最高人民法院核准其死刑。当然，本案发生在《2016 年解释》出台之前，本案的判决依据并非《2016 年解释》。

7. 关于贪污罪从轻处罚的认定及量刑把握

7.1 关于贪污罪自首的认定及量刑把握

关于贪污罪自首的认定及量刑把握，2009 年 3 月 12 日，最高人民法院、最高人民检察院联合发布的《关于办理职务犯罪案件认定自首、立功等量刑情节若干问题的意见》（以下简称《2009 年意见》）第 1 条规定：根据《刑法》第 67 条第 1 款的规定，成立自首需同时具备自动投案和如实供述自己的罪行两个要件。犯罪事实或者犯罪分子未被办案机关掌握，或者虽被掌握，但犯罪分子尚未受到调查谈话、讯问，或者未被宣布采取调查措施或者强制措施时，向办案机关投案的，是自动投案。在此期间如实交代自己的主要犯罪事实的，应当认定为自首。

犯罪分子向所在单位等办案机关以外的单位、组织或者有关负责人员投案的，应当视为自动投案。没有自动投案，在办案机关调查谈话、讯问、采取调查措施或者强制措施期间，犯罪分子如实交代办案机关掌握的线索所针对的事实的，不能认定为自首。没有自动投案，但具有以下情形之一的，以自首论：（1）犯罪分子如实交代办案机关未掌握的罪行，与办案机关已掌握的罪行属不同种罪行的；（2）办案机关所掌握线索针对的犯罪事实不成立，在此范围外犯罪分子交代同种罪行的。

单位犯罪案件中，单位集体决定或者单位负责人决定而自动投案，如实交代单位犯罪事实的，或者单位直接负责的主管人员自动投案，如实交代单位犯罪事实的，应当认定为单位自首。单位自首的，直接负责的主管人员和直接责任人员未自动投案，但如实交代自己知道的犯罪事实的，可以视为自首；拒不交代自己知道的犯罪事实或者逃避法律追究的，不应当认定为自首。单位没有自首，直接责任人员自动投案并如实交代自己知道的犯罪事实的，对该直接责任人员应当认定为自首。

对于具有自首情节的犯罪分子，办案机关移送案件时应当予以说明并移交相关证据材料。对于具有自首情节的犯罪分子，应当根据犯罪的事实、性质、情节和对于社会的危害程度，结合自动投案的动机、阶段、客观环境，交代犯罪事实的完整性、稳定性以及悔罪表现等具体情节，依法决定是否从轻、减轻或者免除处罚以及从轻、减轻处罚的幅度。

【案例5－6】钱银元犯贪污罪、职务侵占罪案①

被告人钱银元，男，1955年1月13日出生，原无锡市新区鸿山镇鸿声村民委员会党支部书记。因涉嫌犯贪污罪、职务侵占罪于2007年11月2日被取保候审。

江苏省无锡市开发区人民检察院以被告人钱银元犯贪污罪、职务侵占罪，向无锡高新技术产业开发区人民法院提起公诉。

被告人钱银元未对起诉书指控的罪名及事实提出异议。

无锡市高新技术产业开发区人民法院经审理查明：

（一）职务侵占事实

被告人钱银元于1998年7月被中共锡山市鸿声镇委员会任命为锡山市鸿声镇鸿声村党支部书记，后因行政区划调整，锡山市鸿声镇鸿声村先后变更为无锡市锡山区鸿山镇鸿声村、无锡市新区鸿山镇鸿声村，被告人钱银元所任职务未有变动。

被告人钱银元与龚燕敏（另案处理）合谋，于2003年3月，利用被告人钱银元职务上的便利，将无锡市锡山区鸿山镇鸿声村民委员会（以下简称鸿声村委）从无锡市锡山区鸿声镇名圆纸张经营部收取的集体土地租用费收款不入账，交龚燕敏处保管。2007年3月，被告人钱银元以及龚燕敏将上述土地租用费中的人民币（以下币种均为人民币）3万元进行私分，非法占为己有。其中，被告人钱银元分得2万元，龚燕敏分得1万元。

---

① 参见最高人民法院刑事审判第一、二、三、四、五庭编：《刑事审判参考》（总第75集），法律出版社2011年版，第87～89页。

（二）公诉机关指控的贪污事实

在2001年至2004年，鸿声村委先后将六宗集体土地出租给无锡市健明冷作装潢厂（以下简称健明厂）、无锡市海圣五金厂（以下简称海圣厂）、无锡市恒益纸制品厂（以下简称恒益厂）等单位使用，并收取了50年的集体土地租用费。

被告人钱银元于2004年12月至2005年5月，利用其职务上的便利，以为租用集体土地的单位办理国有土地使用权证，需增收土地租金的名义，先后收取健明厂、海圣厂、恒益厂共计6.3万元，后采用收款不入账的手法，将该款非法占为己有。

2005年5月，健明厂、海圣厂、恒益厂所租用的宗地取得国有土地使用权证，登记土地使用权人均为鸿声村委，使用权类型为国有划拨土地，地类（用途）为工业用地。鸿声村委为此向国有土地行政管理机关交纳了相关费用。

2007年4月，在司法机关就宗某受贿一案向被告人钱银元调查时，被告人钱银元主动交代了上述司法机关尚未掌握的罪行。案发后，被告人钱银元退出10万元（该款由检察机关暂扣）。在审判过程中，被告人钱银元检举、揭发安某的犯罪行为，但未能查证属实。

无锡市高新技术产业开发区人民法院认为，被告人钱银元伙同他人，利用其职务上的便利，将本单位从无锡市锡山区鸿声镇名圆纸张经营部收取的集体土地租用费3万元非法占为己有，事实清楚。公诉机关关于被告人钱银元犯贪污罪的指控，提供的证据均不能证实被告人钱银元当时是在实施“协助人民政府从事国有土地的经营和管理”的行政管理工作，不能据此认定被告人钱银元属于《刑法》第93条第2款规定的“其他依照法律从事公务的人员”。因此，对被告人钱银元的该部分犯罪事实同样应当以职务侵占罪追究刑事责任。被告人钱银元单独或伙同他人，利用其职务上的便利，将本单位9.3万元非法占为己有，数额较大，其行为构成职务侵占罪，其中部分罪行系共同犯罪，依法应处5年以下有期徒刑或者拘役。被告人钱银元在罪行尚未被司法机关发觉，接受司法机关调查时，主动交代了自己的罪行，系自首，依法可以从轻处罚。到案后，退出全部涉案赃款，有较好的悔罪表现，酌情予以从轻处罚。根据被告人钱银元的犯罪情节和悔罪表现，适用缓刑确实不致再危害社会，可依法宣告缓刑。据此，无锡市高新技术产业开发区人民法院判决如下：

1. 被告人钱银元犯职务侵占罪，判处有期徒刑3年，缓刑3年；

2. 被告人钱银元退出10万元中的9.3万元，返还被害单位。犯罪所得予以没收，上缴国库。

一审宣判后，被告人钱银元未提出上诉，检察院未提起抗诉，本案已经生效。

关于自首的认定，《2009年意见》规定，犯罪事实或者犯罪分子未被办案机关掌握，或者虽被掌握，但犯罪分子尚未受到调查谈话、讯问，或者未被宣布采取调查措施或者强制措施时，向办案机关投案的，是自动投案。在此期间如实交代自己的主要犯罪事实的，应当认定为自首。在本案中，被告人钱银元的罪行尚未被司法机关发觉，在接受司法机关调查时，主动交代了自己的罪行，系自首，依法可以从轻处罚。鉴于钱银元退出全部涉案赃款，有较好的悔罪表现，酌情予以从轻处罚，据此，法院判处钱银元犯职务侵占罪，处有期徒刑3年，缓刑3年。

7.2 关于贪污罪立功的认定及量刑把握

关于贪污罪立功的认定及量刑把握，《2009年意见》第2条规定：立功必须是犯罪分子本人实施的行为。为使犯罪分子得到从轻处理，犯罪分子的亲友直接向有关机关揭发他人犯罪行为，提供侦破其他案件的重要线索，或者协助司法机关抓捕其他犯罪嫌疑人的，不应当认定为犯罪分子的立功表现。

据以立功的他人罪行材料应当指明具体犯罪事实；据以立功的线索或者协助行为对于侦破案件或者抓捕犯罪嫌疑人要有实际作用。犯罪分子揭发他人犯罪行为时没有指明具体犯罪事实的；揭发的犯罪事实与查实的犯罪事实不具有关联性的；提供的线索或者协助行为对于其他案件的侦破或者其他犯罪嫌疑人的抓捕不具有实际作用的，不能认定为立功表现。

犯罪分子揭发他人犯罪行为，提供侦破其他案件重要线索的，必须经查证属实，才能认定为立功。审查是否构成立功，不仅要审查办案机关的说明材料，还要审查有关事实和证据以及与案件定性处罚相关的法律文书，如立案决定书、逮捕决定书、侦查终结报告、起诉意见书、起诉书或者判决书等。

据以立功的线索、材料来源有下列情形之一的，不能认定为立功：（1）本人通过非法手段或者非法途径获取的；（2）本人因原担任的查禁犯罪等职务获取的；（3）他人违反监管规定向犯罪分子提供的；（4）负有查禁犯罪活动职责的国家机关工作人员或者其他国家工作人员利用职务便利提供的。

犯罪分子检举、揭发的他人犯罪，提供侦破其他案件的重要线索，阻止他人的犯罪活动，或者协助司法机关抓捕的其他犯罪嫌疑人，犯罪嫌疑人、被告人依法可能被判处无期徒刑以上刑罚的，应当认定为有重大立功表现。其中，可能被判处无期徒刑以上刑罚，是指根据犯罪行为的事实、情节可能判处无期徒刑以上刑罚。案件已经判决的，以实际判处的刑罚为准。但是，根据犯罪行为的事实、情节应当判处无期徒刑以上刑罚，因被判刑人有法定情节经依法从轻、减轻处罚后判处有期徒刑的，应当认定为重大立功。

对于具有立功情节的犯罪分子，应当根据犯罪的事实、性质、情节和对于社会的危害程度，结合立功表现所起作用的大小、所破获案件的罪行轻重、所抓获犯罪嫌疑人可能判处的法定刑以及立功的时机等具体情节，依法决定是否从轻、减轻或者免除处罚以及从轻、减轻处罚的幅度。

【案例5－7】石敬伟犯偷税罪、贪污罪案①

被告人石敬伟，男，1965年3月15日出生，回族，个体经营天津市金杰晟科贸有限公司。因犯偷税罪于2006年11月7日被逮捕。

被告人高丽凤，女，1958年10月6日出生，汉族，天津市金杰晟科贸有限公司职员。因犯偷税罪于2006年11月7日被取保候审。

天津市河东区人民检察院以被告人石敬伟犯偷税罪、贪污罪，被告人高丽凤犯偷税罪，向天津市河东区人民法院提起公诉。

河东区人民法院经公开审理查明：

被告人石敬伟伙同被告人高丽凤在1998年至2006年10月，向税务机关少报、瞒报营业收入进行虚假纳税申报，共计偷税人民币（以下币种均为人民币）500余万元。2001年11月，被告人石敬伟伙同天津市送变电工程公司建筑一分公司采购员张德江（另案处理）贪污送变电工程公司货款18,812元。被告人石敬伟在案发后已将贪污款全部退赔。

河东区人民法院审理后认为，被告人石敬伟在经营活动中，故意违反国家税收法律、法规，进行虚假纳税申报，偷税500余万元，且偷税数额超过应纳税额的30%，其行为已构成偷税罪；被告人石敬伟与国家工作人员共谋侵吞公

① 参见最高人民法院刑事审判第一、二、三、四、五庭编：《刑事审判参考》（总第80集），法律出版社2011年版，第113～116页。

款1.8万余元，其行为已经构成贪污罪。公诉机关指控罪名成立。河东区人民法院于2007年10月26日判决：

被告人石敬伟犯偷税罪，判处有期徒刑6年，并处罚金人民币1000万元；犯贪污罪，判处有期徒刑1年；决定执行有期徒刑6年6个月，并处罚金人民币1000万元。被告人高丽凤犯偷税罪，判处有期徒刑3年，缓刑5年，并处罚金人民币1000万元。

在一审法院审判的过程中，公安机关根据线索侦破一起涉嫌毒品犯罪案件，当场抓获犯罪嫌疑人甲、乙二人，并起获大量毒品。公安机关对该二人均采取了刑事拘留措施，甲承认实施毒品犯罪，但称是个人所为，与乙没有关系；乙在到案后始终否认参与毒品犯罪，显然二人在事先已经订立了攻守同盟，公安机关的进一步侦查工作遇到困难。

被告人石敬伟与犯罪嫌疑人乙羁押在同一监室。乙虽然事先已经与甲订立了攻守同盟，但其对于甲能否坚持不将自己供出没有把握。为保险起见，乙偷偷写了一张字条，其内容是要求甲不要将乙参与犯罪的行为供出，并许诺将给予甲各种好处。乙出于个人避嫌的考虑，将该字条交给石敬伟，要求石敬伟寻找时机将字条交给甲。石敬伟对于乙的要求假意应允，随后便将该串供字条交给监管人员。公安机关获得字条后进行了笔迹鉴定，确定是乙所写，并分别对甲、乙二人进行了讯问。甲、乙面对这一突发情况，心理防线崩溃，如实供述了乙参与毒品犯罪的事实。

公安机关认为石敬伟对于案件的侦查工作起到了协助作用，所以出具书面证明材料，建议法院在对石敬伟量刑时予以考虑。但公安机关出具该证明材料时，石敬伟的一审判决已经宣判。

一审宣判后，被告人石敬伟不服，向天津市第二中级人民法院提出上诉。辩称原审判决量刑过重，请求对其从轻处罚。其辩护人认为，石敬伟的行为对于该起毒品犯罪的整体侦破具有重要意义，因此，石敬伟的行为符合“提供侦破其他案件的重要线索，经查证属实”这一条件，应当认定为具有立功情节。检察机关认为，在石敬伟将字条交给监管人员之前，公安机关已经将涉案毒品全部查获，当场抓获了两名犯罪嫌疑人，该案已经侦破，石敬伟所提供的线索对整体案件的侦破不具有重要意义，所以辩护人的辩护意见并不成立，建议驳回上诉，维持原判。

天津市第二中级人民法院经审理后认为，上诉人石敬伟犯偷税罪、贪污罪的事实清楚，证据充分，定罪准确，审判程序合法。在偷税犯罪中上诉人石敬伟系主犯，原审被告人高丽凤系从犯，对高丽凤可以从轻处罚。在贪污犯罪中，上诉人石敬伟伙同国家工作人员贪污公款，应以贪污罪的共犯论处，但石敬伟在共同犯罪中属于次要、辅助地位，属于从犯，依法可以减轻处罚。上诉人石敬伟在羁押期间向公安机关提供了另一起案件犯罪嫌疑人串供的线索，虽不能认定为立功，但可酌情从轻处罚，对上诉人的部分上诉理由予以支持。辩护人在辩护意见中请求对上诉人从轻处罚的部分，予以采纳。据此，天津市第二中级人民法院于2008年3月31日判决如下：

1. 维持天津市河东区人民法院（2007）东刑初字第113号刑事判决第2项，即被告人高丽凤犯偷税罪，判处有期徒刑3年，缓刑5年，并处罚金人民币1000万元。

2. 撤销天津市河东区人民法院（2007）东刑初字第113号刑事判决第1项，即被告人石敬伟犯偷税罪，判处有期徒刑6年，并处罚金人民币1000万元；犯贪污罪，判处有期徒刑1年；决定执行有期徒刑6年6个月，并处罚金人民币1000万元。

3. 上诉人（原审被告人）石敬伟犯偷税罪，判处有期徒刑5年，并处罚金人民币1000万元；犯贪污罪，判处有期徒刑6个月；决定执行有期徒刑5年，并处罚金人民币1000万元。

关于立功的认定，《2009年意见》规定，据以立功的他人罪行材料应当指明具体犯罪事实；据以立功的线索或者协助行为对于侦破案件或者抓捕犯罪嫌疑人要有实际作用。在本案中，公安机关认为被告人石敬伟对于案件侦查工作起到了协助作用并出具证明材料。检察机关认为，在石敬伟将字条交给监管人员之前，公安机关已经将犯罪嫌疑人抓获，该案已经侦破，石敬伟所提供的线索对案件侦破不具有重要意义，不构成立功。二审法院认为，石敬伟举报他人违法犯罪事实，不认定为立功，但作为从轻处罚情节予以考虑，依法改判石敬伟犯偷税罪，判处有期徒刑5年；犯贪污罪，判处有期徒刑6个月；决定执行有期徒刑5年。

7.3　关于贪污罪酌情从轻处罚的认定及量刑把握

关于贪污罪酌情从轻处罚的量刑情节，主要包括被告人依法不构成自首，但如实交代犯罪事实、被告人及家属积极退赃两种情形。关于不构成自首，但依法可以酌情从轻处罚的认定，《2009 年意见》第 3 条规定，犯罪分子依法不成立自首，但如实交代犯罪事实，有下列情形之一的，可以酌情从轻处罚：（1）办案机关掌握部分犯罪事实，犯罪分子交代了同种其他犯罪事实的；（2）办案机关掌握的证据不充分，犯罪分子如实交代有助于收集定案证据的。犯罪分子如实交代犯罪事实，有下列情形之一的，一般应当从轻处罚：（1）办案机关仅掌握小部分犯罪事实，犯罪分子交代了大部分未被掌握的同种犯罪事实的；（2）如实交代对于定案证据的收集有重要作用的。

关于贪污罪退赃的量刑把握，《2009 年意见》第 4 条规定：贪污案件中赃款赃物全部或者大部分追缴的，一般应当考虑从轻处罚。受贿案件中赃款赃物全部或者大部分追缴的，视具体情况可以酌定从轻处罚。犯罪分子及其亲友主动退赃或者在办案机关追缴赃款赃物过程中积极配合的，在量刑时应当与办案机关查办案件过程中依职权追缴赃款赃物的有所区别。职务犯罪案件立案后，犯罪分子及其亲友自行挽回的经济损失，司法机关或者犯罪分子所在单位及其上级主管部门挽回的经济损失，或者因客观原因减少的经济损失，不予扣减，但可以作为酌情从轻处罚的情节。

【案例 5－8】王志勤犯贪污罪、受贿罪案①

被告人王志勤，男，1953 年 12 月 17 日出生，汉族，捕前系郑煤集团公司副总经理。因涉嫌犯贪污罪于 2007 年 1 月 8 日被逮捕。

河南省平顶山市人民检察院以被告人王志勤犯贪污罪和受贿罪向平顶山市中级人民法院提起公诉。

被告人王志勤对起诉书指控的事实和罪名均无异议。

平顶山市中级人民法院经公开审理查明：

（一）关于贪污罪的事实

1. 2000 年 2 月，被告人王志勤利用其担任郑煤集团超化煤矿矿长职务之便，从该矿拨付给运销科 1999 年销售承包费中取走人民币（以下币种均为人民币）10 万元，非法占为己有。

---

① 参见最高人民法院刑事审判第一、二、三、四、五庭编：《刑事审判参考》（总第 80 集），法律出版社 2011 年版，第 1～3 页。

2. 2000 年 4 月至 2001 年 11 月，被告人王志勤利用其担任郑煤集团超化煤矿矿长职务之便，从该矿运销科 12 次共取走现金 48 万元，非法占为己有。

3. 2001 年夏天，被告人王志勤利用其担任郑煤集团超化煤矿矿长职务之便，将该矿一辆桑塔纳轿车以 5 万元价格卖给他人，将卖车款非法占为己有。

（二）关于受贿罪的事实

1. 1996 年至 1999 年，被告人王志勤利用其担任郑州矿务局米村煤矿矿长职务之便，分 4 次收受为继续履行承包合同的米村煤矿井下采面承包人李遂亭所送现金 30 万元。

2. 1997 年上半年，被告人王志勤利用其担任郑州矿务局米村煤矿矿长职务之便，在推荐米村煤矿副矿长候选人时，收受时任米村煤矿调度室主任李保方现金 2 万元。

2006 年 12 月初，被告人王志勤被河南省纪委立案调查。调查期间，王志勤供述了其贪污 63 万元的犯罪事实，并揭发了原新密市委正县级调研员刘万法向其索要 40 万元购车款的受贿事实。2006 年 12 月 19 日，河南省纪委将王志勤涉嫌贪污一案移交检察机关，在检察机关侦查期间，王志勤又主动供述了受贿 30 万元的犯罪事实。2007 年 8 月 7 日，平顶山市中级人民法院以受贿罪判处刘万法有期徒刑 10 年，刘万法上诉后，河南省高级人民法院二审维持原判。

平顶山市中级人民法院认为，被告人王志勤身为国家工作人员，无视国法，利用职务上的便利及利用职权，侵吞公款 63 万元，非法收受他人贿赂 32 万元，为他人谋取利益，其行为已构成贪污罪和受贿罪，并应数罪并罚。鉴于其有自首情节，揭发他人犯罪行为并经查证属实，有立功表现，认罪、悔罪态度较好，积极退出全部赃款，依法可对其减轻处罚。据此判决如下：被告人王志勤犯贪污罪，判处有期徒刑 7 年，并处没收个人财产 5.5 万元；犯受贿罪，判处其有期徒刑 7 年；两罪并罚，决定执行有期徒刑 13 年，并处没收个人财产 5.5 万元。

被告人王志勤上诉称：（1）其检举揭发刘万法受贿 40 万元经查证属实，系可能判处无期徒刑的犯罪行为，应认定为重大立功；（2）其有自首及重大立功情节，对其应减轻或免除处罚，原判对其量刑过重。

河南省高级人民法院二审经审理查明：河南省纪委对被告人王志勤立案调查前，已经掌握其贪污 58 万元的犯罪事实，王志勤在纪委调查期间，又供述了纪检机关未掌握的贪污5万元的犯罪事实。

河南省高级人民法院审理后认为，原判认定上诉人王志勤在担任国有企业领导人期间贪污公款63万元及受贿32万元的事实清楚，上诉人王志勤所揭发刘万法受贿的事实，已经平顶山市中级人民法院一审判处有期徒刑10年，并经本院二审维持原判，故其揭发行为只能认定为一般立功。上诉人王志勤在纪检监察机关已掌握其主要贪污事实的情况下作出供述，又无主动投案行为，原判认定贪污罪构成自首不当。上诉人王志勤贪污公款63万元，依法应判处10年以上有期徒刑，但考虑到其有立功情节，并能如实供述调查机关尚未掌握的其他贪污事实，且赃款全部退回，依法仍可对其减轻处罚。原审判决认定事实清楚，定罪准确，量刑适当，审判程序合法，故依法裁定驳回上诉，维持原判。

在本案中，被告人王志勤被河南省纪委立案调查期间，主动供述了其贪污63万元的犯罪事实，在检察机关侦查期间，王志勤又主动供述了受贿30万元的犯罪事实。王志勤虽然不构成自首，但到案后如实供述主要犯罪事实，根据《2009年意见》的相关规定，依法可以从轻处罚。案发后，王志勤退回全部赃款，根据《2009年意见》的相关规定，依法可以从轻处罚。据此，法院判王志勤犯贪污罪，处有期徒刑7年，并处没收个人财产5.5万元；犯受贿罪，处其有期徒刑7年；两罪并罚，决定执行有期徒刑13年，并处没收个人财产5.5万元。

8. 关于共同贪污犯罪的认定及量刑把握

关于共同贪污犯罪的认定，2000年6月30日，最高人民法院发布的《关于审理贪污、职务侵占案件如何认定共同犯罪几个问题的解释》① 第1条规定：行为人与国家工作人员勾结，利用国家工作人员的职务便利，共同侵吞、窃取、骗取或者以其他手段非法占有公共财物的，以贪污罪共犯论处。

关于国家工作人员和非国家工作人员相互勾结非法占有公共财物的行为的认定，《2003年纪要》指出，对于在公司、企业或者其他单位中，非国家工作

① 法释〔2000〕15号。

人员与国家工作人员勾结，分别利用各自的职务便利，共同将本单位财物非法占有的，应当尽量区分主从犯，按照主犯的犯罪性质定罪。司法实践中，如果根据案件的实际情况，各共同犯罪人在共同犯罪中的地位、作用相当，难以区分主从犯的，可以贪污罪定罪处罚。

关于共同贪污犯罪中个人贪污数额的认定，《2003 年纪要》指出，《刑法》第 383 条第 1 款规定的“个人贪污数额”，在共同贪污犯罪案件中应理解为个人所参与或者组织、指挥共同贪污的数额，不能只按个人实际分得的赃款数额来认定。对共同贪污犯罪中的从犯，应当按照其所参与的共同贪污的数额确定量刑幅度，并依照《刑法》第 27 条第 2 款的规定，从轻、减轻处罚或者免除处罚。

【案例 5－9】周爱武、周晓犯贪污罪案①

被告人周爱武，女，1968 年 1 月 18 日出生，原系北京市朝阳区安贞街道社区服务中心工作人员。2015 年 1 月 26 日被逮捕。

被告人周晓，女，1972 年 11 月 16 日出生，原系北京市朝阳区安贞街道社区服务中心工作人员。2015 年 1 月 26 日被逮捕。

北京市朝阳区人民检察院以被告人周爱武、周晓犯贪污罪，向北京市朝阳区人民法院提起公诉。

被告人周爱武、周晓对公诉机关的指控未提出异议。二被告人的辩护人均辩称：涉案的尚未兑换现金的养老服务 102, 327 元不应计入贪污数额。周爱武的辩护人另提出了周爱武的贪污行为并未造成严重后果，具有自首情节，真诚悔过并如实供述罪行，积极退赃，建议法庭对其从宽处罚的辩护意见。周晓的辩护人另提出了周晓系从犯，具有自首情节，认罪、悔罪态度好，积极退赃，建议法庭对其从宽处罚的辩护意见。

北京市朝阳区人民法院经审理查明：

被告人周爱武、周晓均在北京市朝阳区安贞街道社区服务中心从事居家养老服务工作，共同负责安贞街道办事处居家养老（助残）服务券（以下简称服务券）的申领、发放工作。2012 年至 2014 年，经周爱武提议，二被告人共同

① 参见最高人民法院刑事审判第一、二、三、四、五庭编：《刑事审判参考》（总第 106 集），法律出版社 2017 年版，第 19～20 页。

利用职务便利，虚报养老（助残）人数申领服务券，然后按照实有人数发放，从中截留面值共计人民币（以下币种同）916,900元的服务券据为已有。后由周爱武通过北京康复信和商贸有限公司等朝阳区养老服务商将其中面值814,573元的服务券兑换成钱款，并将其中部分钱款分配给周晓。二被告人于2015年1月9日主动投案，并各自退赃30万元。尚未兑换现金的服务券102,327元，起获后已退回朝阳区社区服务中心。在法院审理期间，周爱武亲属退缴134,573元，周晓亲属退缴80,000元。

北京市朝阳区人民法院认为，被告人周爱武、周晓利用职务便利，非法占有公共财物，数额巨大，二被告人的行为均已构成贪污罪，依法均应予惩处。北京市朝阳区人民检察院指控被告人周爱武、周晓犯贪污罪的事实清楚，证据确实、充分，罪名成立。被告人周爱武、周晓主动投案，如实供述，系自首，并主动退缴违法所得；被告人周晓在共同犯罪中所起作用小于被告人周爱武，故对二被告人所犯罪行分别予以从轻处罚。二被告人的辩护人关于尚未兑现的服务券金额不应计入贪污犯罪数额的辩护意见，经查，涉案服务券可以在一定范围内不记名流通使用，具有财物属性，无论被告人是否使用，均应计入犯罪数额，故对此辩护意见，不予采纳。但尚未兑现部分，属于犯罪未遂，应以既遂部分的数额确定刑罚。在案钱款，一并处理。据此，北京市朝阳区人民法院于2016年5月18日判决如下：

1. 被告人周爱武犯贪污罪，判处有期徒刑4年，罚金人民币30万元；
2. 被告人周晓犯贪污罪，判处有期徒刑3年，罚金人民币20万元；
3. 在案之人民币814,573元，上缴国库。

一审宣判后，检察机关未抗诉，被告人周爱武、周晓亦未上诉，判决已发生法律效力。

在本案中，被告人周爱武、周晓二人共同负责安贞街道办事处居家养老服务券的申领和发放工作，二人共同利用职务便利，虚报养老人数申领服务券，构成共同贪污犯罪。二被告人的贪污数额应按照共同贪污的数额认定，而非按个人实际分得的赃款数额确定，即二被告人的贪污数额都是916,900元。周晓系共同贪污犯罪中的从犯，依法可以从轻处罚。据此，法院判周爱武犯贪污罪，处有期徒刑4年，罚金人民币30万元；判周晓犯贪污罪，处有期徒刑3年，罚金人民币20万元。

9. 关于国家出资企业中贪污罪的认定

关于国家出资企业中贪污行为的认定，《2010 年意见》第 1 条规定：国家工作人员或者受国家机关、国有公司、企业、事业单位、人民团体委托管理、经营国有财产的人员利用职务上的便利，在国家出资企业改制过程中故意通过低估资产、隐瞒债权、虚设债务、虚构产权交易等方式隐匿公司、企业财产，转为本人持有股份的改制后公司、企业所有，应当依法追究刑事责任的，依照《刑法》第 382 条、第 383 条的规定，以贪污罪定罪处罚。贪污数额一般应当以所隐匿财产全额计算；改制后公司、企业仍有国有股份的，按股份比例扣除归于国有的部分。

所隐匿财产在改制过程中已为行为人实际控制，或者国家出资企业改制已经完成的，以犯罪既遂处理。

第 1 款规定以外的人员实施该款行为的，依照《刑法》第 271 条的规定，以职务侵占罪定罪处罚；第 1 款规定以外的人员与第 1 款规定的人员共同实施该款行为的，以贪污罪的共犯论处。在企业改制过程中未采取低估资产、隐瞒债权、虚设债务、虚构产权交易等方式故意隐匿公司、企业财产的，一般不应当认定为贪污；造成国有资产重大损失，依法构成《刑法》第 168 条或者第 169 条规定的犯罪的，依照该规定定罪处罚。

关于国有公司、企业在改制过程中隐匿公司、企业财产归职工集体持股的改制后公司、企业所有的行为的认定，《2010 年意见》第 2 条规定：国有公司、企业违反国家规定，在改制过程中隐匿公司、企业财产，转为职工集体持股的改制后公司、企业所有的，对其直接负责的主管人员和其他直接责任人员，依照《刑法》第 396 条第 1 款的规定，以私分国有资产罪定罪处罚。改制后的公司、企业中只有改制前公司、企业的管理人员或者少数职工持股，改制前公司、企业的多数职工未持股的，依照本意见第 1 条的规定，以贪污罪定罪处罚。

关于国家工作人员在企业改制过程中贪污行为的认定，《2010 年意见》第 4 条规定：国家出资企业中的国家工作人员在公司、企业改制或者国有资产处置过程中徇私舞弊，将国有资产低价折股或者低价出售给特定关系人持有股份或者本人实际控制的公司、企业，致使国家利益遭受重大损失的，依照《刑法》第382条、第383条的规定，以贪污罪定罪处罚。贪污数额以国有资产的损失数额计算。

关于国家工作人员在国有企业改制中实施的贪污行为的认定，《2010年意见》第5条规定：国家工作人员在国家出资企业改制前利用职务上的便利实施犯罪，在其不再具有国家工作人员身份后又实施同种行为，依法构成不同犯罪的，应当分别定罪，实行数罪并罚。国家工作人员利用职务上的便利，在国家出资企业改制过程中隐匿公司、企业财产，在其不再具有国家工作人员身份后将所隐匿财产据为己有的，依照《刑法》第382条、第383条的规定，以贪污罪定罪处罚。

关于"国家出资企业"的界定，《2010年意见》第7条规定：本意见所称"国家出资企业"，包括国家出资的国有独资公司、国有独资企业，以及国有资本控股公司、国有资本参股公司。是否属于国家出资企业不清楚的，应遵循"谁投资、谁拥有产权"的原则进行界定。企业注册登记中的资金来源与实际出资不符的，应根据实际出资情况确定企业的性质。企业实际出资情况不清楚的，可以综合工商注册、分配形式、经营管理等因素确定企业的性质。

10. 关于贪污罪和其他犯罪的界定

10.1 关于贪污罪和挪用公款罪的界定

【案例5－10】赵明犯贪污、挪用公款罪案①

被告人赵明，男，1972年9月19日出生，原系天津城建隧道股份有限公司财务核算中心副主任。2011年10月25日因涉嫌犯挪用公款罪被逮捕。

天津市人民检察院第一分院以被告人赵明犯贪污罪、挪用公款罪，向天津市第一中级人民法院提起公诉。

天津市第一中级人民法院经审理查明：

① 参见最高人民法院刑事审判第一、二、三、四、五庭编：《刑事审判参考》（总第103集），法律出版社2016年版，第91～93页。

赵明原系国有独资企业天津市政管理局第二市政公路工程有限公司干部。2008年7月赵明所在公司根据产业结构调整需要，由上级单位天津城建集团有限公司决定划转至天津城建隧道股份有限公司，赵明受天津城建集团公司委派担任国有控股企业天津城建隧道股份有限公司会计。2011年4月，赵明被任命为该公司财务核算中心副主任。

2009年4月至12月，赵明利用负责快速路配套工程盾构管片项目财务工作的职务之便，采取提取备用金的手段，多次从其负责的项目账上支取现金共计783,800元，用于个人赌博。2010年1月至2011年10月，赵明采取偷盖单位印鉴、私自填写现金支票的方式提取单位银行存款共3,223,000元，用于个人赌博。其中，有累计2,952,659.58元的账目赵明以支付相关单位劳务费、租金、材料款等记账形式予以列支，弥补其私自支取公款的账面差额。赵明曾私盖一本“天津市环城地铁管片有限公司”（系盾构管片项目与天津市环美混凝土制造有限公司成立的合资公司，但从未开展业务）的收据用以掩盖挪用公款的事实。赵明受赌博网站“太阳城”代理张丽的唆使，将挪用的公款大部分转到了张丽提供的账户中用于个人网上赌博，还曾使用电脑制作虚假的单位开户银行上海浦东银行的对账单，用以隐瞒私自动用的单位公款。自2008年7月至2011年10月案发前，赵明挪用单位公款4,006,800元，虚列支出2,592,659.58元。赵明以现金还款方式陆续归还公款共计1,377,500元，给单位造成实际经济损失人民币2,629,300元。

天津市第一中级人民法院认为，赵明身为国有控股企业的财务管理人员，利用职务之便侵吞公款，且数额特别巨大；挪用公款归个人使用，进行非法活动，且数额巨大。鉴于其如实供述犯罪事实，认罪态度较好，积极退还公款1,377,500元，依法可以从轻处罚。据此，天津市第一中级人民法院判决如下：被告人赵明犯贪污罪，判处无期徒刑，剥夺政治权利终身，并处没收个人全部财产；犯挪用公款罪，判处有期徒刑12年；决定执行无期徒刑，剥夺政治权利终身，并处没收个人全部财产。

一审宣判后，赵明以其行为不构成贪污罪且有自首情节为由提出上诉，其辩护人认为上诉人赵明系初犯，具有认罪、悔罪表现，建议二审法院从轻处罚。

天津市高级法院经二审审理认为，赵明身为受国有公司委派从事公务的人员，利用管理本单位资金使用的便利条件，擅自提取备用金或以现金支票提取单位存款，进行赌博非法活动，其行为已构成挪用公款罪。对于赵明所提其没有非法占有公款故意，其行为属于挪用公款性质的上诉理由，经查，赵明以“虚列支出”形式掩盖公款的真实去向，但其所列支出与提取款项存根票据不存在一一对应关系，故仅能掩盖账面总体差额，其提取公款行为有账可查；虚列支出的收款单位与赵明所在单位有正常业务往来，虚列支出项目在工程结算时无法核销，故无法达到侵吞公款之目的；被告人具有陆续归还公款行为，因此被告人“虚列支出”的行为不能证明被告人主观故意发生转化，与采取虚假发票平账、销毁有关账目且无归还行为的转化型贪污犯罪不属同一性质。对被告人提出的自首问题，经查，本案案发系单位发现银行支票退票，在单位报案并提供侦查线索后，检察机关找到赵明核实情况，不能认定为自首。据此，天津市高级人民法院判决如下：

1. 维持天津市第一中级人民法院（2012）一中刑初字第123号刑事判决中对被告人赵明犯挪用公款罪的定罪；

2. 撤销天津市第一中级人民法院（2012）一中刑初字第123号刑事判决中对被告人赵明犯贪污罪的定罪量刑、挪用公款罪的量刑以及数罪并罚的量刑；

3. 上诉人赵明犯挪用公款罪，判处有期徒刑15年；

4. 继续追缴上诉人赵明未归还的公款2,629,300元，发还被害单位。

关于贪污罪和挪用公款罪的界定，《2003年纪要》指出，贪污罪与挪用公款罪的主要区别在于被告人主观上是否具有非法占有公款的目的。认定被告人是否具有非法占有目的不能以被告人的供述为准，而应当根据主客观相统一的原则进行把握。被告人具有以下情形之一的，可以认定被告人具有非法占有公款的目的：（1）被告人携带挪用的公款潜逃的，对其携带挪用的公款部分，以贪污罪定罪处罚。（2）被告人挪用公款后采取虚假发票平账、销毁有关账目等手段，使所挪用的公款已难以在单位财务账目上反映出来，且没有归还行为的，应当以贪污罪定罪处罚。（3）被告人截取单位收入不入账，非法占有，使所占有的公款难以在单位财务账目上反映出来，且没有归还行为的，应当以贪污罪定罪处罚。（4）有证据证明被告人有能力归还所挪用的公款而拒不归还，并隐瞒挪用的公款去向的，应当以贪污罪定罪处罚。

在本案中，虽然被告人赵明采取“虚列支出”形式掩盖公款的真实去向，但是赵明所列支出与提取款项存根票据不存在对应关系，公司账目只是表面上收支平衡，单位审计时可以发现赵明挪用公款的事实，并非采取虚假发票平账、销毁有关账目等手段，使所挪用的公款在单位财务账目上难以反映出来。同时赵明虚列支出的收款单位与其所在单位有正常业务往来，虚列支出项目在工程结算时无法核销，无法达到侵吞公款的目的。此外赵明有陆续归还公款的行为，现有证据不能证明赵明主观故意发生转化。

因此，赵明不构成贪污罪，构成挪用公款罪。

10.2 关于贪污罪和私分国有资产罪的界定

【案例5－11】李祖清等被控犯贪污罪案①

被告人李祖清，男，1955年11月14日出生，汉族，湖北省大悟县人，大学文化程度，原任大悟县教育局人事科科长，因涉嫌犯贪污罪于2004年4月7日被刑事拘留，同年4月16日被逮捕。

被告人张杰军，男，1969年10月16日出生，汉族，湖北省大悟县人，大学文化程度，原任大悟县教育局人事科副科长。因涉嫌犯贪污罪于2004年4月7日被刑事拘留，同年4月16日被逮捕。

被告人刘玉梅，女，1965年10月5日出生，汉族，湖北省广水市人，大专文化程度，原任大悟县教育局人事科副科长。因涉嫌犯贪污罪于2004年4月7日被大悟县人民检察院取保候审。

大悟县人民检察院以被告人李祖清、张杰军、刘玉梅犯贪污罪向大悟县人民法院提起公诉。

大悟县人民法院经审理查明：

(1) 1998年12月30日，人事科1998年中、高级职称评审材料费余款9000元，被告人李祖清、张杰军、刘玉梅以下乡补助、节假日加班补助的名义，每人分得3000元。(2) 1999年2月11日，人事科1997年度公务员考核工本费余款6000元，被告人李祖清、张杰军、刘玉梅以春节补助的名义，每人分得2000元。(3) 2000年10月27日，被告人李祖清在人事科购置档案柜报账时，从教育局计财科虚报4340元，其中3300元被李祖清、张杰军、刘玉梅以年终福利的名义每人分得1100元。(4) 2001年1月10日，人事科1999年至

---

① 参见最高人民法院刑事审判第一、二、三、四、五庭编：《刑事审判参考》(总第47集)，法律出版社2006年版，第64～69页。

2000年教师年度考核、教师资格证书、聘书、教师资格换证、教师考核收费余款51,000元，被告人李祖清、张杰军、刘玉梅以春节补助名义，每人分得17,000元。(5) 2002年2月1日，人事科2000年教师考核、2001年教师考核、聘书等收费余款42,000元，被告人李祖清、张杰军、刘玉梅以2001年年终福利名义，每人分得14,000元。(6) 2003年5月8日，人事科教师资格认定收费余款12,000元，被告人李祖清、张杰军、刘玉梅各分得3000元，雷酷分得3000元。

大悟县人民法院认为，被告人李祖清、张杰军、刘玉梅身为国家工作人员，利用教育局、人事科的职权和职务上的便利，在代收费过程中，每人贪污公款40,100元，其行为已构成贪污罪。被告人李祖清作为人事科主要负责人在共同犯罪中居主犯地位，被告人张杰军、刘玉梅居从犯地位。公诉机关在起诉书中第1、2、3、4、7、8、12、13笔的指控，因证据不足，不予认定。据此，大悟县人民法院作出判决：

1. 被告人李祖清犯贪污罪，判处有期徒刑3年；
2. 被告人张杰军犯贪污罪，判处有期徒刑3年，缓刑5年；
3. 被告人刘玉梅犯贪污罪，判处有期徒刑3年，缓刑5年。

宣判后，被告人李祖清、刘玉梅不服，向孝感市中级人民法院提出上诉，公诉机关亦提起抗诉。大悟县人民检察院抗诉提出：(1) 起诉书指控的14笔犯罪事实，除第9笔和第12笔外，其余12笔相互关联，在时间上具有连续性，在构成上上一笔的结余款又进入下一笔，承上启下，环环相扣。(2) 本案被告人张杰军、刘玉梅在庭审中，拒不认罪，二被告人的辩护人亦作无罪辩护，不符合适用缓刑的条件，故二审法院对二人适用缓刑不当。孝感市人民检察院出庭检察员提出：(1) 本案事实清楚，证据确实、充分，被告人李祖清、张杰军、刘玉梅的行为构成贪污罪。(2) 一审判决片面采信证据，认定事实错误，导致量刑明显不当。

被告人李祖清提出：(1) 一审判决认定的事实不清，证据不足。(2) 上诉人没有采取贪污的手段，也没有贪污的故意。①人事科在收费过程中确实有超标准收费和搭车收费的情况，但这都是为了完成教育局下达的任务和上级主管部门（如市教育局）和职能部门（如县人事局）的要求，上诉人收费的目的不是为了贪污，虽然采取了超标准收费和搭车收费的方式，但不是为了贪污而采取的手段。②人事科因为人手少，任务重，工作忙，费用大，经常加班加点，科里的部分结余作为加班费、奖金、电话费、下乡补助分发给了个人是事实，但每次分配都是经张、刘提议后充分讨论分发的，在此以前和以后只要是人事科的人都是平均发放，在人事科是公开讨论，公开发放，人人有份，上诉人也认为心安理得。虽然违反了财经纪律，但上诉人在主观上没有贪污的直接故意，在客观上也没有采取任何手段贪污公款。(3) 侦查机关程序违法。(4) 一审判决认定上诉人属主犯不符合事实，三被告人不存在主、从之分。

其辩护人提出：(1) 上诉人李祖清的行为不符合贪污罪的构成要件，一审判决定性错误。①一审判决将涉案财产定性为公共财物没有法律依据。根据《刑法》第91条的规定，本案大悟县教育局人事科在代收费过程中留存的款项显然不是劳动群众集体所有的财产，不是用于扶贫和其他公益事业的社会捐助或者专项基金的财产，也不是在国家机关、国有公司、企业、集体企业和人民团体管理、使用或者运输中的私人财产，根据现有法律规定，该款项不应属于国有财产。②上诉人主观方面没有贪污的故意，客观方面没有实施贪污行为。(2) 一审判决上诉人李祖清构成贪污罪事实不清，证据不足。

被告人刘玉梅提出：原审判决认定事实不清，证据不足，案件定性错误。其辩护人提出：本案事实不清，证据不足，被告人刘玉梅没有贪污的主观故意和客观行为，请求二审法院改判刘玉梅无罪。

被告人张杰军在二审庭审中提出，这些钱有几笔是领的，但属于什么性质，自己不清楚，请合议庭公正判处。

孝感市中级人民法院审理查明：

1998年12月至2003年5月，大悟县教育局人事科利用办理全县教师职称评审、教师年度考核、公务员年度考评、职称聘书、教师资格换证等业务代收费之机，采取抬高收费标准、搭车收费、截留应缴资金的手段，筹集资金，设立小金库。小金库资金除用于科里公务开支外，每年春节前后，由科长李祖清组织科里人员将小金库账目进行对账后，以科室补助、年终福利等名义6次私分给人事科工作人员，并记录入账，私分款总额为120, 300元，原审被告人李祖清、张杰军、刘玉梅各分得40, 100元。分述如下：

1998年12月30日，原审被告人李祖清、张杰军、刘玉梅以下乡补助、节假日加班补助的名义，将人事科收取的1998年中、高级职称评审材料费余款

9000 元予以私分，每人分得 3000 元。

1999 年 2 月 11 日，原审被告人李祖清、张杰军、刘玉梅以年终福利的名义，将人事科收取的 1997 年度公务员考核工本费余款 6000 元予以私分，每人分得 2000 元。

2000 年 1 月 27 日，原审被告人李祖清、张杰军、刘玉梅以年终福利名义，将虚报后进入小金库的档案柜购置款 3340 元予以私分，每人分得 1100 元。

2001 年 1 月 10 日，原审被告人李祖清、张杰军、刘王梅以春节补助名义，将人事科收取的 1999 年教师年度考核、教师资格证书费余款 51,000 元予以私分，每人分得 17,000 元。

2002 年 2 月 1 日，原审被告人李祖清、张杰军、刘玉梅以年终福利名义，将人事科收取的 2000 年教师考核、2001 年教师考核、聘书等费用余款 42,000 元予以私分，每人分得 14,000 元。

2003 年 5 月 8 日，原审被告人李祖清、张杰军、刘玉梅及雷劫（系借用人员）以福利、补助名义，将人事科教师资格认定费余 12,000 元予以私分，每人分得 3000 元。另查明，1998 年 12 月至 2003 年 5 月，大悟县教育局人事科正式工作人员为李祖清、张杰军、刘玉梅三人。

以上事实有被告人李祖清保留的现金账，被告人李祖清、刘玉梅笔记本记录，各被告人领款签名条，三被告人的供述材料及李少恒、朱江平、谈怀国等证人证言和有关文件证明。上述证据经过一审、二审开庭质证，原审被告人未提出异议，予以确认。上诉人李祖清、刘玉梅及其辩护人提出原判认定的事实不清，证据不足的上诉理由和辩护意见不能成立，不予采纳。

对于原判没有认定的 7 笔指控事实，抗诉机关认为证据充分，应当认定，并当庭出示了证据。对此，经审理查明，原起诉指控的第 1、2、3 笔事实的主要证据是原审被告人李祖清的笔记本记载，第 4、7、8、13 笔事实的主要证据是原审被告人李祖清的笔记本记载和原审被告人刘玉梅的笔记本记载，以及原审被告人在侦查机关的供述。从上述证据看，存在记录内容比较模糊，笔记本之间不能相互吻合，口供不稳定、证明力低等问题；没有达到《刑事诉讼法》规定的“案件事实清楚，证据确实、充分”的定案标准。抗诉机关的第（1）项抗诉意见不能成立，不予支持。

孝感市中级人民法院认为，原审被告人李祖清、张杰军、刘玉梅主观上不具有贪污的共同故意，客观方面不符合共同贪污的行为特征，不构成贪污罪。原审被告人李祖清作为大悟县教育局人事科的负责人，违反国家规定，擅自决定将单位违规收费的部分资金以单位补助、年终福利等名义私分给个人，数额较大，其行为构成私分国有资产罪。原审被告人张杰军、刘玉梅积极参与私分，起较大作用，属于单位犯罪的直接责任人，其行为亦构成私分国有资产罪，原判对原审三被告人定罪不当，应予纠正。上诉人李祖清、刘玉梅的辩护人提出被告人李祖清、刘玉梅不构成贪污罪的意见成立，但其要求改判被告人李祖清、刘玉梅无罪的意见，不能成立，不予采纳。对于上诉人李祖清及其辩护人提出“侦查机关程序违法”“起诉书指控1～5笔事实超过追诉期限”的意见，经查，均不能成立，不予采纳。鉴于原审三被告人在二审开庭审理时能如实供述自己的犯罪事实，积极配合检察机关查清案件，且退出全部赃款，依法可对其适用缓刑。抗诉机关的第（2）项抗诉意见，与法律规定不符，不能成立。据此，孝感市中级人民法院判决如下：

1. 撤销大悟县人民法院（2004）悟刑初字第21号刑事判决；

2. 原审被告人李祖清犯私分国有资产罪，判处有期徒刑2年，缓刑2年，并处罚金20,000元；

3. 原审被告人张杰军犯私分国有资产罪，判处有期徒刑1年，缓刑1年，并处罚金10,000元；

4. 原审被告人刘玉梅犯私分国有资产罪，判处有期徒刑1年，缓刑1年，并处罚金10,000元。

本案的争议焦点是被告人刘祖清等人构成贪污罪还是私分国有资产罪。《刑法》第396条规定，国家机关、国有公司、企业、事业单位、人民团体，违反国家规定，以单位名义将国有资产集体私分给个人，数额较大的，对其直接负责的主管人员和其他直接责任人员，处3年以下有期徒刑或者拘役，并处或者单处罚金；数额巨大的，处3年以上7年以下有期徒刑，并处罚金。

关于私分国有资产罪和共同贪污犯罪的界定，可以从如下几个方面把握。首先，私分国有资产罪与共同贪污犯罪侵犯的客体相同，即国家廉政建设制度和国有财产的所有权，客观方面均表现为集体非法占有公共财物或者国有资产，二者很相似。但二者有三个客观方面的区别：一是前者只侵犯国有资产的所有权，后者同时还侵犯国有资产以外的其他公共财物的所有权。二是客观方面，前者由于是“集体私分”，因此犯罪行为是公开的；而后者只能是秘密的，不为他人所知。三是犯罪主体有所不同，前者只有国有单位才能构成，而后者只有国家工作人员个人才能构成。其次，二者的区别主要在主观故意和行为方式两个方面。第一，从主观故意方面看，贪污罪中的共同贪污要求每个成员均有非法占有公共财物的贪污故意，且犯罪动机主要是以权谋私；私分国有资产罪的主观故意则表现为单位的主管人员明知私分国有资产违反国家规定，但为了达到占有国有资产的目的，抱着法不责众的侥幸心理，以单位集体的名义实施私分行为，其动机一方面是为了提高单位工作人员的工作积极性，改善福利待遇；另一方面也是为自己获取私利找借口。因此，私分国有资产罪的主观故意不是单纯为个人私利，而是在单位全体成员或者绝大多数成员的许可或要求的背景下，更多地体现了单位的整体犯意和利益归属的团体性。第二，从行为方式上来看，二者的表现方式不同。共同贪污通常表现为非法占有公共财物的人共同利用职务上的便利，共同实施，一般是秘密进行的，并且想方设法将有关账目抹平，以掩盖非法占有公共财物的事实；私分国有资产行为则表现为在单位意志的支配下，集体共同私分，而大多数分得财产的人对是否私分没有决定权，并且在单位内部往往是公开的，有的还作了详细的财务记录。①

在本案中，各被告人所得款项都是人事科负责人李祖清决定或共同商量以补助、年终福利等名义发放的，李祖清、刘玉梅在笔记本上作了详细记录，且有领款签名条和李祖清保留的现金账页，在科室内部完全是公开的。从主观方面看，三被告人不具有共同利用职务便利，采取盗窃、欺骗等手段贪污公款的意思联络和主观故意，而是一种相对公开的私分故意。从参与主体看，人事科的所有人都参与了而且都是以科里名义平均分发，应视为单位集体行为。大悟县教育局人事科属于国家机关内设机构，符合单位犯罪的主体资格。李祖清等人作为大悟县教育局人事科的负责人和直接责任人，违反国家有关国有资产管理方面的法律、法规，擅自决定将单位违反规定收取的部分资金以补助、年终福利等名义私分给个人，数额较大，其行为构成私分国有资产罪。

---

① 参见最高人民法院刑事审判第一、二、三、四、五庭编：《刑事审判参考》（总第47集），法律出版社2006年版，第72~73页。

10.3 关于贪污罪和非法经营同类营业罪的界定

【案例5-12】祝贵财等犯贪污罪案①

祝贵财，男，1955年11月16日出生，研究生文化程度，原北京万商投资发展有限公司副总经理兼北京万商大厦总经理。2012年3月27日因涉嫌犯贪污罪被逮捕。

杨超，男，1964年1月24日出生，大学文化程度，原北京万商大厦副总经理兼万商物业管理有限公司经理。2011年6月28日因涉嫌犯贪污罪被逮捕。

王东立，男，1951年10月28日出生，大专文化程度，原北京万商投资发展有限公司综合管理部副经理。2012年3月27日因涉嫌犯贪污罪被逮捕。

及永才，男，1955年2月26日出生，大学文化程度，原北京万商投资发展有限公司总经理助理兼北京万商如一酒店管理有限公司总经理。2012年3月27日因涉嫌犯贪污罪被逮捕。

北京市石景山区人民检察院以被告人祝贵财、杨超、王东立、及永才犯贪污罪，向石景山区人民法院提起公诉。

被告人祝贵财、杨超、王东立、及永才及各自的辩护人均认为各被告人的行为仅构成非法经营同类营业罪，不构成公诉机关指控的贪污罪。

北京市石景山区人民法院经公开审理查明：

被告人祝贵财、杨超、王东立、及永才均系国有公司北京万商大厦管理人员。2004年2月至3月，四被告人和陈瑞琴（另案处理）等人共同商定并出资，以祝贵财亲属的名义成立了北京恒威佳信经贸有限公司（以下简称恒威佳信公司）。同年3月，北京中复电讯设备有限责任公司（以下简称中复电讯公司）有意承租万商大厦裙楼一层约488平方米原“鞋服城”项目用于经营。

时任北京万商大厦总经理的祝贵财与时任副总经理的杨超，共同利用职务便利，由杨超代表北京万商大厦与中复电讯公司洽谈租赁万商大厦底商事宜，在双方商定租赁价格后，采用由恒威佳信公司同日先与北京万商大厦签订承租合同，再与中复电讯公司签订转租合同的手段，截留本应属于北京万商大厦的底商租赁款。

---

① 参见最高人民法院刑事审判第一、二、三、四、五庭编：《刑事审判参考》（总第103集），法律出版社2016年版，第84~86页。

被告人及永才受祝贵财指派负责管理恒威佳信公司，将所截留的房屋租金收入扣除各类税款等费用后不定期分配给上述被告人，2006年12月该公司注销。2007年1月，被告人王东立受祝贵财指派，以自己与他人共同成立的北京瑞源通泰商贸有限责任公司（以下简称瑞源通泰公司）接替恒威佳信公司继续开展上述业务，并受祝贵财指派管理瑞源通泰公司所截留的房屋租赁款，不定期分配给上述被告人。

2004年5月至2010年10月，四被告人利用恒威佳信公司和瑞源通泰公司截留万商大厦底商租赁差价款共计人民币（以下币种同）2,122,501.96元。其中，上述两家公司上缴国家的各类税款共计657,584.19元。

2010年10月，祝贵财因其他原因向单位领导承认了上述事实，后四被告人陆续向单位退缴了部分赃款。其中，祝贵财退缴71,500元，杨超退缴40,000元，及永才退缴71,500元，王东立退缴71,500元；另被告人王东立将其管理的瑞源通泰公司账户内249,301.96元上缴所在单位。在法院审理阶段，王东立亲属又退缴60,000元，北京市石景山区人民法院依法冻结了瑞源通泰公司银行账户内资金人民币217,532.45元。

2011年5月20日，四被告人被北京市人民检察院第一分院立案侦查，同年6月28日，杨超被逮捕；同年7月7日，祝贵财、及永才、王东立被检察机关取保候审，2012年3月27日被逮捕。

北京市石景山区人民法院认为，被告人祝贵财、杨超、王东立、及永才身为国有公司的工作人员，利用祝贵财、杨超的职务便利，由及永才、王东立实际操作，采用先承租万商大厦底商后转租的手段，共同截留本应属于万商大厦的国有财产，四被告人的行为侵犯了国家工作人员的职务廉洁性以及国有财产的所有权，均构成贪污罪，依法均应予以惩处。祝贵财系公司决策人、杨超系本案的提议者和具体实施者，在共同犯罪中起主要作用，均系主犯，依照各自在犯罪中的作用分别予以处罚；及永才、王东立受祝贵财指使负责管理公司并分配赃款，在犯罪中起次要作用，均系从犯，分别依法予以减轻处罚。另考虑到四被告人退缴了部分违法所得，可酌情予以从轻处罚。据此，石景山区人民法院以贪污罪对被告人分别判处刑罚。

一审宣判后，祝贵财、杨超、王东立、及永才均不服，向北京市第一中级人民法院提起上诉。北京市第一中级人民法院裁定驳回上诉，维持原判。

本案的争议焦点是被告人祝贵财等人构成贪污罪还是非法经营同类营业罪。《刑法》第165条规定，国有公司、企业的董事、经理利用职务便利，自己经营或者为他人经营与其所任职公司、企业同类的营业，获取非法利益，数额巨大的，处3年以下有期徒刑或者拘役，并处或者单处罚金；数额特别巨大的，处3年以上7年以下有期徒刑，并处罚金。贪污罪和非法经营同类营业罪相同之处在于主体方面有重合，即国有公司、企业的董事、经理。客观方面都要求利用职务之便谋利。主观方面都是直接故意。关于贪污罪和非法经营同类营业罪的界定，可以从以下几个方面进行把握：

首先，两罪对增设的中间环节是否客观存在要求不同。两种犯罪行为都人为地增设了中间环节，使国有公司、企业原本与业务单位的直接购销关系变成了有其他公司、企业参与的间接购销关系，这个中间环节不是因经营的客观需要而自然产生的，属于行为人故意设置。但是对获取购销差价的非法经营同类营业行为而言，由于需要从事同类营业，故增设的中间环节通常是客观所需，且中间环节所涉及的公司、企业往往成立并从事同类或者类似的经营行为已有一定时日；而对增设中间环节截留国有财产的贪污行为而言，由于虚设的中间环节不是用于正常的经营活动，故增设的中间环节通常是为了截留国有资产目的而虚构。在经济活动中，尽管有时增设的中间环节涉及的公司、企业真实存在，但这些公司、企业往往是为了承揽相关业务而成立，并无从事同类或者类似经营行为的经历。

其次，两罪对增设的中间环节是否具有经营能力要求不同。如果增设的中间环节都是客观存在的，则要看增设的中间环节是否具有经营能力。一般而言，贪污罪中为截留国有财产而增设的中间环节的经营，往往是无经营投资、无经营场地、无经营人员，即属于“三无”经营；而非法经营同类营业罪中增设的中间环节的经营，是有投资、有经营场所、有经营人员的经营，即具有经营同类营业的完全能力。司法实践中，一些国有公司、企业的董事、经理为了截留国有财产而增设的中间环节系“三无”经营公司、企业，不具有经营能力，只是为变相贪污国有财产掩人耳目。

再次，两罪对增设的中间环节是否进行了实际经营活动并承担一定的经营责任风险要求不同。如果增设的中间环节客观存在且具有经营能力，则要看增设的中间环节是否进行了实际经营活动并承担一定的经营责任风险。有经营就有风险，就可能存在盈亏。如果增设的中间环节进行了实际经营活动并承担了一定的经营责任风险，则行为人所获取的购销差价系通过利用国有公司、企业让渡的商业机会所进行的经营所得，属于获取购销差价的非法经营同类营业行为。如果增设的中间环节没有进行实际经营活动，而是由国有公司、企业一手操办，或者进行了相关的经营活动，而由国有公司、企业承担经营责任风险的，则此时行为人所获的购销差价不是营业所得，而是截留的国有资产，属于增设中间环节截留国有资产的贪污行为。

最后，两罪对所获取的购销差价是否合理要求不同。如果增设的中间环节不仅客观存在、具有经营能力，而且进行了实际经营活动并承担了一定的经营责任风险，则要看所获取的购销差价是否合理。获取的购销差价合理的，属于获取购销差价的非法经营同类营业行为；不合理的，差价不是经营行为的对价，则为增设中间环节截留国有财产的贪污行为。①

在本案中，被告人祝贵财等人身为国有公司的工作人员，利用祝贵财、杨超的职务便利，由及永才、王东立实际操作，采用先承租万商大厦底商后转租的手段，共同截留本应属于万商大厦的国有财产。祝贵财等人成立公司的目的并非用于经营，实际上没有经营活动和承担经营风险，其获取的购销差价和经营行为不相对应，因此，祝贵财等人的行为属于贪污行为。

10.4 关于贪污罪和职务侵占罪的界定

【案例 5－13】赵玉生、张书安犯职务侵占罪案②

被告人赵玉生，男，1951 年 9 月 2 日出生，原系河南省新郑市城关乡沟张村二组组长。2014 年 3 月 21 日因涉嫌犯贪污罪被逮捕。

被告人张书安，男，1958 年 9 月 11 日出生，原系河南省新郑市城关乡沟张村支部委员、村委委员、文书。2014 年 3 月 21 日因涉嫌犯贪污罪被逮捕。

河南省新郑市人民检察院以被告人赵玉生、张书安犯贪污罪，向新郑市人民法院提起公诉。

被告人赵玉生辩称其套出的钱均用于队里开支，没有用于个人支出，甚至

---

① 参见最高人民法院刑事审判第一、二、三、四、五庭编：《刑事审判参考》（总第 103 集），法律出版社 2016 年版，第 86～90 页。

② 参见最高人民法院刑事审判第一、二、三、四、五庭编：《刑事审判参考》（总第 106 集），法律出版社 2017 年版，第 12～14 页。

还曾为工作垫付费用；在套出的钱中，其未将其中的3万元给张书安，不构成犯罪。其辩护人辩称：涉案款项系农村集体组织的合法财产，并非国有财产；南水北调建设部门已经完成对征用土地的丈量、附属物的清点及补偿款的发放工作，不存在被告人利用国家授权的职务便利侵害国有资产的情形；赵玉生是村民小组组长，不符合贪污罪的主体身份，故赵玉生将套取的集体款项借给他人的行为应构成挪用资金罪；赵玉生系初犯，坦白，请求从轻处罚。

被告人张书安对指控的犯罪事实没有异议。其辩护人辩称：涉案资金系村集体经济组织的资金，不是贪污罪的犯罪对象；张书安没有贪污的故意，因为赵玉生索要张书安身份证时说套取钱款是为了组里平整土地和兴修水利；且张书安有自首、立功、从犯的量刑情节。

河南省新郑市人民法院经公开审理查明：

2011年以来，被告人赵玉生利用担任河南省新郑市城关乡沟张村二组组长的职务便利，与该村文书被告人张书安商议后，在发放新郑市城关乡沟张村二组村民南水北调工程永久用地补偿费过程中，以在该村二组南水北调永久用地补偿费分配表中添加张书安的方式，先后两次以张书安名义套取人民币（以下币种同）169,120元，张书安分得3万元，赵玉生将余款据为己有。案发后，张书安家属代为退赃3万元。

新郑市人民法院认为，被告人赵玉生、张书安在分别担任河南省新郑市城关乡沟张村二组组长和支部委员、村委委员、文书期间，利用协助政府发放该组南水北调永久用地补偿费的职务便利，骗取、侵吞补偿费169,120元，其行为均已构成贪污罪。据此，新郑市人民法院判决如下：

1. 被告人赵玉生犯贪污罪，判处有期徒刑10年6个月；

2. 被告人张书安犯贪污罪，判处有期徒刑5年。

一审判决后，被告人赵玉生、张书安不服，向河南省郑州市中级人民法院提出上诉。

被告人赵玉生、张书安上诉称：涉案款项系农村集体组织的合法财产，并非国有财产；南水北调建设部门已经完成对征用土地的丈量、附属物的清点及补偿费的发放工作，二被告人不属于利用国家工作人员的职务便利侵吞国有资产。

河南省郑州市中级人民法院经审理认为，南水北调工程永久用地补偿费系因新郑市城关乡沟张村集体土地被国家征用而支付的补偿费用，该款进入新郑市城关乡“三资”委托代理服务中心账户后即为该中心代为管理的村组财产，上诉人赵玉生、张书安在分配该财产过程中，私自将本组扣发的集体财产以张书安的名义套取后私分，其行为符合职务侵占罪的构成要件。

二上诉人的相应上诉理由和辩护意见成立，予以采纳。原判认定事实清楚，证据确实、充分，但定性不当，应予纠正。在共同犯罪中，赵玉生起主要作用，系主犯；张书安起辅助作用，系从犯，应依法减轻处罚，其亲属代为退赃，可酌情从轻处罚。据此，郑州市中级人民法院判决如下：

1. 撤销河南省新郑市人民法院（2014）新刑初字第338号刑事判决；

2. 上诉人赵玉生犯职务侵占罪，判处有期徒刑6年；

3. 上诉人张书安犯职务侵占罪，判处有期徒刑3年。

本案一审法院认定被告人赵玉生、张书安犯贪污罪，二审法院改为职务侵占罪。关于贪污罪和职务侵占罪的界定，主要看二者的犯罪主体和行为对象。就犯罪主体而言，贪污罪的犯罪主体是国家工作人员，而职务侵占罪的主体是公司、企业或其他单位的人员；就行为对象而言，贪污罪的行为对象是国有财产和公共财物，而职务侵占罪的行为对象是公司、企业的财产。

在本案中，虽然被告人赵玉生、张书安系基层组织工作人员，但是二人实施犯罪时，并非协助人民政府履行行政管理工作，不属于“其他依法从事公务的人员”，二人不具有贪污罪的主体资格。就行为对象而言，涉案款项系南水北调工程永久用地补偿费，该款进入新郑市城关乡“三资”委托代理服务中心账户后即为该中心代为管理的村组财产，村组财产属于集体财产，不属于国有财产或公共财物。因此，赵玉生、张书安不构成贪污罪，构成职务侵占罪。

11. 关于贪污罪非法证据排除的认定及案件处理

11.1 关于贪污罪非法证据排除的认定

2017年11月27日，最高人民法院发布《人民法院办理刑事案件排除非法证据规程（试行）》[①]（以下简称《2017年规程》）。《2017年规程》第1条对被

① 法发〔2017〕31号。

告人供述的非法证据类型作了规定：采用下列非法方法收集的被告人供述，应当予以排除：（1）采用殴打、违法使用戒具等暴力方法或者变相肉刑的恶劣手段，使被告人遭受难以忍受的痛苦而违背意愿作出的供述；（2）采用以暴力或者严重损害本人及其近亲属合法权益等进行威胁的方法，使被告人遭受难以忍受的痛苦而违背意愿作出的供述；（3）采用非法拘禁等非法限制人身自由的方法收集的被告人供述。采用刑讯逼供方法使被告人作出供述，之后被告人受该刑讯逼供行为影响而作出的与该供述相同的重复性供述，应当一并排除，但下列情形除外：（1）侦查期间，根据控告、举报或者自己发现等，侦查机关确认或者不能排除以非法方法收集证据而更换侦查人员，其他侦查人员再次讯问时告知诉讼权利和认罪的法律后果，被告人自愿供述的；（2）审查逮捕、审查起诉和审判期间，检察人员、审判人员讯问时告知诉讼权利和认罪的法律后果，被告人自愿供述的。

关于证据收集合法性的审查，《2017 年规程》第 22 条规定：法庭对证据收集的合法性进行调查的，应当重视对讯问录音录像的审查，重点审查以下内容：（1）讯问录音录像是否依法制作。对于可能判处无期徒刑、死刑的案件或者其他重大犯罪案件，是否对讯问过程进行录音录像；（2）讯问录音录像是否完整。是否对每一次讯问过程录音录像，录音录像是否全程不间断进行，是否有选择性录制、剪接、删改等情形；（3）讯问录音录像是否同步制作。录音录像是否自讯问开始时制作，至犯罪嫌疑人核对讯问笔录、签字确认后结束；讯问笔录记载的起止时间是否与讯问录音录像反映的起止时间一致；（4）讯问录音录像与讯问笔录的内容是否存在差异。对与定罪量刑有关的内容，讯问笔录记载的内容与讯问录音录像是否存在实质性差异，存在实质性差异的，以讯问录音录像为准。

关于经法庭审理确认为非法证据的证据处理，《2017 年规程》第 26 条规定：经法庭审理，具有下列情形之一的，对有关证据应当予以排除：（1）确认以非法方法收集证据的；（2）应当对讯问过程录音录像的案件没有提供讯问录音录像，或者讯问录音录像存在选择性录制、剪接、删改等情形，现有证据不能排除以非法方法收集证据的；（3）侦查机关除紧急情况外没有在规定的办案场所讯问，现有证据不能排除以非法方法收集证据的；（4）驻看守所检察人员在重大案件侦查终结前未对讯问合法性进行核查，或者未对核查过程同步录音录像，或者录音录像存在选择性录制、剪接、删改等情形，现有证据不能排除以非法方法收集证据的；（5）其他不能排除存在以非法方法收集证据的。

11.2　关于贪污罪非法证据排除的案件处理

关于经审理后的案件处理，《刑事诉讼法》第200条规定：在被告人最后陈述后，审判长宣布休庭，合议庭进行评议，根据已经查明的事实、证据和有关的法律规定，分别作出以下判决：（1）案件事实清楚，证据确实、充分，依据法律认定被告人有罪的，应当作出有罪判决；（2）依据法律认定被告人无罪的，应当作出无罪判决；（3）证据不足，不能认定被告人有罪的，应当作出证据不足、指控的犯罪不能成立的无罪判决。

2012年12月20日，最高人民法院发布的《最高人民法院关于适用〈中华人民共和国刑事诉讼法〉的解释》[①]（以下简称《2012年解释》）第241条规定：对第一审公诉案件，人民法院审理后，应当按照下列情形分别作出判决、裁定：（1）起诉指控的事实清楚，证据确实、充分，依据法律认定指控被告人的罪名成立的，应当作出有罪判决；（2）起诉指控的事实清楚，证据确实、充分，指控的罪名与审理认定的罪名不一致的，应当按照审理认定的罪名作出有罪判决；（3）案件事实清楚，证据确实、充分，依据法律认定被告人无罪的，应当判决宣告被告人无罪；（4）证据不足，不能认定被告人有罪的，应当以证据不足、指控的犯罪不能成立，判决宣告被告人无罪；（5）案件部分事实清楚，证据确实、充分的，应当作出有罪或者无罪的判决；对事实不清、证据不足部分，不予认定；（6）被告人因不满十六周岁，不予刑事处罚的，应当判决宣告被告人不负刑事责任；（7）被告人是精神病人，在不能辨认或者不能控制自己行为时造成危害结果，不予刑事处罚的，应当判决宣告被告人不负刑事责任；（8）犯罪已过追诉时效期限且不是必须追诉，或者经特赦令免除刑罚的，应当裁定终止审理；（9）被告人死亡的，应当裁定终止审理；根据已查明的案件事实和认定的证据，能够确认无罪的，应当判决宣告被告人无罪。

【案例5－14】吴毅、朱蓓娅犯贪污罪案[②]

被告人吴毅，男，1961年5月28日出生，原系扬州市人力资源和社会保障

---

① 法释〔2012〕21号。

② 参见最高人民法院刑事审判第一、二、三、四、五庭编：《刑事审判参考》（总第106集），法律出版社2017年版，第33～36页。

局新城西区办事处副主任、主任。因本案于2013年1月11日被逮捕。

被告人朱蓓娅，女，1980年9月29日出生，原系扬州市人力资源和社会保障局开发区办事处合同制聘用人员。因本案于2013年1月11日被逮捕。

江苏省扬州市江都区人民检察院以被告人吴毅、朱蓓娅犯贪污罪向江都区人民法院提起公诉。

被告人吴毅提出的辩解是：(1) 其没有骗取退保金，不构成贪污罪，其行为是工作失职，属于渎职犯罪。(2) 其多开具发票是为了单位利益，而不是为了个人，故亦不构成贪污罪。

被告人吴毅的辩护人提出的辩护意见是：(1) 起诉书指控被告人吴毅贪污33万余元事实不清、证据不足。吴毅在2012年12月27日的1份询问和3份讯问的有罪供述，系侦查机关采用变相肉刑的方式获取口供，应当作为非法证据予以排除；吴毅在2013年1月7日江苏省人民检察院逮捕前提审的一份有罪供述，因侦查机关未按规定进行同步录音、录像，亦应作为非法证据予以排除。(2) 吴毅贪污1.1万元事实不清、证据不足。(3) 起诉书指控的第一节贪污犯罪中，吴毅即使构成贪污罪，指控其贪污数额33万余元的证据不足。2008年骗取退保金10万余元只有朱蓓娅的供述，故该笔贪污款应予扣除；有证据证实2009年5月以后，社保业务章不在吴毅处，因而2009年5月以后的骗取退保数额不再计入吴毅的贪污数额。

被告人朱蓓娅未提出辩解。朱蓓娅的辩护人提出的辩护意见是：(1) 朱蓓娅在共同犯罪中是从犯，可以减轻处罚；(2) 朱蓓娅认罪态度较好、积极退赃，请求法院对其从轻处罚。

扬州市江都区人民法院经公开审理查明：

(一) 吴毅、朱蓓娅共同贪污部分

按照相关规定，外省在扬州务工人员在返乡时可以一次性提取的养老保险金，称为“退保金”。办理退保金的正常流程是：由申请人向扬州市人力资源和社会保障局开发区办事处（以下简称开发区办事处）提供身份证、户口本、回乡务工证明、社会保险手册以及个人申请等资料，通过经办人员初步审核后计算退保金额，填写《江苏省职工养老社会保险金结算（支付）凭证》（以下简称结算凭证），将结算凭证以及所附上述材料交给分管领导签字审核，再加盖社会保险专用章，申请人即可到扬州市社保中心领取退保金。

2009年1月至11月，退保金申请材料审查报送经办人朱蓓娅利用其在开发区办事处经办退保金的职务便利，伙同分管退保金申请材料审核的开发区办事处副主任吴毅，多次采取虚构事实、冒用退保人员名义等方式作案15次，共骗取退保资金39笔，共计人民币（以下币种同）228,718.2元。具体作案手法是：朱蓓娅制作虚假的结算凭证，交给吴毅签字，而后盖章。朱蓓娅再将签字、盖章后的结算凭证交由其亲戚、朋友冒充退保人员到扬州市社保中心领取退保金，朱蓓娅取得退保金后再和吴毅进行分赃。2009年年底，开发区办事处退保金遭骗取事件暴露，朱蓓娅交代了自己贪污的事实，其父母代为退出全部赃款。嗣后，朱蓓娅被开发区办事处解聘。

（二）吴毅单独贪污部分

2011年12月至2012年12月，吴毅在担任扬州市人力资源和社会保障局新城西区办事处（含筹备小组）负责人期间，利用直接管理后勤工作的职务便利，在单位公务招待过程中，私下要求扬州天地酒业有限公司、扬州风正经贸有限公司多次开具消费发票，侵吞公款合计11,000元。

庭审中，朱蓓娅对公诉机关指控其与吴毅共同贪污的主要犯罪事实不持异议，但辩解骗保行为系受吴毅指使所为；吴毅在到案初期的1份询问笔录、3份讯问笔录以及悔过书中承认知道朱蓓娅骗取退保金，自己从中分得4.8万元的事实。2013年1月7日，吴毅在接受江苏省人民检察院审查批捕人员讯问时，承认朱蓓娅在2009年给过其4.8万元，给钱是因为其袒护朱蓓娅，对她拿来的空白凭证没有审核就签字。此后包括在庭审中，吴毅翻供，否认其参与朱蓓娅骗取退保金并分赃的事实，认为自己仅仅是工作上失职、没有尽到审查义务，提出其有罪供述是其在受到疲劳审讯、精神恍惚时做出的，属于非法证据应予排除。

扬州市江都区人民法院认为，被告人吴毅在到案初期的四份有罪供述，因侦查机关在取证时违反相关规定，因而不具有证明效力。但是，吴毅在江苏省人民检察院逮捕前提审所作的有罪供述，并未违反相关规定，具有证明效力。被告人吴毅、朱蓓娅身为国家事业单位中从事公务的人员，利用职务上的便利，冒充退保人员，虚构结算凭证，侵吞国家社保资金22万余元，其行为均构成贪污罪，且系共同犯罪。朱蓓娅在案发后如实供述犯罪事实，系坦白认罪，且在案发后退出全部赃款，故依法可以从轻处罚。吴毅当庭拒不认罪，故对这一情节在量刑时予以考虑。据此，扬州市江都区人民法院判决如下：

1. 被告人吴毅犯贪污罪，判处有期徒刑12年，剥夺政治权利2年，没收财产人民币5万元；

2. 被告人朱蓓娅犯贪污罪，判处有期徒刑10年，剥夺政治权利2年。

一审宣判后，被告人吴毅、朱蓓娅不服，均向扬州市中级人民法院提起上诉。吴毅的上诉理由是：2013年1月7日江苏省人民检察院的提审笔录也属于非法证据应当予以排除；即使不排除江苏省人民检察院的提审笔录，一审判决认定吴毅伙同朱蓓娅共同贪污事实不清、证据不足，不能排除朱蓓娅单独作案或者与吴毅以外的他人共同作案的合理怀疑。朱蓓娅的上诉理由是：其在共同犯罪中系从犯。

扬州市中级人民法院认为，上诉人吴毅、朱蓓娅身为国家事业单位中从事公务的人员，利用职务上的便利，冒充退保人员，虚构结算凭证，侵吞国家社保资金22万余元，其行为均构成贪污罪，且系共同犯罪。朱蓓娅实施了填写虚假结算凭证、指使他人冒领赃款、分配赃款等共同贪污中的大部分行为，在共同犯罪中起主要作用，系主犯；吴毅在共同犯罪中的作用小于朱蓓娅，系从犯，依法应当减轻处罚。朱蓓娅案发前已向本单位如实交代了自己的主要犯罪事实，案发后也如实供述犯罪事实，系自首，依法可以减轻处罚，且其已退出全部赃款，可以从轻处罚。吴毅拒不认罪，对这一情节在量刑时予以考虑。原判决认定事实清楚，证据充分，但量刑不当，应予纠正。据此，改判：

1. 上诉人吴毅犯贪污罪，判处有期徒刑5年6个月，并处没收财产人民币3万元；

2. 上诉人朱蓓娅犯贪污罪，判处有期徒刑5年，并处没收财产人民币2万元。

在本案中，被告人吴毅称侦查期间所作的4次有罪供述系受到侦查机关疲劳审讯、精神恍惚情况下作出的，属于非法证据依法应予排除。一审法院启动非法证据排除程序，对本案证据收集的合法性进行调查。经查证，侦查机关采取上、下级机关“倒手”“轮流审讯”的方式连续讯问吴毅长达30多个小时，期间没有给吴毅必要的休息，属于非法证据，依法予以排除。

关于非法证据排除后的案件处理，根据《2012年解释》第241条规定，案件事实清楚，证据确实、充分，应当作出有罪判决；案件事实清楚，证据确实、充分，被告人不构成犯罪的，应当判决宣告被告人无罪；证据不足，不能认定被告人有罪的，应当以证据不足、指控的犯罪不能成立，判决宣告被告人无罪；案件部分事实清楚，证据确实、充分的，应当对案件事实清楚，证据确实充分部分作出有罪判决。在本案中，虽然被告人吴毅在侦查阶段所作的有罪供述被排除，但是吴毅在检察院逮捕前提审所作的有罪供述合法有效，该有罪供述足以证明吴毅的犯罪事实，故法院依法判处其构成贪污罪。

12. 关于贪污罪财产刑的量刑把握

《刑法》第383条规定：对犯贪污罪的，根据情节轻重，分别依照下列规定处罚：(1) 贪污数额较大或者有其他较重情节的，处3年以下有期徒刑或者拘役，并处罚金。(2) 贪污数额巨大或者有其他严重情节的，处3年以上10年以下有期徒刑，并处罚金或者没收财产。(3) 贪污数额特别巨大或者有其他特别严重情节的，处10年以上有期徒刑或者无期徒刑，并处罚金或者没收财产；数额特别巨大，并使国家和人民利益遭受特别重大损失的，处无期徒刑或者死刑，并处没收财产。简言之，贪污罪应当并处罚金或没收财产。

关于贪污罪罚金的量刑标准，《2016年解释》第19条规定：对贪污罪、受贿罪判处3年以下有期徒刑或者拘役的，应当并处10万元以上50万元以下的罚金；判处3年以上10年以下有期徒刑的，应当并处20万元以上犯罪数额2倍以下的罚金或者没收财产；判处10年以上有期徒刑或者无期徒刑的，应当并处50万元以上犯罪数额2倍以下的罚金或者没收财产。对刑法规定并处罚金的其他贪污贿赂犯罪，应当在10万元以上犯罪数额2倍以下判处罚金。

关于犯罪嫌疑人、被告人逃匿、死亡后的案件处理，《刑事诉讼法》第298条规定：对于贪污贿赂犯罪、恐怖活动犯罪等重大犯罪案件，犯罪嫌疑人、被告人逃匿，在通缉1年后不能到案，或者犯罪嫌疑人、被告人死亡，依照刑法规定应当追缴其违法所得及其他涉案财产的，人民检察院可以向人民法院提出没收违法所得的申请。公安机关认为有前款规定情形的，应当写出没收违法所得意见书，移送人民检察院。没收违法所得的申请应当提供与犯罪事实、违法所得相关的证据材料，并列明财产的种类、数量、所在地及查封、扣押、冻结的情况。人民法院在必要的时候，可以查封、扣押、冻结申请没收的财产。

2017年1月4日，最高人民法院、最高人民检察院联合发布的《关于适用犯罪嫌疑人、被告人逃匿、死亡案件违法所得没收程序若干问题的规定》①（以下简称《2017年规定》）对犯罪嫌疑人、被告人逃匿、死亡案件没收违法所得作了详细规定。关于“违法所得”的认定，《2017年规定》第6条规定：通过实施犯罪直接或者间接产生、获得的任何财产，应当认定为《刑事诉讼法》第280条第1款规定的“违法所得”。违法所得已经部分或者全部转变、转化为其他财产的，转变、转化后的财产应当视为前款规定的“违法所得”。来自违法所得转变、转化后的财产收益，或者来自已经与违法所得相混合财产中违法所得相应部分的收益，应当视为第1款规定的“违法所得”。

关于经审理为违法所得的案件处理，《2017年规定》第16条规定：人民法院经审理认为，申请没收的财产属于违法所得及其他涉案财产的，除依法应当返还被害人的以外，应当予以没收；申请没收的财产不属于违法所得或者其他涉案财产的，应当裁定驳回申请，解除查封、扣押、冻结措施。

【案例5-15】任润厚犯受贿罪、贪污罪、巨额财产来源不明罪案②

检察机关江苏省扬州市人民检察院。

犯罪嫌疑人任润厚，男，1957年10月19日出生，山西省人民政府原副省长，曾任山西潞安矿业（集团）有限责任公司董事长、总经理，山西潞安环保能源开发股份有限公司董事长，2014年9月20日因严重违纪被免职，同年9月30日因病死亡。

利害关系人任某甲，女，1959年9月19日出生，系犯罪嫌疑人任润厚妻子。

利害关系人任某乙，女，1984年6月30日出生，系犯罪嫌疑人任润厚女儿。

利害关系人袁某，男，1982年12月30日出生，系犯罪嫌疑人任润厚女婿。

扬州市人民检察院于2016年12月2日以犯罪嫌疑人任润厚涉嫌实施受贿、贪污、巨额财产来源不明犯罪，向扬州市中级人民法院提出没收违法所得申请。

遵照最高人民法院的指定管辖决定，扬州市中级人民法院组成合议庭，扬

---

① 法释〔2017〕1号。

② 参见最高人民法院刑事审判第一、二、三、四、五庭编：《刑事审判参考》（总第112集），法律出版社2018年版，第116~119页。

州市中级人民法院依照最高人民法院、最高人民检察院《关于适用犯罪嫌疑人、被告人逃匿、死亡案件违法所得没收程序若干问题的规定》（以下简称《追赃规定》）第9条、第14条之规定，组成合议庭，分别在立案审查阶段和开庭审理阶段，就本案犯罪事实、申请没收的财产与犯罪事实关联性事实进行审理。经审查，认为有证据证明任润厚实施了受贿、贪污、巨额财产来源不明犯罪，符合立案受理条件，遂于2016年12月9日立案受理，并于同月17日发布公告。公告期间内，利害关系人任某甲、任某乙、袁某申请参加诉讼。扬州市中级人民法院于2017年6月21日公开开庭审理了本案。利害关系人任某乙、袁某申请参加诉讼，任某甲因身体原因未到庭。

经立案审查查明和公开开庭审理查明的事实分别如下：

（一）立案审查查明的事实

1. 实施受贿犯罪事实

2001年至2013年，犯罪嫌疑人任润厚利用担任山西潞安矿业（集团）有限责任公司（以下简称潞安集团）董事长、总经理，山西潞安环保能源开发股份有限公司（以下简称潞安环能公司）董事长，山西省人民政府副省长等职务上的便利，为洪某职务晋升及其亲属到潞安集团工作提供帮助，2011年至2013年，先后三次收受洪某现金人民币（如无注明以下币种同）共计15万元；为肖某职务晋升、调整提供帮助，2007年至2009年，先后三次收受肖某现金共计15万元；2007年，指使下属郭某向潞安环能公司常村煤矿矿长王某索要15万元用于贿选；2010年，指使郭某分别向潞安环能公司常村煤矿矿长王某、潞安环能公司王庄煤矿矿长肖某索要30万元、25万元用于贿选；2011年，要求潞安集团报销其个人及亲属旅游、疗养费用123.505549万元。以上共计223.505549万元。

2. 实施贪污犯罪事实

2006年至2007年，犯罪嫌疑人任润厚利用担任潞安集团董事长、潞安环能公司董事长职务上的便利，通过其时任秘书毛某指使潞安集团驻北京办事处主任申某、驻太原办事处主任张某为任润厚贿选购买礼品，安排餐饮、住宿，并将相关费用共计44.16738万元在潞安环能公司报销。

3. 实施巨额财产来源不明犯罪事实

检察机关冻结犯罪嫌疑人任润厚及其亲属任某甲、任某乙、袁某名下的银行存款本金人民币1859.059088万元、港元18.063768万元、美元54.947599

万、欧元 8.140057 万；扣押现金人民币 312.38 万元、港元 24.992 万、美元 49.496 万、欧元 13.2675 万、加拿大元 1 万、英镑 100 元；扣押珠宝、玉石 45 件，黄金制品 53 件，字画 22 幅，手表 11 块，纪念币、手机相机、电脑 16 件，银行卡、存单存折 194 张，资料类物品 8 件。截至案发，犯罪嫌疑人任润厚及其亲属名下财产和支出共计折合 3000 余万元，另有珠宝、玉石、黄金制品、字画、手表等物品。任润厚在纪检监察部门调查期间未对上述财产和支出来源作出说明。扣除任润厚夫妇合法收入、任润厚部分受贿所得（贪污、部分受贿所得直接消费）以及任润厚亲属能够说明来源的财产，尚有本外币存款、现金折合 2000 余万元及物品 100 余件，任润厚亲属在侦查、审查起诉阶段均不能说明来源。

（二）公开开庭审理查明的事实

1. 扣押、冻结财产中，有 30 万元属于犯罪嫌疑人任润厚实施受贿犯罪所得 2007 年至 2009 年，犯罪嫌疑人任润厚先后三次在其家中收受肖某现金共计 15 万元；2011 年至 2013 年任润厚先后三次在其家中及医院病房收受洪某现金共计 15 万元。上述钱款已转变、转化为现金扣押、冻结在案的任润厚及其亲属名下财产。

2. 扣押、冻结财产中，不包含实施受贿犯罪所得 168.505549 万元、实施贪污犯罪所得 69.167 38 万元。2007 年、2010 年，犯罪嫌疑人任润厚先后实施受贿犯罪所得共计 70 万元，均被直接用于任润厚贿选支出；2011 年，任润厚实施受贿犯罪所得 123.505549 万元，被直接用于任润厚及其亲属外出旅游、疗养支出。2006 年至 2007 年，任润厚实施贪污犯罪所得 44.16738 万元，被直接用于购买任润厚礼品后用于贿选。以上共计 237.672929 万元，与扣押、冻结在案财产未发生混同。

3. 扣押、冻结财产中，有人民币 1265.562708 万元、部分外币以及物品 135 件属于犯罪嫌疑人任润厚实施巨额财产来源不明犯罪所得。

任润厚在接受纪检监察部门调查期间，未对其本人及其亲属名下财产来源作出说明。审理期间，作为利害关系人参与诉讼的任润厚亲属均对任润厚实施巨额财产来源不明犯罪所得相应部分财产，即对扣押、冻结在案的任润厚及其亲属名下人民币 1265.562708 万元、港元 42.975768 万、美元 104.294699 万、欧元 21.320057 万、加拿大元 1 万以及物品 135 件不能说明来源。

扬州市中级人民法院认为，本案有证据证明犯罪嫌疑人任润厚实施了受贿、贪污、巨额财产来源不明犯罪；检察机关申请没收的财产中，有30万元属于任润厚实施受贿犯罪所得，有1265.562708万元及部分外币、物品属于任润厚实施巨额财产来源不明犯罪所得，依法应当没收；上述违法所得存入银行部分产生的孳息，依法应当一并没收。任润厚实施受贿犯罪所得193.505549万元、实施贪污犯罪所得44.16738万元，均被直接用于贿选和旅游、疗养支出，未与扣押、冻结在案的财产发生混同，检察机关申请没收的财产中不包含该部分违法所得，故对相应没收申请不予支持。据此，扬州市中级人民法院裁定没收任润厚实施受贿犯罪所得人民币30万元、实施巨额财产来源不明犯罪所得人民币1265.562708万元、港元42.975768万、美元104.294699万、欧元21.320057万、加拿大元1万及孳息，以及珠宝、玉石、黄金制品、字画、手表等物品135件，上缴国库；驳回检察机关所提没收任润厚实施受贿、贪污犯罪所得237.672929万元的申请。

一审宣判后，利害关系人均未提出上诉，检察机关亦未提出抗诉，本案违法所得没收裁定已生效。

关于"违法所得"的认定，《2017年规定》第6条规定，通过实施犯罪直接或者间接产生、获得的任何财产，应当认定为《刑事诉讼法》第280条第1款规定的"违法所得"。违法所得已经部分或者全部转变、转化为其他财产的，转变、转化后的财产应当视为前款规定的"违法所得"。来自违法所得转变、转化后的财产收益，或者来自已经与违法所得相混合财产中违法所得相应部分的收益，应当视为第1款规定的"违法所得"。在本案中，经查证，有30万元属于任润厚实施受贿犯罪所得，有人民币1265.562708万元及部分外币、物品属于任润厚实施巨额财产来源不明犯罪所得，上述财物及孳息应当认定为犯罪嫌疑人任润厚的违法所得。

关于经审理为违法所得的案件处理，《2017年规定》第16条规定，人民法院经审理认为，申请没收的财产属于违法所得及其他涉案财产的，除依法应当返还被害人的以外，应当予以没收。据此，法院裁定没收任润厚实施受贿犯罪所得人民币30万元、实施巨额财产来源不明犯罪所得人民币1265.562708万元、港元42.975768万、美元104.294699万、欧元21.320057万、加拿大元1万及孳息，以及珠宝、玉石、黄金制品、字画、手表等物品135件，上缴国库。

（二）受贿罪

1. 关于受贿罪犯罪主体的认定

《刑法》第385条规定：国家工作人员利用职务上的便利，索取他人财物的，或者非法收受他人财物，为他人谋取利益的，是受贿罪。国家工作人员在经济往来中，违反国家规定，收受各种名义的回扣、手续费，归个人所有的，以受贿论处。第388条规定：国家工作人员利用本人职权或者地位形成的便利条件，通过其他国家工作人员职务上的行为，为请托人谋取不正当利益，索取请托人财物或者收受请托人财物的，以受贿论处。第399条规定：司法工作人员徇私枉法、徇情枉法，对明知是无罪的人而使他受追诉、对明知是有罪的人而故意包庇不使他受追诉，或者在刑事审判活动中故意违背事实和法律作枉法裁判的，处5年以下有期徒刑或者拘役；情节严重的，处5年以上10年以下有期徒刑；情节特别严重的，处10年以上有期徒刑；在民事、行政审判活动中故意违背事实和法律作枉法裁判，情节严重的，处5年以下有期徒刑或者拘役；情节特别严重的，处5年以上10年以下有期徒刑；在执行判决、裁定活动中，严重不负责任或者滥用职权，不依法采取诉讼保全措施、不履行法定执行职责，或者违法采取诉讼保全措施、强制执行措施，致使当事人或者其他人的利益遭受重大损失的，处5年以下有期徒刑或者拘役；致使当事人或者其他人的利益遭受特别重大损失的，处5年以上10年以下有期徒刑。司法工作人员收受贿赂，有前三款行为的，同时又构成本法第385条规定之罪的，依照处罚较重的规定定罪处罚。第163条第3款规定：国有公司、企业或者其他国有单位中从事公务的人员和国有公司、企业或者其他国有单位委派到非国有公司、企业以及其他单位从事公务的人员有前两款行为的，依照本法第385条、第386条的规定定罪处罚。第184条第2款规定：国有金融机构工作人员和国有金融机构委派到非国有金融机构从事公务的人员有前款行为的，依照本法第385条、第386条的规定定罪处罚。

2007年7月8日，最高人民法院、最高人民检察院联合发布的《关于办理受贿刑事案件适用法律若干问题的意见》① （以下简称《2007 年意见》）第 10 条规定：国家工作人员利用职务上的便利为请托人谋取利益之前或者之后，约定在其离职后收受请托人财物，并在离职后收受的，以受贿论处。国家工作人员利用职务上的便利为请托人谋取利益，离职前后连续收受请托人财物的，离职前后收受部分均应计入受贿数额。

【案例 5－16】钱政德犯受贿罪案②

被告人钱政德，男，1956 年 5 月 1 日生，初中文化，原系上海市北外滩地区动迁工作指挥部项目管理部副部长。因涉嫌犯受贿罪于 2004 年 7 月 30 日被逮捕。

上海市虹口区人民检察院以被告人钱政德犯受贿罪，向上海市虹口区人民法院提起公诉。公诉机关认为，被告人钱政德作为国家工作人员，利用职务之便非法收受他人人民币 33 万元，为他人谋取利益，其行为构成受贿罪，有自首情节。

被告人钱政德及辩护人对指控事实均无异议。但钱政德辩称，自己不是国家工作人员。其辩护人提出，钱政德所在的上海市轨道交通三号线等工程虹口区指挥部及上海市北外滩地区动迁工作指挥部是虹口区政府设立的非常设性机构，不具有国家工作人员的身份；指挥部是受总承包建设单位委托签订相关工程项目合同的，钱受指挥部委托签订该些合同，且钱在该些合同项目中没有决定权等权力，从事的是一种民商事行为，收取好处费是朋友之间的馈赠，而非公务，不构成受贿罪。

上海市虹口区人民法院经公开审理查明：

上海市轨道交通三号线工程虹口区指挥部、上海市轨道交通明珠线工程虹口区指挥部、上海市轨道交通杨浦线工程虹口区指挥部及上海市北外滩地区动迁工作指挥部均是上海市虹口区人民政府为上述重大市政工程建设而成立的非常设性机构，主要是负责协调、管理相关工程中的具体事项，并受国有建设单位的委托签订部分合同。被告人钱政德以工人身份，受上海市虹口区人民政府

---

① 法发〔2007〕22 号。

② 参见最高人民法院刑事审判第一、二、三、四、五庭编：《刑事审判参考》（总第 50 集），法律出版社 2006 年版，第 43～45 页。

聘用，先后担任上海市轨道交通三号线工程虹口区指挥部、上海市轨道交通明珠线工程虹口区指挥部、上海市轨道交通杨浦线工程虹口区指挥部工作人员及上海市北外滩地区动迁工作指挥部项目管理部副部长，主要负责房屋建筑拆除、垃圾清运等工程项目的处理、管理等工作。

2000 年 11 月至 2004 年 1 月，上海市虹口区市容建设公司总经理王红根为了获得各工程中的垃圾清运等业务，先后 3 次送给被告人钱政德共计人民币 33 万元。钱政德利用职务上的便利，通过协调操作，帮助上海市虹口区市容建设公司的总经理承揽了一些工程中的垃圾清运业务。

案发后，被告人钱政德已退出全部赃款。

上海市虹口区人民法院认为，被告人钱政德身为国家工作人员，利用职务上的便利，非法收受他人财物，为他人谋取利益，其行为已构成受贿罪。公诉机关指控的罪名成立。被告人钱政德在指挥部领导找其谈话时，能主动如实地供述自己受贿事实，属自首，依法可减轻处罚。据此，上海市虹口区人民法院于 2004 年 12 月 20 日判决如下：

1. 被告人钱政德犯受贿罪，判处有期徒刑 6 年，并处没收财产人民币 3 万元。

2. 退出的赃款予以没收，上缴国库。

宣判后，钱政德没有上诉，检察机关亦未抗诉，判决发生法律效力。

在本案中，被告人钱政德所在的上海市轨道交通三号线工程虹口区指挥部、上海市轨道交通明珠线工程虹口区指挥部、上海市轨道交通杨浦线工程虹口区指挥部以及上海市北外滩地区动迁工作指挥部均是上海市虹口区人民政府为上述重大市政工程建设而成立的非常设性机构，主要是负责协调、管理相关工程中的具体事项。虽然上述机构属于非常设性机构，但是在依法履行行政管理职能中和常设性机构并无不同，系常设性机构的重要组成部分，属于国家行政机关。

《2003 年纪要》指出，从事公务，是指代表国家机关、国有公司、企业、事业单位、人民团体等履行组织、领导、监督、管理等职责。公务主要表现为与职权相联系的公共事务以及监督、管理国有财产的职务活动。如国家机关工作人员依法履行职责，国有公司的董事、经理、监事、会计、出纳人员等管理、监督国有财产等活动，属于从事公务。在本案中，被告人钱政德虽然不具有国家机关的正式编制，但是代表虹口区人民政府在非常设性机构中履行协调、管理职能，属于从事公务，因此，钱政德构成受贿罪。

2. 关于受贿罪利用职务上的便利的认定

关于“利用职务上的便利”的认定，《2003 年纪要》指出，《刑法》第 385 条第 1 款规定的“利用职务上的便利”，既包括利用本人职务上主管、负责、承办某项公共事务的职权，也包括利用职务上有隶属、制约关系的其他国家工作人员的职权。担任单位领导职务的国家工作人员通过不属于自己主管的下级部门的国家工作人员的职务为他人谋取利益的，应当认定为“利用职务上的便利”为他人谋取利益。

关于“利用本人职权或地位形成的便利条件”的认定，《2003 年纪要》指出，《刑法》第 388 条规定的“利用本人职权或者地位形成的便利条件”，是指行为人与被其利用的国家工作人员之间在职务上虽然没有隶属、制约关系，但是行为人利用了本人职权或者地位产生的影响和一定的工作联系，如单位内不同部门的国家工作人员之间、上下级单位没有职务上隶属、制约关系的国家工作人员之间、有工作联系的不同单位的国家工作人员之间等。

【案例 5－17】张帆犯受贿罪案①

被告人张帆，男，1969 年 2 月 2 日出生，安徽省太和县住建局原副局长，曾任太和县经济适用房公司经理、建设委员会副主任。2013 年 3 月 30 日涉嫌犯受贿罪被逮捕。

安徽省颍上县人民检察院以被告人张帆犯受贿罪，向颍上县人民法院提起公诉。

被告人张帆及辩护人均认为，张帆为自己与他人合作的项目谋利后收受超比例分红的行为，不构成受贿罪。

安徽省颍上县人民法院经公开审理查明：

2004 年 4 月，时任安徽省太和县建设委员会副主任的被告人张帆与太和籍

① 参见最高人民法院刑事审判第一、二、三、四、五庭编：《刑事审判参考》（总第 113 集），法律出版社 2019 年版，第 96 ~ 98 页。

开发商张培亮、合肥商人孙诚发、刘长忠、胡正传、许道权等人商议在太和共同投资房地产开发项目。同年6月，几人以安徽诚发置业有限公司（以下简称诚发公司）名义竞得政府挂牌出让的太和县环城东路旧城改造的一宗土地。在竞买过程中，张培亮和太和经济适用房公司先期缴纳竞拍保证金120万元，张帆引入诚发公司参与竞拍后，因该公司未缴纳竞拍保证金不具备竞拍资格，张帆为此向太和县国土局土地储备中心主任杨永打招呼并在杨永的关照下，让太和经济适用房公司和张培亮分别出具证明，证明其缴纳的竞拍保证金系替诚发公司缴纳。竞得土地后，张帆又分别向太和县城建局规划科科长张余恒、办证科科长王西华打招呼，规划许可证得以顺利办理。

竞得土地后，为便于项目运作，张帆、张培亮与诚发公司负责人孙诚发等人签订合伙投资开发协议书，在太和县注册成立了诚发公司太和分公司，并约定首期投资总额约1000万元，其中孙诚发和刘长忠二人各出资21%；张帆、张培亮二人各出资20%；胡正传出资8%；许道权出资10%，并按出资比例承担风险、分享利润。张帆考虑到自己是党员领导干部，以其胞弟张珠峰名义入股。协议签订后，几人以该分公司的名义投资开发了“太和世家”商住小区。后项目实际投资总额为897.44208万元，除张帆实际交投资款139.186万元后表示再也拿不出钱投资，其余人基本按实际总投资比例足额投入资金。张培亮与刘长忠商议，开发过程中有很多事情需要张帆关照解决，就不再让张帆继续投入资金，将来仍按20%分红。刘长忠和孙诚发等人表示同意。2008年年底，张帆等人分别收回各自的投资本金后，将“太和世家”剩余的75间门面房作为利润以5份予以分配。投资较少的胡正传、许道权二人1份，张帆等其余4人每人1份，即每人分到利润总额的20%。根据当时房屋的实际市场销售价格计算，作为利润分配的门面房总价值为3254.6056万元。张帆按照20%的比例分到的门面房，在找补差价后，实际价值为650.92112万元。而按其实际投资占总投资比例的15.51%计算，其应得利润为504.789329万元，即张帆获得超额利润146.131791万元。

另查明，张帆在担任太和县经济适用房经理期间，利用职务便利收受工程承包人礼金人民币8万元，为上述人员谋取利益。

颍上县人民法院认为，被告人张帆身为国家工作人员，利用职务之便，为合作投资人谋取利益，获取明显高出投资比例应得收益146.131791万元；同时又利用职务上的便利，非法收受他人贿赂人民币8万元，为他人谋取利益，其行为构成受贿罪，且受贿数额巨大，依法应予惩处。案发后，张帆退缴全部赃款，且受贿8万元的相关情节系主动坦白，对其可酌情从轻处罚。据此，颍上县人民法院判决如下：

1. 被告人张帆犯受贿罪，判处有期徒刑11年，并处没收个人财产10万元；

2. 违法所得予以追缴。

宣判后，被告人张帆不服，向阜阳市中级人民法院提出上诉。张帆及其辩护人提出如下主要意见：（1）张帆自己实际投资并参与管理经营，其从事的行为是作为股东的正常履行行为，系为自己谋取利益，而非为他人谋取利益；（2）张帆没有收受他人财物，其未出资到位仅应按照公司法承担出资不实的法律责任，且其他股东亦没有出资到位；（3）项目仍在运转，并未核算利润，分配门面房系阶段性分红，不是最终分配方案；（4）张帆除了139万余元出资，还委托张培亮出资18万元、安排妻子张洁承建售楼部花费20万元以及将自己的房屋交给项目参与者吕克华租住应得租金15万元，其投资比例已超过判决认定的15.51%。

阜阳市中级人民法院经公开审理认为，被告人张帆身为国家工作人员，在与他人合作投资房地产开发项目期间，利用本人职权地位形成的便利条件，通过其他国家工作人员职务上的行为，为合作投资人谋取不正当利益，又利用职务之便为合作投资人谋取利益，获取明显高出投资比例应得的收益126.131791万元；其在担任太和县经济适用房开发公司经理期间，利用职务上的便利，非法收受他人贿赂8万元，为他人谋取利益，其行为已构成受贿罪且数额巨大，依法应予惩处。一审判决定罪准确，审判程序合法，但关于张帆受贿数额的事实认定有误，应扣除张帆妻子张洁修建售楼部的20万元出资，故依法予以纠正，判决如下：

1. 撤销安徽省颍上县人民法院（2014）颍刑初字第00440号刑事判决；

2. 上诉人（原审被告人）张帆犯受贿罪，判处有期徒刑4年，并处罚金人民币40万元；

3. 对张帆违法所得予以追缴。

《2003年纪要》指出，虽然被告人与被其利用的国家工作人员之间在职务上虽然没有隶属、制约关系，但是被告人利用了本人职权或者地位产生的影响和一定的工作联系，如单位内不同部门的国家工作人员之间、上下级单位没有职务上隶属、制约关系的国家工作人员之间、有工作联系的不同单位的国家工作人员之间等，仍属于利用本人职权或地位形成的便利条件。在本案中，被告人张帆利用其担任住建局副局长领导职务形成的便利条件，向县国土局土地储备中心主任杨永明和城建局规划科科长张余恒、办证科科长王西华打招呼，使不具备竞拍资格的孙诚发等人竞得土地及取得规划许可证，属于“利用本人职权或地位形成的便利条件”为自己和他人谋取不正当利益，依法构成受贿罪。

3. 关于受贿罪为他人谋取利益的认定

关于受贿罪“为他人谋取利益”的认定，《2003年纪要》指出，为他人谋取利益包括承诺、实施和实现三个阶段的行为。只要具有其中一个阶段的行为，如国家工作人员收受他人财物时，根据他人提出的具体请托事项，承诺为他人谋取利益的，就具备了为他人谋取利益的要件。明知他人有具体请托事项而收受其财物的，视为承诺为他人谋取利益。

为他人谋取利益不能以犯罪嫌疑人或被告人的供述为准，而应当根据主客观相统一的原则进行把握，对此，《2003年纪要》指出，具有下列情形之一的，应当认定为“为他人谋取利益”，构成犯罪的，应当依照《刑法》关于受贿犯罪的规定定罪处罚：（1）实际或者承诺为他人谋取利益的；（2）明知他人有具体请托事项的；（3）履职时未被请托，但事后基于该履职事由收受他人财物的。国家工作人员索取、收受具有上下级关系的下属或者具有行政管理关系的被管理人员的财物价值三万元以上，可能影响职权行使的，视为承诺为他人谋取利益。

关于受贿罪“为他人谋取不正当利益”的认定，可以结合行贿罪关于“谋取不正当利益”的规定进行把握，2008年11月20日，最高人民法院、最高人民检察院联合发布的《关于办理商业贿赂刑事案件适用法律若干问题的意见》①（以下简称《2008年意见》）第9条规定：在行贿犯罪中，“谋取不正当利益”，是指行贿人谋取违反法律、法规、规章或者政策规定的利益，或者要求对方违

① 法发〔2008〕33号。

反法律、法规、规章、政策、行业规范的规定提供帮助或者方便条件。

2012年12月26日，最高人民法院、最高人民检察院联合发布《关于办理行贿刑事案件具体应用法律若干问题的解释》① （以下简称《2012年行贿解释》）第12条规定：行贿犯罪中的谋取不正当利益，是指行贿人谋取的利益违反法律、法规、规章、政策规定，或者要求国家工作人员违反法律、法规、规章、政策、行业规范的规定，为自己提供帮助或者方便条件。违背公平、公正原则，在经济、组织人事管理等活动中，谋取竞争优势的，应当认定为“谋取不正当利益”。

【案例5－18】王平犯受贿罪案②

被告人王平，女，1956年9月15日出生，原系贵州省黔东南苗族侗族自治州文化体育局副局长。2011年5月3日因涉嫌受贿罪被逮捕。

贵州省黔东南苗族侗族自治州人民检察院以被告人王平犯受贿罪，向黔东南苗族侗族自治州中级人民法院提起公诉。

黔东南苗族侗族自治州中级人民法院经审理查明：

2008年6月至2010年5月，被告人王平利用职务之便，同意或指使他人采取规避手段，违规审批发放网络文化经营许可证和娱乐经营许可证，收受他人贿赂人民币（以下币种同）31.9万元。2010年12月4日，贵州省凯里市发生化学品仓库爆炸波及网吧致人死亡事件，贵州省黔东南苗族侗族自治州人民检察院针对全州文化市场及网吧存在的问题开展专项调查后，王平于2011年1月、3月分别退还相关人员共计24.7万元，并向检察机关退缴赃款14.7万元。

黔东南苗族侗族自治州中级人民法院认为，被告人王平在担任贵州省黔东南苗族侗族自治州文化体育局副局长期间，利用管理、监督、审批网络文化经营许可证和娱乐经营许可证的职务之便，以及利用本人职权或者地位形成的便利条件，通过其他国家工作人员职务上的行为，违规审批或指使他人违规审批网络文化经营许可证和娱乐经营许可证，收受他人贿赂共计31.9万元，为他人谋取利益，其行为已构成受贿罪。鉴于被告人王平在案发前退缴部分赃款，可

---

① 法释〔2012〕22号。

② 参见最高人民法院刑事审判第一、二、三、四、五庭编：《刑事审判参考》（总第108集），法律出版社2017年版，第12～15页。

酌情从轻处罚。据此，黔东南苗族侗族自治州中级人民法院以受贿罪判处被告人王平有期徒刑10年。

宣判后，被告人王平不服，向贵州省高级人民法院提出上诉。

被告人王平的上诉理由是：侦查机关办案程序严重违法，没有初查报告、立案报告、审结报告等相关法律文书；2011年4月22日第11次讯问属疲劳审讯且有明显的逼供行为；在其患重病准备赴外省就医的情况下，侦查机关没有合法手续连续讯问53个小时，属于非法取证，所获得的相关证据材料系非法证据。一审法院没有对侦查机关办案程序、取证方法等问题进行审查，被告人及其辩护人就证据收集合法性提出异议后，公诉机关未加以证明，相关证据依法不能作为定案的根据。

二审庭审中，上诉人王平对证据收集合法性问题另提出以下辩解理由：第一，侦查机关未依法对讯问过程进行全程录音录像，仅对两次讯问进行录音录像，未进行全程录音录像的讯问笔录应依法予以排除，有录音录像的两次讯问也有记录不实的情形，相关笔录亦应当排除。第二，2011年4月22日9时55分至16时30分侦查机关进行的第1次讯问为连续长时间的疲劳讯问，系明显的逼供行为。第三，侦查人员对证人进行刑讯逼供，关键证人均处于被采取强制措施期间，本案证人所作证言的合法性、真实性存在严重瑕疵。

上诉人王平的辩护人提出，一审开庭前的讯问笔录，依法应予以排除，不能采信。检察机关认为，一审判决认定上诉人王平犯受贿罪的事实清楚，证据确实、充分，定罪准确，量刑适当。建议驳回上诉，维持原判。

贵州省高级人民法院经审理认为，上诉人王平在担任贵州省黔东南苗族侗族自治州文化体育局副局长期间，利用职务之便，以及利用本人职权或者地位形成的便利条件，通过其他国家工作人员职务上的行为，违规审批或指使他人违规审批网络文化经营许可证和娱乐经营许可证，收受他人贿赂款共计30.4万元，为他人谋取利益，其行为已构成受贿罪。关于上诉人王平提出的“侦查机关没有初查报告、立案报告、审结报告等相关法律文书，属程序严重违法”的上诉理由，经查，本案卷内有侦查机关初查报告、立案报告立案决定书、侦查终结报告等相关法律文书，侦查机关程序合法，该上诉理由不能成立，不予采纳。关于上诉人王平提出的“未进行全程录音录像的讯问笔录系非法证据，应依法予以排除；两次进行录音录像但记录不实的笔录也属违法，应当排除”的上诉理由及其辩护人提出的“一审开庭前的讯问笔录，应依法予以排除”的辩护意见，经查，侦查机关在立案之前对上诉人王平所作的调查笔录不符合法律关于证据种类的规定，不属于诉讼证据，该上诉理由和辩护意见合理，予以采纳；侦查机关在立案后对王平的讯问笔录，其中没有同步录音录像的2011年4月21日1份、4月22日1份、4月28日1份、4月29日9时30分至11时55分1份、5月4日1份，不符合（已被2014年5月26日发布的《人民检察院讯问职务犯罪嫌疑人实行全程同步录音录像的规定》修订）第2条“每次讯问犯罪嫌疑人时，应当对讯问全过程实施不间断的录音录像”的规定，不得作为定案的根据，该上诉理由和辩护意见合理，予以采纳；对有同步录音录像的2011年4月20日15时08分至17时13分、4月29日14时50分至16时49分的讯问笔录，同步录音录像证明侦查机关不存在取证不合法的情形，对讯问笔录个别内容与同步录音录像不一致的部分，由于不影响该讯问笔录的真实性，对讯问笔录与同步录音录像内容相一致部分与其他证据相互印证的，可以作为定案的证据，不一致的部分不予采用。关于上诉人王平提出的“关键证人均处于被采取强制措施期间，本案证人所作证言的合法性、真实性存在严重证据瑕疵”的辩解理由，经查，由于本案中向王平行贿的相关人员的行为均涉嫌犯罪，司法机关对相关人员采取强制措施系依法作出，上述证人所作的证言没有证据证明存在不合法、不真实的问题，故该辩解理由不能成立，不予采纳。上诉人王平及其辩护人提出的其他辩解理由和辩护意见亦不成立（具体分析略）。鉴于上诉人王平及其亲属积极退清全部赃款，可依法酌情从轻处罚。原判定罪准确，量刑适当，审判程序合法。据此，贵州省高级人民法院判决维持原判对上诉人王平的定罪量刑。

关于为“他人谋取不正当利益”的认定，根据《2008年意见》《2012年行贿解释》规定，是指被告人违反法律、法规、规章、政策、行业规范的规定，为他人提供帮助或者方便条件，或者违背公平、公正原则，在经济、组织人事管理等活动中，为他人谋取竞争优势的行为。在本案中，被告人王平利用管理、监督、审批网络文化经营许可证和娱乐经营许可证的职务之便，以及利用本人职权或者地位形成的便利条件，通过其他国家工作人员违规审批或指使他人违规审批网络文化经营许可证和娱乐经营许可证，违反了法律关于网络文化经营许可和娱乐经营许可的相关规定，属于为他人谋取不正当利益。

4. 关于共同受贿犯罪的认定

关于共同受贿犯罪的认定，《2003 年纪要》指出，根据《刑法》关于共同犯罪的规定，非国家工作人员与国家工作人员勾结，伙同受贿的，应当以受贿罪的共犯追究刑事责任。非国家工作人员是否构成受贿罪共犯，取决于双方有无共同受贿的故意和行为。国家工作人员的近亲属向国家工作人员代为转达请托事项，收受请托人财物并告知该国家工作人员，或者国家工作人员明知其近亲属收受了他人财物，仍按照近亲属的要求利用职权为他人谋取利益的，对该国家工作人员应认定为受贿罪，其近亲属以受贿罪共犯论处。近亲属以外的其他人与国家工作人员通谋，由国家工作人员利用职务上的便利为请托人谋取利益，收受请托人财物后双方共同占有的，构成受贿罪共犯。国家工作人员利用职务上的便利为他人谋取利益，并指定他人将财物送给其他人，构成犯罪的，应以受贿罪定罪处罚。

《2008 年意见》第 11 条规定：非国家工作人员与国家工作人员通谋，共同收受他人财物，构成共同犯罪的，根据双方利用职务便利的具体情形分别定罪追究刑事责任：(1) 利用国家工作人员的职务便利为他人谋取利益的，以受贿罪追究刑事责任。(2) 利用非国家工作人员的职务便利为他人谋取利益的，以非国家工作人员受贿罪追究刑事责任。(3) 分别利用各自的职务便利为他人谋取利益的，按照主犯的犯罪性质追究刑事责任，不能分清主从犯的，可以受贿罪追究刑事责任。

《2007 年意见》第 7 条规定：国家工作人员利用职务上的便利为请托人谋取利益，授意请托人以本意见所列形式，将有关财物给予特定关系人的，以受贿论处。特定关系人与国家工作人员通谋，共同实施前款行为的，对特定关系人以受贿罪的共犯论处。特定关系人以外的其他人与国家工作人员通谋，由国家工作人员利用职务上的便利为请托人谋取利益，收受请托人财物后双方共同占有的，以受贿罪的共犯论处。第 11 条对特定关系人”的范围作了规定：本意见所称“特定关系人”，是指与国家工作人员有近亲属、情妇（夫）以及其他共同利益关系的人。

【案例5－19】罗菲犯受贿罪案①

被告人罗菲，女，1981年8月12日出生，原系中国铁路文工团歌舞团歌唱演员。因涉嫌犯受贿罪于2011年7月8日被逮捕。

北京市人民检察院第二分院以被告人罗菲犯掩饰、隐瞒犯罪所得罪向北京市第二中级人民法院提起公诉；后北京市人民检察院第二分院变更起诉指控事实和适用法律，以被告人罗菲犯受贿罪向北京市第二中级人民法院提起公诉。

被告人罗菲辩称其没有帮助杨建宇从张曙光（已判刑）处获得利益，其行为不构成受贿罪。其辩护人提出以下辩护意见：罗菲对杨建宇直接向张曙光请托的事项及张曙光实际为杨建宇提供帮助的事项不知情，主观上没有与张曙光就利用张曙光的职务便利为杨建宇谋利的问题形成通谋，客观上没有向张曙光转达请托，没有与张曙光相互配合实施利用张曙光的职务便利为杨建宇谋取利益的行为，罗菲的行为不构成受贿罪。

北京市第二中级人民法院经公开审理查明：

2007年上半年至2011年1月，被告人罗菲明知广州中车铁路机车车辆销售租赁有限公司等公司法定代表人杨建宇给予其财物，是为讨好其情夫张曙光，以获得张曙光利用担任原铁道部运输局局长的职务便利提供帮助，仍在北京、香港等地，多次收受杨建宇给予的折合人民币157.686万元的财物，并征得张曙光同意或者于事后告知张曙光。为此，张曙光于同一期间，为杨建宇的公司解决蓝箭动车组租赁到期后继续使用及列车空调设备销售等问题提供了帮助。其中，罗菲收受财物的事实具体如下：

1.2007年上半年，经张曙光同意，罗菲接受杨建宇在北京香格里拉饭店停车场给予的人民币30万元，用于购买宝马X3轿车一辆，并于购车后告诉了张曙光。

2.2007年12月，罗菲在香港旅游期间，接受杨建宇出资港币30万元帮助其在香港购买迪威特手表一块，并在回北京后告诉了张曙光。

3.2008年5月至2011年1月，经张曙光同意，罗菲接受杨建宇的安排，到华车（北京）交通装备有限公司担任宣传总监，在实际未为该公司工作的情况

---

① 参见最高人民法院刑事审判第一、二、三、四、五庭编：《刑事审判参考》（总第106集），法律出版社2017年版，第47～49页。

下，在该公司领取31个月工资，共计人民币49.6万元。

4. 2010年10月，经张曙光同意，罗菲接受杨建宇出资人民币50万元在北京励骏酒店一层商场帮助其购买瑞驰迈迪手表一块。

北京市第二中级人民法院认为，被告人罗菲明知杨建宇给予其财物是为讨好其情夫张曙光，以获得张曙光利用担任铁道部运输局局长的职务便利提供帮助，仍收受杨建宇给予的财物并于事前征得张曙光同意或者事后告知了张曙光，张曙光亦接受杨建宇的请托利用职务便利为杨建宇提供了帮助，据此应认定罗菲具有与张曙光共同受贿的故意，参与实施了共同受贿行为，其行为符合最高人民法院、最高人民检察院《关于办理受贿刑事案件适用法律若干问题的意见》第7条、第11条的规定，应认定为与张曙光构成共同受贿，对其应当按受贿罪的共犯定罪处罚。在共同受贿犯罪中，罗菲仅参与收受财物，系起次要作用的从犯。据此，北京市第二中级人民法院以受贿罪判处被告人罗菲有期徒刑5年。

一审宣判后，被告人罗菲不服，向北京市高级人民法院提出上诉。

被告人罗菲上诉提出：其与张曙光之间不存在利用张曙光的职务便利为杨建宇谋利的通谋。其辩护人提出：杨建宇向张曙光请托事项以及张曙光利用职务便利为杨建宇提供帮助的事项均与罗菲没有任何关联，罗菲既不知晓亦未参与其中，罗菲并未与张曙光形成共谋，未与张曙光互相配合实施为请托人谋取利益的行为，也没有利用张曙光的关系为请托人办理请托事项，从而谋取财物的具体行为，罗菲的行为不符合《刑法》关于特定关系人犯受贿罪的犯罪构成。

北京市高级人民法院经审理认为，在案有关证人证言及相关书证证实，上诉人罗菲在明知杨建宇系为感谢和讨好张曙光而给予其财物，明知张曙光利用职务便利为杨建宇谋取了利益的情况下，仍收受杨建宇给予的财物并于事先征得张曙光的同意或事后告知了张曙光，足以认定其具有与张曙光共同受贿的故意，并参与实施了共同受贿的行为，符合共同犯罪的构成要件，应当作为受贿罪的共犯论处。一审法院所作判决，事实清楚，证据确实、充分，定罪及适用法律正确，量刑适当，审判程序合法，据此，依法裁定驳回上诉，维持原判。

在本案中，被告人罗菲和张曙光系特定关系，罗菲在收受杨建宇钱财的前后都将情况告知了张曙光，根据《2016年解释》第16条第2款规定，特定关系人索取、收受他人财物，国家工作人员知道后未退还或者上交的，应当认定国家工作人员具有受贿故意。罗菲明知杨建宇给予财物是为了讨好张曙光并获得张曙光的关照和帮助，仍然收受他人财物，证明罗菲和张曙光具有共同受贿的故意，因此，罗菲构成受贿罪。

5. 关于几种常见受贿行为的认定

关于以借款为名索取或者收受财物的受贿行为的认定，《2003 年纪要》指出，国家工作人员利用职务上的便利，以借款为名向他人索取财物，或者非法收受财物为他人谋取利益的，应当认定为受贿。具体认定时，不能仅看是否有书面借款手续，应当根据以下因素综合判定：（1）有无正当、合理的借款事由；（2）款项的去向；（3）双方平时关系如何、有无经济往来；（4）出借方是否要求国家工作人员利用职务上的便利为其谋取利益；（5）借款后是否有归还的意思表示及行为；（6）是否有归还的能力；（7）未归还的原因等。

关于索取或收受股票的受贿行为的认定，《2003 年纪要》指出，在办理涉及股票的受贿案件时，应当注意：（1）国家工作人员利用职务上的便利，索取或非法收受股票，没有支付股本金，为他人谋取利益，构成受贿罪的，其受贿数额按照收受股票时的实际价格计算。（2）行为人支付股本金而购买较有可能升值的股票，由于不是无偿收受请托人财物，不以受贿罪论处。（3）股票已上市且已升值，行为人仅支付股本金，其“购买”股票时的实际价格与股本金的差价部分应认定为受贿。

关于以交易形式收受贿赂的认定，《2007 年意见》规定：国家工作人员利用职务上的便利为请托人谋取利益，以下列交易形式收受请托人财物的，以受贿论处：（1）以明显低于市场的价格向请托人购买房屋、汽车等物品的；（2）以明显高于市场的价格向请托人出售房屋、汽车等物品的；（3）以其他交易形式非法收受请托人财物的。受贿数额按照交易时当地市场价格与实际支付价格的差额计算。前款所列市场价格包括商品经营者事先设定的不针对特定人的最低优惠价格。根据商品经营者事先设定的各种优惠交易条件，以优惠价格购买商品的，不属于受贿。

关于以干股形式收受贿赂的认定，《2007 年意见》规定：干股是指未出资而获得的股份。国家工作人员利用职务上的便利为请托人谋取利益，收受请托人提供的干股的，以受贿论处。进行了股权转让登记，或者相关证据证明股份发生了实际转让的，受贿数额按转让行为时股份价值计算，所分红利按受贿孳息处理。股份未实际转让，以股份分红名义获取利益的，实际获利数额应当认定为受贿数额。

关于以开办公司等合作投资名义收受贿赂的认定，《2007 年意见》规定：国家工作人员利用职务上的便利为请托人谋取利益，由请托人出资，“合作”开办公司或者进行其他“合作”投资的，以受贿论处。受贿数额为请托人给国家工作人员的出资额。国家工作人员利用职务上的便利为请托人谋取利益，以合作开办公司或者其他合作投资的名义获取“利润”，没有实际出资和参与管理、经营的，以受贿论处。

关于以委托请托人代为理财收受贿赂的认定，《2007 年意见》规定：国家工作人员利用职务上的便利为请托人谋取利益，以委托请托人投资证券、期货或者其他委托理财的名义，未实际出资而获取“收益”，或者虽然实际出资，但获取“收益”明显高于出资应得收益的，以受贿论处。受贿数额，前一情形，以“收益”额计算；后一情形，以“收益”额与出资应得收益额的差额计算。

关于以赌博形式收受贿赂的认定，《2007 年意见》规定：国家工作人员利用职务上的便利为请托人谋取利益，通过赌博方式收受请托人财物的，构成受贿。实践中应注意区分贿赂与赌博活动、娱乐活动的界限。具体认定时，主要应当结合以下因素进行判断：（1）赌博的背景、场合、时间、次数；（2）赌资来源；（3）其他赌博参与者有无事先通谋；（4）输赢钱物的具体情况和金额大小。

关于由特定关系人收受贿赂以及挂名领薪受贿行为的认定，《2007 年意见》规定：国家工作人员利用职务上的便利为请托人谋取利益，授意请托人以本意见所列形式，将有关财物给予特定关系人的，以受贿论处。特定关系人与国家工作人员通谋，共同实施前款行为的，对特定关系人以受贿罪的共犯论处。特定关系人以外的其他人与国家工作人员通谋，由国家工作人员利用职务上的便利为请托人谋取利益，收受请托人财物后双方共同占有的，以受贿罪的共犯论处。国家工作人员利用职务上的便利为请托人谋取利益，要求或者接受请托人以给特定关系人安排工作为名，使特定关系人不实际工作却获取所谓薪酬的，以受贿论处。

关于收受需办理产权登记的受贿行为的认定，《2007 年意见》规定：国家工作人员利用职务上的便利为请托人谋取利益，收受请托人房屋、汽车等物品，未变更权属登记或者借用他人名义办理权属变更登记的，不影响受贿的认定。认定以房屋、汽车等物品为对象的受贿，应注意与借用的区分。具体认定时，除双方交代或者书面协议之外，主要应当结合以下因素进行判断：（1）有无借用的合理事由；（2）是否实际使用；（3）借用时间的长短；（4）有无归还的条件；（5）有无归还的意思表示及行为。

关于医疗机构中国家工作人员受贿行为的认定，《2008 年意见》规定：医疗机构中的国家工作人员，在药品、医疗器械、医用卫生材料等医药产品采购活动中，利用职务上的便利，索取销售方财物，或者非法收受销售方财物，为销售方谋取利益，构成犯罪的，依照《刑法》第 385 条的规定，以受贿罪定罪处罚。医疗机构中的非国家工作人员，有前款行为，数额较大的，依照《刑法》第 163 条的规定，以非国家工作人员受贿罪定罪处罚。医疗机构中的医务人员，利用开处方的职务便利，以各种名义非法收受药品、医疗器械、医用卫生材料等医药产品销售方财物，为医药产品销售方谋取利益，数额较大的，依照《刑法》第 163 条的规定，以非国家工作人员受贿罪定罪处罚。

关于学校及其他教育机构中国家工作人员受贿行为的认定，《2008 年意见》规定：学校及其他教育机构中的国家工作人员，在教材、教具、校服或者其他物品的采购等活动中，利用职务上的便利，索取销售方财物，或者非法收受销售方财物，为销售方谋取利益，构成犯罪的，依照《刑法》第 385 条的规定，以受贿罪定罪处罚。学校及其他教育机构中的非国家工作人员，有前款行为，数额较大的，依照《刑法》第 163 条的规定，以非国家工作人员受贿罪定罪处罚。学校及其他教育机构中的教师，利用教学活动的职务便利，以各种名义非法收受教材、教具、校服或者其他物品销售方财物，为教材、教具、校服或者其他物品销售方谋取利益，数额较大的，依照《刑法》第 163 条的规定，以非国家工作人员受贿罪定罪处罚。

关于评标委员会、竞争性谈判小组、询价采购小组成员受贿行为的认定，《2008 年意见》规定：依法组建的评标委员会、竞争性谈判采购中谈判小组、询价采购中询价小组的组成人员，在招标、政府采购等事项的评标或者采购活动中，索取他人财物或者非法收受他人财物，为他人谋取利益，数额较大的，依照《刑法》第 163 条的规定，以非国家工作人员受贿罪定罪处罚。依法组建的评标委员会、竞争性谈判采购中谈判小组、询价采购中询价小组中国家机关或者其他国有单位的代表有前款行为的，依照《刑法》第 385 条的规定，以受贿罪定罪处罚。

六、故意杀人犯罪量刑把握及辩护

故意杀人是指故意非法断绝他人生命的行为。① 在我国，欠债还钱、杀人偿命的观念深入人心，这种朴素的心理观念是我国现阶段不能废除死刑的社会原因。当前，故意杀人犯罪适用死刑的数量在适用死刑总数量中位居榜首，这一方面反映了故意杀人犯罪属于罪行极其严重的犯罪，另一方面也暴露了故意杀人犯罪中的刑事辩护存在诸多问题，相当多的律师辩护流于形式，没有做到有效辩护。本节将从刑事辩护的视角，对故意杀人犯罪案件中一些事实认定和量刑把握进行讨论。

1. 关于故意杀人犯罪罪过心理的认定及量刑把握

故意杀人罪的罪过心理包括直接故意和间接故意。直接故意是指明知自己的行为会发生危害社会的结果，并且希望这种结果发生的心理态度；间接故意是指明知自己的行为会发生危害社会的结果，并且放任这种危害结果发生的心理态度。② 不同的罪过心理反映了被告人不同的主观恶性及人身危险性，准确认定被告人的罪过心理，是故意杀人犯罪量刑的前提和基础。

1.1　关于直接故意和间接故意的认定

直接故意的内容包括认识因素和意志因素。认识因素是指被告人明知自己的行为会发生危害社会的结果，具体包括两方面：一方面是被告人对行为内容

① 参见陈兴良主编：《刑法各论精释》，人民法院出版社2015年版，第1页。

② 参见陈兴良主编：《刑法总论精释》，人民法院出版社2015年版，第320、322页。

本身的认识，比如知道自己的行为是杀人行为；另一方面是被告人知道自己的行为会发生危害社会的结果，这里的结果包括实害结果和危险结果。行为和结果之间存在因果关系是否属于故意的认识内容在刑法理论上存在争议。笔者认为，因果关系的判断属于认识规律的范畴，不属于故意的认识内容。因为因果关系的判断不以行为人的主观目的为转移，要求被告人认识到危害行为和危害结果之间存在因果关系，不仅会导致故意认识内容的增加，而且要求所有被告人对因果关系有认识不现实。

意志因素是指被告人希望危害结果的发生，即被告人主观上积极追求危害结果的发生，表现为被告人努力促成这种结果的发生。这种希望的内容和强烈程度因被告人内心的犯罪内容不同而不同。比如，有的故意杀人犯罪目的就是要被害人性命，有的故意杀人犯罪不仅要被害人性命，而且要用极其残忍的手段。这种希望的内容和强烈程度体现在准备工具和实施犯罪的手段上。比如，被告人为杀人而准备棍棒和为杀人同时准备枪支、砍刀等杀伤性工具而有所不同；被告人只捅刺一刀和连续捅刺被害人要害部位而有所不同。

间接故意包括认识因素和意志因素。在认识因素方面，间接故意也要求被告人认识到自己行为的社会性质、危害结果，和直接故意的内容并无不同。在意志因素方面，是指被告人放任危害结果的发生，即被告人对危害结果的发生听之任之，结果发生被告人接受，结果不发生被告人也接受。只要被告人不排斥结果的发生，在心理上能够接受结果发生都属于放任的表现。直接故意只能是积极的作为方式，而间接故意则包括积极的作为和消极的不作为方式。①

1.2 关于罪过心理的量刑把握

【案例6-1】王洪斌犯故意杀人罪案②

被告人王洪斌，男，36岁，汉族，工人。因涉嫌犯故意杀人罪，于1998年10月21日被逮捕。内蒙古自治区人民检察院呼伦贝尔盟分院以被告人王洪斌犯故意杀人罪、非法制造、储存枪支弹药罪，向呼伦贝尔盟中级人民法院提起公诉。

① 参见陈兴良主编：《刑法总论精释》，人民法院出版社2015年版，第320~324页。

② 参见最高人民法院刑事审判第一、二、三、四、五庭编：《刑事审判参考》（总第12集），法律出版社2001年版，第1~4页。

呼伦贝尔盟中级人民法院经公开审理查明：

1998 年 7 月 19 日晚 7 时许，被告人王洪斌因怀疑其妻董玉梅与单位负责人范文刚有不正当两性关系，打电话将范文刚叫到家中质问。当范文刚否认时，被告人便从其家阳台取出私藏的改制枪支和子弹，返回客厅向范文刚开枪射击。范文刚被击中后，王洪斌与返回家中的妻子董玉梅和闻讯赶来的被害人之妻田慧清等人一起将范文刚送往医院抢救，后王洪斌到公安机关报案。经法医鉴定，范文刚因开放性颅脑损伤而死亡（枪弹丸所致）。被告人涉嫌非法制造、存储枪支的犯罪事实略。

呼伦贝尔盟中级人民法院认为，被告人王洪斌的行为已构成故意（间接）杀人罪，因其具有自首和抢救被害人的情节，可从轻判处。据此，呼伦贝尔盟中级人民法院判决如下：

1. 被告人犯故意（间接）杀人罪，判处无期徒刑，剥夺政治权利终身；犯非法制造、储存枪支弹药罪，判处有期徒刑 5 年，决定执行无期徒刑，剥夺政治权利终身；

2. 赔偿附带民事诉讼原告人田慧清经济损失 13,600 元。

一审宣判后，被告人王洪斌服判，不上诉。检察机关以“被告人构成直接故意杀人罪，情节恶劣，后果严重，应判处死刑”为由，向内蒙古自治区高级人民法院提出抗诉。附带民事诉讼原告人以“原判赔偿数额少，应增加赔偿数额”等为由，提出上诉。

内蒙古自治区高级人民法院经审理查明：

1998 年 7 月 19 日晚 7 时许，被告人王洪斌因怀疑其妻董玉梅与单位负责人范文刚有不正当两性关系，打电话将范文刚叫到家中质问。因范文刚否认此事，王洪斌便从阳台上取出私藏的改制枪支和子弹，返回客厅向范文刚头部开枪射击，致范文刚开放性颅脑损伤而死亡。其妻董玉梅回家见状，打电话将范文刚之妻田慧清等人叫来，王洪斌与田慧清等人一同将范文刚送往医院。之后，王洪斌又与他人一同到公安机关，谎称范文刚系来其家借枪，自己摆弄枪支走火致死。被告人涉嫌非法制造、存储枪支的犯罪事实略。

内蒙古自治区高级人民法院认为，原审被告人王洪斌无端猜疑被害人范文刚与其妻有不轨行为，持枪向范文刚要害部位开枪射击，致其死亡，同时还非法改制、私藏枪支和子弹，并以此作为作案工具，造成严重后果，其行为已构成故意杀人罪和非法制造、储存枪支弹药罪。且故意杀人犯罪情节特别恶劣，罪行极其严重，社会危害性大，应予以严惩。原审判决对被告人犯非法制造、储存枪支弹药罪的量刑和附带民事判决部分适当。审判程序合法。王洪斌借故持枪向被害人头部射击，并致其死亡，其行为显属直接故意犯罪；王洪斌作案后，并未及时有效地抢救被害人，而是与事后赶来的被害人之妻等人一同送被害人去医院，且被害人未经抢救已经死亡；王洪斌虽同他人到公安机关报案，但并未承认被害人的死亡是其所致，在公安机关鉴定被害人枪弹伤不能自己致成后，才被迫承认基本犯罪事实，故不具有自动投案的主观意愿和实际表现，自首不能成立。因此，原审对王洪斌犯故意杀人罪从轻处罚不当。检察机关提出的抗诉意见成立，应予以支持。鉴于原审已对附带民事诉讼原告人作了一定的经济赔偿，故其上诉理由不再采纳。据此，内蒙古自治区高级人民法院判决如下：

1. 维持呼伦贝尔盟中级人民法院刑事附带民事判决中的定罪、附带民事判决及非法制造、储存枪支弹药罪的量刑部分；

2. 撤销呼伦贝尔盟中级人民法院刑事附带民事判决中对被告人故意杀人罪的量刑部分；

3. 原审被告人犯故意杀人罪，判处死刑，剥夺政治权利终身；犯非法制造、储存枪支弹药罪，判处有期徒刑5年，决定执行死刑，剥夺政治权利终身。

内蒙古自治区高级人民法院依法将此案报请最高人民法院核准。

最高人民法院经复核认为，被告人因怀疑被害人与其妻有不轨行为，持枪向被害人要害部位开枪射击，致其死亡，其行为已构成故意杀人罪，且情节恶劣，后果严重，应依法惩处；其改制枪支和私藏枪支、子弹的行为，还构成非法制造、储存枪支弹药罪，亦应依法惩处。二审法院认定的事实清楚，证据确实、充分，定罪准确，量刑适当，审判程序合法。据此，最高人民法院裁定如下：核准内蒙古自治区高级人民法院（1999）内刑终字第118号对被告人以故意杀人罪判处死刑，剥夺政治权利终身；以非法制造、储存枪支弹药罪判处有期徒刑5年，决定执行死刑，剥夺政治权利终身的刑事判决。

关于直接故意和间接故意的界定，主要从意志因素方面进行把握。直接故意和间接故意的认识因素相同，都表现为被告人明知自己的行为会发生危害结果，两者的区别体现在意志因素方面。直接故意表现为被告人主观上希望危害结果的发生，并以积极的身体动作促成危害结果的发生，在行为表现方面只能以作为方式完成；间接故意表现为被告人对危害结果的发生持放任心理，危害结果发生和不发生被告人都能接受，行为表现方式包括作为和不作为。

在本案中，被告人王洪斌因怀疑其妻与被害人范文刚有不正当的男女关系，邀约范文刚到家中对质，当范文刚否认时，王洪斌便从阳台取出事先准备好的改制枪支和子弹，返回客厅向范文刚开枪射击。王洪斌作为成年男性，应当认识到近距离向范文刚开枪射击会造成其死亡，仍然决意为之，表明其主观上积极追求范文刚死亡的危害结果的发生，属于直接故意。在向范文刚开枪之后，王洪斌并没有采取积极的抢救措施，直到其妻董玉梅叫来范文刚之妻田慧清后才一同将范文刚送往医院进行救治，对范文刚的死亡结果听之任之，持放任的心理，应当认定为间接故意。需要注意的是，王洪斌的故意杀人行为在其向范文刚开枪射击，范文刚中枪倒下时已经既遂。犯罪既遂后王洪斌是否对范文刚进行积极抢救的行为属于量刑情节，跟直接故意杀人既遂的定性无关。王洪斌在这个阶段的主观内容不能和其持枪杀人行为时的主观内容混为一谈。

关于罪过心理对被告人量刑的影响。在本案中，呼伦贝尔盟中级人民法院认定被告人王洪斌的行为构成间接故意杀人罪，因其具有自首和抢救被害人的情节，依法可以从轻处罚，判决王洪斌构成故意杀人罪（间接），判处无期徒刑，剥夺政治权利终身；犯非法制造、储存枪支弹药罪，判处有期徒刑 5 年，决定执行无期徒刑，剥夺政治权利终身。一审宣判后，王洪斌服判，没有上诉，检察机关以“被告人王洪斌构成直接故意杀人罪，情节恶劣，后果严重，应判处死刑”为由提出抗诉。内蒙古自治区高级人民法院经审理认为，王洪斌的行为构成直接故意杀人罪；王洪斌到案后未如实供述自己的主要犯罪事实，不构成自首；王洪斌故意杀人后，并未及时对被害人进行抢救，不能认定为具有积极抢救被害人的情节。一审法院定性不准确，予以改判：王洪斌犯故意杀人罪，判处死刑，剥夺政治权利终身；犯非法制造、储存枪支弹药罪，判处有期徒刑 5 年，决定执行死刑，剥夺政治权利终身。最高人民法院裁定核准王洪斌的死刑。

在本案中，被告人王洪斌被判处死刑的量刑情节有罪过心理、自首和积极抢救被害人。虽然无法准确划分罪过心理、自首和积极抢救被害人的影响因子，但是笔者认为，罪过心理作为故意杀人犯罪构成要件内容，直接反映了被告人的主观恶性、人身危险性，该情节对法官自由心证的影响和自首以及积极抢救被害人情节具有旗鼓相当的地位。

2. 关于故意杀人犯罪刑事责任能力的认定及量刑把握

责任能力是指行为人对自己实施的违法行为是否承担责任的能力。责任能力的核心内容是辨认能力和控制能力。行为人有辨认和控制能力，就有责任能力，反之没有责任能力。刑法意义上的辨认能力，是指行为人对自己的行为在刑法上的性质、意义、后果的认识与判断能力。当行为人能够正确认识自己的行为是否被刑法所禁止时，该行为具有刑法意义上的辨认能力。刑法上的控制能力，是指行为人决定自己是否以行为触犯刑法的能力。刑法意义上的辨认能力和控制能力共同构成刑事责任能力，两者缺一不可。①

根据年龄、精神状况等因素的影响，刑事责任能力可以划分为完全刑事责任能力、完全无刑事责任能力、相对无刑事责任能力和减轻刑事责任能力。完全刑事责任能力人是指年满16周岁、精神状况正常的人。根据刑法规定，完全刑事责任能力人实施犯罪行为的，应当依法负全部的刑事责任，不能因责任能力因素减免刑事责任。② 由于完全刑事责任能力人不具有责任能力阻却的条件，本节对完全刑事责任能力人的故意杀人行为不作探讨。关于相对无刑事责任能力，笔者将其作为减轻刑事责任能力的一种类型加以讨论。因而本节仅对完全无刑事责任能力人和减轻刑事责任能力人的故意杀人行为进行探讨。

2.1 关于完全无刑事责任能力的认定及量刑把握

完全无刑事责任能力是指行为人完全没有刑法意义上的辨认和控制能力。根据刑法规定，我国有两种情况属于完全无刑事责任能力。一种是《刑法》第17条规定的犯罪时不满14周岁的人不具有刑事责任能力；另一种是《刑法》第18条规定的，精神病人在不能辨认或者不能控制自己行为的时候造成危害结果，经法定程序鉴定确认的，不负刑事责任。

---

① 参见陈兴良主编：《刑法总论精释》，人民法院出版社2015年版，第379～380页。

② 参见陈兴良主编：《刑法总论精释》，人民法院出版社2015年版，第382页。

2.1.1 关于完全无刑事责任能力的认定

关于犯罪时不满14周岁的人不具有刑事责任能力的年龄认定问题。一般来说，判断和认定被告人的年龄以公安机关出具的户籍证明为准，但实践中存在被告人的实际年龄和户籍证明登记的不符，实际年龄小于登记年龄的情形。我国户籍管理制度规定，人口登记时申报的出生日期以公历为准。实践中，当事人可能为了早上学、参军和计划生育等原因，在人口登记时虚报年龄，把农历出生的日期作为登记日期，甚至通过不正当手段人为把年龄改大，导致被告人犯罪时实际年龄和登记年龄不符，实际年龄小于登记年龄，这种情况在偏远的农村地区尤为常见。

刑事律师在办理故意杀人罪案件中，如果被告人的登记年龄和实际年龄不符，根据法律规定，被告人犯罪时的实际年龄不构成犯罪或者依法应当从轻、减轻处罚的，刑事律师就应当调查取证，查清被告人的实际年龄，而不能只在庭审中提出对被告人的年龄存在疑问，这种辩护没有任何实质意义。具体而言，刑事律师可以调取被告人母亲分娩时的病历档案、被告人的出生证明、入学登记档案、社区或村委会出生人口统计册等文件。由于这些文件形成于案件发生之前，具有较高的真实性和可信度，因而足以证明被告人的真实年龄，或者至少可以使被告人的年龄无法排除合理怀疑。同时还可以对相关知情人进行调查取证，比如被告人的左邻右舍、同年分娩的妇女、接生婆等，还可以申请对被告人进行骨龄鉴定。

关于犯罪时被告人年龄的认定以及无法排除合理怀疑的案件处理，2010年6月13日，最高人民法院、最高人民检察院、公安部、国家安全部、司法部联合印发的《关于办理死刑案件审查判断证据若干问题的规定》（以下简称《2010年规定》）第40条规定，审查被告人实施犯罪时是否已满18周岁，一般应当以户籍证明为依据；对户籍证明有异议，并有经查证属实的出生证明文件、无利害关系人的证言等证据证明被告人不满18周岁的，应认定被告人不满18周岁；没有户籍证明以及出生证明文件的，应当根据人口普查登记、无利害关系人的证言等证据综合进行判断，必要时可以进行骨龄鉴定，并将结果作为判断被告人年龄的参考。未排除证据之间的矛盾，无充分证据证明被告人实施被指控的犯罪时已满18周岁且确实无法查明的，不能认定其已满18周岁。2006年1月11日最高人民法院发布的《关于审理未成年人刑事案件具体应用法律若干问题的解释》(以下简称《2006 年解释》)第 4 条第 1 款规定，对于没有充分证据证明被告人实施被指控的犯罪时已经达到法定刑事责任年龄且确实无法查明的，应当推定其没有达到相应法定刑事责任年龄。

关于骨龄鉴定能否作为认定被告人年龄的证据，最高人民检察院于 2000 年 2 月 21 日就宁夏回族自治区人民检察院的请示作出《关于“骨龄鉴定”能否作为确定刑事责任年龄证据使用的批复》(以下简称《2000 年批复》)。《2000 年批复》明确表示，犯罪嫌疑人不讲真实姓名、住址，年龄不明的，可以委托进行骨龄鉴定或其他科学鉴定，经审查，鉴定结论能够准确确定犯罪嫌疑人实施犯罪行为时的年龄的，可以作为判断犯罪嫌疑人年龄的证据使用。根据《2000 年批复》的精神，经骨龄鉴定，被告人犯罪时不满 14 周岁的，鉴定结论同样可以作为证明被告人依法不负刑事责任的证据使用。

关于犯罪时依法不负刑事责任的精神病人的认定问题。被告人是否属于不负刑事责任的精神病人需经鉴定机构进行鉴定，刑事律师除需对鉴定机构的鉴定结论进行质证外，还可以对被告人犯罪前的就医病历、残疾证和强制医疗档案进行调取，以及是否具有家传精神病史进行取证。在办理故意杀人犯罪案件中，有合理怀疑认为被告人有精神病的，应当申请法院对被告人进行精神病鉴定。

在对鉴定机构的鉴定结论质证时，刑事律师可以从被告人的辨认能力和控制能力两个方面予以把握。辨认能力主要包括被告人犯罪时的动机和目的是否符合社会生活经验，是否荒诞不经、脱离现实，比如，被告人杀害自己亲生子女，认为是帮助被害人脱离苦海，升天享福；被告人对犯罪行为的性质是否有认识，比如，被告人受幻觉、幻听的支配将前来探亲的亲戚当作偷袭的猛兽予以杀害；被告人对危害后果是否有认识，比如，被告人砍掉被害人的头颅、穿着血衣游街，没有报案、逃跑、害怕等行为。

控制能力主要看被告人犯罪时的辨认能力是否丧失，一般来说，辨认能力丧失意味着控制能力丧失。认定被告人控制能力是否丧失主要通过犯罪时被告人是否准备工具、制造条件，有预谋的实施犯罪；是否对实施犯罪的对象、时间、地点等进行选择；被告人的社会和生活功能是否受损；被告人是否出现反复攻击、暴力等行为；被告人是否丧失自知力和良知感受，主观上能否感受喜怒哀乐等进行把握。

2.1.2 关于完全无刑事责任能力人的量刑把握

【案例6－2】陈全中犯故意杀人罪案[①]

被告人陈全中，男，生于1970年1月17日，汉族，甘肃省天水市人，小学文化，农民，住天水市。因涉嫌犯故意杀人罪于2014年12月14日被刑事拘留，同年12月25日被逮捕。

甘肃省天水市人民检察院指控被告人陈全中犯故意杀人罪，于2015年3月27日向天水市中级人民法院提起公诉。

天水市人民检察院指控：被告人陈全中因怀疑同村村民陈某某与其妻有奸情，于2014年12月14日15时许，窜至陈某某家压面机房内，用案板上的菜刀先向陈某某脖子砍了一刀，后又将其拽至门外道路上，朝其颈面部连砍数十刀，并将其头颅砍下后抛于附近水渠里。经鉴定：死者陈某某系锐器多次砍切头部致大量失血死亡。公诉机关认为，被告人陈全中目无国法，非法剥夺他人生命致其死亡，其行为触犯了《刑法》第232条之规定，犯罪事实清楚，证据确实充分，应当以故意杀人罪追究其刑事责任。

天水市中级人民法院经审理查明：

被告人陈全中与被害人陈某某系同村村民。2014年12月14日下午，陈全中因猜疑其妻子和被害人陈某某有不正当男女关系，与外地打工的妻子在电话中争吵后，遂到被害人家压面房内质问被害人，并持压面房内案板上的菜刀砍击被害人，后又将被害人拽至压面房外道路上，朝其头面部连砍数十刀，直至将其头颅砍下。随后将被害人头颅抛于100余米外水渠里回家。经鉴定：死者陈某某系锐器多次砍切头部致大量失血死亡。经鉴定，陈全中患有精神分裂症。涉案时处发病期，对本案应评定为无刑事责任能力。

天水市中级人民法院认为，被告人陈全中因猜疑妻子与被害人存在不正当关系而持菜刀多次砍切被害人头部，致被害人死亡，其社会危害已达犯罪程度。经法定程序鉴定，陈全中属无刑事责任能力的精神病人，依法不负刑事责任。

---

① 甘肃省天水市中级人民法院刑事附带民事判决书（2016）甘05刑初22号，载中国裁判文书网，http：//wenshu. court. gov. cn/website/wenshu/181107ANFZ0BXSK4/index. html? docId = cc9e4a66f19 d4a39a18fa8ea007bc4a9；甘肃省高级人民法院刑事附带民事裁定书（2018）甘刑终57号，载中国裁判文书网，http：//wenshu. court. gov. cn/website/wenshu/181107ANFZ0BXSK4/index. html? docId = bfa78d68d26f4e3a86 d1a8b601005a4a，最后访问日期：2019年12月8日。

关于附带民事诉讼原告人提出的民事赔偿请求，陈全中作为无行为能力人实施的行为给被害人造成的物质损失，应当由其监护人承担侵权赔偿责任。对附带民事诉讼原告人提出的丧葬费及办理丧葬事宜的误工损失，应予以支持。被告人陈全中实施的暴力行为严重危害公共安全及公民人身安全，案发后，被告人未进行过相关对症治疗，其人身危险性依然存在，有继续危害他人人身安全及社会的可能性，对其应予以强制医疗。据此，天水市中级人民法院判决如下：

1. 被告人陈全中不负刑事责任；

2. 对被告人陈全中强制医疗；

3. 被告人陈全中的监护人蒲某于本判决生效后10日内赔偿附带民事诉讼原告人丧葬费29,774.50元、办理丧葬事宜的误工损失1957.68元，共计31,732.18元；

4. 驳回附带民事诉讼原告人其他诉讼请求。

一审宣判后，原审附带民事诉讼原告人不服，向甘肃省高级人民法院提出上诉。

甘肃省高级人民法院经审理查明：

2014年12月14日下午，陈全中在同村村民陈某某压面房内持菜刀砍击陈某某，后又将被害人拉至压面房外道路上，朝被害人头面部连砍数十刀，直至将被害人头颅砍下，后提着被害人头颅沿村道行走100余米，将头颅抛于道旁水渠中。经鉴定，陈全中患有精神分裂症，作案时处发病期，无辨认及控制能力，无刑事责任能力。

另查明，陈全中与被害人系堂叔侄关系，多名证人证实被害人在村里口碑好、作风好、很平和，也有证人证实陈全中平时很老实、不和人发生矛盾。在双方无大的矛盾、纠纷情况下，陈全中白天在村道上杀人、割头，行为冲动、残忍，作案动机、作案手段明显有别于一般故意杀人案件。陈全中将被害人的头颅砍下后又当众提着头颅、菜刀沿着村道行走100余米，途中还将被害人头颅在水渠中冲洗，最终将头颅抛入水渠中，又坐在路边磨刀，还到另一村民家中称自己杀了人。陈全中案发后无逃跑等自我保护表现，比较少见。

甘肃省高级人民法院认为，原审判决认定的事实清楚，证据确实、充分，适用法律正确，审判程序合法，判决适当。据此，甘肃省高级人民法院裁定驳回上诉，维持原判。

在本案中，鉴定机构结合案卷材料对陈全中进行精神检查，归纳陈全中在案发前后精神状态有下列特点：(1) 据陈全中及其妻子反映，2008 年 8 月在新疆打工时出现无故外跑、打人、胡言乱语等精神异常行为，具体诊治不详。后被送回老家休养，回家后仍不时发病，发病时自言自语、乱跑、称有人杀他，服用“安眠药及五氟利多片”后病情缓解，案发前病情尚稳定，有时还可打零工，但未接受系统治疗。(2) 陈全中案发前后存在明显的精神异常，案发当日，陈全中怀疑在上海打工的妻子藏在被害人家中，与被害人有“奸情”，平时凭空听到被害人妻子说其“坏话”。羁押期间有话少、交流困难、自言自语等精神异常表现。(3) 陈全中案发时存在幻觉、幻听、妄想、情感冷漠等精神病性症状。(4) 陈全中到案后承认作案事实，作案过程部分遗忘。案发现场监控视频证实其作案时行为冲动、残忍，案发后无逃跑等自我保护表现。(5) 陈全中头颅 MRI 及脑电图检查未发现脑器质性异常改变证据。

鉴定意见认为，被告人陈全中杀死平时与其无任何矛盾的陈某某且将其头颅砍下提着走了几十米，其行为与常情不符。陈全中作案后接受公安机关讯问时供述村上有人说他老婆与陈某某有奸情，陈某某经常在压面房的套间里放色情碟片。检查中发现陈全中幻听，结合公安机关的讯问笔录，确定陈全中嫉妒妄想，综合上述情况，考虑陈全中患精神分裂症。陈全中作案时处于发病期，其作案行为受幻听以及嫉妒妄想的支配，导致其作案时丧失了辨认及控制能力，故无刑事责任能力。据此，法院判陈全中不负刑事责任并对其强制医疗。

2.2 关于减轻刑事责任能力的认定及量刑把握

减轻刑事责任能力，是介于完全刑事责任能力和完全无刑事责任能力之间的中间状态，是指行为人实施危害行为时，虽具有刑事责任能力，但因年龄、精神状况等原因导致其辨认和控制能力有所减弱、降低的情形，又称限定刑事责任能力、限制刑事责任能力、部分刑事责任能力。相对无刑事责任能力，是指行为人仅对刑法明确规定的某些严重犯罪行为具有刑事责任能力，而对未明确规定的其他犯罪行为无刑事责任能力的情形。[①]《刑法》第 17 条规定：已满 14 周岁不满 16 周岁的人，犯故意杀人、故意伤害致人重伤或者死亡、强奸、抢劫、贩卖毒品、放火、爆炸、投放危险物质罪的，应当负刑事责任。在罪责承

① 参见陈兴良主编：《刑法总论精释》，人民法院出版社 2015 年版，第 383 页。

担方面，相对无刑事责任能力属于减轻刑事责任能力的一种类型，本节将相对无刑事责任能力融入减轻刑事责任能力一节中加以讨论。

2.2.1　关于减轻刑事责任的认定

《刑法》第17条、第18条、第19条规定了减轻刑事责任的类型，包括已满14周岁不满18周岁的人，犯故意杀人、故意伤害致人重伤或者死亡、强奸、抢劫、贩卖毒品、放火、爆炸、投放危险物质罪的；已满75周岁的人故意犯罪的；尚未完全丧失辨认或者控制自己行为能力的精神病人犯罪的；又聋又哑的人或者盲人犯罪的。关于减轻刑事责任能力人的认定，可以参照本文关于完全无刑事责任能力一节予以把握，这里不再赘述。

2.2.2　关于减轻刑事责任能力人的量刑把握

关于减轻刑事责任能力人的罪责承担问题，《刑法》第17条规定：已满14周岁不满18周岁的人犯罪，应当从轻或者减轻处罚。已满75周岁的人故意犯罪的，可以从轻或者减轻处罚；过失犯罪的，应当从轻或者减轻处罚。第18条第3款规定：尚未完全丧失辨认或者控制自己行为能力的精神病人犯罪的，可以从轻或者减轻处罚。第19条规定：又聋又哑的人或者盲人犯罪，可以从轻、减轻或者免除处罚。

这是《刑法》对减轻刑事责任能力人罪责承担的原则性规定。一般来说，减轻责任能力人犯故意杀人犯罪的，不应判处死刑立即执行。因为减轻刑事责任能力人虽然具有刑事责任能力，但考虑到其犯罪时辨认和控制能力有所下降，跟完全刑事责任能力人相比，其主观恶性、人身危险性、社会危险性较低，所以根据罪责刑相适应原则，减轻刑事责任能力人的罪责承担应当低于完全刑事责任能力人。

2.2.2.1　已满14周岁不满18周岁人犯故意杀人罪

【案例6-3】邓富昌犯故意杀人罪案①

原公诉机关安徽省阜阳市人民检察院。

上诉人（原审附带民事诉讼原告人）刘明聚，男，汉族，1969年11月26

---

① 安徽省高级人民法院刑事附带民事判决书（2014）皖刑终字第00126号，载中国裁判文书网，http://wenshu.court.gov.cn/website/wenshu/181107ANFZ0BXSK4/index.html?docId=660f36060ee14cb6a3bee707a3aec76b，最后访问日期：2019年12月8日。

日出生于安徽省太和县，小学文化，农民，住太和县，系被害人刘某之父。

上诉人（原审附带民事诉讼原告人）赵素真，女，汉族，1969 年 10 月 23 日出生于安徽省太和县，小学文化，农民，住址同上，系被害人刘某之母。

上诉人（原审被告人）邓富昌，男，汉族，1998 年 10 月 14 日出生于安徽省太和县，八年级学生，住太和县。因涉嫌犯故意伤害罪于 2013 年 4 月 29 日被太和县公安局刑事拘留，同年 5 月 10 日被逮捕。

安徽省阜阳市中级人民法院审理安徽省阜阳市人民检察院指控的原审被告人邓富昌犯故意杀人罪，原审附带民事诉讼原告人刘明聚、赵素真提起附带民事诉讼一案，于 2013 年 12 月 23 日作出刑事附带民事判决。宣判后，被告人邓富昌不服，附带民事诉讼原告人刘明聚、赵素真对附带民事部分判决不服，分别提出上诉。

安徽省阜阳市中级人民法院经审理查明：

被告人邓富昌与被害人刘某因邓某辉之事产生矛盾。2013 年 4 月 28 日 13 时许，在太和县洪山镇洪山小学南边麦地，刘某先将邓富昌打倒，与刘某一起的几人也对邓富昌拳打脚踢，后双方离开。邓富昌随即到洪山小学教学楼二楼找到刘某，并与刘某发生争执。邓富昌持弹簧刀刺中刘某的胸腹部后逃离。刘某经抢救无效于当日死亡。经鉴定，刘某系被他人用单刃锐器刺破肺脏、肝脏失血性休克死亡。案发后，被告人邓富昌即到公安机关投案；邓富昌父亲邓某主动缴纳民事赔偿款 4 万元。

安徽省阜阳市中级人民法院认为，被告人邓富昌的行为已构成故意杀人罪。邓富昌犯罪时不满 16 周岁，犯罪以后主动投案并如实供述主要犯罪事实，其家人积极赔偿原告人经济损失，依法应当对其从轻处罚。由于邓富昌犯罪时系限制民事行为能力人，依法应由其法定代理人承担民事赔偿责任。据此，安徽省阜阳市中级人民法院判决如下：

1. 被告人邓富昌犯故意杀人罪，判处有期徒刑 13 年。

2. 被告人邓富昌的法定代理人邓某、刘某某赔偿附带民事诉讼原告人刘明聚、赵素真经济损失 4 万元（已预交）。

3. 作案工具弹簧刀一把予以没收。

一审宣判后，邓富昌上诉提出，被害人有过错；其行为应构成故意伤害罪，原判认定其犯故意杀人罪错误；原判量刑过重；原判民事赔偿部分判赔过多。

其辩护人提出，邓富昌的行为应构成故意伤害罪。刘明聚、赵素真上诉提出，原判赔偿数额较低，应赔偿其各项损失共计 47 万余元。

安徽省高级人民法院经审理查明：

上诉人邓富昌系太和县洪山中学学生，与被害人洪山小学学生刘某因同村的该校学生邓某辉之事产生矛盾。2013 年 4 月 28 日中午放学后，邓富昌听说刘某准备找人打自己，遂让人买把弹簧刀放在身上。13 时许，邓富昌等人路过太和县洪山镇“世界商店”附近时，被刘某等人叫到洪山小学南边麦地。刘某先将邓富昌打倒，与刘某一起的几人也对邓富昌拳打脚踢，后双方离开。邓富昌随即到洪山小学教学楼二楼找到刘某，并与刘某发生争执。邓富昌拿出弹簧刀刺中刘某的胸腹部后逃离，并将弹簧刀扔在小学教学楼一楼的乒乓球台附近。刘某经抢救无效于当日死亡。经鉴定，刘某系被他人用单刃锐器刺破肺脏、肝脏失血性休克死亡。案发后，邓富昌即到公安机关投案。

另查明：一审法院审理期间，上诉人邓富昌之父邓某主动缴纳民事赔偿款 4 万元。在本院审理期间，邓某自愿再赔偿附带民事诉讼原告人刘明聚、赵素真的经济损失 8 万元（已支付 6 万元）。刘明聚、赵素真对邓富昌的行为表示谅解，并请求对邓富昌予以减轻处罚。

针对邓富昌的上诉理由及其辩护人的辩护意见，安徽省高级人民法院经审理查明，邓富昌与被害人刘某发生互殴后，双方已经离开。邓富昌再次到刘某就读的小学找到刘某并持刀捅刺刘某。被害人刘某并无过错。邓富昌的上诉理由不能成立，不予采纳；邓富昌明知自己持刀捅刺他人胸腹部要害部位的行为会造成他人死亡的后果，却放任这种结果的发生，其行为已构成故意杀人罪。邓富昌及其辩护人关于“邓富昌应构成故意伤害罪”的意见不能成立，不予采纳；邓富昌的法定代理人邓某于一审期间自愿赔偿附带民事诉讼原告人 4 万元并已支付，一审法院据此作出的附带民事判决允当，邓富昌关于原判民事部分判赔过多的上诉理由，不予采纳。

针对刘明聚、赵素真的上诉理由，安徽省高级人民法院经审理查明，原判根据其遭受经济损失的情况对民事部分判决允当。刘明聚、赵素真关于原判赔偿数额较低的上诉理由无事实和法律依据，不予支持。

安徽省高级人民法院认为，上诉人邓富昌持刀捅刺被害人胸腹部要害部位，致被害人死亡，其行为已构成故意杀人罪。鉴于邓富昌犯罪时不满 16 周岁，犯罪以后自动投案，如实供述自己的罪行，系自首，其法定代理人积极赔偿附带民事原告人经济损失，附带民事诉讼原告人对邓富昌的行为予以谅解并请求对其减轻处罚，依法对邓富昌减轻处罚。由于上诉人邓富昌的犯罪行为给附带民事诉讼原告人造成的经济损失应予赔偿。因邓富昌犯罪时系未成年人，民事赔偿责任应由其法定代理人承担。原判认定事实清楚，证据确实、充分，定罪准确。原判附带民事部分判决允当。审判程序合法。但根据邓富昌犯罪的事实、情节、对社会的危害程度以及已取得被害人亲属谅解的事实，原判对邓富昌的量刑嫌重。邓富昌关于原判量刑较重的上诉理由，安徽省高级人民法院予以采纳。据此，安徽省高级人民法院判决如下：

1. 维持安徽省阜阳市中级人民法院（2013）阜刑初字第00148号刑事附带民事判决的第2项、第3项，即被告人邓富昌的法定代理人邓某、刘某某赔偿附带民事诉讼原告人刘明聚、赵素真经济损失4万元；作案工具弹簧刀一把予以没收。

2. 撤销安徽省阜阳市中级人民法院（2013）阜刑初字第00148号刑事附带民事判决的第1项，即被告人邓富昌犯故意杀人罪，判处有期徒刑13年。

3. 上诉人邓富昌犯故意杀人罪，判处有期徒刑8年。

本案是减轻刑事责任能力人犯故意杀人罪从轻处罚的典型案例。被告人邓富昌犯罪时不满18周岁，系在校学生，根据《刑法》第17条规定，已满14周岁不满18周岁的人犯罪，应当从轻或者减轻处罚。邓富昌系自首，根据《刑法》第67条规定，对于自首的犯罪分子，可以从轻或者减轻处罚。邓富昌的法定代理人积极赔偿刑事附带民事诉讼原告人的损失，被害人家属对邓富昌予以谅解，请求从轻处罚，根据《2006年解释》第19条第2款规定，被告人对被害人物质损失的赔偿情况，可以作为量刑情节予以考虑。据此，安徽省高级人民法院依法改判邓富昌犯故意杀人罪，处有期徒刑8年。

2.2.2.2 已满75周岁的人犯故意杀人罪

【案例6-4】尹宝书故意杀人罪案①

被告人尹宝书，男，1938年2月12日出生。2011年4月13日因涉嫌犯故

① 参见最高人民法院刑事审判第一、二、三、四、五庭编：《刑事审判参考》（总第100集），法律出版社2015年版，第27~29页。

意杀人罪被逮捕。

辽宁省沈阳市人民检察院以被告人尹宝书犯故意杀人罪，向沈阳市中级人民法院提起公诉。

被告人尹宝书对指控的犯罪事实无异议，但辩称其行为不构成故意杀人罪。其辩护人提出，尹宝书具有自首情节，对其可以从轻或者减轻处罚。同时，本案系邻里纠纷激化引发，被害人存在过错，尹宝书系防卫过当。

沈阳市中级人民法院经公开审理查明：

被告人尹宝书与被害人吴兆义（男，殁年65岁）、被害人王玉瑛（女，殁年62岁）夫妇同住沈阳市苏家屯区十里河镇柳三家子村，系邻居关系，两家因栅栏占道及堆放粪堆问题产生矛盾。2011年4月2日6时许，尹宝书发现其栽种在吴兆义家粪堆附近的两棵柳树棒被人拔掉，质问吴兆义时双方发生口角，继而厮打。厮打中，尹宝书用其栽种的柳树棒击打吴兆义头面部数下，致吴兆义因头面部损伤导致颅脑损伤当场死亡。嗣后，尹宝书到吴兆义家将吴的妻子王玉瑛叫到粪堆附近。王玉瑛发现吴兆义倒地后，与尹宝书发生厮打，尹宝书用柳树棒击打王玉瑛头面部数下，致王玉瑛因头面部损伤导致颅脑损伤当场死亡。当日，尹宝书委托其表弟尹宝伦代为报案，后在家中被公安机关抓获。

沈阳市中级人民法院认为，被告人尹宝书的行为构成故意杀人罪。关于尹宝书所提其不构成故意杀人罪的辩解，经查，尹宝书与被害人吴兆义发生口角后，持柳树棒击打吴兆义头面部数下，致吴兆义当场死亡，尹宝书对吴兆义行凶后未有悔过之意，将被害人王玉瑛叫到案发现场后，又持柳树棒击打王玉瑛头面部，致其死亡。从尹宝书使用的凶器类型、致伤部位、力度及造成的后果来看，尹宝书客观上实施的行为反映其具备故意杀人的主观故意，其行为符合故意杀人罪的构成要件，应当认定为故意杀人罪，故对尹宝书的辩解不予采纳。关于其辩护人提出尹宝书具有自首情节，可对其从轻或者减轻处罚的辩护意见，经查，公诉机关提供的刑事案件登记表、案件来源、侦破报告及证人尹宝伦、关玉坤的证言可以证实尹宝书案发后委托尹宝伦代为报警，且庭审时如实供述主要犯罪事实，应当认定为自首，但尹宝书连续杀害两名被害人，后果特别严重，不予从轻处罚。关于其辩护人所提本案系邻里纠纷激化引发，被害人存在过错，尹宝书系防卫过当的辩护意见，经查，尹宝书与被害人吴兆义因粪堆及栅栏占道问题产生矛盾后，本应妥善解决，但尹宝书采取极端方式，被害人在本案中无过错，尹宝书的行为亦不符合防卫过当的构成要件，故对辩护人所提辩护意见不予采纳。尹宝书仅因邻里纠纷而剥夺两被害人生命，虽然具有自首情节，但不足以对其从轻处罚。尹宝书故意杀人，犯罪后果特别严重，应予严惩。据此，沈阳市中级人民法院以被告人尹宝书犯故意杀人罪，判处死刑，剥夺政治权利终身。

一审宣判后，被告人尹宝书不服，向辽宁省高级人民法院提起上诉，称其行为不构成故意杀人罪，且有自首情节，一审量刑过重。其辩护人提出，本案系邻里纠纷引发，被害人存在过错，尹宝书有自首情节，且其无前科，系初犯，并系老年人犯罪。

辽宁省高级人民法院经公开审理后认为，上诉人尹宝书因邻里纠纷而与被害人产生矛盾，持柳树棒连续击打两被害人头部，其行为构成故意杀人罪。尹宝书犯罪手段残忍，致二人死亡，犯罪后果和罪行极其严重，依法应当判处死刑。关于尹宝书及其辩护人所提尹宝书具有自首情节，本案系邻里纠纷引发，尹宝书无前科，系初犯，并系老年人犯罪的辩护意见，经查属实，但不足以对其从轻处罚。关于尹宝书所提不构成故意杀人罪，一审量刑过重的上诉理由，经查没有法律依据，不予采纳。关于其辩护人所提被害人存在过错的辩护意见，经查没有事实依据，不予采纳。原判认定事实清楚，证据确实、充分，定罪准确，量刑适当，审判程序合法。据此，辽宁省高级人民法院裁定驳回上诉，维持原判，并依法报请最高人民法院核准。

最高人民法院经复核认为，被告人尹宝书故意非法剥夺他人生命，其行为构成故意杀人罪。尹宝书仅因邻里纠纷，连续杀死二人，犯罪情节恶劣，后果和罪行极其严重，依法应当严惩。鉴于尹宝书作案后委托他人报案，并在家中等候公安人员抓捕，到案后如实供认犯罪事实，有自首情节，且在本院复核期间已年满75周岁，依法对其可不判处死刑立即执行。第一审判决、第二审裁定认定的事实清楚，证据确实、充分，定罪准确，审判程序合法。据此，最高人民法院裁定不核准并撤销辽宁省高级人民法院维持第一审以故意杀人罪判处被告人尹宝书死刑，剥夺政治权利终身的刑事裁定，发回辽宁省高级人民法院重新审判。

《刑法》第49条第2款规定，审判的时候已满75周岁的人，不适用死刑，但以特别残忍手段致人死亡的除外。我国实行两审终审的审判制度，但死刑案件除两审终审外，还有最高人民法院的死刑复核程序。这里涉及最高人民法院的死刑复核程序是否属于审判程序的问题。笔者认为，最高人民法院的死刑复核程序仍然属于审判程序，因为复核过程中发现案件有错误的，最高人民法院可以依法改判，对被告人的实体权利具有实质的处置权和决定权，这和单纯意义上的司法审批或司法报备有实质区别。被告人在复核阶段已满75周岁的，应当作为从轻处罚的量刑情节。本案中，在最高人民法院复核期间，被告人尹宝书已满75周岁，应当作为从轻处罚的量刑情节。

关于“特别残忍手段致人死亡”的认定尚无明文规定，属于规范的要素。一般认为，特别残忍手段是指被告人的手段行为给被害人肉体造成极大痛苦，给社会民众心理造成极大恐惧和难以忍受的痛苦。比如，用活剥人皮、挖眼、掏肠、砍首、活埋等手段杀人的，应当认定为特别残忍手段致人死亡。特别残忍手段应当具备给被害人肉体造成极大痛苦，并给社会民众心理造成极大恐惧和难以忍受的痛苦的特征。在本案中，从犯罪手段来看，被告人尹宝书因邻里纠纷用柳树棒击打被告人面部导致颅脑损伤当场死亡，手段并非特别残忍。

本案一审法院认为被告人尹宝书因邻里纠纷剥夺他人性命，后果特别严重，虽然具有自首情节，但不足以对其从轻处罚，判尹宝书犯故意杀人罪，处死刑立即执行。二审法院维持原判。最高人民法院经复核认为，尹宝书故意非法剥夺他人生命，其行为构成故意杀人罪。尹宝书因邻里纠纷，连续杀死二人，犯罪情节恶劣，后果和罪行极其严重，依法应当严惩。但鉴于尹宝书作案后有自首情节，且在复核期间已年满75周岁，可不判处死刑立即执行。据此，最高人民法院裁定不予核准尹宝书死刑，将本案发回辽宁省高级人民法院重新审判。

2.2.2.3 又聋又哑的人犯故意杀人罪

【案例6－5】赵五军犯故意杀人罪案①

原公诉机关安徽省蚌埠市人民检察院。

上诉人（原审被告人）赵五军，男，1983年11月28日出生于安徽省怀远县，回族，小学文化，农民，住怀远县万福镇回汉村后赵组277号。因涉嫌犯

① 安徽省高级人民法院刑事判决书（2015）皖刑终字第00006号，载中国裁判文书网，http：//wenshu. court. gov. cn/website/wenshu/181107ANFZ0BXSK4/index. html？ docId = 6256424b658e4619871ab898addbab1c，最后访问日期：2019年12月9日。

故意杀人罪于2014年2月13日被怀远县公安局刑事拘留，同年2月27日被逮捕。

安徽省蚌埠市中级人民法院审理蚌埠市人民检察院指控原审被告人赵五军犯故意杀人罪一案，于2014年9月2日作出（2014）蚌刑初字第00013号刑事判决书。宣判后，赵五军不服，提出上诉。

安徽省蚌埠市中级人民法院审理查明：

被害人赵海进因家庭琐事经常殴打、辱骂母亲佘全珍。2014年春节期间，赵海进在获悉母亲拿了其500元用于家庭开支后，极为不满，拿钱到家门口抛撒，其母亲及弟弟赵五军见状忙拾捡，赵海进随即辱骂、殴打佘全珍和赵五军。赵五军便从厨房中拿出尖刀连续捅刺赵海进的胸部、腹部，致赵海进当场死亡。

安徽省蚌埠市中级人民法院认为，被告人赵五军因家庭纠纷与其兄发生争执后，竟持械非法故意剥夺他人生命，造成一人死亡的严重后果，其行为已经构成故意杀人罪。赵五军归案后一直如实供述自己的罪行，系坦白，依法可从轻处罚；该案系家庭内部纠纷引发矛盾激化所致，被害人在事情起因上有一定过错，被告人认罪态度较好，无犯罪前科，依法可对其酌情从轻处罚。据此，安徽省蚌埠市中级人民法院判决被告人赵五军犯故意杀人罪，判处有期徒刑11年，剥夺政治权利3年。

宣判后，被告人赵五军提出上诉。

赵五军及其辩护人提出：赵五军没有杀害哥哥赵海进的主观故意，只想阻止哥哥对其和母亲的伤害，原判定罪错误；其系激情杀人，情节较轻，被害人有过错又系聋哑人，原判适用法律错误，对其量刑过重。本案被害人赵海进自女友离家后，经常无故辱骂、殴打母亲，案发日，仅因琐事便又辱骂、殴打母亲和赵五军，赵五军为了母亲和自己摆脱困境，而持刀捅刺被害人并致其死亡的行为属义愤杀人，应属于《刑法》第232条规定的“情节较轻”；赵五军系聋哑人，依法可对其从轻、减轻或者免除处罚，一审判决没有认定此情节，属适用法律错误。综上，建议二审法院对赵五军从宽处罚。

安徽省高级人民法院经审理查明：

上诉人赵五军与被害人赵海进系亲兄弟，两人和母亲佘全珍以及赵海进的女儿生活在一起。案发前几年，赵海进与一外地女子何某同居，并生育一女。2012年春节过后，赵海进外出打工，佘全珍因家庭琐事与何某发生争吵，何某因而出走，至今未归。赵海进回家获悉后，对母亲心生抱怨，时常因琐事或无故殴打、辱骂母亲，要母亲帮其再找一个老婆。两年来，赵海进多次对母亲实施严重的家庭暴力，从而造成弟弟赵五军的不满。2014 年春节期间，余全珍因家庭开支需要，从赵海进打工带回来的 3 万元中拿了 500 元，但并未告知赵海进。同年 2 月 12 日下午 3 时许，赵海进知晓此事后，极为不满，又对母亲进行殴打、辱骂，并将剩下的近 3 万元现金拿到家门口抛撒。余全珍怕钱被风吹走忙上前捡拾，赵五军也帮母亲捡钱。赵海进又对捡钱的余全珍进行殴打，赵五军见状便将捡起的钱撒了，赵海进便又去殴打赵五军。赵五军一怒之下，从家中厨房拿出一把尖刀与赵海进对打，余全珍上前夺刀但未夺下来，又忙着去捡钱。赵海进见赵五军拿刀后并未退却，仍然上去殴打赵五军，赵五军即持刀朝赵海进的胸腹部连捅数刀，致赵海进当场死亡。经鉴定，被害人赵海进系因锐器多次刺中胸部导致双肺破裂引起失血性休克死亡。

另查明，上诉人赵五军自幼失聪，双耳重度感官神经聋，系聋哑人。

关于赵五军上诉提出原判定罪错误的意见。经查：赵五军持刀朝被害人的胸腹部等要害部位捅刺数刀，可见，即使其主观上不是追求剥夺被害人生命的结果发生，也是对被害人的死亡持放任的故意，故原判认定为故意杀人罪准确，对该上诉理由不予采纳。

关于赵五军上诉及其辩护人辩护提出赵五军系聋哑人的意见。经查：赵五军经医学诊断为重度耳聋，亲属及乡邻也均证实其自幼无法用语言与人交流，村民都称其为“哑巴”，侦查、公诉、审判阶段也均依靠手语翻译帮助完成讯问。因此，赵五军应当属于刑法所指的“又聋又哑的人”，原判未予认定不当，故该上诉及辩护意见成立。

安徽省高级人民法院认为，上诉人赵五军因母亲长期遭受哥哥赵海进的家庭暴力而心生愤怒，在被害人赵海进打骂母亲和赵五军时，未能正确处理，拿刀捅刺哥哥，并致赵海进死亡，其行为构成故意杀人罪。赵海进长期对母亲实施家庭暴力，存在严重过错。案发当日，赵五军在赵海进实施家暴时，为保护母亲和自己拿刀捅刺赤手空拳的哥哥，虽有防卫意图，但明显超过必要的限度，属防卫过当。赵五军在拿刀后未直接实施捅刺，意图恫吓，但赵海进仍然上前打斗，致使赵五军持刀捅刺，赵五军在赵海进被捅倒地后即停手，并抱着母亲和赵海进哭泣，可见赵五军对犯罪行为有节制，作案后有自责心理，主观恶性不深，人身危险性不大。案发后，数百名村民为赵五军求情，认为本案事出有因，赵五军一贯遵纪守法，表现良好。综上，根据本案的犯罪起因、情节及社会影响等因素，赵五军的故意杀人行为应属犯罪情节较轻，对赵五军及其辩护人提出其行为属情节较轻的意见予以采纳。赵五军系又聋又哑的人，依法可对其从轻处罚；其归案后如实供述自己的罪行，认罪态度好，依法又可从轻处罚。原判认定事实清楚，证据确实、充分，定罪准确，审判程序合法；但适用法律错误，量刑过重，依法应予纠正，对赵五军及其辩护人提出量刑过重的意见予以采纳。据此，安徽省高级人民法院判决如下：

1. 维持安徽省蚌埠市中级人民法院（2014）蚌刑初字第 00013 号刑事判决书的第 2 项，即对作案工具予以没收的部分。

2. 撤销安徽省蚌埠市中级人民法院（2014）蚌刑初字第 00013 号刑事判决书的第 1 项，即对上诉人赵五军定罪量刑的部分。

3. 上诉人赵五军犯故意杀人罪，判处有期徒刑 6 年。

本案是一起不幸的人间悲剧。一审法院认为，被告人赵五军因家庭纠纷与其兄发生争执后，持械非法剥夺他人生命，其行为构成故意杀人罪。赵五军归案后一直如实供述自己的罪行，系坦白，依法可从轻处罚。该案系家庭内部纠纷引发矛盾激化所致，被害人在事情起因上有一定过错，被告人认罪态度较好，无犯罪前科，依法可对其酌情从轻处罚。据此，判赵五军犯故意杀人罪，处有期徒刑 11 年。二审法院认为，上诉人赵五军因母亲长期遭受哥哥赵海进的家庭暴力而心生愤怒，在赵海进打骂母亲和他时，未能正确处理，拿刀捅刺哥哥，并致其哥哥死亡，其行为构成故意杀人罪。赵海进对母亲长期实施家庭暴力，存在严重过错。判上诉人赵五军犯故意杀人罪，处有期徒刑 6 年。

在本案中，虽然二审法院依法改判赵五军有期徒刑 6 年，但笔者认为，二审法院的量刑仍然畸重。理由如下：

第一，本案被害人赵海进具有严重过错。无论是被害人母亲的陈述还是被告人供述，以及同村村民的证人证言，均证实赵海进生前有严重的家暴行为，经常殴打其年迈的母亲。母亲余全珍证实：她平时与大儿子赵海进、小儿子赵五军以及孙女一起生活，两个儿子从小都不会讲话。赵海进前几年找了个四川女人何芬，生了孙女。赵海进和何芬感情好，但何芬平时什么活也不做。2012 年正月，赵海进外出打工后，她训斥何芬不做家务，何芬生气离家出走了。从那以后赵海进就变了，抱怨她把何芬气走了，经常因为一点小事或者无缘无故就对她拳打脚踢，几次差点把她打死。案发前一天晚上，她把饭做好端给赵海进吃，赵海进生气把碗给摔了，还打她，一直打到半夜，并让她给赵海进的两个妹妹打电话，向她们每人要2万元钱给他重新找老婆。她给小女儿打电话要钱，小女儿同意后，赵海进才停止打她。案发当天上午她把孙女送到幼儿园，赵海进起床后又对她进行殴打，用手拽头发，用脚踩，旁边邻居见了都不敢拉，因为每次赵海进都是往死里打她，邻居都害怕。赵海进打了一会儿就回去睡觉了，她就出去讨要别人家欠的钱，怕被打死了，没人要账。她回家后看见赵海进在挂水，因为赵某前几天打她时，不小心撞到墙上，把脸撞破了，眼圈肿了。15时许，赵海进挂完水发现他的钱少了500元，就问是不是她拿的，她讲因为过年家里生活需要钱，就从他带回来的3万元中拿了500元。赵海进一听就生气了，骂她，接着把剩下的2万多元拿出来在门前撒。她和赵五军就蹲在地上捡钱，赵海进又上来打她，赵五军生气就把手里捡的钱扔掉了。赵海进看到赵五军把钱扔了，就上去打赵五军，还把自己的外套脱了，往地上一扔，两人就打了起来。打的过程中赵五军跑进厨房拿了把刀出来要和赵海进打，她上去夺刀没有夺掉。她担心钱被风刮走就又去捡钱，这时两兄弟就扭打在一起，还没等她把钱捡完就看见赵海进躺在地上，衣服和地上都是血。她上去搂着赵海进并喊邻居救人，当时赵五军离赵海进有一米多远，手里拿着刀，后来把刀扔掉过来搂着她和赵海进哭。

被告人赵五军供述：哥哥赵海近几年前娶了老婆，并生了女儿。2012年过完年，他和赵海进去上海打工，赵海进回来发现老婆离家出走就怪妈妈余全珍，之后就经常打妈妈。2014年1月6日赵海进从上海回来后，又经常打骂妈妈。2月11日赵海进还用棍子打妈妈，往死里打，也拿棍子打他，要撵他滚。第二天下午2点多，他睡觉刚起来，又看见赵海进打妈妈，赵海进讲妈妈拿其钱了，找妈妈要10万元给其找老婆。然后，赵海进便向门外路上撒钱，妈妈怕钱被风刮走了，就蹲下来拾钱，他也在旁边帮忙拾钱。可是赵海进还打骂妈妈，他气得就把拾到手里的钱又撒了。赵海进看他把钱扔了，就过来打他，还把外套脱了扔在地上。他就生气了，想起赵海进经常打骂妈妈，妈妈年龄这么大了，哥哥每次打妈妈都往死里打，所以，他就跑回家里厨房拿菜刀，向赵海进身上捅了几下，其中往他肚子上捅一下、左胸捅一下、右胸捅一下，当时赵海进就倒地了。那把刀是哥哥从上海买回来的。

邻居赵长城证实：他和赵海进家系邻居，赵海进、赵五军弟兄俩讲不清楚，耳朵聋，村里人喊他们哑巴。2014 年 2 月 12 日下午 3 点多，赵海进家发生争吵，原因是赵海进母亲余全珍拿了赵某的钱，赵某就打他妈。赵五军见状就跟赵海进吵，赵海进就打赵五军，赵五军把头伸着给赵海进打，赵海进就没打了。后来，赵海进赌气进屋把现金拿出来，撒到外面路上，余全珍和赵五军就蹲在地上捡钱。这时，赵海进就上前打余全珍，赵五军见状就把拾到手的钱又撒了，赵海进当时不知道讲了什么，赵五军就从家中拿出一把尖刀朝赵海进戳了几刀。他看见后不敢上去拉架，就去喊人了，回到现场时赵海进已经死了。另证实，赵海进因何芬走掉后，就经常打骂他妈，有时把他妈都打得半死。赵海进整天闹着要老婆，他本身又聋又哑，年龄又大，根本找不到老婆。村里人觉得赵家迟早要出事，不死一个人不得安宁。同村数名村民均证实，被害人赵进海生前经常对其母亲余全珍及被告人赵五军实施殴打，而且“每次都往死里打”。

根据 2010 年 2 月 8 日最高人民法院印发的《关于贯彻宽严相济刑事政策的若干意见》①（以下简称《2010 年宽严相济意见》）第 22 条之规定，对于因恋爱、婚姻、家庭、邻里纠纷等民间矛盾激化引发的犯罪，因劳动纠纷、管理失当等原因引发、犯罪动机不属恶劣的犯罪，因被害方过错或者基于义愤引发的或者具有防卫因素的突发性犯罪，应酌情从宽处罚。本案中，被害人赵海进生前经常无故殴打其母亲余全珍及被告人赵五军，对引发本案具有严重过错，赵五军出于保护母亲的目的实施犯罪，依法应当从轻或减轻处罚。

第二，法院认定被告人赵五军的行为构成正当防卫，但系防卫过当，根据《刑法》第 20 条第 2 款规定，正当防卫明显超过必要限度造成重大损害的，应当依法负刑事责任，但是应当减轻或从轻处罚。在本案中，赵海进对因担心钱被风刮跑而捡钱的母亲余全珍进行殴打，是否属于刑法意义上的“正在进行的行凶”？由于赵海进生前每次对母亲都是往死里打，赵五军是否有理由确信母亲和自己遭受了紧迫现实的危险？赵五军对此进行反击的行为是否属于特殊防卫？即使不能认定为特殊防卫，也应当根据正当防卫从轻或减轻处罚。

第三，被告人赵五军系激情杀人，主观恶性小，人身危险性低，无犯罪前

---

① 法发〔2010〕9 号。

科，表现良好，有悔罪表现。在本案中，被告人赵五军并非蓄谋杀人，而是在被害人不仅殴打其母亲而且准备对其实施殴打时进行反击，系临时起意杀人，主观恶性小。更为重要的是，被告人赵五军在杀人后，没有继续实施过激行为，而是抱着母亲和被害人的尸体哭泣，表明被害人主观上并非追求被害人死亡的危害结果，具有悔罪表现，可以从轻或减轻处罚。

第四，根据《刑法》第19条规定，又聋又哑的人或者盲人犯罪，可以从轻、减轻或者免除处罚。在本案中，被告人赵五军被诊断为重度耳聋，自幼无法用语言与他人交流，属于聋哑人。由于赵五军学习法律和社会规范的能力较正常人而言较低，其辨认能力和控制能力较差，法律对其号召和责难的程度应当和正常人有所区别，依法可以从轻或减轻处罚。

第五，法院的判决应当追求社会效果和法律效果的统一。本案发生后，同村数百名村民联名上书请求对赵五军从轻或减轻处罚，母亲余全珍也请求对赵五军从轻或减轻处罚，对被告人赵五军从轻或减轻处罚能取得较好的社会效果。从犯罪预防来看，对赵五军从轻或减轻处罚并不会产生消极影响。

综上，被告人赵五军的量刑值得商榷。

2.2.2.4　尚未完全丧失辨认或控制能力的精神病人犯故意杀人罪

【案例6-6】阿古敦犯故意杀人罪案[①]

被告人阿古敦，男，1981年7月13日出生，学生。因涉嫌犯故意杀人罪，于1999年11月12日被逮捕。

内蒙古自治区人民检察院锡林郭勒盟分院以被告人阿古敦犯故意杀人罪，向锡林郭勒盟中级人民法院提起公诉。

锡林郭勒盟中级人民法院经公开审理查明：

1999年10月29日16时20分许，被告人阿古敦在其家中见被害人冯延红到其对面邻居乌日娜家敲门，因无人开门返身下楼。阿古敦遂乘乌日娜家无人之机，用事先配制的钥匙打开乌日娜家房门，进入室内翻找现金。阿古敦行窃时在乌日娜家阳台上看到冯延红骑摩托车返回，便虚开房门持擀面杖藏在门后。当冯延红进入乌日娜家，阿古敦持擀面杖朝冯头部猛击两下，因冯戴头盔未被

---

① 参见最高人民法院刑事审判第一、二、三、四、五庭编：《刑事审判参考》（总第24集），法律出版社2002年版，第16~18页。

打倒，阿古敦便逃回自己家中。后阿古敦准备外出时，在楼道内听到冯延红正在乌日娜家打电话，误认为冯已认出自己，即返回家拿了一把杀牛单刃弯刀进入乌日娜家，持刀将冯延红逼到卧室，朝冯某腰、腹、头部连捅数刀，将冯某刺倒在地，随后又朝冯某颈部连捅数刀，致冯延红气管、双侧颈动脉被割断，因失血性休克而死亡。

锡林郭勒盟中级人民法院认为，被告人阿古敦私自配制他人家门钥匙行窃，并杀害他人，其行为已构成故意杀人罪。鉴于阿古敦系在校学生，认罪态度较好，有悔罪表现，其亲属能积极赔偿被害人经济损失，予以从轻处罚。据此，锡林郭勒盟中级人民法院于2000年6月26日判决如下：

被告人阿古敦犯故意杀人罪，判处死刑，缓期2年执行，剥夺政治权利终身。

一审宣判后，被告人阿古敦服判，不上诉。内蒙古自治区人民检察院锡林郭勒盟分院以被告人阿古敦犯罪情节特别恶劣，手段极其残忍，一审判决量刑畸轻为由，向内蒙古自治区高级人民法院提出抗诉。

内蒙古自治区高级人民法院经审理认为，原审被告人阿古敦私自配制他人家门钥匙行窃并持械对他人行凶，为掩盖罪行，又持刀杀害他人，其行为已构成故意杀人罪。犯罪情节恶劣，手段残忍，罪行极其严重。被告人阿古敦虽具有认罪态度较好和其亲属积极赔偿被害人经济损失等酌定情节，但不足以从轻处罚，应依法从重惩处。原审判决定罪准确，审判程序合法。被告人及其辩护人提出的辩解和辩护意见不予采纳。检察机关提出的抗诉理由成立，应予采纳。据此，内蒙古自治区高级人民法院于2000年11月13日判决如下：

1. 维持一审判决中对被告人阿古敦的定罪部分；

2. 撤销一审判决中对被告人阿古敦的量刑部分；

3. 被告人阿古敦犯故意杀人罪，判处死刑，剥夺政治权利终身。

内蒙古自治区高级人民法院依法将此案报送最高人民法院核准。

最高人民法院经复核认为，被告人阿古敦持刀杀死被害人冯延红的行为，已构成故意杀人罪。犯罪情节恶劣，后果严重，应依法惩处。鉴于被告人阿古敦患有分裂型人格障碍，系限制责任能力人，依法可从轻处罚。据此，最高人民法院判决如下：

1. 撤销内蒙古自治区高级人民法院（2000）内刑终字第261号刑事判决和

内蒙古自治区锡林郭勒盟中级人民法院（2000）锡刑初字第12号刑事判决中对被告人阿古敦的量刑部分；

2. 被告人阿古敦犯故意杀人罪，判处无期徒刑，剥夺政治权利终身。

本案中，被告人阿古敦经鉴定患有分裂型人格障碍，系限制责任能力人。根据《刑法》第18条第3款规定，尚未完全丧失辨认或者控制自己行为能力的精神病人犯罪的，应当负刑事责任，但是可以从轻或者减轻处罚。最高人民法院复核认为，阿古敦持刀杀死被害人冯延红的行为，犯罪情节恶劣，后果严重，应依法惩处。鉴于阿古敦患有分裂型人格障碍，系限制责任能力人，依法可从轻处罚，改判阿古敦犯故意杀人罪，处无期徒刑，剥夺政治权利终身。

实践中，尚未完全丧失辨认或者控制行为能力的精神病人犯罪，是否“可以从轻处罚”呢？笔者认为，可以结合以下两个方面予以判断：一方面是被告人丧失辨认或者控制自己行为能力的程度。被告人丧失辨认和控制能力的程度由司法鉴定机构进行鉴定，但是由于鉴定的流程和标准没有统一性，鉴定人员的专业水平和鉴定标准也不一样，不同的鉴定人员对同一鉴定样本可能得出不同的鉴定结论，因此，不能完全依据鉴定结论判断被告人是否可以从轻处罚。另一方面要考虑被告人的犯罪情节和危害后果，即考虑被告人的主观恶性、人身危险性、犯罪手段、危害后果综合判断被告人是否可以从轻处罚。

【案例6－7】杜成军犯故意杀人罪案①

被告人杜成军，男，农民。1996年8月14日因犯故意伤害罪被判处有期徒刑5年；2007年9月28日因涉嫌犯故意杀人罪被逮捕。

陕西省榆林市人民检察院以被告人杜成军犯故意杀人罪，向榆林市中级人民法院提起公诉。

被告人杜成军一审当庭未予辩解。辩护人提出，杜成军患有轻度精神发育迟滞伴精神障碍，具有法定从轻处罚情节，请求对杜成军予以从轻判处。

榆林市中级人民法院经审理查明：

1996年7月7日，被告人杜成军携带一根十二节铁鞭来到同村村民马尚友家中，欲与马尚友之妻施某发生性关系。遭到拒绝后，杜成军持铁鞭击打施某，

---

① 参见最高人民法院刑事审判第一、二、三、四、五庭编：《刑事审判参考》（总第95集），法律出版社2015年版，第53～55页。

施某跑出门外，杜成军抓住施某的二儿子马某东（时年9岁），将马某东的头部与炕栏撞击后，将马某东扔在院子的地上。施某听到马某东的哭声跑回家，杜成军拿起施家的扁担击打施某和马某东的头部，又踩了马某东的头部两脚后逃离现场。经鉴定，马某东的伤情构成重伤，施某的伤情构成轻伤。杜成军因犯故意伤害罪被判处有期徒刑5年，并赔偿二被害人经济损失。杜成军刑满释放后，认为马尚友家人害其坐牢，一直怀恨在心，遂多次滋事欺负马尚友家人，并伺机报复。2007年9月8日9时许，杜成军见马尚友的大儿媳被害人张英（殁年20岁）抱着儿子被害人马某星（殁年1岁）去同村村民杜修山家串门，便尾随至杜修山家院子，用院中一根木棍击打张英的头部。张英放下怀中的马某星抱住头部，在场村民刘亚梅准备抱起马某星时被杜成军用胳膊肘撞倒，张英抱起马某星跑进杜修山家窑内。杜成军追进去，先将马某星打倒在地，又将张英压倒在沙发上殴打。杜成军的母亲师仰玲、父亲杜怀、村民马守珍闻讯赶到进行劝止，张英趁机抱起马某星跑出门外，杜成军又追上用木棍将张英打倒在地。之后，杜成军持木棍和杜修山家铁鏊击打张英、马某星母子头面部，致马某星头颅骨粉碎性骨折当场死亡，致张英急性失血性休克死亡。另查明，杜成军患有轻度精神发育迟滞伴精神障碍。

榆林市中级人民法院认为，被告人杜成军因故意伤害被害人张英的亲属被判刑而迁怒于被害人全家。在刑满释放后，杜成军多次向被害人一家挑衅闹事，被害人一家多次忍让。案发当日，杜成军见到两被害人后，便产生恶念，并残忍将两被害人杀害，其行为构成故意杀人罪。虽然杜成军经鉴定患有轻度精神发育迟滞伴精神障碍，但其系报复杀人，且使用特别残忍手段，杀死其中一名年仅1岁的幼儿，主观恶性极大，后果特别严重，造成非常恶劣的社会影响，依法应当严惩。据此，榆林市中级人民法院以被告人杜成军犯故意杀人罪，判处死刑，剥夺政治权利终身。

一审宣判后，杜成军提出上诉，认为原判对其量刑畸重，请求对其从轻处罚。辩护人提出，杜成军精神发育迟滞并伴有精神障碍，具有法定从轻情节，应当对其从轻或者减轻处罚。

陕西省高级人民法院经审理认为，上诉人杜成军多年前因对被害人张英的婆婆实施性骚扰遭到拒绝后殴打被害人婆婆及小叔子，致一人重伤，一人轻伤，被判刑后对被害人一家怀恨在心，刑满释放后不思悔改，伺机报复被害人家人，持木棍、铁錾以特别残忍手段殴打二被害人，致二被害人死亡，其行为构成故意杀人罪。虽然杜成军有轻度精神障碍，但其作案有明确的针对性和报复性，从其平常表现看，其所患精神障碍对其辨认和控制自己行为的能力大小影响不大。且其犯罪动机十分卑劣，手段特别残忍，后果特别严重，罪行极其严重，社会危害性和人身危险性极大，依法应予以严惩。据此，陕西省高级人民法院裁定驳回上诉，维持原判，并依法报送最高人民法院核准。

最高人民法院经复核认为，被告人杜成军非法剥夺他人生命，其行为构成故意杀人罪。杜成军因故意伤害他人被判刑，在刑满释放后，伺机蓄意报复被害人，持木棍击打、铁錾捅戳两被害人头面部，致二人死亡，其犯罪性质特别恶劣，手段特别残忍，后果特别严重，社会危害性极大，罪行极其严重，应当依法惩处。其轻度精神障碍在案发时对其辨认能力和行为控制能力影响甚微，不足以从轻处罚。第一审判决、第二审裁定认定的事实清楚，证据确实、充分，定罪准确，量刑适当，审判程序合法。据此，最高人民法院裁定核准陕西省高级人民法院维持第一审以故意杀人罪判处被告人杜成军死刑，剥夺政治权利终身的刑事裁定。

本案中，杜成军犯罪动机卑劣，犯罪手段特别残忍。从危害后果来看，本案造成二人死亡，后果特别严重。从犯罪进程来看，杜成军精神发育迟滞伴精神障碍对其辨认和控制能力的影响不大，依法应当负刑事责任。综合被告人杜成军的犯罪前科、主观恶性、犯罪动机、犯罪手段、危害后果以及社会影响等因素，最高人民法院认为，杜成军患有轻度精神发育迟滞伴精神障碍的情节不足以从轻处罚，依法核准杜成军的死刑。此举不仅兼顾了社会效果和法律效果的统一，而且能起到犯罪预防的作用。

3. 关于原因自由行为的认定及量刑把握

原因自由行为，是指具有辨认和控制能力的人，故意或过失使自己陷入丧失或者尚未完全丧失刑事责任能力的状态，并在该状态下实施符合犯罪该当性构成要件的违法行为。使自己陷入丧失或者尚未完全丧失刑事责任能力状态的行为叫原因行为，在该状态下实施符合该当性构成要件的行为叫自由行为。由于行为人可以自由决定是否使自己陷入丧失或者尚未完全丧失刑事责任能力的状态，故称为原因自由行为。

3.1　关于原因自由行为的认定

实践中，原因自由行为包括因醉酒、吸食毒品或其他麻醉药品导致行为人辨认和控制能力降低，并在该状态下实施刑法禁止的违法行为。我国刑法没有对原因自由行为进行具体的规定，但《刑法》第18条规定：醉酒的人犯罪，应当负刑事责任。根据入罪举轻以明重的解释方法，吸食毒品或其他麻醉药品而实施犯罪的人，应当承担刑事责任。

关于原因自由行为的认定，主要看行为人实施犯罪时是否因饮酒、吸食毒品或其他麻醉药品导致其辨认和控制能力降低，以及行为人对自己辨认和控制能力的下降是否有责任。之所以强调被告人实施犯罪时，是因为原因自由行为一般表现为短暂性的丧失或尚未完全丧失辨认和控制能力，比如，行为人因重度醉酒导致其辨认和控制能力降低实施故意杀人行为，被抓获归案后，酒精逐渐分解，辨认和控制能力逐渐恢复。在不同的时间段，行为人的辨认和控制能力不同，罪责承担也有所不同。

3.2　关于醉酒后故意杀人的量刑把握

【案例6-8】房国忠犯故意杀人罪案①

被告人房国忠，男，1973年1月2日出生，农民。因涉嫌犯故意杀人罪于2006年12月13日被逮捕。

河南省三门峡市人民检察院以被告人房国忠犯故意杀人罪向三门峡市中级人民法院提起公诉。

被告人房国忠对起诉书指控的犯罪事实不持异议，但辩称自己喝醉了，干了什么都不知道。其辩护人的辩护意见为：被告人和被害人无冤无仇，无纠纷，不是仇杀，也不是图财杀人；被告人在实施杀人以前没有杀人动机，也没有杀人目的，犯意不明确；被告人杀人时失去了理智，头脑不清醒；被告人没有前科，据此建议在量刑时予以考虑。

三门峡市中级人民法院经公开审理查明：

2006年11月30日，被告人房国忠在卢氏县城关镇北关村被害人白建江的

---

① 参见最高人民法院刑事审判第一、二、三、四、五庭编：《刑事审判参考》（总第68集），法律出版社2009年版，第1～3页。

邻居金小军家帮忙修塑料大棚。白建江携带白酒来到塑料大棚，叫金小军喝酒，金小军推托不喝，白建江就让房国忠和他一起喝。下午16时许，二人喝完两瓶白酒后，白建江又将房国忠带到自己家中喝酒。喝酒时白建江同房国忠发生争吵、厮打，在厮打中房国忠用白建江家的菜刀朝白建江头部、颈部连砍数刀，致白建江当场死亡。

三门峡市中级人民法院认为，被告人房国忠与被害人白建江酒后发生争吵、厮打，遂持刀将被害人当场砍死，其行为已构成故意杀人罪。公诉机关指控的罪名成立。被告人房国忠犯罪手段残忍，后果严重，依法应予严惩。据此，三门峡市中级人民法院判决被告人房国忠犯故意杀人罪，判处死刑，剥夺政治权利终身。

一审宣判后，被告人房国忠不服，提出上诉。其上诉理由为：(1) 其行为是酒后过失杀人；(2) 被害人先将其打伤；(3) 量刑过重。其辩护人认为被害人有过错，且房国忠无前科，认罪态度好，建议对其慎用死刑。

河南省高级人民法院认为，原判认定的事实清楚，证据确实、充分，定罪准确，量刑适当。审判程序合法。据此，河南省高级人民法院裁定驳回上诉，维持原判。并依法报请最高人民法院复核。

最高人民法院经复核认为，被告人房国忠因口角持刀砍击被害人白建江的要害部位，致被害人死亡，其行为构成故意杀人罪。但是考虑到白建江主动邀请房国忠饮酒，二人素无积怨，只是在共同饮用大量白酒后发生争吵和厮打，在厮打中，房国忠杀害白建江。其酒后激情犯罪，主观恶性并非特别深，人身危险性和社会危害性相对较小。因此，对房国忠判处死刑，可不立即执行。一审判决、二审裁定认定的事实清楚，证据确实、充分，定罪准确。审判程序合法。但量刑不当。据此，最高人民法院裁定不核准并撤销河南省高级人民法院(2007) 豫法刑二终字第228号维持第一审以故意杀人罪判处被告人房国忠死刑，剥夺政治权利终身的刑事裁定，发回河南省高级人民法院重新审判。

本案的争议焦点是被告人房国忠在严重醉酒状态下实施故意杀人行为是否罪当至死。《刑法》第18条规定，醉酒的人犯罪，应当负刑事责任。房国忠因醉酒实施杀人行为应当承担责任没有异议，但应当承担多大的责任是本案的关键。本案有两个情节和普通的故意杀人犯罪有所区别。首先，本案系被害人白建江主动邀请房国忠饮酒，二人素不相识，无冤无仇，房国忠不具有杀人动机和目的。其次，案发当日，白建江和房国忠大量饮酒，当日16时许，二人先是喝完两瓶白酒，感觉不尽兴，白建江又将房国忠带回家中喝酒，在喝酒过程中二人发生争执进而引发命案。

关于被告人房国忠的量刑，要注意以下几个问题：首先，房国忠作案后穿着沾有大量血迹的衣服在大街上乱转，不符合正常人作案后的表现，可见其辨认和控制能力明显下降。虽然不能确定房国忠辨认和控制能力丧失的具体程度，但是可以肯定其辨认和控制能力因严重生理醉酒有所下降。其次，被害人白建江积极邀请房国忠大量饮酒，在导致房国忠辨认和控制能力下降方面具有一定的过错。最后，二人醉酒后因发生争执而厮打，房国忠遂持刀砍击白建江要害部位，符合激情杀人的特征，房国忠的主观恶性和人身危险性与蓄谋杀人有所区别。

在办理被告人因严重醉酒而实施故意杀人犯罪案件中，刑事律师要理清被告人醉酒的原因，被告人系主动性醉酒还是被动性醉酒，以及被告人和被害人之间的关系，确定被告人是否有犯罪动机和目的。通过被告人的饮酒量以及作案前后的反常表现确定被告人的辨认和控制能力是否下降以及下降程度。虽然刑法规定醉酒的人犯罪应当承担责任，但是被告人严重醉酒并事出有因的，无论主观恶性、人身危险性，还是社会危害性和普通故意杀人犯罪有明显的区别，在量刑方面应当有所区别，不能一律判处死刑。

3.3 关于吸毒后故意杀人的量刑把握

【案例6-9】彭崧犯故意杀人罪案①

被告人彭崧，男，1983年7月19日出生，汉族，初中文化，无业。2005年5月6日因涉嫌犯故意杀人罪被逮捕。

福建省福州市人民检察院以彭崧犯故意杀人罪向福建省福州市中级人民法院提起公诉。

彭崧及其辩护人提出，被告人彭崧是在一种病理性动机的支配下作案，其对自身的辨认和控制能力已丧失，属于无刑事责任能力人，不应负刑事责任。

福州市中级人民法院公开审理查明：

2005年5月5日凌晨，被告人彭崧因服食摇头丸药性发作，在其暂住地福

① 参见最高人民法院刑事审判第一、二、三、四、五庭编：《刑事审判参考》（总第55集），法律出版社2007年版，第1~2页。

州市鼓楼区北江里新村6座204室内，持刀朝同室居住的被害人阮召森胸部捅刺，致阮召森抢救无效死亡。当晚9时许，被告人彭崧到福建省宁德市公安局投案自首。经精神病医学司法鉴定认为，被告人鼓崧系吸食摇头丸和K粉后出现精神病症状，在精神病状态下作案，被评定为限定刑事责任能力。

福州市中级人民法院认为，被告人彭崧故意非法剥夺他人生命，并致人死亡，其行为已构成故意杀人罪。被告人彭崧作案后能主动投案，并如实供述自己的罪行，可认定为自首，可以从轻处罚。被告人关于其行为不构成故意杀人罪的辩解不能成立。据此，福州市中级人民法院判决被告人彭崧犯故意杀人罪，判处无期徒刑，剥夺政治权利终身。

一审宣判后，被告人彭崧不服，提出上诉。其上诉理由和辩护人的辩护意见为：被告人彭崧作案时属于无刑事责任能力人，即使构成犯罪，也只构成过失致人死亡罪，且具有自首情节，被害人本身有过错，应对其从轻、减轻处罚。

福建省高级人民法院审理认为，上诉人吸食毒品后持刀捅刺他人，致一人死亡，其行为已构成故意杀人罪。上诉人作案后能主动投案，如实供述自己的罪行，具有自首情节，可以从轻处罚。吸毒是国家法律所禁止的行为，上诉人是在以前已因吸毒产生过幻觉的情况下，再次吸毒而引发本案，其吸毒、持刀杀人在主观上均出于故意，应对自己吸毒后的危害行为依法承担刑事责任，其吸毒后的责任能力问题不需要做司法精神病鉴定。因此，上诉人及其辩护人认为上诉人作案时是无刑事责任能力人，要求重新进行司法精神病鉴定，以及认为上诉人仅构成过失致人死亡罪的辩解、辩护意见不能成立，不予采纳。原判认定事实清楚，证据确实、充分，定罪准确，量刑适当，审判程序合法。据此，福建省高级人民法院裁定驳回上诉，维持原判。

在本案中，被告人彭崧因吸食摇头丸和K粉后出现幻觉，觉得周围的人都在说其坏话并想加害自己，在辨认和控制能力下降的情况下持刀将被害人阮召森杀害。阮召森和被告人彭崧系好朋友，二人无恩怨，彭崧不具有犯罪动机和犯罪目的。彭崧因吸食毒品后出现幻觉杀人，属于激情杀人。从犯罪手段来看，彭崧只捅刺阮召森胸部一刀，不属于特别残忍手段致人死亡。作案后，彭崧主动投案自首，并如实供述主要犯罪事实，依法可以从轻处罚，据此，法院判决被告人彭崧犯故意杀人罪，判处无期徒刑。

被告人因醉酒、吸食毒品以及使用精神类物品导致辨认和控制能力下降，实施杀人行为是否应当承担刑事责任没有争议，有争议的是被告人在辨认和控制能力下降的状态下实施杀人行为可否作为酌情从轻处罚的情节。笔者认为，应当结合被告人辨认和控制能力的下降程度以及犯罪动机、犯罪目的、犯罪手段、危害后果、悔罪态度和到案表现等综合判断。被告人犯罪动机卑劣、主观恶性较深、犯罪手段极其残忍、危害后果极其严重的，依法可以判处死刑。

【案例6－10】陈万寿犯故意杀人罪案①

被告人陈万寿，男，1979年10月17日出生。2013年10月1日因涉嫌犯故意杀人罪被逮捕。

广东省湛江市人民检察院以被告人陈万寿犯故意杀人罪，向湛江市中级人民法院提起公诉。

被告人陈万寿对指控的犯罪事实、罪名均无异议。其辩护人提出，被告人陈万寿对被害人的死亡持放任的故意，且认罪态度好，可以从轻处罚；陈万寿因吸毒产生精神障碍，作案时患有精神活性物质所致精神障碍症，其意志能力受到限制，关于被告人作案时具有完全刑事责任能力的鉴定意见不应采纳。

湛江市中级人民法院经审理查明：

被告人陈万寿因常年吸毒，导致精神障碍，被强制戒毒二年后仍复吸毒品。2013年9月20日12时许，陈万寿在湛江市麻章区太平镇岭头村家中产生幻觉后，持菜刀闯入邻居陈某某住宅，将陈某某之子陈安某（殁年3岁）挟持，威胁在一旁劝阻的群众。公安人员接警赶到后，陈万寿将陈安某挟持至陈某某家院内，不顾众人的劝解，持菜刀砍切陈安某颈部一刀，致陈安某左颈总动脉、颈内静脉断裂失血性休克当场死亡。

湛江市中级人民法院认为，被告人陈万寿无视国家法律，因常年吸毒导致精神障碍，产生幻觉后，无故持刀砍切幼童的颈部，致一人死亡，其行为已构成故意杀人罪。公诉机关指控被告人陈万寿的犯罪事实清楚，证据确实、充分，指控罪名成立。据此，湛江市中级人民法院依法以故意杀人罪，判处被告人陈万寿死刑，剥夺政治权利终身。

一审宣判后，被告人陈万寿提出上诉。

---

① 参见最高人民法院刑事审判第一、二、三、四、五庭编：《刑事审判参考》（总第113集），法律出版社2019年版，第42～43页。

陈万寿上诉辩称，其因长期吸毒致精神恍惚，失去理智一时冲动犯下罪行，有悔罪表现，请求改判。其辩护人提出，陈万寿认罪态度好，主观恶性不深，无犯罪前科，本案事出有因，陈万寿对被害人死亡仅有放任的故意，且系吸毒后患有精神活性物质致精神障碍症，是精神疾病，意志能力受到限制，应当认定为间接故意杀人罪，请求法院从轻处罚。

广东省高级人民法院经审理认为，上诉人陈万寿无视国家法律，因常年吸毒导致精神障碍，产生幻觉后，无故持刀砍切幼童的颈部，致一人死亡，其行为已构成故意杀人罪。陈万寿犯罪主观恶性大，犯罪手段残忍，后果严重，影响恶劣，无从轻处罚情节。原判认定事实清楚，证据确实、充分，定罪准确，量刑适当，审判程序合法。陈万寿及辩护人所提理由不能成立，请求从轻处罚的意见，不予采纳。据此，广东省高级人民法院裁定驳回上诉，维持原判，并依法报请最高人民法院核准。

最高人民法院经复核认为，被告人陈万寿持刀行凶，非法剥夺他人生命，其行为已构成故意杀人罪，犯罪手段残忍，情节、后果严重，应依法予以惩处。第一审判决、第二审裁定认定的事实清楚，证据确实、充分，定罪准确，量刑适当，审判程序合法。据此，最高人民法院裁定核准广东省高级人民法院维持第一审以故意杀人罪判处被告人陈万寿死刑，剥夺政治权利终身的刑事裁定。

在本案中，被告人陈万寿因吸食毒品后产生幻觉，持刀闯入邻居陈某某住宅处，挟持陈某某之子陈安某，不顾众人劝阻，公然持刀砍切年仅3岁的被害人陈某安颈部，致其当场死亡。从主观方面来看，陈万寿不顾众人劝解，大庭广众之下持刀砍切幼童颈部，主观恶性较深，人身危险性较高；从犯罪手段来看，陈万寿持刀砍切年仅3岁的被害人陈安某颈部，作案现场血腥，足以使民众心理产生难受忍受的痛苦，属于以特别残忍手段致人死亡；从危害后果来看，陈万寿持刀致一人死亡，危害后果严重，并造成恶劣影响。据此，最高人民法院核准陈万寿的死刑。

关于被告人长期吸毒导致精神障碍可否从轻处罚，笔者认为，吸毒不仅会导致人的生理机能发生病变和损害，而且会导致人的辨认和控制能力下降，这是众人皆知的事实。被告人明知吸毒行为会导致自己的辨认和控制能力下降仍然决意为之，说明被告人对危害结果的发生至少持放任的心理。此外，被告人辨认和控制能力的下降并非瞬时性的，而是长期的积累，有一个从量变到质变的过程。这和因醉酒而实施的犯罪在主观恶性和人身危险性上有明显区别，醉酒表现为较短时间内辨认和控制能力下降，二者对自己陷入丧失或尚未完全丧失辨认和控制能力状态的责任不同。法律明令禁止吸毒，被告人本可以响应法律的号召戒掉毒品，但被告人却对法律的号召置之不理，因此，被告人应当对自己的行为承担标准的刑事责任。

4. 关于正当防卫的认定及量刑把握

正当防卫，是指为了保护国家利益、公共利益或者个人利益，对正在进行不法侵害的人实施防卫措施，并造成不法侵害人一定损害的行为。[①]《刑法》第20条规定：为了使国家、公共利益、本人或者他人的人身、财产和其他权利免受正在进行的不法侵害，而采取的制止不法侵害的行为，对不法侵害人造成损害的，属于正当防卫。正当防卫按照防卫条件不同可分为一般正当防卫和特殊正当防卫，后者又称无限正当防卫。

4.1 关于正当防卫的认定

关于正当防卫的认定，可以从主观条件、客观条件、防卫限度条件三个方面进行把握。正当防卫的主观条件是指防卫意图，防卫意图包括防卫认识和防卫目的。防卫认识，是指防卫人面临正在进行的不法侵害时，对不法侵害及防卫行为各方面因素的认识。具体包括：第一，正在进行的不法侵害的事实的存在；第二，确定不法侵害对象；第三，利益正在遭受侵害；第四，不法侵害的方式、强度、程度以及造成的后果；第五，防卫行为的方式、强度、程度等。传统理论认为，在共同防卫行为的场合，不要求防卫人之间具有意思联络，也不要求防卫人认识到他人和自己正在共同对不法侵害人实施防卫行为。

防卫目的，是指防卫人在防卫认识的基础上，进而决定实施防卫行为，并意图通过防卫行为达到某种结果。防卫目的包括两个层次：第一，防卫的直接目的是通过给不法侵害人造成损害以制止其不法侵害行为；第二，防卫的根本目的是通过制止不法侵害，保护国家利益、公共利益或者个人利益。防卫认识是防卫目的的前提和基础，防卫目的是防卫意图的核心内容。防卫目的的正当

---

① 参见陈兴良主编：《刑法总论精释》，人民法院出版社2015年版，第248页。

性决定了正当防卫行为的合法性。

关于为保护非法利益对不法侵害人实施防卫行为是否构成正当防卫，答案是肯定的。因为正当防卫的功能是制止正在进行的不法侵害行为对他人的权益造成损害，至于他人的权益是否合法需要法律另行评价，不法侵害人不能代替法律对他人权益的合法性进行评价并实施制裁或打击行为。因此，即使防卫人的利益是非法的，只要法律没有明文规定，也应当认定为属于正当防卫保护的利益。实践中，针对“黑吃黑”进行防卫的，可以认定为正当防卫。

有些防卫行为表面上看似符合正当防卫的构成要件，但因不具有防卫意图，因而不属于正当防卫。主要有三种情况：第一，防卫挑拨。防卫挑拨，是指防卫人出于加害对方的目的，故意挑逗对方向自己实施某种不法侵害行为，然后假借正当防卫对不法侵害人进行侵害的行为。防卫挑拨构成犯罪的，应当负刑事责任。第二，相互斗殴。斗殴无防卫是基本的共识，但一方斗殴手段突然升级，超出斗殴的程度，另一方可以进行正当防卫。比如，双方约定互殴，突然一方拿出一把猎枪瞄准对方准备射击，另一方可以采取手段进行防卫。第三，偶然防卫。偶然防卫，是指行为人出于不法侵害的故意实施加害行为，但该行为客观上偶然地发生了防卫的效果。比如，甲因情仇而持枪杀害乙，事后查明，甲持枪瞄准乙的时候，乙准备杀害正路过的丙，客观上甲杀害乙的行为阻止了乙杀害丙的行为。虽然甲客观上阻止了乙杀害丙的行为，但因甲主观上不具有防卫意图，不能认定为正当防卫。

关于正当防卫客观条件的认定，可以从以下几个方面进行把握：

第一，必须有不法侵害的发生。不法侵害，是指对某种权益作出违反法律规定的侵袭和损害。关于不法侵害的内容，刑法理论上存在犯罪行为和一般违法行为之分，有观点认为，防卫行为只能针对犯罪行为，对一般违法行为不能进行正当防卫。笔者认为，这种观点过于苛刻，因为某一行为到底是犯罪行为还是违法行为，在不法侵害行为进行时，防卫人很难快速而准确地作出判断。要求防卫人准确判断不法侵害行为的法律属性，可能会导致错过最佳的防卫时机，不利于保护防卫人的权益，因此，只需要防卫人认识到不法侵害是违法行为就可以进行防卫。此外，不允许对一般违法行为进行防卫，实际上是对一般违法行为的纵容和放任，这跟设立正当防卫制度的目的和初衷背道而驰。

第二，不法侵害正在进行。正当防卫只能针对正在进行的不法侵害实施。

不法侵害正在进行，是指不法侵害已经开始但尚未结束的持续状态。关于不法侵害的开始，一般从不法侵害人实施预备行为即为不法侵害的开始。由于预备行为和权益遭受损害之间存在一段距离，因此，只能是预备行为明显反映出不法侵害的紧迫危险性才可以进行正当防卫。关于不法侵害的结束，一般认为，不法侵害的结束是指这样的时刻，即不法侵害已经停止或者不法侵害造成的损害已经发生，即使防卫人实施防卫行为，也不能阻止危害后果的发生。

在不法侵害开始前或不法侵害结束后实施的防卫行为都属于防卫不适时，包括事前防卫和事后防卫。事前防卫，是指不法侵害行为发生前即实施防卫行为。在事前防卫的情况下，不法侵害人并不必然表明其有实施不法侵害的意图，防卫人也意识到对方的行为并不必然是不法侵害，在这种情况下实施防卫行为不属于正当防卫，而应当认定为故意犯罪。防卫人事前准备工具，不法侵害发生时才进行防卫的行为不属于事前防卫，应当认定为正当防卫。事后防卫，是指不法侵害已经结束，防卫的客观条件已经消失而实施的防卫行为。和事前防卫一样，事后防卫也应当认定为故意犯罪。

第三，防卫行为必须给不法侵害人造成了损害。防卫行为给不法侵害人造成一定的损害是正当防卫构成要件的内容。如果防卫人只是以斥责、劝说、恐吓等方式让不法侵害人停止或放弃不法侵害，则不能认定为正当防卫。因为防卫人的斥责、劝说、恐吓等行为不具有违法性，在刑法上没有评价意义。正当防卫的防卫行为属于一种侵害行为，只是法律规定防卫行为阻却违法性，防卫人不承担责任。因此，正当防卫要求防卫行为给不法侵害人造成损害以剥夺其继续实施侵害的能力，迫使其放弃或停止不法侵害。

第四，防卫行为必须针对不法侵害人本人。不法侵害人，是指实施危害行为的行为人。不法侵害人可能是违法分子，也可能是犯罪分子，还可能是无责任能力的人。需要注意的是，不法侵害人只能是自然人，而不能是法人或其他组织。针对行为人利用动物或者物进行不法侵害的，只能对控制和利用动物或者物的人进行正当防卫，而不能对动物或者物进行正当防卫。

对紧急避险行为能否实施正当防卫，理论上存在争议。由于紧急避险和正当防卫都属于违法阻却事由，紧急避险行为不属于不法侵害，因此，单纯从正当防卫构成要件来看，不能对紧急避险行为进行正当防卫。但是，生命具有同等保护的属性，任何人都不能将生命危险以紧急避险为由转嫁给他人，因此，在他人的紧急避险行为有危及自身生命危险时，可以针对紧急避险进行防卫，但是这种防卫行为应当优先认定为紧急避险，而非正当防卫。

关于针对防卫过当部分能否实施正当防卫的问题。由于防卫过当是原不法侵害人引起的，原不法侵害人至少应当忍受未过当部分的损害。虽然防卫人要对过当部分的损害承担责任，但是过当部分的损害和一般不法侵害有本质区别，如果允许原不法侵害人对过当部分进行正当防卫，原不法侵害人会借正当防卫之名实施更严重的侵害行为，从而违背正当防卫制度的设立初衷。因此，原不法侵害人不能对防卫过当行为进行正当防卫。关于第三人能否对防卫过当行为实施正当防卫的问题，笔者认为，由于过当部分的损害具有社会危害性，刑法对这部分损害亦作否定评价，因此过当行为仍然属于不法侵害。虽然原不法侵害人不能对过当部分进行正当防卫，但是第三人对原正当防卫的引起没有过错，因此，第三人针对过当部分可以进行正当防卫。

关于正当防卫的限度条件。正当防卫的限度条件是指防卫行为不能明显超过必要限度并造成重大损害。通说认为，必要限度的确定，应当以防卫行为能否制止正在进行的不法侵害为标准。在确定正当防卫的限度条件时，要考虑以下两个因素：首先，要充分考虑正当防卫制度的目的。刑法设立正当防卫制度的目的是为了鼓励公民敢于、勇于同违法犯罪分子作斗争，制止不法侵害。如果限度条件过于严苛，动辄以防卫过当追究防卫者的刑事责任，将导致公民面对不法侵害时只能忍受和接受，不敢与之作斗争。这一方面会纵容和助长违法犯罪分子的嚣张气焰，另一方面和设立正当防卫制度的目的背道而驰。如果正当防卫的限度条件过于宽泛，将可能导致私刑的泛滥，不利于社会稳定。因此，在确定限度条件时应当具体问题具体分析。其次，应充分考虑防卫人防卫时的客观条件。防卫人在面临正在进行的不法侵害时，没有充足的时间去判断不法侵害行为的方式、强度、程度以及可能造成的损害大小，从而确定防卫行为所采取的方式、强度、程度。如果要求防卫人准确认识到所有不法侵害的要素，可能错过最佳的防卫时机。因此，只需要防卫人对上述因素有大体的认识，即只要防卫人实施的防卫行为符合一般人在相同环境下的反应，就应当认为没有超出必要限度。

在认定防卫过当时，要注意两个点。首先，超出必要限度的防卫行为并不必然违反正当防卫的限度条件，只有明显超出必要限度的防卫行为才能以防卫过当论。其次，明显超出必要限度和造成重大损害是并存关系，只有两者同时成立才构成防卫过当。如果明显超出必要限度但没有造成重大损害，不构成防卫过当。比如，甲入室盗窃乙的进口丹拿高级音响时被乙发现，甲欲强行逃跑并对乙实施殴打，乙从床底下拿出一把削铁如泥的大砍刀将甲砍伤，经鉴定，甲构成轻伤二级。虽然乙的防卫行为明显超出必要限度，但是未造成重大损害，不能认定为防卫过当。

4.2 关于正当防卫的量刑把握

4.2.1 关于无限防卫的量刑把握

【案例6－11】黄文辉犯故意杀人罪案①

原公诉机关株洲市荷塘区人民检察院。

上诉人（原审附带民事诉讼原告人）单某1，男，1957年2月22日出生，汉族，湖南省攸县人，农民，住湖南省攸县，系被害人单某2之父。

上诉人（原审附带民事诉讼原告人）罗某，女，1961年12月28日出生，汉族，湖南省安仁县人，农民，住址同上，系被害人单某2之母。

上诉人（原审被告人）黄文辉，男，1987年3月19日出生，湖南省沅江市人，汉族，初中文化，无业，户籍所在地湖南省沅江市，租住湖南省株洲市荷塘区。因涉嫌犯故意杀人罪于2017年6月6日被刑事拘留，2018年11月2日被取保候审。

株洲市荷塘区人民法院审理株洲市荷塘区人民检察院指控原审被告人黄文辉犯故意伤害罪暨附带民事诉讼一案，于2019年4月24日作出（2018）湘0202刑初441号刑事附带民事判决。宣判后，原审附带民事诉讼原告人单某1、罗某与原审被告人黄文辉均不服，提起上诉。

株洲市荷塘区人民法院审理查明：

2017年5月30日凌晨4时许，被告人黄文辉酒后从自己的租房处来到株洲市荷塘区湖公园中心岛一草坪内休息乘凉，在休息乘凉的过程中遇到被害人单某2持菜刀抢劫其手机。黄文辉与之反抗搏斗中被单某2砍伤，当单某2砍第六刀的时候被黄文辉用左手抓住其拿刀的右手，黄文辉顺势扭转单某2的身体，

① 湖南省株洲市中级人民法院刑事附带民事判决书（2019）湘02刑终205号，载中国裁判文书网，http：//wenshu. court. gov. cn/website/wenshu/181107ANFZ0BXSK4/index. html？ docId = 363be018c9b74643a4bdab0d0182f048，最后访问日期：2019年12月10日。

使其背对自己，右手从口袋里掏出其随身携带的一把水果刀，对着单某2的右后背捅了一刀，单某2当场倒地。后黄文辉跳进旁边的湖里逃跑，在湖里见单某2没有再追上来后从湖里上到岸上后跑回租房内。因黄文辉身上带的手机进水无法开机，其用另一台手机拨打110（因手机问题未拨通），而后黄文辉认为不会有什么事遂休息睡觉。

经鉴定，黄文辉的伤情系轻微伤；单某2系因锐器刺破右肺引起失血性休克导致死亡。案发后，黄文辉如实供述自己的捅人事实。

株洲市荷塘区人民法院认为，被告人黄文辉非法故意伤害他人身体，致一人死亡，其行为已构成故意伤害（致人死亡）罪。公诉机关指控黄文辉犯故意伤害（致人死亡）罪的罪名成立。黄文辉能如实供述自己的犯罪事实，依法可以从轻处罚。黄文辉的正当防卫明显超过必要限度造成被害人单某2死亡，应当负刑事责任，但是应当减轻处罚。附带民事诉讼原告人单某1、罗某由于黄文辉的犯罪行为而遭受物质损失，黄文辉应承担相应的赔偿责任。附带民事诉讼原告人单某1、罗某的物质损失为32,997元，应由被告人黄文辉承担30%，计9899.1元。辩护人提出的黄文辉的行为是自卫，不构成犯罪，也不要承担民事赔偿责任，经查，与事实和法律规定不符，不予采纳。残疾赔偿金于法无据，鉴定意见中未提及营养费。据此，株洲市荷塘区人民法院判决如下：

1. 被告人黄文辉犯故意伤害罪，判处有期徒刑3年；

2. 被告人黄文辉赔偿附带民事诉讼原告人单某1、罗某物质损失人民币9899.1元，由被告人黄文辉在本判决生效后一个月内付清。

上诉人黄文辉及其辩护人对原判事实无异议，提出，黄文辉的行为系正当防卫，请求撤销原判、宣告无罪。

湖南省株洲市中级人民法院审理查明：

本案证据中，虽无目击证人、水果刀、视频监控等直接证据，但黄文辉首次供述流畅自然、前后多次供述稳定。单某2有在东湖公园抢劫的前科，现场留有疑似作案工具菜刀柄底、刀刃中部提取的血迹含有单某2的生物检材，菜刀刀柄上与菜刀刀柄与刀刃接合部有黄文辉的血迹，单某2裤子上有黄文辉的血迹，黄文辉身上多处受伤，右手背、左手小指、左手无名指、左手拇指多处软组织裂伤，现场勘验笔录证明黄文辉跳湖逃离途中的三叉路口及其通往石宋路方向人行道上与长沙虾城、岗亭桥下面、岗亭下坡拐弯处等地面留有黄文辉的血迹，尸体即中心现场留有黄文辉的燕京啤酒牌红色打火机一个，另一根白色vivo手机耳机线且中心现场地面均有黄文辉的血迹等，破案报告证明黄文辉158××××8992的手机在案发当天凌晨4时10分拨打过110、但未接通，均与黄文辉的供述细目相吻合。本案已经形成了以被告人供述和辩解为核心以及与物证、书证、证人证言、鉴定意见和勘验、检查、辨认、侦查实验等笔录与视听资料、电子数据等相互印证的证据链条。

湖南省株洲市中级人民法院审理认为，上诉人黄文辉在被单某2连砍数刀，实施抢劫时，采取防卫行为，掏出随身携带的水果刀捅刺致单某2死亡，其行为符合《刑法》第20条第1款、第3款之规定，构成正当防卫，不属于防卫过当，不负刑事责任。上诉人黄文辉的上诉请求、理由及其辩护人的辩护意见，既具有事实根据，又符合法律规定，依法予以采纳和支持。与此同时，根据《侵权责任法》第30条之规定，上诉人黄文辉因正当防卫造成损害的，不承担本案的民事赔偿责任，故对上诉人单某1、罗某提出附带民事诉讼的请求依法均不予支持。综上，原判决认定本案事实没有错误，但适用法律有错误，二审依法应当改判。据此，湖南省株洲市中级人民法院判决如下：

1. 撤销株洲市荷塘区人民法院（2018）湘0202刑初441号刑事附带民事判决；

2. 宣告上诉人黄文辉无罪；

3. 上诉人黄文辉不承担本案民事赔偿责任。

本案系防卫者行使无限防卫权的无罪案例。在当下的司法环境中，出于各种因素考虑和利益考量，正当防卫不负刑事责任的案例并不多见。这一方面是认定标准过于严苛，另一方面是不法侵害人家属向司法机关施加压力。很多时候虽然法院认定被告人构成正当防卫，但是为了给不法侵害人家属一个交代，减轻不法侵害人家属上访和闹访压力，法院会以防卫过当判处防卫者负一定刑事责任。虽然这种做法一定程度上可以减轻法院的压力，但是却对社会稳定和正当防卫制度造成极大破坏，导致公众在不法侵害前不敢斗争，只能选择忍受和接受不法侵害造成的危害后果。

在本案中，单某2深夜持菜刀抢劫被告人黄文辉的手机，遭到黄文辉的反抗后，单某2随即持刀砍了黄文辉6刀，给黄文辉生命造成紧迫现实的危险。情急之下，黄文辉用自身携带的水果刀捅了单某2后背一刀后逃跑，没有继续实施侵害行为，没有明显超过必要限度，不能因为防卫行为导致不法侵害人死亡就属于明显超过必要限度并造成重大损害。因为有的案件中，只能是剥夺不法侵害人的生命才能终止不法侵害人的侵害行为。黄文辉为保护自己的权益免遭不法侵害行为的侵害，对不法侵害人的暴力捅刺行为进行反击符合一般人的本能反应，符合正当防卫的成立条件。需要指出的是，黄文辉随身携带刀具的行为不影响其正当防卫的认定和成立。

关于正当防卫的责任承担，《刑法》第20条规定，为了使国家、公共利益、本人或者他人的人身、财产和其他权利免受正在进行的不法侵害，而采取的制止不法侵害的行为，对不法侵害人造成损害的，属于正当防卫，不负刑事责任。据此，湖南省株洲市中级人民法院改判黄文辉无罪并且不承担民事赔偿责任。

4.2.2 关于假想防卫的量刑把握

【案例6－12】王长友犯过失致人死亡罪案①

被告人王长友，男，1969年6月8日出生，农民。因涉嫌犯故意杀人罪于1999年5月13日被逮捕。

内蒙古自治区通辽市人民检察院以被告人王长友犯故意伤害罪，向通辽市中级人民法院提起公诉。

通辽市中级人民法院经公开审理查明：

1999年4月16日晚，被告人王长友一家三口入睡后，忽听见有人在其家屋外喊叫王某与其妻佟雅琴的名字。王长友便到外屋查看，见一人已将外屋窗户的塑料布扯掉一角，正从玻璃缺口处伸进手开门闩。王即用拳头打那人的手一下，该人急抽回手并跑走。王长友出屋追赶未及，亦未认出是何人，即回屋带上一把自制的木柄尖刀，与其妻一道，锁上门后（此时其十岁的儿子仍在屋里睡觉），同去村书记吴俊杰家告知此事，随后又到村委会向大林镇派出所电话报警。当王与其妻报警后急忙返回自家院内时，发现自家窗前处有俩人影，此二人系本村村民何长明、齐满顺来王家串门，见房门上锁正欲离去。王长友未能认出何、齐二人，而误以为是刚才欲非法侵入其住宅之人，又见二人向其走来，以为要袭击他，随即用手中的尖刀刺向走在前面的齐满顺的胸部，致齐某因气

---

① 参见最高人民法院刑事审判第一、二、三、四、五庭编：《刑事审判参考》（总第20辑），法律出版社2001年版，第9～11页。

血胸，失血性休克当场死亡。何长明见状上前抱住王，并说："我是何长明！"王长友闻声停住，方知出错。

通辽市中级人民法院认为，被告人王长友因夜晚发现有人欲非法侵入其住宅即向当地村干部和公安机关报警，当其返回自家院内时，看见齐满顺等人在窗前，即误认为系不法侵害者，又见二人向其走来，以为要袭击他，疑惧中即实施了"防卫"行为，致他人死亡。属于在对事实认识错误的情况下实施的假想防卫，其行为有一定社会危害性，因此，应对其假想防卫所造成的危害结果依法承担过失犯罪的刑事责任，其行为已构成过失致人死亡罪。通辽市人民检察院指控被告人王长友犯罪的事实清楚，证据确实、充分，但指控的罪名不当，应予纠正。据此，通辽市中级人民法院于1999年11月15日判决如下：

被告人王长友犯过失致人死亡罪，判处有期徒刑7年，没收其作案工具尖刀一把。

一审宣判后，被告人王长友未上诉。通辽市人民检察院以"被告人的行为是故意伤害犯罪，原判定罪量刑不当"为由，向内蒙古自治区高级人民法院提出抗诉。

内蒙古自治区高级人民法院经审理认为，被告人王长友因夜晚发现他人欲非法侵入其住宅之事，即向村干部和当地公安派出所报警，在返回住宅时发现两个人影在其家窗户附近，错误地认为是侵害者，由于其主观想象，将齐满顺事实上并不存在的不法侵害，误认为是已经存在，进而实施了假想的防卫，并致齐满顺死亡，应依法承担过失犯罪的刑事责任。通辽市中级人民法院认定被告人王长友由于对不法侵害的认识错误而导致的假想防卫，造成他人死亡后果发生的事实清楚，证据确实、充分，定罪和适用法律正确。审判程序合法。通辽市人民检察院提出的抗诉理由不予采纳。据此，内蒙古自治区高级人民法院于2000年1月23日裁定驳回抗诉，维持原判。

假想防卫，是指本来不存在正当防卫的前提条件，行为人误以为不法侵害人实施了不法侵害，进而实施防卫行为。① 在本案中，被告人王长友将前来串门的何长明、齐满顺误以为是先前的不法侵害人，当二人向其靠近时，王长友以为要袭击他，随即用尖刀刺向走在前面的齐满顺的胸部，致齐某因气血胸，

① 参见陈兴良主编：《刑法总论精释》，人民法院出版社2016年版，第253页。

失血性休克当场死亡。由于案发时是深夜，而且是人流量较少的农村地区，当时王长友的孩子正在家中睡觉，综合本案的案发时间和特定场所，王长友的行为构成假想防卫。王长友并非追求或者放任齐满顺死亡结果的发生，而是为了制止自认为存在的不法侵害，主观上属于疏忽大意的过失，其主观恶性、人身危险性以及社会危害性相对较低，据此，法院判决王长友犯过失致人死亡罪，处有期徒刑7年。

4.2.3　关于防卫过当的量刑把握

【案例6－13】范尚秀犯故意伤害罪案①

被告人范尚秀，男，1962年3月22日出生，汉族，小学文化，农民。2003年9月9日，因涉嫌犯故意伤害罪被老河口市公安局监视居住。

湖北省襄樊市人民检察院以被告人范尚秀的行为构成故意伤害罪，向襄樊市中级人民法院提起公诉。

被告人范尚秀辩解称，其用木棒致死被害人不是故意的，是不得已而为之的自卫行为。

湖北省襄樊市中级人民法院经公开开庭审理查明：

被告人犯尚秀与被害人范尚雨系同胞兄弟。范尚雨患精神病近10年，因不能辨认和控制自己的行为，经常无故殴打他人。2003年9月5日8时许，范尚雨先追打其侄女范莹辉，又手持木棒、砖头在公路上追撵其兄范尚秀。范尚秀在跑了几圈之后，因无力跑动，便停了下来，转身抓住范尚雨的头发将其按倒在地，并夺下木棒朝持砖欲起身的范尚雨头部打了两下，致范尚雨当即倒在地上。后范尚秀把木棒、砖头捡回家。约1个小时后，范尚秀见范尚雨未回家，即到打架现场用板车将范尚雨拉到范尚雨的住处。范尚雨于上午11时许死亡。下午3时许，被告人范尚秀向村治保主任唐田富投案。

湖北省襄樊市中级人民法院认为，被告人范尚秀为了使自己的人身权利免受正在进行的不法侵害，而持械伤害他人身体，造成他人死亡的后果，属明显超过必要限度造成他人损害，其行为已构成故意伤害罪。公诉机关指控的罪名成立。被告人作案后投案自首，依法应从轻处罚。被告人范尚秀辩解称其用木

① 参见最高人民法院刑事审判第一、二、三、四、五庭编：《刑事审判参考》（总第45集），法律出版社2006年版，第10～11页。

棒致死被害人不是故意的，是不得已而为之的自卫行为的理由，与庭审查明的事实相符，依法应当减轻处罚。鉴于被告人的悔罪表现，可对被告人适用缓刑。据此，湖北省襄樊市中级人民法院判决如下：

被告人范尚秀犯故意伤害罪，判处有期徒刑3年，缓刑3年。

宣判后，范尚秀服判，检察机关不抗诉，判决发生法律效力。

在本案中，被害人范尚雨先追打其侄女范莹辉，又手持木棒、砖头在公路上追撵被告人范尚秀。范尚秀在跑了几圈之后，因无力跑动，便停了下来，转身抓住范尚雨的头发将其按倒在地，并夺下木棒朝持砖欲起身的范尚雨头部打了两下，致范尚雨当即倒在地上，于当日死亡。范尚秀的行为构成正当防卫，但防卫手段明显超过必要限度并造成重大损害，系防卫过当。根据《刑法》第20条规定，正当防卫明显超过必要限度造成重大损害的，应当负刑事责任，但是应当减轻处罚或免除处罚。据此，法院判处范尚秀犯故意伤害罪，处有期徒刑3年，缓刑3年。

4.2.4 关于事前准备防卫工具的量刑把握

【案例6-14】胡咏平犯故意伤害罪案①

被告人胡咏平，男，1980年5月9日出生，汉族，初中文化，农民。因涉嫌犯故意伤害罪于2002年4月27日被逮捕。

福建省厦门市杏林区人民检察院以被告人胡咏平犯故意伤害罪，向厦门市杏林区人民法院提起公诉。

厦门市杏林区人民法院经公开审理查明：

2002年3月19日下午3时许，被告人胡咏平在厦门伟嘉运动器材有限公司打工期间与同事张成兵（在逃）因搬材料问题发生口角，张成兵扬言下班后要找人殴打胡咏平，并提前离厂。胡咏平从同事处得知张成兵的扬言后即准备两根钢筋条并磨成锐器后藏在身上。当天17时许，张成兵纠集邱海华（在逃）、邱序道随身携带钢管在厦门伟嘉运动器材有限公司门口附近等候。在张成兵指认后，邱序道上前拦住正要下班的胡咏平，要把胡某拉到路边，胡咏平不从，邱序道遂打了胡咏平脸部两个耳光。胡咏平遭殴打后随即掏出携带的一根钢筋

---

① 参见最高人民法院刑事审判第一、二、三、四、五庭编：《刑事审判参考》（总第30辑），法律出版社2003年版，第33~34页。

条朝邱序道的左胸部刺去，并转身逃跑。张成兵、邱海华见状，一起持携带的钢管追打胡咏平。邱序道受伤后被120救护车送往杏林医院救治。胡咏平被殴打致伤后到曾营派出所报案，后到杏林医院就诊时，经邱序道指认，被杏林公安分局刑警抓获归案。经法医鉴定，邱序道左胸部被刺后导致休克、心包填塞、心脏破裂，损伤程度为重伤。

厦门市杏林区人民法院认为，被告人胡咏平在下班的路上遭到被害人邱序道的不法侵害时，即掏出钢筋条刺中被害人邱序道，致其重伤，其行为已构成故意伤害罪。邱序道殴打被告人胡咏平时并未使用凶器，其侵害行为尚未达到对胡咏平生命构成威胁的程度，胡咏平却使用凶器进行还击，致使被害人重伤，其防卫行为明显超过必要限度，属防卫过当，依法应当减轻处罚。据此，厦门市杏林区人民法院判决如下：

被告人胡咏平犯故意伤害罪，判处有期徒刑1年；扣押在案的作案工具钢筋条两把予以没收。

一审判决后，厦门市杏林区人民检察院以被告人胡咏平主观上具有斗殴的故意，被害人的不法侵害行为不具有伤害人身的严重性和急迫性，胡咏平的行为不属于防卫性质为由，向厦门市中级人民法院提出抗诉。

厦门市中级人民法院经公开开庭审理后认为，原审被告人胡咏平在下班的路上遭到被害人邱序道殴打时，为了制止正在进行的不法侵害，掏出钢筋条刺伤被害人邱序道，其行为属于防卫行为，但鉴于被害人邱序道实施不法侵害时并未使用凶器，尚未严重危及人身安全，而原审被告人胡咏平却使用锐利的钢筋条进行防卫，并致被害人邱序道重伤，其防卫行为明显超过必要限度，属于防卫过当，应当负故意伤害罪的刑事责任，但依法应当减轻处罚。原判定罪准确，量刑适当，审判程序合法。抗诉机关的抗诉意见缺乏法律和事实依据，不予采纳。据此，厦门市中级人民法院裁定驳回抗诉，维持原判。

正当防卫制度是为了鼓励公民同不法侵害行为作斗争，法律并不禁止公民采取必要手段保护自己的权益，而防卫者事前准备防卫工具是为了保护自己的权益免遭不法侵害，这和正当防卫制度一脉相承，因此，事前准备防卫工具不影响正当防卫的认定。只要防卫行为没有明显超出必要限度并造成重大损害，防卫者就不承担刑事责任。由于防卫者事前准备防卫工具的行为不具有违法性，因此，事前准备防卫工具不得作为被告人防卫过当从重处罚的量刑情节。当然，防卫者的事前准备行为触犯刑法分则具体罪名的，应当依法追究相应责任，比如，被告人事前准备枪支进行防卫，触犯枪支管理规定的，依法构成非法持有枪支罪，但这并不影响防卫者正当防卫的认定，非法持有枪支也不得作为防卫过当从重处罚的量刑情节。

在本案中，被告人胡咏平和工友张成兵发生口角，张成兵扬言下班后要找人收拾胡咏平并提前离厂。胡咏平随即准备两个钢筋条并磨成锐器后藏在身上。下班后，张成兵等人在厦门伟嘉运动器材有限公司门口等候。在张成兵指认后，被害人邱序道上前拦住胡咏平，胡咏平不从，邱序道打了胡咏平两个耳光，胡咏平遂用随身携带的钢筋条朝邱序道的左胸部刺去，致邱序道重伤。胡咏平事前准备防卫工具的行为不影响其正当防卫的认定，但其防卫手段明显超出必要限度并造成重大损害，系防卫过当，依法应当对过当部分承担刑事责任。同时，胡咏平事前准备防卫工具的行为不得作为其过当部分从重处罚的量刑情节。据此，法院判胡咏平犯故意伤害罪，处有期徒刑1年。

4.2.5　关于防卫挑拨的量刑把握

【案例6-15】陈清奎犯故意杀人罪案①

公诉机关四川省成都市人民检察院。

被告人陈清奎，男，1970年4月20日出生，汉族，文盲，无业，户籍所在地四川省泸州市江阳区。2018年9月6日因涉嫌故意杀人被成都市公安局锦江区分局刑事拘留，同年9月20日经成都市人民检察院批准，同日由成都市公安局执行逮捕。

四川省成都市人民检察院指控被告人陈清奎犯故意杀人罪，向四川省成都市中级人民法院提起公诉。

四川省成都市中级人民法院经审理查明：

2018年8月27日11时许，被告人陈清奎与被害人张某某在成都市锦江区三环路南二段外侧绿化带内步行道处相遇，二人因琐事发生口角、打斗，其间，陈清奎持其随身携带的折叠刀捅刺张某某右胸部一刀，见张某某倒地后陈清奎

① 四川省成都市中级人民法院刑事附带民事判决书（2019）川01刑初1号，载中国裁判文书网，http://wenshu.court.gov.cn/website/wenshu/181107ANFZ0BXSK4/index.html?docId=de13ea825784447b961eaa1f01809e73，最后访问日期：2019年12月16日。

逃离现场并将其当日所戴的安全帽遗留在现场，后经群众报警，120赶至现场时张某某已死亡。经鉴定，张某某系右胸部刺创刺破右肺上叶及升主动脉致大出血死亡；陈清奎符合未特定的精神障碍的诊断标准，对其2018年8月27日的违法行为具有限制刑事责任能力。

四川省成都市中级人民法院认为，被告人陈清奎因琐事与被害人张某某发生纠纷，其间陈清奎持刀杀害张某某，其行为已构成故意杀人罪，应当依法予以惩处。被告人陈清奎系限制刑事责任能力人，依法可以从轻处罚。被告人陈清奎归案后能如实供述其主要犯罪事实，依法可以从轻处罚。四川省成都市人民检察院指控被告人陈清奎犯故意杀人罪的事实清楚，罪名成立。对被告人陈清奎的辩护人所提陈清奎是在被殴打过程中起意持刀杀人，客观上是一种防卫过当的行为的辩护意见，经审查认为，陈清奎归案后稳定供述了本案的案发起因，系因陈清奎听到张某某咳嗽而表示要殴打张某某，故而才引发二人打斗，陈清奎的行为系防卫挑拨，不具备正当防卫的前提条件，故其行为不构成防卫过当。该辩护意见不予采纳。对被告人陈清奎的辩护人所提主观方面，陈清奎存在精神障碍，案发时被鉴定为限制刑事责任能力，请求对其从轻处罚的辩护意见，与审理查明的事实相符，予以采纳。据此，四川省成都市中级人民法院判决被告人陈清奎犯故意杀人罪，判处无期徒刑，剥夺政治权利终身。

（本案民事赔偿部分事实和理由略）

关于防卫挑拨引发的故意杀人犯罪的罪责承担，按照一般故意杀人犯罪予以把握。在本案中，被告人陈清奎听到张某某咳嗽而表示要殴打张某某，故而引发打斗，系防卫挑拨。陈清奎持刀杀害张某某，应当以故意杀人罪追究责任。在量刑方面，陈清奎作案时为限制刑事责任能力人，到案后如实供述主要犯罪事实，系坦白，依法可以从轻处罚，据此，法院判处陈清奎犯故意杀人罪，处无期徒刑。

4.2.6　关于防卫不适时的量刑把握

【案例6－16】姜某某犯故意杀人罪案①

被告人姜某某，男，1937年8月23日出生，汉族，小学文化，无职业，被

① 辽宁省葫芦岛市中级人民法院（2016）辽14刑初34号，载中国裁判文书网，http：//wenshu.court.gov.cn/website/wenshu/181107ANFZ0BXSK4/index.html？ docId = 701d67e872e844e88e9cd26aa7cbc485，最后访问日期：2019年12月16日。

捕前住辽宁省兴城市。因本案于2016年2月19日被兴城市公安局执行刑事拘留，同年2月29日经葫芦岛市兴城市人民检察院批准，于次日被兴城市公安局执行逮捕。

辽宁省葫芦岛市人民检察院指控姜某某犯故意杀人罪向辽宁省葫芦岛市中级人民法院提起公诉。

被告人姜某某对起诉书指控的犯罪事实无异议，同时称是因被害人先动手才砍的被害人。其辩护人认为本案应认定为防卫过当，且被告人姜某某年事已高，又具有自首情节，且被害人存在过错，应对其适用缓刑。

葫芦岛市中级人民法院经审理查明：

被害人张某某是被告人姜某某的二女婿，二人分别居住在兴城市××两屋。2016年2月18日16时30分许，张某某与姜某某的妻子孙秀芳因琐事发生争吵后厮打，张某某将孙秀芳推倒在地，姜某某用斧子背面的锤头砸在张某某的右侧头顶部位，当时张某某的头部被砸出血，然后被邻居王国江劝开。张某某回到其居住的西屋，姜某某和妻子孙秀芳也回到了居住的东屋，然后将门反锁。2016年2月18日17时许，张某某到东屋门口，一边喊一边砸门，让姜某某开门，姜某某没有开门，张某某就将门踹开进到屋内（门与门框分离），姜某某用房间内的斧子向张某某头部连砍数斧，致张某某当场死亡。而后姜某某通过电话报警至兴城市公安局龙泉寺边防派出所，公安干警赶到案发现场后将姜某某控制，姜某某到案后对所犯罪行供认不讳。经兴城市公安局物证鉴定室法医尸体检验鉴定，死者张某某系头部、面部及双手被钝锐性物体多次砍（打）击后，造成颅骨骨折，颅脑损伤，导致死亡。

葫芦岛市中级人民法院认为，被告人姜某某手持利斧，多次砍击被害人张某某的头部，致被害人当场死亡，其行为已构成故意杀人罪，应依法惩处。公诉机关指控的犯罪事实及罪名成立，应予支持。关于被告人的辩护人所提本案应认定为防卫过当，应对被告人适用缓刑的辩护意见，经查，根据被告人姜某某的供述，被害人张某某踹门进屋后，只是向被告人及其妻子扑来，被告人认为被害人要打被告人及其妻子，才持斧向被害人头部连砍数下，致被害人当场死亡。而此时被害人尚未对被告人及其妻子实施具体侵害行为，客观上并不存在采取防卫手段的迫切性，因此，被告人的行为应属于“事前防卫”，不构成正当防卫，更不属于防卫过当，故对其辩护人的该辩护意见，本院依法不予采纳。关于被告人的辩护人所提姜某某年事已高，又具有自首情节，且被害人存在过错，应对其减轻处罚的辩护意见，经查，被害人与被告人因家庭琐事引发纠纷，在被他人劝开各自回房间之后，被害人又踹门进入被告人房间，导致了本案犯罪事实的发生，被害人对此存在过错；被告人在犯罪时已满 75 周岁，且犯罪后自动投案，如实供述自己的罪行，已构成自首。故综合上述情节对被告人可以减轻处罚，对其辩护人的该项辩护意见，予以采纳。据此，葫芦岛市中级人民法院判决如下：

被告人姜某某犯故意杀人罪，判处有期徒刑 12 年。

事前防卫，是指不法侵害行为发生前即实施防卫行为。关于事前防卫的故意杀人犯罪的量刑，按照一般故意杀人犯罪予以把握。在本案中，被告人姜某某犯罪时已满 75 周岁，犯罪后主动投案并如实供述犯罪事实，且本案因家庭纠纷引发，被害人对案件的发生存在过错，据此，法院判姜某某犯故意杀人罪，处有期徒刑 12 年。

5. 关于故意杀人犯罪自首的认定及量刑把握

自首，是指犯罪以后自动投案，如实供述自己的罪行，或者被采取强制措施的犯罪嫌疑人、被告人和正在服刑的罪犯，如实供述司法机关尚未掌握的本人其他罪行的行为。《刑法》第 67 条规定：犯罪以后自动投案，如实供述自己的罪行的，是自首。被采取强制措施的犯罪嫌疑人、被告人和正在服刑的罪犯，如实供述司法机关还未掌握的本人其他罪行的，以自首论。在学理上，自首分为一般自首和特别自首。一般自首，是指犯罪之后主动投案，并如实供述自己罪行的行为。特别自首，是指被采取强制措施的犯罪嫌疑人、被告人或者正在服刑的罪犯，如实供述司法机关尚未掌握的本人其他罪行的行为。①

5.1 关于自首的认定

《刑法》第 67 条规定：犯罪以后自动投案，如实供述自己的罪行的，是自首。被采取强制措施的犯罪嫌疑人、被告人和正在服刑的罪犯，如实供述司法机关还未掌握的本人其他罪行的，以自首论。设立自首制度的目的一方面是给

---

① 参见陈兴良主编：《刑法总论精释》，人民法院出版社 2016 年版，第 819 页。

犯罪嫌疑人、被告人一个认罪悔罪的机会，另一方面是为了节约司法资源。成立自首要求犯罪嫌疑人、被告人主动投案并如实供述自己的罪行，这是《刑法》第67条对自首认定的纲领性规定，但这种认定标准并不能充分发挥自首制度的功能和满足司法实践的需要。为此，最高人民法院于1998年4月6日发布《最高人民法院关于处理自首和立功具体应用法律若干问题的解释》①（以下简称《1998年解释》），于2010年12月22日发布《关于处理自首和立功若干具体问题的意见》②（以下简称《2010年意见》）分别对自首制度在司法实践中遇到的一些疑难问题进行了完善。

关于“自动投案”的认定，《1998年解释》第1条规定：自动投案，是指犯罪事实或者犯罪嫌疑人未被司法机关发觉，或者虽被发觉，但犯罪嫌疑人尚未受到讯问、未被采取强制措施时，主动、直接向公安机关、人民检察院或者人民法院投案。犯罪嫌疑人向其所在单位、城乡基层组织或者其他有关负责人员投案的；犯罪嫌疑人因病、伤或者为了减轻犯罪后果，委托他人先代为投案，或者先以信电投案的；罪行尚未被司法机关发觉，仅因形迹可疑，被有关组织或者司法机关盘问、教育后，主动交代自己的罪行的；犯罪后逃跑，在被通缉，追捕过程中，主动投案的；经查实确已准备去投案，或者正在投案途中，被公安机关捕获的，应当视为自动投案。并非出于犯罪嫌疑人主动，而是经亲友规劝、陪同投案的；公安机关通知犯罪嫌疑人的亲友，或者亲友主动报案后，将犯罪嫌疑人送去投案的，也应当视为自动投案。犯罪嫌疑人自动投案后又逃跑的，不能认定为自首。

《2010年意见》对“自动投案”作了进一步规定：根据《1998年解释》第1条第1项的规定，犯罪嫌疑人具有以下情形之一的，也应当视为自动投案：(1）犯罪后主动报案，虽未表明自己是作案人，但没有逃离现场，在司法机关询问时交代自己罪行的；（2）明知他人报案而在现场等待，抓捕时无拒捕行为，供认犯罪事实的；(3）在司法机关未确定犯罪嫌疑人，尚在一般性排查询问时主动交代自己罪行的；（4）因特定违法行为被采取劳动教养、行政拘留、司法拘留、强制隔离戒毒等行政、司法强制措施期间，主动向执行机关交代尚

① 法释〔1998〕1号。
② 法发〔2010〕60号。

未被掌握的犯罪行为的；（5）其他符合立法本意，应当视为自动投案的情形。罪行未被有关部门、司法机关发觉，仅因形迹可疑被盘问、教育后，主动交代了犯罪事实的，应当视为自动投案，但有关部门、司法机关在其身上、随身携带的物品、驾乘的交通工具等处发现与犯罪有关的物品的，不能认定为自动投案。交通肇事后保护现场、抢救伤者，并向公安机关报告的，应认定为自动投案，构成自首的，因上述行为同时系犯罪嫌疑人的法定义务，对其是否从宽、从宽幅度要适当从严掌握。交通肇事逃逸后自动投案，如实供述自己罪行的，应认定为自首，但应依法以较重法定刑为基准，视情决定对其是否从宽处罚以及从宽处罚的幅度。犯罪嫌疑人被亲友采用捆绑等手段送到司法机关，或者在亲友带领侦查人员前来抓捕时无拒捕行为，并如实供认犯罪事实的，虽然不能认定为自动投案，但可以参照法律对自首的有关规定酌情从轻处罚。

关于“如实供述自己的罪行”的认定，《1998 年解释》第 1 条规定：如实供述自己的罪行，是指犯罪嫌疑人自动投案后，如实交代自己的主要犯罪事实。犯有数罪的犯罪嫌疑人仅如实供述所犯数罪中部分犯罪的，只对如实供述部分犯罪的行为，认定为自首。共同犯罪案件中的犯罪嫌疑人，除如实供述自己的罪行，还应当供述所知的同案犯，主犯则应当供述所知其他同案犯的共同犯罪事实，才能认定为自首。犯罪嫌疑人自动投案并如实供述自己的罪行后又翻供的，不能认定为自首，但在一审判决前又能如实供述的，应当认定为自首。

《2010 年意见》第 2 条对“如实供述自己的罪行”的内容和认定作了补充性规定：除供述自己的主要犯罪事实外，还应包括姓名、年龄、职业、住址、前科等情况。犯罪嫌疑人供述的身份等情况与真实情况虽有差别，但不影响定罪量刑的，应认定为如实供述自己的罪行。犯罪嫌疑人自动投案后隐瞒自己的真实身份等情况，影响对其定罪量刑的，不能认定为如实供述自己的罪行。犯罪嫌疑人多次实施同种罪行的，应当综合考虑已交代的犯罪事实与未交代的犯罪事实的危害程度，决定是否认定为如实供述主要犯罪事实。虽然投案后没有交代全部犯罪事实，但如实交代的犯罪情节重于未交代的犯罪情节，或者如实交代的犯罪数额多于未交代的犯罪数额，一般应认定为如实供述自己的主要犯罪事实。无法区分已交代的与未交代的犯罪情节的严重程度，或者已交代的犯罪数额与未交代的犯罪数额相当，一般不认定为如实供述自己的主要犯罪事实。犯罪嫌疑人自动投案时虽然没有交代自己的主要犯罪事实，但在司法机关掌握其主要犯罪事实之前主动交代的，应认定为如实供述自己的罪行。

关于特殊自首的认定，《1998年解释》第2条规定：被采取强制措施的犯罪嫌疑人、被告人和已宣判的罪犯，如实供述司法机关尚未掌握的罪行，与司法机关已掌握的或者判决确定的罪行属不同种罪行的，以自首论。

《2010年意见》第3条对“司法机关还未掌握的本人其他罪行”和“不同种罪行”的认定作了具体规定：犯罪嫌疑人、被告人在被采取强制措施期间，向司法机关主动如实供述本人的其他罪行，该罪行能否认定为司法机关已掌握，应根据不同情形区别对待。如果该罪行已被通缉，一般应以该司法机关是否在通缉令发布范围内作出判断，不在通缉令发布范围内的，应认定为还未掌握，在通缉令发布范围内的，应视为已掌握；如果该罪行已录入全国公安信息网络在逃人员信息数据库，应视为已掌握。如果该罪行未被通缉，也未录入全国公安信息网络在逃人员信息数据库，应以该司法机关是否已实际掌握该罪行为标准。犯罪嫌疑人、被告人在被采取强制措施期间如实供述本人其他罪行，该罪行与司法机关已掌握的罪行属同种罪行还是不同种罪行，一般应以罪名区分。虽然如实供述的其他罪行的罪名与司法机关已掌握犯罪的罪名不同，但如实供述的其他犯罪与司法机关已掌握的犯罪属选择性罪名或者在法律、事实上密切关联，如因受贿被采取强制措施后，又交代因受贿为他人谋取利益行为，构成滥用职权罪的，应认定为同种罪行。

本文将结合具体案例对自首的认定进行分析。

5.1.1 关于自动投案的认定

世界上不存在两片完全相同的叶子，也不存在两件完全相同的案件。每个案件都有其特征，每个案件的被告人的到案经过也不一样。如何认定被告人是否属于自动投案一直是司法实践中的难点，本文将对实践中具有典型意义的几种投案自首进行举例分析，以便更好地把握故意杀人犯罪自动投案的认定。

5.1.1.1 关于确已准备去投案和正在投案途中的认定

【案例6-17】徐勇犯故意杀人罪案①

被告人徐勇，男，1982年11月4日出生，农民。2013年9月13日因涉嫌

---

① 参见最高人民法院刑事审判第一、二、三、四、五庭编：《刑事审判参考》（总第103集），法律出版社2016年版，第38~39页。

犯故意杀人罪被逮捕。

浙江省绍兴市人民检察院以被告人徐勇犯故意杀人罪，向绍兴市中级人民法院提起公诉。

被告人徐勇对指控的事实无异议。其辩护人提出，徐勇作案后自首，建议从轻处罚。

绍兴市中级人民法院经公开审理查明：

2013 年 9 月 1 日 19 时许，被告人徐勇与其表兄陈文贤（被害人，殁年 34 岁）等人在浙江省嵊州市浦口街道东郭村陈文贤家饮酒时，因陈文贤怀疑徐勇此前想偷陈文贤妻子的电瓶车，二人发生争执并扭打。陈文贤持啤酒瓶击打徐勇头部，徐勇遂拔出随身携带的弹簧刀捅刺陈文贤胸、腹部数刀，致其右心房破裂而失血性休克死亡。

另查明：被告人徐勇作案后在亲属的规劝下，表示先回家与妻子告别再去投案，但回家后即醉倒，其亲属主动报案后，协助公安人员将昏睡的徐勇带至公安机关。次日，徐勇醒酒后即如实供述了犯罪事实。

绍兴市中级人民法院认为，被告人徐勇持刀连续捅刺他人要害部位并致人死亡，其行为已构成故意杀人罪。检察机关指控的罪名成立，应予支持。被害人在本案中有一定过错，且徐勇犯罪后有投案意思表示并确已准备去投案，归案后能如实供述罪行，系自首，依法予以从轻处罚。据此，绍兴市中级人民法院以故意杀人罪判处被告人徐勇无期徒刑，剥夺政治权利终身。

宣判后，被告人徐勇以原判量刑过重为由提出上诉。

浙江省高级人民法院经审理认为，原判认定的事实清楚，证据确实、充分，定罪准确，量刑适当，审判程序合法，裁定驳回上诉，维持原判。

《1998 年解释》规定，经查实确已准备去投案，或者正在投案途中，被公安机关抓获的，应当认定为自动投案。关于“确已准备去投案”的认定，可以结合以下几个方面予以把握：首先，被告人客观上必须要有投案的准备行为。由于被告人的供述不具有客观性，在认定被告人是否属于“确已准备去投案”时不能仅依据被告人的供述，而应当根据主客观相统一的原则判断被告人是否实施了自动投案的准备行为。其次，准备行为应当体现被告人投案的意愿。自动投案的成立要求被告人的投案具有主动性和自愿性，因此，这种准备行为应当体现被告人的投案意愿。再次，准备行为和自动投案具有关联性，即被告人的准备行为是为了自动投案而创造条件，比如准备交通工具，而非为了逃避侦查。最后，“确已准备去投案的”准备行为应当符合生活经验、常识和逻辑。

在本案中，被告人徐勇作案后，亲友在电话中规劝徐勇去自首，徐勇称回家看一下妻子再去自首，主观上具有自首的自愿性，该事实有徐勇的供述和其姐夫刘俊以及外甥媳妇陈选洪的证言相互印证。徐勇回家后因酒精作用烂睡如泥，不省人事，没有主动将自己交付公安机关控制之下，主动性方面有一定瑕疵。公安机关人员在亲友带领下赶到徐勇家中时，其妻子陈红燕称本想用三轮车送徐勇去投案，但因徐勇太沉未能如愿。在本案中，徐勇自动投案的主动性瑕疵一定程度上由其亲友带领公安人员对其进行抓捕的行为补足。徐勇酒醒后如实供述犯罪事实，应当认定属于“确已准备去投案”型的自动投案，依法可以从轻或减轻处罚。

【案例 6－18】赵新正犯故意杀人罪案①

被告人赵新正，男，汉族，1953 年 11 月 6 日出生，个体工商户。因涉嫌犯故意杀人罪于 2009 年 12 月 31 日被逮捕。

陕西省渭南市人民检察院以被告人赵新正犯故意杀人罪，向渭南市中级人民法院提起公诉。

被告人赵新正对公诉机关指控的犯罪事实及罪名无异议，但辩称其写了自首材料，系在准备投案时被公安机关抓获。其辩护人提出，赵新正系在准备投案途中被公安机关抓获，应当认定为自首，请求从轻处罚。

渭南市中级人民法院经公开审理查明：

2009 年 11 月 30 日 8 时许，被害人马西滨（殁年 31 岁）到陕西省渭南市开发区夕阳红敬老院向被告人赵新正催要欠款时，二人发生争执，赵新正持匕首朝马西滨胸部等处捅刺数刀，致马西滨当场死亡。随后，赵新正将马西滨的尸体拖至卫生间，又驾驶马西滨的轿车将马的手机、手表、钱包等随身物品抛扔在前往西安市临潼区的路上，并将该轿车弃于临潼区常堡建材市场一门店前。之后，赵新正返回，在卫生间用菜刀将马西滨的尸体肢解，将尸块、作案用的匕首、肢解尸体用的菜刀、马西滨所穿衣服等物分别装入家中两个皮箱及纸袋

① 参见最高人民法院刑事审判第一、二、三、四、五庭编：《刑事审判参考》（总第 89 集），法律出版社 2016 年版，第 24～25 页。

内，并于次日凌晨抛于渭河中。

渭南市中级人民法院认为，被告人赵新正持械杀死被害人马西滨，其行为构成故意杀人罪。赵新正杀人手段残忍，情节特别恶劣，依法应予惩处。对赵新正及其辩护人所提赵新正有自首情节的辩解、辩护意见，经查，赵新正被抓获时，公安人员从其身上提取到其于2009年12月1日书写的“投案自首情况说明”，但2009年12月3日3时许，公安人员在和赵新正通话，敦促其投案时，赵新正并未明确表示其要投案，且当日18时许，公安人员在西安市将其抓获后，其也未供述自己准备投案，故在案证据不能证明赵新正系在投案途中被公安机关抓获，不能认定其有自首情节。据此，渭南市中级人民法院以被告人赵新正犯故意杀人罪，判处死刑，剥夺政治权利终身。

一审宣判后，被告人赵新正上诉，提出其有自首情节，请求从轻处罚。

陕西省高级人民法院经公开审理认为，上诉人赵新正不能正确处理债务纠纷，持械杀死他人，并肢解尸体，其行为构成故意杀人罪。赵新正犯罪手段凶残，情节特别恶劣，社会危害性极大，应当依法严惩。关于赵新正的上诉理由，经查，虽然赵新正在被抓获时从其身上提取到其书写的“投案自首情况说明”，但公安机关出具的“敦促赵新正投案自首的证明”及证人徐德仓的证言均证实赵新正尚无投案自首的准备，不能认定其有投案自首情节。原判认定的事实清楚，证据确实、充分，定罪准确，量刑适当，审判程序合法。据此，陕西省高级人民法院裁定驳回上诉，维持原判，并依法报请最高人民法院核准。

最高人民法院经复核认为，被告人赵新正不能正确处理债务纠纷，持刀杀死被害人马西滨并肢解尸体，其行为构成故意杀人罪。赵新正犯罪手段特别残忍，情节特别恶劣，罪行极其严重，应当依法严惩。第一审判决、第二审裁定认定的事实清楚，证据确实、充分，定罪准确，量刑适当，审判程序合法。据此，最高人民法院裁定核准陕西省高级人民法院维持第一审以故意杀人罪判处被告人赵新正死刑，剥夺政治权利终身的刑事裁定。

关于“正在投案途中”的认定，可以结合“确已准备去投案”的认定规则进行把握：首先，被告人主观上要具有投案的自动性和自愿性，这种主动性和自愿性要具有连贯性；其次，被告人客观上要具有投案的准备行为，这种准备行为和投案具有关联性，即准备行为是投案行为的必备行为或者必要行为；再次，投案的准备行为要有客观证据进行证实，而不能仅依靠被告人的供述；最后，被告人的准备行为符合生活经验、常识和逻辑。

在本案中，2009年12月3日3时许，公安人员在和赵新正通话，敦促其投案时，赵新正并未明确表示要投案。当日18时许，公安机关抓获赵新正并从其身上提取到“投案自首情况说明”时，赵新正未供述自己准备投案，即主观上没有投案的主动性和自愿性。自动投案的成立不仅要求被告人主观上具有投案的意愿，而且要求被告人客观上实施了投案行为，只是由于时间和空间的原因未到案即被抓获。从已有证据来看，赵新正不具有投案前的准备行为，从其身上提取到的“投案自首情况说明”只能证明其曾有投案的意愿，但是赵新正并非在投案路途中被抓获，而是在从住处出来准备吃饭时被抓获。此外，证人徐德仓证实，赵新正作案后并没有投案的意愿，其作案后变卖、转让资产的行为跟投案不具有关联性，从其作案到被抓获间隔三天时间，明显超出投案前的必要准备时间。因此，赵新正不属于投案自首。

5.1.1.2 关于因客观原因不能投案的认定

【案例6－19】张义洋犯故意杀人罪案①

被告人张义洋，男，1978年4月3日出生，汉族，教师。因涉嫌犯故意杀人罪于2002年5月23日被刑事拘留，同年6月5日被逮捕。

安徽省六安市人民检察院以被告人张义洋犯故意杀人罪向安徽省六安市中级人民法院提起公诉。

安徽省六安市中级人民法院审理查明：

被告人张义洋经他人介绍与被害人管贵忠结婚。婚后，张义洋因怀疑管贵忠在婚前行为不检点时常发生争吵。2002年5月22日下午，张义洋从任教的学校回家途中自饮了半斤白酒和四瓶啤酒，至晚上约8时被其父母、姐姐拽回家，并给其服了安定药。张义洋回到卧室后与管贵忠发生口角，管收拾行李欲外出打工，张不同意，二人厮打。厮打中，张义洋将管贵忠推倒在床上，用手卡扼管的颈部，致管窒息死亡。张义洋的亲属闻讯后遂向公安机关报案，并对因服了“安定药”而熟睡的张进行看守以防止其外逃，当公安人员赶到后，其亲属又带领公安人员到张睡觉处将张抓获。张义洋归案后如实地供述了犯罪事实。

① 参见最高人民法院刑事审判第一、二、三、四、五庭编：《刑事审判参考》（总第32集），法律出版社2003年版，第19～20页。

经法医鉴定：死者管贵忠系遭仓促扼颈至机械性窒息而死亡。

安徽省六安市中级人民法院认为，被告人张义洋故意杀人的犯罪事实清楚，证据确实、充分，且犯罪情节恶劣，应依法惩处。对辩护人提出的被告人有自首情节的意见，经查：案发后，张义洋的姐姐张敏虽然打电话向公安机关报案，张义洋的亲友也在张义洋睡觉的屋外守护，但并未主动将张义洋送去投案，张义洋是在屋内熟睡时被公安人员抓获的，其行为不符合《最高人民法院关于处理自首和立功具体应用法律若干问题的解释》第1条第1项规定的条件，不能视为自动投案，张义洋不符合自首的条件。对辩护人的意见不予采纳。据此，安徽省六安市中级人民法院判决如下：

被告人张义洋犯故意杀人罪，判处死刑，剥夺政治权利终身。

一审宣判后，被告人张义洋不服，以其有自首情节，应对其从轻处罚为主要理由向安徽省高级人民法院提出上诉。其辩护人的辩护意见与张的上诉理由基本相同。

安徽省高级人民法院经审理认为，原判认定张义洋故意杀人的犯罪事实清楚，证据确实、充分。定罪准确。审判程序合法。对张义洋及其辩护人提出的上诉理由和辩护意见，经查，张义洋作案后，其亲属一面及时报案，一面看守着睡熟的张防其外逃；当公安人员赶到后，其亲属又带公安人员到张睡觉处将其抓获，张归案后亦如实的供述了犯罪事实。故依法可视为自首。对张义洋及其辩护人提出的张具有自首情节，可从轻处罚的上诉理由和辩护意见予以采纳。对张义洋判处死刑，可不立即执行。据此，安徽省高级人民法院判决如下：

撤销安徽省六安市中级人民法院一审刑事判决中对被告人张义洋的量刑部分；上诉人张义洋犯故意杀人罪，判处死刑，缓期2年执行，剥夺政治权利终身。

《1998年解释》第1条规定，并非出于犯罪嫌疑人主动，而是经亲友规劝、陪同投案的；公安机关通知犯罪嫌疑人的亲友，或者亲友主动报案后，将犯罪嫌疑人送去投案的，也应当视为自动投案。本案的分歧点在于被告人张义洋作案后因服用安眠药熟睡不能到案，亲属报案后在屋外看守防止张义洋外逃，公安机关上门将其抓获到案，能否认定为自动投案。笔者认为，能否认定张义洋构成自动投案应当结合案件事实以及立法本意进行把握。

在本案中，被告人张义洋作案后因服用安眠药熟睡不能到案，其亲属主动报案并看守，配合公安机关将其抓获。公安机关上门将其抓获是否影响其自动投案的成立，应当根据立法本意予以把握。自首制度的目的一方面是为了给被告人一个认罪悔罪的机会，另一方面是为了节约司法资源。在本案中，虽然张义洋到案前的投案意愿无法把握，但是其到案后如实供述自己的犯罪事实，主观上具有认罪悔罪的意愿。张义洋的亲属主动报案并配合公安机关将其抓获，客观上节约了司法资源。至于公安机关上门将其抓获的到案经过，属于到案瑕疵，确属因客观原因不能到案，事出有因，因此，应当认定张义洋构成自动投案。

关于犯罪嫌疑人因客观原因无法到案的自动投案的认定，可以从以下几个方面进行把握。首先，被告人不能到案的客观原因必须真实存在，并且有相关证据予以证明，不能仅凭被告人的供述。其次，被告人不能到案的客观原因的限度和强度足以达到被告人无法到案，被告人有可能或有条件可以到案而不到案的，不能认定为因客观原因不能到案。比如，因暴雨天气被告人嫌不方便不到案的，不能认定被告人因客观原因不能到案。再次，被告人不能到案的客观原因符合生活经验、常识和逻辑，不能系为了逃避侦查和法律制裁而不能到案。比如，被告人因畏罪自杀使自己陷入昏迷状态，不能认定为因客观原因不能到案。

5.1.1.3　关于被采取强制措施的认定

【案例 6－20】周元军犯故意杀人罪案①

被告人周元军，男，汉族，农民，1971 年 1 月 23 日出生于湖南省溆浦县。因涉嫌犯故意杀人罪于 2008 年 8 月 21 日被刑事拘留。

湖南省怀化市人民检察院以被告人周元军犯故意杀人罪，向怀化市中级人民法院提起公诉。

怀化市中级人民法院经公开审理查明：

被告人周元军因怀疑其妻周会珍与他人有不正当男女关系，二人经常争吵，夫妻关系不睦。2008 年 8 月 20 日，周会珍要求与周元军离婚。当日 17 时 30 分许，周元军持事先准备的尖刀来到湖南省溆浦县周会珍之弟周日东的租住处卧

① 参见最高人民法院刑事审判第一、二、三、四、五庭编：《刑事审判参考》（总第 80 集），法律出版社 2012 年版，第 42～44 页。

室内捅刺周会珍后背、前胸各一刀。周会珍呼救，周会珍之母刘秀妮闻讯赶到客厅，周元军先持刀捅刺刘秀妮腹部一刀，致刘秀妮肝脏破裂大出血死亡后，又继续捅刺周会珍，致周会珍重伤后潜逃，后因畏罪触电自杀，被人发现后报警并送医院抢救。民警接到“有人触电自杀”的报案后赶到医院，经组织辨认确认该触电自杀男子系周元军后，遂安排专人（便衣）守候在病房内对其实施控制。周元军被救醒后即告知在场人员自己的身份及杀害妻子和岳母的情况。

怀化市中级人民法院经审理认为，被告人周元军因婚姻家庭纠纷，故意持刀刺杀他人的行为已构成故意杀人罪。其致一人死亡、一人重伤，罪行极其严重。虽然周元军苏醒后如实告知在场人员其杀人的事实，但公安机关此前已掌握其基本犯罪事实并对其予以了实际控制，依法不能认定为自首。周元军应当赔偿因自己的犯罪行为给附带民事诉讼原告人造成的经济损失。据此，怀化市中级人民法院判决如下：

1. 被告人周元军犯故意杀人罪，判处死刑，剥夺政治权利终身。

2. 被告人周元军赔偿附带民事诉讼原告人周安民经济损失87,988.2元。

一审宣判后，被告人周元军及其辩护人上诉提出：被害人有明显过错；周元军苏醒后即告知在场人员自己的身份，供认杀了自己的妻子和岳母，且其当时不知道自己被控制，从周元军的主观心态上看，完全具备自动投案的主观意愿，应当认定为自动投案，其后又如实供述犯罪事实，系自首。原判量刑过重，请求依法改判。

湖南省高级人民法院审理认为，原判认定事实清楚，证据确实、充分。被告人周元军因不能正确处理夫妻感情纠纷而持械刺杀他人，致一人死亡、一人重伤，其行为已构成故意杀人罪。被害人刘秀妮在案件中没有过错。周元军苏醒后如实向在场人员交代犯罪事实时，公安机关已掌握其犯罪事实，且已对其人身予以实际控制，周元军的该行为不能认定为自动投案，故其不具有自首情节。周元军犯罪情节特别恶劣，犯罪后果特别严重，原判对其量刑适当。据此，湖南省高级人民法院裁定驳回上诉，维持原判。对被告人周元军的死刑判决依法报请最高人民法院核准。

最高人民法院复核后，认为本案事实清楚，证据确实、充分，定罪准确，审判程序合法。鉴于本案因婚姻家庭矛盾引发，周元军的行为虽不构成自首，但其能如实供述自己的罪行，有认罪、悔罪表现，不宜判处周元军死刑立即执行，故对周元军的死刑判决不予核准，发回湖南省高级人民法院重新审判。

湖南省高级人民法院重新审判后认为，被告人周元军持械刺杀他人，致一人死亡、一人重伤，其行为已构成故意杀人罪。周元军犯罪后果严重，犯罪手段残忍，犯罪情节恶劣，应依法惩处。被害人周会珍、刘秀妮无明显过错。考虑到本案因为婚姻、家庭矛盾引发，周元军归案后认罪态度好，具有一定的悔罪表现，对其判处死刑可不必立即执行。据此，湖南省高级人民法院以故意杀人罪判处被告人周元军死刑，缓期2年执行，剥夺政治权利终身。

根据《1998年解释》第1条规定，自动投案，是指犯罪事实或者犯罪嫌疑人未被司法机关发觉，或者虽被发觉，但犯罪嫌疑人尚未受到讯问、未被采取强制措施时，主动、直接向公安机关、人民检察院或者人民法院投案。本案中，被告人周元军作案后畏罪自杀未遂，民警通过“有人触电自杀”的报警事由到医院进行辨认，确定系周元军后遂安排便衣人员在其病房内对其进行控制。这里的控制能否理解为“未被采取强制措施”存在不同理解。

有观点认为，“未被采取强制措施”所指的强制措施是指刑法意义上的强制措施，包括拘传、拘留、逮捕、取保候审和监视居住。在本案中，公安机关尚未对被告人周元军采取刑法意义上的强制措施，因此，周元军醒来即交代主要犯罪事实的，应当认定为自首。另一种观点认为，周元军已经被公安机关锁定为犯罪嫌疑人，并被公安机关实际控制，客观上不具有投案的条件，不能认定为自首。关于被告人被公安机关实际控制能否认定为“未被采取强制措施”，笔者认为，要结合自首制度的设立目的进行分析。自首制度一方面是给被告人一个认罪悔罪的机会，另一方面是为了节约司法资源。被告人已经被公安机关实际控制，客观上不具备节约司法资源的效果，因此，被告人客观上不具备成立自首的条件。简言之，被告人被公安机关实际控制的，不能认定为“未被采取强制措施”。

在本案中，无论是作案后还是在病房醒来后，被告人周元军都没有投案自首的意思表示，也没有委托他人代为投案，周元军醒来后和在场人员交代主要犯罪事实，属于倾诉性质的交流行为，主观上不具有自动投案的意愿。同时，公安机关已经锁定周元军系故意杀人案件的犯罪嫌疑人，并安排便衣人员在其病房内进行布控，客观上起不到节约司法资源的效果。因此，周元军不构成自动投案。

5.1.1.4 关于现场待捕型自动投案的认定

【案例6－21】熊华君犯故意伤害罪案[①]

被告人熊华君，男，1977年2月5日出生，因涉嫌犯故意伤害罪，于2007年7月20日被逮捕。

湖北省武汉市武昌区人民检察院以被告人熊华君犯故意伤害罪，向武汉市武昌区人民法院提起公诉。

武昌区人民法院经公开审理查明：

2007年6月22日13时，被告人熊华君在位于武汉市武昌区和平大道745号铁道部第四勘察设计院（以下简称铁四院）门口，因安装报警装置与铁四院值班室内午休的保安唐某某发生口角，后相互扭打，其间被告人熊华君用安装报警装置所用的起子将唐某某的颈部捅伤，致使其左侧颈外动脉破裂急性大失血休克而死亡。案发后，在场的另一名保安送唐某某去医院，同时通知了铁四院公安处。熊华君在现场等待公安人员到来，并供认了上述犯罪事实。经报警，武昌区公安分局杨园街派出所民警至案发单位将熊华君带回派出所接受讯问。

2007年7月5日，被告人熊华君的家属与被害人唐某某的家属针对民事赔偿事宜，自愿达成和解协议，由熊华君家属及熊华君所在单位共同赔偿人民币40万元（已支付），被害人的家属据此向司法机关书面请求减轻对被告人熊华君的刑事处罚。据此，武昌区人民法院于2007年10月19日对被告人熊华君判决如下：被告人熊华君犯故意伤害罪，判处有期徒刑3年。

一审宣判后，被告人熊华君服判，不上诉。公诉机关武昌区人民检察院亦未提出抗诉。

根据《2010年意见》第1条规定，明知他人报案而在现场等待，抓捕时无拒捕行为，供认犯罪事实的，视为自动投案。关于“现场待捕”型自动投案的认定，可从以下几个方面进行把握。首先，被告人必须明确知晓他人已经报案。被告人明知他人报案而不逃跑体现其主观上具有投案的意愿，一定程度上弥

① 参见最高人民法院刑事审判第一、二、三、四、五庭编：《刑事审判参考》（总第80集），法律出版社2012年版，第25～26页。

补了主动投案的意愿的瑕疵。其次，被告人系主动在现场待捕。主动体现在被告人可以自由决定自己的人身自由，本可以选择逃跑而没有逃跑，而非被迫在现场待捕。最后，没有拒捕行为。没有拒捕行为，要求被告人服从和配合公安机关的传唤和拘留等措施。

在本案中，被告人熊华君作案时共有5人在现场，一名保安先到办公楼再返回现场将被害人送往医院治疗，根据生活经验和常识，熊华君应当知晓保安去办公楼是报警。在保安将被害人送往医院后，熊华君在现场等待公安人员到来，有条件逃跑而没有逃跑。在公安人员到达现场后，熊华君配合和服从公安人员的抓捕措施，没有拒捕行为。到案后，熊华君如实供述主要犯罪事实。因此，熊华君构成“现场待捕”型自动投案。

5.1.1.5 关于交通事故中自动投案的认定

【案例6-22】谭继伟犯交通肇事罪案①

被告人谭继伟，男，1973年9月13日出生，汽车驾驶员。因涉嫌犯交通肇事罪于2007年5月9日被取保候审，2007年9月4日被逮捕。

重庆市垫江县人民检察院以被告人谭继伟犯交通肇事罪，向垫江县人民法院提起公诉。

垫江县人民法院经公开审理查明：

2007年5月5日23时30分许，被告人谭继伟持C1照驾驶证驾驶渝F90752号面包车在垫江县渝巫路石岭收费亭前撞倒行人许武权，致其颅脑损伤而当场死亡。公安机关交通事故认定书认定谭继伟对本次事故负主要责任。

垫江县人民法院认为，被告人谭继伟驾车行驶中，违反道路交通管理法规，造成一人死亡的重大交通事故，负事故主要责任，其行为已构成交通肇事罪，应依法惩处。据此，垫江县人民法院判决如下：

被告人谭继伟犯交通肇事罪，判处有期徒刑1年6个月。

一审宣判后，被告人谭继伟提出上诉称：（1）一审未认定其自首情节；（2）积极赔偿被害方经济损失，请求对其宣告缓刑。

重庆市第三中级人民法院经公开审理查明：

---

① 参见最高人民法院刑事审判第一、二、三、四、五庭编：《刑事审判参考》（总第80集），法律出版社2012年版，第8~9页。

2007年5月5日23时30分许，被告人谭继伟持C1照驾驶证驾驶渝F90752号面包车由重庆市垫江县城向新民方向行驶，当车行驶至城北小学路口处，会车时发生交通事故，致行人许武权当场死亡。经法医鉴定，许武权系外力所致颅脑损伤死亡。公安机关交通事故认定书认定，谭继伟负本次事故的主要责任。谭继伟在发生交通事故后，立即拨打了“120”急救电话及“122”交通事故报警电话，留在现场等候处理，后随交警到公安机关如实交代了犯罪事实。案发后，谭继伟亲属积极赔偿被害人亲属的经济损失，并取得被害人亲属的谅解。

重庆市第三中级人民法院认为，被告人谭继伟的行为已构成交通肇事罪。谭继伟在发生交通事故后，立即拨打了“120”急救电话及“122”交通事故报警电话，留在现场等候处理，后随交警到公安机关如实交代了犯罪事实，系自首，依法可予从轻处罚。谭继伟认罪态度好，其亲属积极赔偿被害人亲属的经济损失，并取得被害人亲属的谅解，可酌情予以从轻处罚。据此，重庆市第三中级人民法院判决如下：

1. 撤销垫江县人民法院（2007）垫刑初字第157号刑事判决，即被告人谭继伟犯交通肇事罪，判处有期徒刑1年6个月。

2. 被告人谭继伟犯交通肇事罪，判处有期徒刑1年，缓刑1年6个月。

根据《2010年意见》第1条规定：交通肇事后保护现场、抢救伤者，并向公安机关报告的，应认定为自动投案。关于交通肇事自动投案的认定，首先，被告人交通肇事后有积极保护现场、抢救伤者的行为。被告人交通肇事后不保护现场也不抢救伤者的，不能认定为自动投案。其次，向公安机关报告。这里的报告包括被告人自己主动报警的自我报告，也包括被告人因积极保护现场、抢救伤者无暇报警，委托他人或者周围围观群众代为报警，交警到达现场后承认自己肇事行为的他人报告。

在本案中，被告人谭继伟交通肇事后立即报警并拨打“120”急救电话，留在现场等候处理，具有积极保护现场、抢救伤者以及报告行为。到案后，谭继伟如实供述犯罪事实，符合交通肇事罪自首的成立条件，依法可以从轻处罚。需要注意的是，交通肇事被告人逃逸后又投案自首的，仍然可以认定为自首，只是量刑时其逃逸情节作为从重处罚的量刑情节予以考虑。

【案例6-23】王友彬犯交通肇事罪案①

被告人王友彬，男，1975年10月30日出生。因涉嫌犯交通肇事罪于2009年4月17日被逮捕。

福建省厦门市集美区人民检察院以被告人王友彬犯交通肇事罪，且肇事后逃逸，向集美区人民法院提起公诉。

被告人王友彬对指控其犯交通肇事罪无异议，但否认肇事后逃逸，其辩称：肇事后离开医院是为了到海边散心。其辩护人提出：被告人不构成交通肇事后逃逸，且具有自首情节。

集美区人民法院经公开审理查明：

2009年3月13日21时25分许，被告人王友彬驾驶闽DBV098轿车附载王建设、王志远沿厦门市集美区403县道由西往东行驶至5km+800m集美区后溪镇港头路段时，碰撞因故障停在同向南侧慢车道上由陈世新驾驶的闽D20309重型半挂牵引车牵引的闽D0196挂重型集装箱半挂车左后部，后撞到403县道北侧隔离带上的214号路灯杆，造成附载人员王建设当场死亡、王志远轻伤的重大交通事故。

事故发生后，被告人王友彬因昏迷被送往厦门市中山医院治疗。同月14日10时许，王友彬擅自离开医院，后经交警部门多方工作及多次电话通知，于当日21时许到集美区交警大队接受调查，如实供述了其交通肇事的犯罪事实。经现场勘查、调查取证、技术鉴定，交警部门认定王友彬对本起事故负主要责任，闽D20309重型半挂牵引车驾驶员陈世新负次要责任。另经调解，王建设的亲属与王友彬达成调解协议，对王友彬表示谅解。

集美区人民法院认为，被告人王友彬违反交通管理法规，造成一人死亡、一人轻伤的重大交通事故，负事故主要责任，其行为已构成交通肇事罪，且肇事后逃逸，应依法惩处。王友彬在犯罪后能自动投案，如实供述自己的罪行，构成自首，依法可予减轻处罚。鉴于王友彬对被害人亲属积极进行赔偿，已取得被害人亲属的谅解，可酌情予以从轻处罚，且其已认罪、悔罪，适用缓刑不致再危害社会，依法可适用缓刑。关于辩护人所提王友彬不构成交通肇事后逃

---

① 参见最高人民法院刑事审判第一、二、三、四、五庭编：《刑事审判参考》（总第80集），法律出版社2012年版，第16~17页。

逸的辩护意见，经查与事实不符，不予采纳；所提王友彬有自首情节的辩护意见，理由充分，予以采纳。据此，集美区人民法院判决如下：

被告人王友彬犯交通肇事罪，判处有期徒刑2年，缓刑3年。

宣判后，被告人王友彬没有上诉，公诉机关也未提出抗诉。

根据《2010年意见》第1条规定，交通肇事逃逸后自动投案，如实供述自己罪行的，应认定为自首，但应依法以较重法定刑为基准，视情决定对其是否从宽处罚以及从宽处罚的幅度。在本案中，王友彬交通肇事逃逸后，又投案自首并如实供述，符合自首的成立条件，依法构成自首，可以从轻处罚。王友彬交通肇事后逃逸，其逃逸情节作为交通肇事从重处罚的量刑情节予以考虑。

5.1.1.6 关于形迹可疑型自动投案的认定

【案例6-24】张芳元犯故意杀人罪案①

被告人张芳元，男，1968年8月27日出生，农民。2012年1月4日因涉嫌犯故意杀人罪被逮捕。

贵州省安顺市人民检察院以被告人张芳元犯故意杀人罪向安顺市中级人民法院提起公诉。附带民事诉讼原告人梁兵、梁芳、梁建提起附带民事诉讼。

被告人张芳元对指控的犯罪事实及罪名无异议。其辩护人提出张芳元在接受公安机关传唤时主动供述犯罪事实，应当认定具有自首情节。

安顺市中级人民法院经公开审理查明：

被告人张芳元与被害人朱勤芬（女，殁年40岁）有不正当男女关系。2011年11月15日，二人经电话联系，相约于当日19时30分许在安顺市西秀区大西桥镇小屯关贵黄公路旁见面。后双方因琐事争吵，继而发生撕扯。其间，张芳元用双手掐住朱勤芬的颈部，致其停止挣扎后，又从地上捡起一根摩托车用皮带缠绕其颈部，致其机械性窒息死亡。随后，张芳元将朱勤芬的尸体扛到附近的贾郭山，置放于两块岩石间的岩缝中，并用周围的土、树枝、树叶等物掩盖。同月21日上午，朱勤芬的亲属到公安机关报案称朱勤芬失踪。张芳元于同年12月19日晚被公安机关传唤，次日如实供述其杀害朱勤芬并将尸体藏匿的犯罪事实，并带领公安机关找到尸体。

---

① 参见最高人民法院刑事审判第一、二、三、四、五庭编：《刑事审判参考》（总第96集），法律出版社2014年版，第37~39页。

安顺市中级人民法院认为，被告人张芳元与被害人朱勤芬因婚外不正当男女关系引发矛盾后，残忍杀害朱勤芬，其行为构成故意杀人罪。张芳元被公安机关作为犯罪嫌疑人传唤后，第一次询问时并未如实供述其杀人的犯罪事实，其系在公安机关对其作法律、政策宣传后才供认犯罪事实的，故其不具有自首情节，辩护人所提相关辩护意见不予采纳。张芳元能够如实供述犯罪事实，并带领公安机关找到被害人的尸体，故对其判处死刑，可不立即执行，但应当限制减刑。据此，安顺市中级人民法院判决如下：

1. 被告人张芳元犯故意杀人罪，判处死刑，缓期 2 年执行，剥夺政治权利终身；

2. 对被告人张芳元限制减刑；

3. 被告人张芳元赔偿附带民事诉讼原告人梁兵、梁芳、梁建经济损失 28, 409. 35 元。

一审宣判后，被告人张芳元未上诉，安顺市中级人民法院依法报请贵州省高级人民法院复核。附带民事诉讼原告人不服，以民事赔偿数额过低和应当判处被告人张芳元死刑立即执行为由提出上诉。

贵州省高级人民法院经公开审理认为，现场勘验检查笔录、抓获经过、报案笔录、被告人张芳元的供述等证据证实，公安机关传唤张芳元时并未掌握本案犯罪线索，系张芳元供述其杀害被害人朱勤芬的犯罪事实并带领公安机关找到被害人尸体后，此案才被发现。张芳元在公安机关未发觉犯罪事实，尚在一般性排查询问时主动如实供述自己的罪行，足以体现其投案的自愿性、主动性，应当认定具有自首情节。张芳元罪行极其严重，论罪应当判处死刑，但鉴于其有自首情节，可不立即执行，且根据张芳元的犯罪情节及认罪态度，可对其不限制减刑。原判对张芳元限制减刑不当，应予纠正。原判定罪准确，审判程序合法，但量刑不当，赔偿抚育费计算有误，予以改判。据此，贵州省高级人民法院判决如下：

1. 维持贵州省安顺市中级人民法院（2012）安市刑一初字第 83 号刑事附带民事判决主文第 1 项，即被告人张芳元犯故意杀人罪，判处死刑，缓期 2 年执行，剥夺政治权利终身；

2. 撤销贵州省安顺市中级人民法院（2012）安市刑一初字第 83 号刑事附带民事判决主文第 2 项、第 3 项；

3. 原审被告人张芳元赔偿上诉人（原审附带民事诉讼原告人）梁兵、梁芳，梁建经济损失共计 29,767.5 元。

根据《1998 年解释》第 1 条规定，自动投案，是指犯罪事实或者犯罪嫌疑人未被司法机关发觉，或者虽被发觉，但犯罪嫌疑人尚未受到讯问、未被采取强制措施时，主动、直接向公安机关、人民检察院或者人民法院投案。罪行尚未被司法机关发觉，仅因形迹可疑，被有关组织或者司法机关盘问、教育后，主动交代自己的罪行的，应当视为自动投案。

在实践中，形迹可疑主要有两种表现形式：一是公安机关或有关组织人员尚未掌握被告人犯罪的任何证据、事实和线索，只是根据行为人的衣着、言语、神态等判断行为人可能存在犯罪行为，进而对其进行询问。这种可疑没有具体的侦查指向，无法将行为人和具体案件联系起来，只是根据直觉和经验作出判断。比如，在火车站例行检查时发现行为人形迹可疑，进而对其进行询问，行为人即交代犯罪事实的，构成自首。二是某一犯罪事实已经发生，公安机关已经掌握一定的证据和线索，但无法将案件和具体行为人联系起来。公安机关圈定了排查范围，确定了侦查方向，在排查过程中发现行为人具有反常表现，进而对其进行询问，行为人交代犯罪事实的，构成自首。

关于形迹可疑型自动投案的认定，笔者认为，主要看司法机关能否将行为人和具体案件联系起来，以及建立这种联系的依据是经验还是证据。首先，公安机关无法将行为人和具体案件联系起来，仅依据经验和行为人的反常表现进行询问，行为人交代犯罪事实的，构成形迹可疑型自动投案。其次，公安机关依据经验和行为人的反常表现将行为人和具体案件联系起来，但没有证据表明具体案件为行为人所为，行为人主动交代犯罪事实的，构成形迹可疑型自动投案。最后，公安机关依据证据将行为人和具体案件联系起来，有证据或线索表明具体案件系行为人所为，则不能成立形迹可疑型自动投案。

在本案中，被告人张芳元和被害人朱勤芬之间有不正当男女关系，近期通话较为频繁，公安机关遂根据办案经验将其传唤，进行一般性询问排查。这时无论是被害人家属还是公安机关都没有掌握被害人朱勤芬已经遇害的事实，也没有掌握张芳元杀害被害人朱勤芬的证据。经公安机关做思想工作、政策宣传后，张芳元主动供述自己的犯罪事实，并带领公安人员找到被害人尸体及作案工具，构成形迹可疑型自动投案。

5.1.1.7 关于意图摆脱嫌疑自动投案的认定

【案例6-25】吕志明犯故意杀人、强奸、放火罪案①

被告人吕志明，男，1979年5月29日出生，农民。因涉嫌犯故意杀人罪、强奸罪、放火罪于2009年8月20日被逮捕。

黑龙江省双鸭山市人民检察院以被告人吕志明犯故意杀人罪、强奸罪、放火罪，向双鸭山市中级人民法院提起公诉。

被告人吕志明及其辩护人提出，吕志明系主动投案，具有自首情节；吕志明认罪态度好、悔罪，请从轻处罚。

双鸭山市中级人民法院经审理查明：

被告人吕志明与被害人徐某某（女，殁年32岁）系邻居，均已离婚。2009年7月22日20时许，吕志明酒后遇到徐某某，纠缠并要求与其发生性关系，遭徐某某拒绝。当日21时许，吕志明翻围墙跳进徐某某家院内，进入室内后再次要求与徐某某发生性关系，被徐某某拒绝，吕即用拳头将徐某某打倒，用铁丝和胶带捆、缠徐的手和嘴，对徐某某实施强奸。吕志明恐徐某某报案，使用徐某某家炕上的背包带将徐勒死，并用打火机点燃现场衣物、被褥焚烧尸体，后逃离现场。同年8月5日，吕志明告知其姐姐、姐夫，案发当晚其曾与被害人发生性关系，其姐夫让其向公安机关说明此事，并经其同意后，主动联系公安机关，公安人员遂前来将吕志明带走。

双鸭山市中级人民法院认为，被告人吕志明使用暴力手段，强行与被害人徐某某发生性行为，又恐罪行败露，将徐勒死，并为湮灭罪迹，无视公共安全，在徐居住的屋内放火焚烧徐的尸体，其行为已构成强奸罪、故意杀人罪、放火罪。对吕志明所犯数罪，应依法并罚。吕志明辩称具有自首情节，经查符合法律规定，应予采纳。鉴于吕志明犯罪手段极其残忍，犯罪后果极其严重，虽有自首情节，不足以从轻处罚。据此，双鸭山中级人民法院判决如下：

被告人吕志明犯故意杀人罪，判处死刑，剥夺政治权利终身；犯强奸罪，判处有期徒刑9年；犯放火罪，判处有期徒刑3年；决定执行死刑，剥夺政治权利终身。

---

① 参见最高人民法院刑事审判第一、二、三、四、五庭编：《刑事审判参考》（总第80集），法律出版社2011年版，第29~31页。

一审宣判后，被告人吕志明以其具有自首情节、原判量刑过重为由提出上诉。其辩护人提出相同的辩护意见。

黑龙江省高级人民法院经二审审理认为，上诉人吕志明使用暴力手段，强行与被害人发生性关系，在将被害人勒死后，又放火焚尸灭迹，其行为已分别构成强奸罪、故意杀人罪、放火罪。上诉人犯罪动机卑劣，手段残忍，后果严重，社会危害性极大，虽有自首情节，不足以从轻处罚。对上诉人及其辩护人所提量刑过重、应从轻处罚的意见不予采纳。一审判决认定的事实清楚，证据确实、充分，定罪准确，量刑适当，审判程序合法。据此，黑龙江省高级人民法院裁定驳回上诉，维持原判，并依法报请最高人民法院核准。

最高人民法院经复核认为，被告人吕志明违背妇女意志，以暴力手段强行奸淫妇女，其行为已构成强奸罪；为防止罪行败露而故意非法剥夺他人生命，其行为已构成故意杀人罪；为湮灭罪证而故意在被害人所住房屋内纵火，足以危害公共安全，其行为又构成放火罪。吕志明强行奸淫被害人，后恐罪行败露而杀人灭口，又焚烧被害人尸体致房屋同时受损，犯罪动机卑劣，手段残忍，情节恶劣，罪行极其严重，应依法惩处。吕志明犯有数罪，应依法并罚。虽然吕志明的亲属对其归案起到一定的协助作用，但不足以对其从轻处罚。第一审判决、第二审裁定认定被告人吕志明强奸、故意杀害徐某某、放火的事实清楚，证据确实、充分，定罪准确，量刑适当。审判程序合法。但吕志明在犯罪以后并未自动投案，认定其行为构成自首不当，应予纠正。据此，最高人民法院裁定如下：

核准黑龙江省高级人民法院（2010）黑刑一终字第122号维持第一审对被告人吕志明以故意杀人罪判处死刑，剥夺政治权利终身；以强奸罪判处有期徒刑9年；以放火罪判处有期徒刑3年，决定执行死刑，剥夺政治权利终身的刑事裁定。

根据《1998年解释》第1条的规定，自动投案，是指犯罪事实或者犯罪嫌疑人未被司法机关发觉，或者虽被发觉，但犯罪嫌疑人尚未受到讯问、未被采取强制措施时，主动、直接向公安机关、人民检察院或者人民法院投案。自动投案要求被告人有投案的主动性和自愿性，要求被告人主动且自愿将自己置于公安机关的控制之下并接受处理。在本案中，被告人吕志明作案后，因担心罪行败露，无法解释被害人体内的精斑，谎称与被害人徐某某发生过性关系，其姐夫张东权询问其是否杀人时，吕志明予以否认。张东权随即提出让吕志明到公安机关说明其当晚在犯罪现场出现过，但没有实施犯罪，吕志明对此表示同意。吕志明投案的目的并非自愿将自己置于公安机关的控制之下，供述自己的罪行并接受处理，而是心存侥幸，为了掩盖罪行，企图摆脱犯罪嫌疑，主观上不具有投案的主动性和自愿性。因此，吕志明不构成自动投案。

5.1.2　关于自首的认定

5.1.2.1　关于供述共同犯罪事实的认定

【案例6－26】喻春等犯故意杀人罪案①

被告人喻春，男，1966年3月21日出生，农民。2012年7月18日因涉嫌犯故意杀人罪被逮捕。

被告人喻威，男，1989年12月3日出生，农民。2012年7月18日因涉嫌犯故意杀人罪被逮捕。

被告人余自兵，男，1989年3月19日出生，农民。2012年7月18日因涉嫌犯故意杀人罪被逮捕。

上海市人民检察院第二分院以被告人喻春、喻威、余自兵犯故意杀人罪，向上海市第二中级人民法院提起公诉。

上海市第二中级人民法院经公开审理查明：

2012年6月10日19时许，被告人喻春在上海市宝山区联谊路101号棋牌室内赌博时，与桑山、唐德国因赌资赔付发生口角，继而发生互殴。喻春打电话纠集其子被告人喻威去现场。喻威接到电话后持铁锹赶到现场，欲用铁锹殴打被害人桑山时，铁锹头掉落。双方被围观群众劝开后，喻春、喻威离开现场。此后，喻威打电话纠集被告人余自兵去棋牌室。约10分钟后，喻春手持两把西瓜刀，喻威手持一把西瓜刀返回上述棋牌室门前。喻春双手执刀与桑山对砍。喻威见状与喻春共同追打桑山至棋牌室隔壁的江南风味小吃店的厨房内。其间，驱车赶到现场的余自兵在厨房内持刀砍击桑山。桑山身受多处创伤后被他人送往宝山区仁和医院抢救，因大失血于当日20时30分死亡。喻春、喻威亦受伤，余自兵驾车将喻春、喻威送往宝山中心医院接受治疗，又将作案刀具丢入克山

① 参见最高人民法院刑事审判第一、二、三、四、五庭编：《刑事审判参考》（总第95集），法律出版社2014年版，第59～60页。

路湄浦河桥下河道内。当日晚，喻春在宝山中心医院被公安人员抓获。同年6月11日，喻威向公安机关投案。次日，余自兵向公安机关投案，且如实供述了其与喻春、喻威将桑山砍死的犯罪事实。

上海市第二中级人民法院认为，被告人喻春、喻威、余自兵共同杀害被害人桑山，其行为均构成故意杀人罪。经查，被害人桑山具有多处刀伤，不可能系余自兵一人在厨房内完成，故喻威虽有自动投案情节，但其既未供述其父砍到过桑山，也未供述其自己砍到过桑山，与事实明显不符，故认定其到案后没有供述主要犯罪事实，依法不能认定其具有自首情节。余自兵自动投案后如实供述犯罪事实，系自首，对其可以从轻处罚。据此，上海市第二中级人民法院判决如下：

1. 被告人喻春犯故意杀人罪，判处死刑，缓期2年执行，剥夺政治权利终身，限制减刑；

2. 被告人喻威犯故意杀人罪，判处无期徒刑，剥夺政治权利终身；

3. 被告人余自兵犯故意杀人罪，判处有期徒刑15年，剥夺政治权利4年。

一审宣判后，被告人喻威不服，以其具有自首情节对其应当从轻处罚为由向上海市高级人民法院提出上诉；余自兵亦以量刑过重为由提出上诉。

上海市高级人民法院经公开审理认为，上诉人喻威、余自兵与原审被告人喻春共同杀死一人，其行为均构成故意杀人罪。喻威未如实供述犯罪事实，不具有自首情节。余自兵自动投案且如实供述犯罪事实，应当认定具有自首情节，但原审对其判罚已体现从轻处罚政策，二上诉人的上诉意见不予采纳。据此，上海市高级人民法院裁定驳回喻威、余自兵的上诉，维持原审各项判决。

根据《1998年解释》第1条规定，如实供述自己的罪行，是指犯罪嫌疑人自动投案后，如实交代自己的主要犯罪事实。犯有数罪的犯罪嫌疑人仅如实供述所犯数罪中部分犯罪的，只对如实供述部分犯罪的行为，认定为自首。共同犯罪案件中的犯罪嫌疑人，除如实供述自己的罪行，还应当供述所知的同案犯，主犯则应当供述所知其他同案犯的共同犯罪事实，才能认定为自首。

关于被告人如实交代主要犯罪事实的认定，以及无法确定被告人是否如实交代主要犯罪事实的案件处理，根据《2010年意见》第2条规定，犯罪嫌疑人多次实施同种罪行的，应当综合考虑已交代的犯罪事实与未交代的犯罪事实的危害程度，决定是否认定为如实供述主要犯罪事实。虽然投案后没有交代全部犯罪事实，但如实交代的犯罪情节重于未交代的犯罪情节，或者如实交代的犯罪数额多于未交代的犯罪数额，一般应认定为如实供述自己的主要犯罪事实。无法区分已交代的与未交代的犯罪情节的严重程度，或者已交代的犯罪数额与未交代的犯罪数额相当，一般不认定为如实供述自己的主要犯罪事实。简言之，被告人是否交代主要犯罪事实应当根据已交代的犯罪事实和未交代的犯罪事实的严重程度予以把握，在无法区分或者确定被告人已交代的犯罪事实和未交代的犯罪事实的严重程度时，推定被告人未如实供述自己的主要犯罪事实。

在本案中，被告人余自兵承认参与砍杀，但证据表明被害人桑山身上有多处刀伤，不可能系余自兵一人在厨房内完成，即被告人喻春和喻威至少有一人参与了砍人行为，但喻威未供述二人之中到底谁参与砍人抑或共同参与砍人的犯罪事实，这部分犯罪事实影响各被告人在共同犯罪中地位和作用的认定，进而影响各被告人的量刑。喻威未供述的犯罪事实和已供述的犯罪事实的严重程度无法区分，因此，推定喻威未如实交代主要犯罪事实，不构成自首。

5.1.2.2　关于主观内容的辩解的认定

【案例6－27】冯维达、周峰犯故意杀人罪案①

被告人冯维达，男，汉族，1979年11月8日出生，农民。2005年9月因犯非法拘禁罪被判处拘役6个月；2011年7月22日因涉嫌犯故意杀人罪被逮捕。

被告人周峰，男，汉族，1984年12月21日出生，农民。2011年7月22日因涉嫌犯故意杀人罪被逮捕。

浙江省杭州市人民检察院以被告人冯维达、周峰犯故意杀人罪，向杭州市中级人民法院提起公诉。

被告人冯维达辩称，在与二被害人发生冲突的过程中，其并非有意追赶二被害人，因被害人砍其轿车，其为向二被害人索赔而在追赶过程中不小心撞上被害人的摩托车。其辩护人提出，被告人冯维达只想逼停被害人要求赔偿，发生碰撞时冯维达踩了刹车，本案应当定性为交通肇事逃逸，冯维达自动投案并如实供述自己的罪行，应当认定为自首。

---

① 参见最高人民法院刑事审判第一、二、三、四、五庭编：《刑事审判参考》（总第96集），法律出版社2014年版，第28～31页。

被告人周峰辩称，其没有让冯维达摆平被害人，当看到二被害人驾驶摩托车经过时其也没有让冯维达追赶，故其行为不构成故意杀人罪。其辩护人基于以下理由请求法庭对周峰从轻处罚：本案系冯维达临时起意追赶被害人，周峰不构成故意杀人罪的共犯；周峰对犯罪性质的辩解不影响自首的成立；被害人具有过错。

杭州市中级人民法院经公开审理查明：

2011年6月17日凌晨2时许，被告人周峰驾驶牌号为“浙A7226P”的雪佛兰轿车至浙江省杭州市余杭区崇贤镇众望街“星期八烧烤店”吃夜宵时遇到其熟悉的被害人祁亮（殁年27岁）等人。祁亮遂通知范玉民（另案处理）过来持刀挑衅。周峰驾车离开时打电话让被告人冯维达开车前来摆平此事。祁亮听到周峰打电话联系他人，遂打电话纠集被害人侯树伟（殁年19岁）、祈雷（另案处理）等人前来，并持砍刀、木棍围住周峰的轿车，祁亮还持械砍砸周峰的轿车。周峰驾车冲出并赶到崇贤镇农业银行附近与驾驶凯迪拉克轿车前来的冯维达会合。此时，寻找周峰的祁亮驾驶摩托车搭载侯树伟携带砍刀、木棍正好从周峰、冯维达汇合处经过，周峰即向冯维达指认祁亮、侯树伟系欺负他之人，并率先驾驶轿车顶上摩托车。祁亮、侯树伟驾乘摩托车转弯，冯维达即驾驶凯迪拉克轿车调头追赶，周峰驾车紧随其后。追逐过程中，冯维达加速行驶，在崇贤镇众望街94号路段撞上摩托车，致摩托车倒地滑行数米，祁亮、侯树伟被撞倒在人行道上，撞击后冯维达又驾车行驶数十米，后因轮胎严重破损无法行驶而弃车换乘周峰驾驶的轿车逃离现场。祁亮、侯树伟均因与地面撞击、摩擦致颅脑损伤死亡。

杭州市中级人民法院认为，被告人周峰遭到他人寻衅后，为泄愤报复而纠集被告人冯维达并指认对方人员，冯维达、周峰先后驾驶汽车高速追逐对方人员，由冯维达不计后果地高速猛烈撞击被害人驾驶的摩托车，致二被害人死亡，其行为均构成故意杀人罪。公诉机关指控的罪名成立。现场痕迹反映出冯维达在撞击摩托车之前车速快且未刹车，且撞击之后继续驾车行驶100余米，因车胎爆破无法前行才停止，因此，冯维达对二被害人的死亡后果持希望或者放任的态度，符合故意杀人罪的构成特征。周峰虽未明确指使冯维达撞击二被害人，但其纠集冯维达驾车前来目的是泄愤报复对方，明知冯维达驾车高速追逐的行为可能导致二被害人伤亡结果的发生，非但未制止反而驾车紧跟，且在冯维达撞击二被害人后，驾车带冯维达逃离现场，逃离途中也未对冯维达的撞击行为表示任何反对或者不满，由此体现出冯维达高速撞击二被害人的行为并未超出周峰报复、摆平对方的概括性故意。故相关辩护意见与查证的事实不符，不予采纳。冯维达、周峰投案后能够如实供述本人实施的主要客观犯罪行为，符合自首条件；但二被告人未如实供述本人主观故意的内容，实际未真诚悔罪。二被害人在本案起因上有一定过错，辩护人所提被害人有过错的辩护意见予以采纳。鉴于冯维达故意杀人犯罪的社会危害性极大，犯罪后果极其严重，根据被害人的过错程度以及冯维达的自首程度，尚不足以对冯维达从宽处罚。鉴于周峰未直接加害二被害人，可视其自首情节、赔偿情况以及被害人过错的程度，依法可以从轻处罚。据此，杭州市中级人民法院判决如下：

1. 被告人冯维达犯故意杀人罪，判处死刑，剥夺政治权利终身。

2. 被告人周峰犯故意杀人罪，判处有期徒刑15年，剥夺政治权利3年。

一审宣判后，被告人冯维达不服，向浙江省高级人民法院提起上诉。冯维达及其辩护人基于以下理由提出原判量刑过重，请求法庭对冯维达从轻处罚：冯维达没有杀人的故意及动机；原判认定二被害人未砍击冯维达所开车辆及车挡风玻璃破裂是碰撞后碎裂的证据不足；即使冯维达驾车追逐放任危害结果发生，也系间接故意；被害人具有过错；冯维达具有自首情节。

被告人周峰不服，向浙江省高级人民法院提起上诉。周峰及其辩护人基于以下理由提出原判量刑过重，请求法庭对周峰从轻处罚：周峰没有实施共同杀害被害人的行为；周峰具有自首情节。

二审出庭检察员认为，原判认定的事实清楚，证据确实、充分，定性准确，量刑适当，二上诉人的上诉理由及辩护意见均不能成立，遂建议驳回上诉，维持原判。

浙江省高级人民法院经公开审理认为，原判认定上诉人冯维达、周峰故意杀人的事实清楚，证据确实、充分。冯维达、周峰虽然均系主动投案，但并未如实供述自己的主要犯罪事实，原判认定二上诉人构成自首不当，应予更正。原判定罪正确，量刑适当，审判程序合法。冯维达、周峰要求改判的理由不足，不予采纳。据此，浙江省高级人民法院依法裁定驳回被告人冯维达、周峰的上诉，维持原判，并将判处被告人冯维达死刑的裁定依法报请最高人民法院核准。

最高人民法院复核认为，被告人冯维达受同案被告人周峰纠集，故意非法剥夺他人生命，其行为构成故意杀人罪。在共同犯罪中，冯维达直接实施致死二被害人的行为，系罪责最为严重的主犯。冯维达被纠集至现场后即在居民区驾驶轿车高速行驶，故意撞击二被害人驾乘的摩托车致二被害人死亡，犯罪情节特别恶劣，犯罪后果特别严重，罪行极其严重，依法应当严惩。第一审判决、第二审裁定认定的事实清楚，证据确实、充分，定罪准确，量刑适当，审判程序合法。据此，最高人民法院依法裁定核准浙江省高级人民法院维持第一审以故意杀人罪判处被告人冯维达死刑，剥夺政治权利终身的刑事裁定。

根据《1998年解释》第1条规定，如实供述自己的罪行，是指犯罪嫌疑人自动投案后，如实交代自己的主要犯罪事实。关于主要犯罪事实的认定，可以从以下两个方面进行把握：首先，主观方面。由于主观方面是犯罪构成要件的必备要素，主观内容的不同不仅影响被告人罪名适用，而且影响被告人的量刑，查明被告人的主观内容是法院对被告人定罪量刑的必要环节，因此，主观方面的内容应当是被告人如实供述的主要犯罪事实。其次，客观方面。客观方面是被告人如实供述的内容，具体包括危害行为、行为对象、危害结果、方法、地点、时间等内容。主客观方面都属于主要犯罪事实的内容，只有被告人主客观方面都如实供述，才符合自首条件。

在本案中，被告人冯维达的供述一直否认其故意杀人的罪过心理，辩称撞击前踩了刹车，系不小心撞到被害人，但在案证据表明冯维达两次撞击被害人驾驶的摩托车，在撞击停止前并没有刹车的痕迹。经鉴定，冯维达驾驶的凯迪拉克汽车制动性能正常。冯维达的供述和客观证据不符，其主观上并非供述的过失，而是故意，至少是间接故意。由于主观内容属于主要犯罪事实的内容，冯维达未如实供述自己主观内容，不能认定为如实供述主要犯罪事实，因此，冯维达不构成自首。

5.1.2.3 关于行为性质的辩解的认定

【案例6-28】周文友犯故意杀人罪案①

附带民事诉讼原告人李昌禄，男，1937年7月28日出生，汉族，农民。系被害人李博之父。

附带民事诉讼原告人邹启会，女，1939年10月4日出生，汉族，农民。系

① 参见最高人民法院刑事审判第一、二、三、四、五庭编：《刑事审判参考》（总第46集），法律出版社2006年版，第30~34页。

被害人李博之母。

被告人周文友，男，1973 年 9 月 23 日出生，汉族，农民。2004 年 8 月 11 日因涉嫌犯故意杀人罪被刑事拘留，同月 29 日被逮捕。

附带民事诉讼被告人赵孝学，女，1954 年 1 月出生，汉族。系被告人周文友之母。

重庆市人民检察院第三分院以被告人周文友犯故意杀人罪向重庆市第三中级人民法院提起公诉。审理过程中，附带民事诉讼原告人李昌禄、邹启会向法院提起附带民事诉讼。附带民事诉讼原告人李昌禄、邹启会要求被告人周文友、附带民事诉讼被告人赵孝学共同赔偿丧葬费、死亡赔偿费、被抚养人生活费、误工费、交通费等共计人民币 225,166.38 元，精神抚慰金 100,000 元，共计人民币 325,166.38 元。

重庆市第三中级人民法院经公开审理查明：

2004 年 7 月 27 日晚，被告人周文友之妹周洪为家庭琐事与其夫李博（被害人）发生争吵，周文友之母赵孝学出面劝解，后李博用板凳打了赵孝学。当晚 23 时许，周文友回家得知此事，遂打电话质问李博，并叫李博回家把事情说清楚，为此，两人在电话里发生争执。次日凌晨 1 时 30 分许，李博邀约任毅、杨海波、吴四方等人乘坐出租车来到周文友家。周文友见状遂持尖刀走出房间来到坝子，与持砍刀的李博对打。在周文友与李博相互对打中，周文友将李博右侧胸肺、左侧腋、右侧颈部等处刺伤，致李博急性失血性休克，呼吸、循环衰竭死亡；李博持砍刀将周文友头顶部、左胸壁等处砍伤，将周文友左手腕砍断。经法医鉴定周文友的损伤程度属重伤。周文友受伤后乘坐出租车前往医院治疗，途经南川市公安局西城派出所时，向派出所报案，称其杀了人，来投案自首，现在要到医院去治伤，有事到医院找他。

另查明，被害人李博死亡后，其损失为：丧葬费人民币 6222 元，死亡补偿费人民币 44,300 元，李昌禄赡养费人民币 6859 元，邹启会赡养费人民币 7915 元，误工、交通费人民币 1500 元，共计人民币 66,796 元。

重庆市第三中级人民法院认为，被告人周文友故意非法剥夺他人生命，致一人死亡的行为，已构成故意杀人罪。鉴于被告人周文友有自首情节，且被害人李博邀约多人到被告人周文友家，并持砍刀与周文友对砍、对杀，周文友也身负重伤，故被害人李博有重大过错，可对被告人周文友减轻处罚。被告人周文友的犯罪行为给附带民事诉讼原告人李昌禄、邹启会造成的经济损失，应当赔偿。因被害人李博有重大过错，可减轻民事赔偿责任。附带民事诉讼被告人赵孝学没有参与打斗，故不承担民事赔偿责任。据此，重庆市第三中级人民法院于2005年1月3日判决如下：

1. 被告人周文友犯故意杀人罪，判处有期徒刑8年。

2. 被告人周文友赔偿附带民事诉讼原告人李昌禄、邹启会的丧葬费、死亡补偿金、交通费、误工费、赡养费共计人民币40,077.6元。

3. 附带民事诉讼被告人赵孝学不承担民事赔偿责任。

一审宣判后，周文友不服，向重庆市高级人民法院提起上诉称：自己没有非法剥夺被害人生命的主观意图和故意行为，其行为属正当防卫，不应承担刑事和民事责任。其辩护人认为：原判认定事实不清，证据不足；周文友是在自身安危已构成严重威胁之时的正当防卫行为，不应承担刑事和民事责任，请求宣告周文友无罪。

附带民事诉讼原告人李昌禄、邹启会上诉称：原审判决对附带民事赔偿数额处理不当，所划分责任显失公平；请求判决周文友和赵孝学赔偿因李博死亡造成的经济损失丧葬费6222元，死亡补偿费161,880元，被扶养人生活费14,774元，误工、交通费人民币1500元，精神抚慰金100,000元，共计284,376元。

重庆市高级人民法院经审理查明：

2004年7月27日晚，被告人周文友之妹周洪为家庭琐事与其夫被害人李博发生争吵，周文友之母赵孝学出面劝解时被李博用板凳殴打。周文友回家得知此事后，即邀约安礼强一起到李博家找李博，因李博不在家，周文友即打电话质问李博，并叫李博回家把事情说清楚，为此，两人在电话里发生争执，均扬言要砍杀对方。之后，周文友打电话给南川市公安局西城派出所，派出所民警到周文友家劝解，周表示只要李博前来认错、道歉及医治，就不再与李博发生争执，随后派出所民警离开。次日凌晨1时30分许，李博邀约任毅、杨海波、吴四方等人乘坐出租车来到周文友家。周文友听见汽车声后，从厨房拿一把尖刀从后门出来绕到房屋左侧，被李博等人发现，周文友与李博均扬言要砍死对方，然后周文友与李博持刀打斗，杨海波、任毅等人用石头掷打周文友。打斗中，周文友将李博右侧胸肺、左侧腋、右侧颈部等处刺伤，致李博急性失血性休克，呼吸、循环衰竭死亡；李博持砍刀将周文友头顶部、左胸壁等处砍伤，将周文友左手腕砍断。经法医鉴定周文友的损伤程度属重伤。周文友受伤后乘坐出租车前往医院治疗，途经南川市公安局西城派出所时，向派出所报案，称其杀了人，来投案自首，现在要到医院去治伤，有事到医院找他。

另查明，被害人李博系城镇户口，因李博的死亡给上诉人李昌禄、邹启会造成的经济损失包括：丧葬费人民币6222元，死亡补偿费人民币161,880元，李昌禄赡养费人民币6859元，邹启会赡养费人民币7915元，误工、交通费人民币1500元，共计人民币184,376元。

重庆市高级人民法院认为，上诉人周文友在其母亲被被害人殴打后欲报复被害人，持刀与被害人打斗，打斗中不计后果，持刀猛刺被害人胸部等要害部位，致被害人死亡，其行为已构成故意杀人罪。鉴于周文友有自首情节，且被害人李博邀约多人到周文友家，并持砍刀与周文友对砍，致周文友重伤，李博有重大过错，可对周文友减轻处罚。周文友的犯罪行为给上诉人李昌禄、邹启会造成的经济损失，应当赔偿。因被害人李博有重大过错，可减轻周文友民事赔偿责任。根据过错相抵的原则，由周文友承担60%的赔偿责任。被上诉人赵孝学没有参与打斗，故不承担民事赔偿责任。故上诉人李昌禄、邹启会及其诉讼代理人所提判令赵孝学承担民事赔偿责任的上诉理由及代理意见不能成立。原判刑事部分判决认定事实和适用法律正确，量刑适当，审判程序合法，但民事部分判决认定被害人李博系农业户口错误，导致判决赔偿数额不当，应予以纠正。据此，重庆市高级人民法院于2005年5月16日判决如下：

1. 维持重庆市第三中级人民法院刑事附带民事判决中对被告人周文友的定罪量刑以及附带民事诉讼被告人赵孝学不承担民事赔偿责任部分。

2. 撤销重庆市第三中级人民法院刑事附带民事判决中对被告人周文友赔偿附带民事诉讼原告人李昌禄、邹启会的赔偿部分。

3. 上诉人周文友赔偿上诉人（原审附带民事诉讼原告人）李昌禄、邹启会因李博的死亡造成经济损失丧葬费、死亡补偿金、交通费、误工费、赡养费共计人民币11,624元。

2004年3月23日，最高人民法院就广西壮族自治区高级人民法院《关于被告人对事实性质的辩解是否影响投案自首的成立的请示》作出批复，根据《刑法》第67条第1款和《最高人民法院关于处理自首和立功具体应用法律若干问题的解释》第1条的规定，犯罪以后自动投案，如实供述自己的罪行的，是自首。被告人对行为性质的辩解不影响自首的成立。

这里要注意被告人对行为性质的辩解和对主观内容的辩解的区别。被告人对行为性质的辩解是建立在被告人如实供述自己主客观内容犯罪事实基础上，认为自己的行为不构成犯罪，或者轻罪。这种辩解不影响被告人如实供述的完整性和司法机关对犯罪事实的认定，属于被告人自我辩护的内容。被告人对主观内容的辩解则属于未如实供述主观内容，未如实供述主要犯罪事实。简言之，被告人对自己行为性质的辩解不影响自首的成立，被告人对自己主观内容的辩解影响自首的成立。

在本案中，被告人周文友在与被害人李博打斗过程中，身受重伤。案发后，周文友乘坐出租车自行到医院接受治疗，途径南川市公安局西城派出所时，向派出所报案，称其杀了人，来投案自首，现在要去医院治伤，有事到医院找他。说明周文友主观上具有自动投案的主动性和自愿性。到案后，周文友如实供述自己的主客观方面的犯罪事实，供述和查明的事实一致。至于周文友对其行为性质的辩解，属于被告人自我辩护的内容，不影响其供述主要犯罪事实的完整性和司法机关对案件事实的认定，因此，周文友构成自首。

5.1.2.4 关于未如实供述主要犯罪事实的认定

【案例 6－29】许涛犯故意杀人罪案①

被告人许涛，男，1983 年 3 月 24 日出生。因涉嫌犯故意杀人罪于 2013 年 9 月 30 日被逮捕。

陕西省西安市人民检察院以被告人许涛犯故意杀人罪，向西安市中级人民法院提起公诉。

被告人许涛辩称，其与被害人任某某系因恋爱关系遭到父母反对及偿还高利贷借款压力而相约自杀，任某某自愿让其掐死。其辩护人提出，许涛具有自首情节，认罪态度较好，有悔罪表现，请求对其从轻或减轻处罚。

西安市中级人民法院经公开审理查明：

2014 年 4 月，被告人许涛与被害人任某某通过网络相识，许涛采取欺骗手段取得任某某好感后二人建立恋爱关系。其间，许涛与任某某高息借款 12 万

---

① 参见最高人民法院刑事审判第一、二、三、四、五庭编：《刑事审判参考》（总第 113 集），法律出版社 2019 年版，第 52～54 页。

元，全部被许涛使用，尚余部分借款许涛无力偿还。2012 年 12 月，许涛、任某某分手后，许涛仍纠缠任某某并对其实施暴力行为。2013 年 5 月，任某某与他人确定恋爱关系。同年 7 月，许涛在网络上虚构“高利贷要账人员”使用注册名为”任某某许涛不要脸还钱”的 QQ 号，散布任某某个人及家庭成员信息、欠款未还等情况。同年 8 月，许涛以“高利贷要账人员”名义，以电子邮件的方式威胁、恐吓任某某限期还款。8 月 29 日，许涛谎称已准备好钱款，让任某某与许涛假扮的“高利贷要账人员”约定当晚在许涛家中还款。当许涛与任某某来到陕西省西安市灞桥区狄寨街道潘村三队许涛家的在建房屋后，许涛用力扼压任某某颈部，致任某某机械性窒息死亡。次日，许涛到公安机关投案，供称其与任某某相约自杀，致任某某死亡。

西安市中级人民法院认为，被告人许涛因债务压力，精心预谋，虚构事实，威胁、纠缠被害人任某某，欺骗任某某见面后杀死任某某，其行为已构成故意杀人罪。对于许涛提出其与任某某系因父母反对二人的恋爱关系及偿还借款压力而相约自杀，任某某自愿让其掐死的辩解，经查，任某某于 2012 年 12 月同许涛分手，2013 年 5 月与他人确立恋爱关系，且感情稳定，不存在与许涛相约自杀的感情因素；任某某有固定工作，家庭条件较好，且许涛在网络上欺骗任某某已准备好 9 万元用于还款，任某某亦相信许涛所言，任某某显然亦不具有因债务压力自杀的因素，故许涛的辩解与案件事实不符，不能成立。对于许涛的辩护人提出许涛具有自首情节，依法应从轻处罚的辩护意见，经查，许涛主动投案，承认掐死任某某，在开庭时供认其在网上虚构“高利贷要账人员”威胁恐吓任某某等主要犯罪事实，依法构成自首。但许涛在侦查阶段及审判阶段均拒不指认犯罪现场，编造相约自杀情节，隐瞒真实杀人动机，无真诚认罪悔罪表现，故许涛的自首行为不足以从轻处罚。据此，西安市中级人民法院判决如下：

被告人许涛犯故意杀人罪，判处死刑，剥夺政治权利终身。

宣判后，被告人许涛未提出上诉。陕西省高级人民法院复核提讯时，许涛对掐死被害人任某某的事实供认不讳，但又供称其掐压任某某颈部时，任某某肯定不想跟其一起死。许涛的辩护人提出，许涛具有自首情节；许涛在原审庭审时承认自己的所有行为，未作辩解及推卸罪责，且接受原审判决，未提出上诉，体现其认罪悔罪态度；许涛拒绝指认现场，系因不能面对父母和乡亲，并非掩盖罪行、逃避责任；许涛并未否认其杀人行为，请求对许涛从轻处罚。

陕西省高级人民法院经复核认为，被告人许涛故意杀人后主动向公安机关投案，在原审庭审中供认了主要犯罪事实，其行为构成自首。但许涛精心预谋全部作案过程，犯罪手段狡猾且卑劣，归案后编造相约自杀的情节，隐瞒真实犯罪动机，对其自首情节不能从轻处罚，故对辩护人的辩护意见不予采纳。据此，陕西省高级人民法院同意原判，并依法报请最高人民法院核准。

最高人民法院经复核认为，被告人许涛因债务及感情纠葛，经预谋后采用虚构网名、冒充债主身份、通过网络向被害人催要债务的方式纠缠被害人、以偿还债务为由将被害人骗至家中在建房屋内杀害，犯罪情节恶劣，手段残忍，罪行极其严重，应依法惩处。许涛虽能主动投案，但未如实供述主要犯罪事实、不构成自首。西安市中级人民法院原审判决、陕西省高级人民法院复核裁定认定的事实清楚，证据确实、充分，定罪准确，量刑适当，审判程序合法。但西安市中级人民法院原审判决、陕西省高级人民法院复核裁定认定许涛具有自首情节不当，依法应予纠正。据此，最高人民法院裁定如下：

核准陕西省高级人民法院（2015）陕刑三终字第00013号同意原审以故意杀人罪判处被告人许涛死刑，剥夺政治权利终身的刑事附带民事裁定。

根据《1998年解释》第1条规定，如实供述自己的罪行，是指犯罪嫌疑人自动投案后，如实交代自己的主要犯罪事实。关于被告人如实交代自己的主要犯罪事实的认定，可以从以下两个方面进行把握。首先，主观方面。由于主观方面是犯罪构成要件的必备要素，主观内容的不同不仅影响被告人的罪名适用，而且影响被告人的量刑，查明被告人的主观内容是法院对被告人定罪量刑的必要环节，因此，主观方面的内容应当是被告人如实供述的主要犯罪事实。其次，客观方面。客观方面是被告人如实供述的内容，具体包括危害行为、行为对象、危害结果、方法、地点、时间等内容。主客观内容都属于主要犯罪事实的内容，被告人只有主客观方面都如实供述，才符合自首条件。

在本案中，虽然被告人许涛作案后自动投案，供述其杀人事实，但是编造双方系相约自杀。许涛编造双方系相约自杀的情节既是对主观动机的歪曲，也是对故意杀人客观事实的否认，其目的并非自愿且主动接受法律的审判，而是为了掩饰杀人动机和隐瞒犯罪事实，企图瞒天过海，逃避法律制裁。故意杀人和相约自杀在法律上的性质和评价不同，许涛未如实供述的内容直接关系到案件的定性，属于应当供述的主要犯罪事实，许涛未能如实供述，依法不构成自首。

5.1.2.5 关于如实供述犯罪事实又翻供的认定

【案例6-30】李吉林犯故意杀人罪案①

被告人李吉林，男，1982年12月31日出生于湖南省宜章县，汉族，农民工。因本案于2007年4月4日被逮捕。

被害人肖某，女，殁年23岁，湖南省郴州市北湖区妇幼保健医院职工。

湖南省郴州市人民检察院以李吉林犯故意杀人罪，向湖南省郴州市中级人民法院提起公诉。

被告人李吉林辩称，被害人先捅其两刀，其是在被害人死后才掐的被害人。

湖南省郴州市中级人民法院经公开审理查明：

被告人李吉林与被害人肖某系男女朋友关系。2007年3月初，肖某打电话向正在广东省韶关市打工的李吉林提出分手。李吉林怀恨在心，欲杀死肖某后自杀，遂于2007年3月6日从其打工地携带一把铁锤回到湖南省郴州市。当日下午3时许，李吉林入住乐仙大酒店711房，将铁锤藏于床下。后又到郴江商贸城等地购买了杀猪刀、红色纤维绳和透明胶并藏于711房电视柜内。当晚，肖某应李吉林之邀前来赴约。晚上9时许，肖某执意与李吉林分手并提出离开，李趁肖不备，用铁锤朝肖头部砸数下，致使肖颅骨骨折、脑组织外溢，后李又将肖抱到床上，持杀猪刀向肖心脏部位刺了一刀，并用双手掐肖的脖子。肖某因钝器致重度颅脑损伤及锐器损伤左肺动脉、静脉大失血而当场死亡。随后，李吉林先后用刀剖腹、割腕、割喉等方法自杀未果，因疼痛难忍拨打“110”报警。公安人员接到报警后，赶到现场将李吉林控制并送入医院治疗。

湖南省郴州市中级人民法院认为，被告人李吉林因与被害人肖某恋爱不成而怀恨在心，经过预谋，用铁锤和杀猪刀将肖某杀死，其行为构成故意杀人罪。公诉机关指控的罪名成立，且犯罪事实清楚，证据确实、充分。李吉林从其在公安机关的最后一次供述至开庭审理时辩称肖某先实施了用刀捅刺的行为，而在被抓获后的前几次供述中均未提及，因该辩解无其他证据予以支持，故不予采纳。李吉林精心准备作案工具，先持铁锤击打被害人头部，在被害人求饶的情况下仍不罢手，又持杀猪刀刺击被害人的心脏部位，还用手掐被害人的脖子，

① 参见最高人民法院刑事审判第一、二、三、四、五庭编：《刑事审判参考》（总第80集），法律出版社2011年版，第76~78页。

直至被害人死亡，其犯罪手段特别残忍，情节特别恶劣，社会危害性极大，依法应对其予以严惩。李吉林在自杀未果后拨打“110”报警，并供述自己的作案动机及全过程，属于自首，但依法不予从轻处罚。据此，湖南省郴州市中级人民法院判决如下：

被告人李吉林犯故意杀人罪，判处死刑，剥夺政治权利终身。

宣判后，被告人李吉林提出上诉。其辩护人提出，被害人在恋爱时曾花去其5万元左右，且是被害人先捅了其两刀，因此，被害人有一定过错，一审判决对此没有认定；李吉林有自首情节，愿意赔偿，有悔过自新表现，可以从轻处罚，一审量刑过重。湖南省人民检察院提出，李吉林有自首情节且本案起因于恋爱纠纷，建议改判死刑缓期2年执行。

湖南省高级人民法院经审理认为，被告人李吉林维持恋爱关系不成，持械故意非法剥夺他人生命，且致一人死亡，其行为构成故意杀人罪。李吉林犯罪后主动投案并如实供述其主要犯罪事实，系自首，但犯罪手段特别残忍，犯罪后果特别严重，且被害人不存在过错，依法不予从轻处罚。李吉林的辩解及其辩护人辩护所提意见无事实根据和证据支持，不能成立，湖南省人民检察院所提意见亦不能成立。原审判决认定的犯罪事实清楚，证据确实、充分，定罪准确，量刑适当，审判程序合法。据此，湖南省高级人民法院裁定驳回上诉，维持原判，并依法将本案报请最高人民法院核准。

最高人民法院经复核确认的事实与湖南省郴州市中级人民法院、湖南省高级人民法院认定的事实一致。最高人民法院经复核认为，被告人李吉林故意非法剥夺他人生命，并致人死亡，其行为构成故意杀人罪。李吉林自侦查阶段后期始，推翻其最初的部分供述，称在杀害肖某之前，因发生争吵肖先捅了其腹部两刀。经查，李吉林的翻供不能成立，其不如实供述主要犯罪事实，故不成立自首。李吉林因恋爱不成竟起杀人歹念，并采取锤砸、刀捅的手段杀死被害人，犯罪手段极其残忍，犯罪后果和罪行极其严重，应依法严惩。第一审判决、第二审裁定认定的事实清楚，证据确实、充分，定罪准确，量刑适当，审判程序合法。据此，最高人民法院裁定如下：

核准湖南省高级人民法院（2009）湘高法刑终字第60号维持第一审对被告人李吉林以故意杀人罪判处死刑，剥夺政治权利终身的刑事裁定。

根据《1998年解释》第1条规定，犯罪嫌疑人自动投案并如实供述自己的罪行后又翻供的，不能认定为自首；但在一审判决前又能如实供述的，应当认定为自首。在本案中，被告人李吉林因恋爱不成起杀人之念，采取锤砸、刀捅的手段杀害被害人肖某。李吉林从侦查阶段后期开始，推翻之前的部分供述，称在杀害肖某之前，肖某先捅了其腹部两刀。李吉林翻供的内容和查明的事实不符，翻供持续时间超出法律规定的截止时间，直到一审判决作出，李吉林仍然坚持翻供意见，因此，李吉林不构成自首。

5.1.2.6 关于供述罪行和公安机关掌握的罪行有密切关联的认定

【案例 6－31】汪某犯故意杀人、敲诈勒索罪案①

被告人汪某，男，1984 年 12 月 6 日出生，农民。因涉嫌犯故意杀人罪、敲诈勒索罪于 2009 年 10 月 14 日被逮捕。

某市人民检察院以被告人汪某犯故意杀人罪、敲诈勒索罪，向某市中级人民法院提起公诉。

被告人汪某在庭审中对起诉书指控其犯故意杀人罪、敲诈勒索罪的事实无异议。其辩护人提出汪某主观恶性较小，具有自首情节，建议法院对其从轻处罚。

某市中级人民法院经公开审理查明：

2009 年 6 月左右，被告人汪某在某县某旅游用品厂打工期间认识被害人云某（男，殁年 23 岁）。同年 7 月至 8 月期间，汪某租房经营服装店，后因生意不景气等原因而将服装店转让给云某。同年 9 月 21 日晚，汪某到云某经营的服装店和云某聊天、吃饭。后二人在某县工业园区因琐事发生争吵、厮打。厮打过程中，汪某用云某身上的挎包带勒云某的颈部，致云某窒息死亡后，将云某的尸体抛入附近下水道内。同月 23 日，汪某持云某的身份证以云某的名义到银行办理一张储蓄卡。24 日汪某用云某的手机号码通过打电话并发短信的方式要求云某家属向云某的账户汇入 13 万元，否则就会揭露云某的隐私，甚至对云某实施伤害行为。25 日，因云某亲属向公安机关报案，汪某最终未得逞。

另查明：2009 年 10 月 2 日，公安机关经调查得知，案发当晚云某和汪某一起喝酒、吃饭后失踪，通过调取云某账户的开户行监控录像并组织人员进行辨认确定开户人是汪某，从而确定汪某有重大作案嫌疑。次日中午，公安机关派

---

① 参见最高人民法院刑事审判第一、二、三、四、五庭编：《刑事审判参考》（总第 84 集），法律出版社 2012 年版，第 17～18 页。

员找汪某了解情况，汪某没有交代犯罪事实。当日晚上，公安机关围绕云某银行卡开户情况再次询问汪某时，汪某才交代故意杀人、敲诈勒索的犯罪事实，并带领公安人员找到被害人尸体。

某市中级人民法院认为，被告人汪某故意非法剥夺他人生命的行为构成故意杀人罪；其以非法占有为目的，敲诈勒索他人数额巨大财物的行为构成敲诈勒索罪；依法应数罪并罚。汪某敲诈勒索他人财物因意志以外的原因而未得逞，系犯罪未遂，可以比照既遂犯从轻处罚。汪某归案后供述的故意杀人罪行与司法机关已掌握的敲诈勒索罪行在事实上有密切关联，不构成自首。但鉴于汪某认罪态度好，有悔罪表现，对汪某判处死刑，可不立即执行。据此，某市中级人民法院判决如下：

被告人汪某犯故意杀人罪，判处死刑，缓期 2 年执行，剥夺政治权利终身；犯敲诈勒索罪，判处有期徒刑 3 年；决定执行死刑，缓期 2 年执行，剥夺政治权利终身。

宣判后，被告人汪某未提出上诉，检察机关也未提出抗诉。

某省高级人民法院经复核认为，原审判决认定的事实清楚，证据确实、充分，定罪准确，量刑适当，审判程序合法。据此，某省高级人民法院裁定核准某市中级人民法院对被告人汪某以故意杀人罪判处死刑，缓期 2 年执行，剥夺政治权利终身；以敲诈勒索罪判处有期徒刑 3 年；决定执行死刑，缓期 2 年执行，剥夺政治权利终身的刑事判决。

根据《1998 年解释》第 2 条规定，被采取强制措施的犯罪嫌疑人、被告人和已宣判的罪犯，如实供述司法机关尚未掌握的罪行，与司法机关已掌握的或者判决确定的罪行属不同种罪行的，以自首论。关于“不同种罪行”的认定，《2010 年意见》第 3 条规定，犯罪嫌疑人、被告人在被采取强制措施期间如实供述本人其他罪行，该罪行与司法机关已掌握的罪行属同种罪行还是不同种罪行，一般应以罪名区分。虽然如实供述的其他罪行的罪名与司法机关已掌握犯罪的罪名不同，但如实供述的其他犯罪与司法机关已掌握的犯罪属选择性罪名或者在法律、事实上密切关联，如因受贿被采取强制措施后，又交代因受贿为他人谋取利益行为，构成滥用职权罪的，应认定为同种罪行。简言之，虽然供述的罪行和司法机关掌握的犯罪的罪名不同，但是如果两罪之间存在法律或事实上密切关联，则应当认定为同种罪行。

在本案中，公安机关经调查得知，案发当晚被告人汪某和被害人云某一起吃饭、喝酒，通过调取云某账户开户行监控录像得知系汪某所为，认为汪某对敲诈勒索案有重大作案嫌疑。次日中午，公安机关对汪某了解情况，汪某没有交代犯罪事实，当晚公安机关围绕云某账户开户情况展开讯问时，汪某才交代故意杀人和敲诈勒索的犯罪事实。本案以敲诈勒索罪对汪某进行立案侦查，汪某在交代敲诈勒索事实时一并交代了故意杀人的事实。虽然汪某供述的两罪的罪名不同，但是两罪之间具有密切关联，即汪某故意杀人的实行行为是敲诈勒索的预备行为，汪某如果不供述其故意杀人的事实，其敲诈勒索的事实就供述不彻底，因此，汪某的敲诈勒索行为和故意杀人行为具有事实上的关联，其在供述敲诈勒索事实时一并交代故意杀人事实的行为不构成自首，但量刑时作为认罪悔罪情节予以考虑。

5.1.3　关于几种特殊类型的自首的认定

在故意杀人犯罪中，自首是较为重要的从轻处罚的量刑情节，一般来说，被告人是否具有自首情节直接决定了被告人是否适用死刑。在故意杀人犯罪自首的认定基础上，笔者将对实践中几种特殊的情形进行举例分析，包括公安机关已经掌握被告人的基本犯罪证据，被告人如实供述犯罪事实的；被告人符合自首成立条件，但被告人亲属拒不配合抓捕的；被告人作案后报警表示投案自首，在等待警察期间又实施犯罪的情形。

5.1.3.1　关于公安机关已掌握犯罪证据能否构成自首的认定

【案例6－32】闫光富犯故意杀人罪案[①]

被告人闫光富，男，1960年5月10日出生，个体建筑户。因涉嫌犯故意杀人罪于2007年7月11日被逮捕。

重庆市人民检察院第二分院以被告人闫光富犯故意杀人罪向重庆市第二中级人民法院提起公诉。

重庆市第二中级人民法院经公开审理查明：

被告人闫光富在与被害人李国华的长期经济往来中欠下本息100余万元的债务，李国华多次要求闫光富归还未果。2007年5月中旬，闫光富伪造了一份

① 参见最高人民法院刑事审判第一、二、三、四、五庭编：《刑事审判参考》（总第69集），法律出版社2009年版，第9～11页。

李国华欠其126万元的承诺书。同月31日下午，李国华受闫光富邀约，携带由闫光富出具的债务凭据到重庆市忠县忠州镇白公路121号附1号闫家门面算账时，闫持钢管猛击李头部等处，致李死亡。之后，闫光富将李国华的指纹加盖在伪造的承诺书上，将李国华的尸体藏在自用轿车后备箱内。当晚，闫光富驾车将李国华的尸体抛于重庆市石柱县王场镇蚊鱼村水晶岩处，并在抛尸途中将其出具给李国华的债务凭据烧毁。2007年6月6日，闫光富接公安机关的调查通知后前往公安机关，供认了杀害李国华的犯罪事实。

重庆市第二中级人民法院认为，被告人闫光富在与被害人李国华清算债务过程中，持钢管打击李国华头部等处，致人死亡，其行为已构成故意杀人罪。闫光富在接到公安机关的电话通知后前往公安机关，并在公安机关未找到李国华尸体，尚不能确认李国华已被害且为其所害的情况下，主动向公安机关供述了其杀死李国华的事实，系自首。但闫光富为逃避巨额债务而有预谋地实施杀人行为，且杀人后销毁债务凭据，并抛尸隐藏罪证，犯罪动机卑劣，犯罪手段残忍，后果极其严重，虽有自首情节尚不足以从轻处罚。据此，重庆市第二中级人民法院判决如下：

被告人闫光富犯故意杀人罪，判处死刑，剥夺政治权利终身。

一审宣判后，闫光富以其有自首情节提出上诉，请求二审法院从宽处罚。

重庆市高级人民法院经二审审理查明的犯罪事实与一审相同，另查明：2007年6月1日，被害人李国华的妻子阮光玉发现李失踪后，即向公安机关报案。公安机关经侦查，确认闫光富有重大作案嫌疑。同月6日，公安机关电话通知闫光富前往公安机关接受调查。闫光富到达公安机关后，公安人员经对闫光富驾驶的轿车后备厢进行检查，发现有残留血迹，即对闫光富进行讯问，闫光富遂供述了杀害李国华的犯罪事实。

重庆市高级人民法院认为，上诉人闫光富为逃避所欠被害人李国华的巨额债务而预谋杀人，将李约至其家空置店面内杀害，其行为已构成故意杀人罪，且犯罪动机卑劣，手段残忍，后果极其严重，应依法惩处。公安机关接到报案后，经侦查，认为李国华可能被害，并掌握了闫光富有犯罪嫌疑的证据，随即电话通知闫光富前来接受调查。闫光富到达公安机关后，并未主动供述其杀害李国华的犯罪事实，在公安技术人员从闫驾驶的汽车中检出残留血迹后，经对闫进行讯问，闫才供认所犯罪行。虽然闫光富带领公安人员找到李国华的尸体，但该情节系闫光富供述其犯罪事实的组成部分，不能因此认定闫光富符合自首的条件。闫光富及其辩护人所提闫光富有自首情节，请求从宽处罚的上诉理由和辩护意见，不能成立，不予采纳。原判认定事实清楚，定罪准确，量刑适当，审判程序合法，但认定闫光富具有自首情节不当，予以纠正。据此，重庆市高级人民法院裁定驳回上诉，维持原判，并依法报请最高人民法院核准。

最高人民法院经复核认为，被告人闫光富因债务问题故意非法剥夺他人生命，致人死亡，其行为已构成故意杀人罪。闫光富杀人后抛尸，并事先伪造了被害人欠其巨额债务的承诺书，犯罪情节恶劣，罪行极其严重，应依法惩处。闫光富认罪态度虽好，但不足以对其从轻处罚。第一审判决、第二审裁定认定的事实清楚，证据确实、充分，定罪准确，量刑适当，审判程序合法。据此，最高人民法院裁定如下：

核准重庆市高级人民法院（2008）渝高法刑终字第77号维持第一审对被告人闫光富以故意杀人罪判处死刑，剥夺政治权利终身的刑事裁定。

本案的争议焦点是被告人闫光富在公安机关掌握其基本犯罪证据后才供述的能否认定为自首。笔者认为，公安机关掌握被告人的基本犯罪证据后才供述能否认定为自首，关键看供述前公安机关是否对被告人进行实际控制。公安机关已掌握被告人的犯罪证据，供述前尚未对被告人进行实际控制，被告人自动投案并如实供述犯罪事实的，应当构成自首。公安机关已掌握被告人的犯罪证据并对被告人进行实际控制后才供述的，不构成自首。这里的实际控制是指被告人无法自行决定其人身自由。

在本案中，公安机关根据被害人李国华之妻阮光玉提供的李国华失踪前办公室电话的最后一个拨入号码系被告人闫光富，李国华失踪前曾向闫光富索要100余万元债务未果，李国华失踪后家中关于闫光富债权的凭证消失等线索对闫光富进行调查。通过对闫光富的手机通话记录以及行踪轨迹调查后，公安机关认为闫光富有作案嫌疑，遂电话通知闫光富到公安机关接受调查，闫光富驾车到公安机关，但是否认作案。公安机关侦查人员从被告人闫光富的后备厢检测出残留血迹后，随即对闫光富进行讯问。闫光富于当晚供述其主要犯罪事实。

在本案中，被告人闫光富到案的目的不是为了投案，而是接受公安机关的询问调查，不具有自动投案的主动性和自愿性。公安机关从闫光富驾驶车辆的后备厢检查出残留血迹，经鉴定系人血，初步确认李国华已经遇害，随即对其展开讯问，闫光富仍然没有供述主要犯罪事实。此时公安机关已经对闫光富进行实际控制。经民警思想教育后，闫光富才供述主要犯罪事实。换言之，闫光富系在公安机关掌握其基本犯罪证据并对其进行实际控制后才供述其主要犯罪事实，不具有自动投案的主动性和自愿性，客观上也起不到节约司法资源的效果，因此，闫光富不构成自首。

5.1.3.2 关于亲属拒不配合抓捕是否影响自首的认定

【案例6－33】张东生犯故意杀人罪案①

被告人张东生，男，1983年11月11日出生，农民。因涉嫌犯故意杀人罪于2006年2月14日被逮捕。

河北省保定市人民检察院以被告人张东生犯故意杀人罪向保定市中级人民法院提起公诉。

被告人张东生对公诉机关指控的犯罪事实供认不讳，对附带民事诉讼原告人提出的诉讼请求愿意进行赔偿。其辩护人的辩护意见为，本案被害人在起因上有过错，张东生有自首情节。

保定市中级人民法院经公开审理查明：

2006年1月15日下午，被告人张东生到河北省保定市兴华路兴华小区1号楼3单元402室找到在此租住的被害人魏慧。被告人张东生以魏慧多次欺骗自己为由与之发生争吵，后张东生持砍刀冲魏慧头部及上肢连砍数刀后逃离现场。魏慧经抢救无效死亡。

保定市中级人民法院认为，被告人张东生持械故意剥夺他人生命，其行为已构成故意杀人罪。情节恶劣、后果严重，应予严惩。根据公诉机关当庭所出示的证据，辩护人所提被告人张东生有自首情节及被害人有过错的意见不能成立。据此，保定市中级人民法院判决如下：

被告人张东生犯故意杀人罪，判处死刑，剥夺政治权利终身。

一审宣判后，被告人张东生及其辩护人以张东生有投案自首情节等为由提出上诉，请求二审法院从宽处罚。

河北省高级人民法院经二审审理查明的事实与一审相同。另查明：被告人

---

① 参见最高人民法院刑事审判第一、二、三、四、五庭编：《刑事审判参考》（总第72集），法律出版社2010年版，第15～17页。

张东生被公安机关锁定为重大犯罪嫌疑人后，在返回其家的胡同口被公安人员抓捕时称：“我是张东生，我要自首。”当其家人不配合公安人员工作时，张东生没有任何劝阻言行。

河北省高级人民法院认为，张东生不能正确处理个人情感问题，持刀行凶，故意非法剥夺他人生命，其行为已构成故意杀人罪，且犯罪手段残忍、后果严重，应依法严惩。张东生及其辩护人所提有自首情节的上诉理由，经查，张东生的行为不符合《最高人民法院关于处理自首和立功具体应用法律若干问题的解释》的有关规定，不具备自首的条件，所诉有自首情节的上诉理由于法无据，不予采信。原判决认定事实和适用法律正确，量刑适当，审判程序合法。据此，河北省高级人民法院裁定驳回上诉，维持原判，并依法报请最高人民法院核准。

最高人民法院经复核认为，被告人张东生不能正确处理个人情感问题，持刀行凶，故意非法剥夺他人生命，其行为已构成故意杀人罪，且犯罪手段残忍。但被告人张东生被公安机关锁定为重大犯罪嫌疑人后，在返回其家的胡同口看到前来抓捕的公安人员时称：“我是张东生，我要自首。”当其家人不配合公安人员工作时，张东生没有任何劝阻言行。根据《最高人民法院关于处理自首和立功具体应用法律若干问题的解释》的有关规定，被告人张东生的行为应当视为自动投案。被告人张东生投案后能如实交代自己的犯罪事实，具有自首情节，依法可以从轻处罚。对其可以不判处死刑立即执行。第一审判决、第二审裁定量刑不当。据此，最高人民法院裁定不核准被告人张东生死刑，发回河北省高级人民法院重新审判。

本案的争议焦点是被告人张东生符合自首条件，但公安机关对张东生进行抓捕时，其亲属拒不配合抓捕措施，张东生对亲属没有任何劝阻言行，是否影响其自首的成立。关于这个问题可以从以下两个方面进行把握。首先，自首是针对被告人而言，被告人主客观条件符合自首构成要件的，应当构成自首。在本案中，张东生作案后返回家中，在胡同里，抓捕人员尚未辨别出张东生本人，即主动说“我是张东生，我要自首”。张东生主观上具有自动投案的主动性和自愿性。在抓捕过程中，张东生配合公安机关的抓捕行动，没有拒捕和抗捕的行为。到案后，张东生如实供述主要犯罪事实，符合自首的条件。其次，责任自负原则是近现代刑法的基本内涵，任何人不得将自己的违法后果转嫁给他人。被告人亲属拒不配合公安机关的抓捕行动，情节轻微的，可不予追究；情节严重的，可根据相关规定追究亲属的行政责任或刑事责任，但不能把这种法律后果转嫁给被告人，进而剥夺被告人自首的权利。

因此，张东生家属拒不配合抓捕的行为不影响其自首的成立。

5.1.3.3 关于表示投案又实施犯罪能否构成自动投案的认定

【案例6－34】李国仁犯故意杀人罪案①

被告人李国仁，男，1968年8月9日出生，农民。因涉嫌犯故意杀人罪于2006年6月29日被逮捕。

湖南省郴州市人民检察院指控被告人李国仁犯故意杀人罪，向郴州市中级人民法院提起公诉。

郴州市中级人民法院经公开审理查明：

被告人李国仁与弟媳尹三妹（被害人，时年37岁）及同村村民李国玉（被害人，时年50岁）均在湖南省桂阳县流峰镇富社村居住，素来不和。2006年6月11日，李国仁拔掉了尹三妹栽在两家共用田埂上的韭菜，尹三妹得知后多次叫骂，二人为此发生纠纷。6月13日8时许，尹三妹又以此事为由对李国仁叫骂，李国仁追打尹三妹未果。当日14时许，尹三妹与李国仁夫妇在村子水井边再次发生口角，被人劝开后，李国仁从家中拿出一把柴刀，将尹三妹家的房门撞开后朝尹三妹的头部及右手连砍数刀，将尹三妹砍倒在地。之后，李国仁想起李国玉以前与自己发生过纠纷，遂又持刀冲进李国玉家，朝李国玉的头部、左肩部猛砍数刀，又朝前来阻拦的李国玉的妻子陈桂娥（被害人，殁年50岁）头部猛砍两刀（致陈桂娥当场死亡），并继续追砍李国玉。村民闻讯赶来后，李国仁逃回家中，并拨打电话向派出所报案称自己杀了人。当日15时许，派出所民警董运新等人前来抓捕李国仁，李国仁误以为是被害人亲属前来报复，便朝第一个冲进其家的董运新的头部猛砍一刀，将董运新砍伤。随后，李国仁被当场抓获。经鉴定，被害人陈桂娥被锐性外力砍击头部致开放性颅脑损伤而死亡，被害人尹三妹的损伤构成重伤，被害人李国玉的损伤构成重伤并八级伤残，被害人董运新的损伤构成轻伤并十级伤残。

郴州市中级人民法院认为，被告人李国仁故意非法剥夺他人生命，其行为

① 参见最高人民法院刑事审判第一、二、三、四、五庭编：《刑事审判参考》（总第90集），法律出版社2013年版，第46～48页。

构成故意杀人罪。李国仁故意杀人致一人死亡、二人重伤、一人轻伤，情节特别恶劣，后果特别严重，依法应当严惩。关于辩护人所提本案案发的起因为被害人尹三妹挑衅叫骂，被害人存在重大过错的辩护意见，经查，李国仁与尹三妹之间的纠纷完全可以通过合法途径解决，尹三妹的叫骂不能成为其持刀砍死陈桂娥、砍伤多人的理由，该辩护意见不予采纳。关于辩护人所提李国仁具有投案自首情节的辩护意见，经查，李国仁作案后即向公安机关投案，归案后如实供述自己的罪行，应当认定具有自首情节。但鉴于其犯罪的情节、后果，该自首情节不足以影响量刑。据此，郴州市中级人民法院以被告人李国仁犯故意杀人罪，判处死刑，剥夺政治权利终身。

一审宣判后，被告人李国仁基于以下理由提出上诉：李国仁不是故意杀人，被害人尹三妹的叫骂行为对引发本案负有一定责任；被害人李国玉曾打伤李国仁一直未承担医药费，存在一定过错；李国仁被押解出村时，被被害人亲属砍伤双腿；李国仁具有自首情节，请求对其从轻处罚。

湖南省人民检察院认为，被告人李国仁的行为构成故意杀人罪，情节特别恶劣，后果特别严重，李国仁虽然具有自首情节，但不足以对其从轻处罚。李国仁的上诉理由不能成立。原判认定的事实清楚，证据确实、充分，定性准确，量刑适当，应予维持。

湖南省高级人民法院经审理认为，被告人李国仁因琐事而心生报复念头，持刀故意非法剥夺他人生命，致一人死亡、二人重伤和一人轻伤，其行为构成故意杀人罪。经查，李国仁因心胸狭隘而报复他人，持刀连续砍击多人要害部位，非法剥夺他人生命的意图明显，并造成一人当场死亡、二人重伤、一人轻伤的严重后果，其行为符合故意杀人罪的特征。李国仁与被害人尹三妹之间的纠纷完全可以通过合法的途径解决，该事由不能成为李国仁故意杀人的理由，被害人李国玉、陈桂娥在本案中均没有过错。被害人董运新属于正当履行职务，亦不存在过错。李国仁在被押解途中被受害人家属砍伤双腿，不属于本案审查、认定的范围。综上，上诉人李国仁的相关上诉理由及其辩护人的相关辩护意见均不能成立。关于李国仁及其辩护人所提李国仁具有自首情节的意见，经查，李国仁杀人后虽然主动报警，但在侦查人员对其实施抓捕时继续实施犯罪，故其行为不符合自首的法律规定。原判认定李国仁具有自首情节不当，应予纠正。李国仁犯罪情节恶劣，后果特别严重，依法应予严惩。原判认定的事实清楚，证据确实、充分，定罪准确，量刑适当，审判程序合法。据此，湖南省高级人民法院裁定驳回上诉，维持原判。

最高人民法院经复核审理认为，被告人李国仁因琐事持刀报复砍杀他人，致一人死亡、二人重伤、一人轻伤，其行为构成故意杀人罪。李国仁虽然曾打派出所电话表示要投案，但之后又继续实施杀人行为，不构成自首，且犯罪手段残忍，情节恶劣，后果特别严重，罪行极其严重，应当依法严惩。第一审判决、第二审裁定认定的事实清楚，证据确实、充分，定罪准确，量刑适当，审判程序合法。据此，最高人民法院裁定核准被告人李国仁死刑。

本案的争议焦点是被告人李国仁作案后报警表示投案自首，在等待抓捕期间又实施犯罪，能否认定为自动投案。关于自动投案的认定，可以从主客观两个方面进行把握。主观方面，自首要求被告人具有投案的自动性和自愿性。即，要求被告人犯罪后主动、自愿将自己置于公安机关控制之下并接受处置，这种投案意愿应当具有终局性和彻底性，否则不能认定具有投案的意愿。在本案中，李国仁报警表示投案后，就应当彻底放弃继续犯罪的想法，否则，不具有彻底投案的意愿。客观方面，被告人报案表示投案后，不得再实施新的犯罪。在本案中，李国仁报案后又将前来抓捕的民警砍伤，实施了新的犯罪行为，因此，李国仁不构成自动投案。

5.1.3.4 关于不构成自首但予以从轻处罚的认定

【案例6－35】王宪梓犯故意杀人罪案[①]

被告人王宪梓，男，1992年9月22日出生，无业。2013年2月1日因本案被逮捕。

黑龙江省哈尔滨市人民检察院以被告人王宪梓犯故意杀人罪，向哈尔滨市中级人民法院提起公诉。

被告人王宪梓对指控的犯罪事实予以供认，辩解称其租赁的房屋是给他人租的，其能揭发他人犯罪，有立功表现。其辩护人提出，被害人对本案的起因存在一定过错，且被告人具有自首情节，主观恶性较小，认罪态度好，无前科劣迹，可从轻处罚。

---

① 参见最高人民法院刑事审判第一、二、三、四、五庭编：《刑事审判参考》（总第112集），法律出版社2018年版，第25～26页。

哈尔滨市中级人民法院经审理查明：

2009年，被告人王宪梓与被害人何云圣（男，殁年20岁）相识并成为朋友，后二人因琐事产生矛盾。2013年1月17日上午，王宪梓以王鑫的名字承租黑龙江省双城市双城镇洗涤剂家属楼一套房屋。当日17时许，王宪梓将何云圣约至该房，二人发生争执，王宪梓用腰带勒何云圣颈部，致何云圣机械性窒息死亡。次日，王宪梓购买电锯、手锯、尖刀等工具，在租房内将何云圣的尸体肢解，后将装有尸块的三个拉杆箱等物掩埋至双城市双城镇通达路西侧树林内。经王宪梓亲属举报，公安人员于2013年1月21日在双城市将王宪梓抓获。

哈尔滨市中级人民法院认为，被告人王宪梓故意非法剥夺他人生命，其行为构成故意杀人罪。王宪梓犯罪动机卑劣，为毁灭罪证将被害人尸体肢解，罪行极其严重，人身危险性大，其母亲的举报行为不足以对其从轻处罚。据此，哈尔滨中级人民法院以故意杀人罪，判处被告人王宪梓死刑，剥夺政治权利终身。

一审宣判后，被告人王宪梓以有自首情节、亲属愿意赔偿被害人亲属经济损失等为由提出上诉。其辩护人还提出王宪梓在与被害人争吵情况下一时激愤，临时起意犯罪，且系初犯，一审量刑过重。

黑龙江省高级人民法院经审理认为，被告人王宪梓的行为构成故意杀人罪。王宪梓作案后虽然没有逃跑，且其母报案并带领公安人员将其抓获，但王宪梓并不知道其母报案，亦没有主动投案的意思表示和行为，故王宪梓及辩护人所提王宪梓具有自首情节的上诉理由及辩护意见，不能成立。王宪梓采取勒扼颈部手段致死被害人后，又肢解、掩埋尸体，毁尸灭迹，犯罪动机卑劣，手段十分凶残，情节特别恶劣，罪行和后果极其严重。据此，黑龙江省高级人民法院裁定驳回上诉，维持原判，并依法报请最高人民法院核准。

最高人民法院经复核认为，被告人王宪梓故意非法剥夺他人生命，其行为已构成故意杀人罪。犯罪情节、后果严重，应依法惩处。第一审判决、第二审裁定认定的事实清楚，证据确实、充分，定罪准确，审判程序合法。鉴于王宪梓的母亲举报并带领公安人员抓获王宪梓，对王宪梓判处死刑，可不立即执行。据此，最高人民法院裁定不核准黑龙江省高级人民法院维持第一审对被告人王宪梓以故意杀人罪判处死刑，剥夺政治权利终身的刑事裁定。

《2010年意见》第1条规定，犯罪嫌疑人被亲友采用捆绑等手段送到司法机关，或者在亲友带领侦查人员前来抓捕时无拒捕行为，并如实供认犯罪事实的，虽然不能认定为自动投案，但可以参照法律对自首的有关规定酌情从轻处罚。同时《2010 年宽严相济意见》第 17 条规定，对于自首的被告人，除了罪行极其严重、主观恶性极深、人身危险性极大，或者恶意地利用自首规避法律制裁者以外，一般均应当依法从宽处罚。对于亲属以不同形式送被告人归案或协助司法机关抓获被告人而认定为自首的，原则上都应当依法从宽处罚；有的虽然不能认定为自首，但考虑到被告人亲属支持司法机关工作，促使被告人到案、认罪、悔罪，在决定对被告人具体处罚时，也应当予以充分考虑。在本案中，虽然被告人王宪梓不构成自首，但是其母亲协助公安机关将其抓捕，王宪梓到案后如实供述主要犯罪事实，依法可以从轻处罚。据此，最高人民法院不予核准王宪梓死刑。

5.2　关于自首的量刑把握

关于自首的量刑把握，《刑法》第 67 条规定：对于自首的犯罪分子，可以从轻或者减轻处罚。其中，犯罪较轻的，可以免除处罚。《1998 年解释》第 3 条规定：对于自首的犯罪分子，可以从轻或者减轻处罚；对于犯罪较轻的，可以免除处罚。具体确定从轻、减轻还是免除处罚，应当根据犯罪轻重，并考虑自首的具体情节。《2010 年意见》第 8 条规定：对具有自首、立功情节的被告人是否从宽处罚、从宽处罚的幅度，应当考虑其犯罪事实、犯罪性质、犯罪情节、危害后果、社会影响、被告人的主观恶性和人身危险性等。自首的还应考虑投案的主动性、供述的及时性和稳定性等。具有自首或者立功情节的，一般应依法从轻、减轻处罚；犯罪情节较轻的，可以免除处罚。类似情况下，对具有自首情节的被告人的从宽幅度要适当宽于具有立功情节的被告人。虽然具有自首或者立功情节，但犯罪情节特别恶劣、犯罪后果特别严重、被告人主观恶性深、人身危险性大，或者在犯罪前即为规避法律、逃避处罚而准备自首、立功的，可以不从宽处罚。

《2010 年宽严相济意见》第 17 条规定：对于自首的被告人，除了罪行极其严重、主观恶性极深、人身危险性极大，或者恶意地利用自首规避法律制裁者以外，一般均应当依法从宽处罚。对于亲属以不同形式送被告人归案或协助司法机关抓获被告人而认定为自首的，原则上都应当依法从宽处罚；有的虽然不能认定为自首，但考虑到被告人亲属支持司法机关工作，促使被告人到案、认罪、悔罪，在决定对被告人具体处罚时，也应当予以充分考虑。

在故意杀人犯罪中，自首是比较重要的量刑情节，刑事律师要密切关注被告人的到案经过。社会生活丰富多彩，法律不可能把每一种情形都涵盖，在一些有争议的自首的认定上，要从设立自首制度的目的出发，遵循主客观相统一的原则，阐述被告人构成自首的合法性和合理性。刑事律师的能力并非对法条了如指掌，而是将隐藏在法条背后的立法原意和精神发掘出来呈现给法官。

6. 关于故意杀人犯罪法定不适用死刑的认定

在故意杀人犯罪中，法定不适用死刑是指《刑法》第 49 条规定的犯罪的时候不满 18 周岁的人和审判的时候怀孕的妇女。实践中，关于犯罪时不满 18 周岁的认定看似是比较简单的技术性操作，但是当被告人实际年龄和登记年龄不相符合，被告人犯罪时登记年龄已满 18 周岁，实际年龄不满 18 周岁，应当如何确定被告人的年龄变得较为棘手。关于审判时怀孕的妇女的认定和犯罪时不满 18 周岁的认定一样，具有探讨的必要。

6.1　关于犯罪时不满 18 周岁的认定

【案例 6－36】郭永明犯绑架罪案①

被告人郭永明，又名郭雷，男，1988 年出生，初中文化，农民，住安阳县蒋村乡石涧村 167 号。2006 年 9 月 25 日因本案被逮捕。

同案被告人王凯、郭珍付、郭江峰。

被害人王江号，男，殁年 16 岁，与被告人郭永明系同村村民。

河南省安阳市人民检察院以被告人郭永明等犯绑架罪，向安阳市中级人民法院提起公诉。

被告人郭永明对公诉机关指控的基本犯罪事实和罪名无异议，但辩称其作案时年龄未满 18 周岁。其辩护人提出，郭永明出生于 1988 年 9 月 7 日（农历七月二十七日），犯罪时未满 18 周岁，应按未成年人定罪量刑；且郭永明系初犯，归案后如实供述罪行，悔罪态度较好，并有检举他人重大犯罪的情节，请求对郭永明依法从轻或者减轻处罚。

---

① 参见最高人民法院刑事审判第一、二、三、四、五庭编：《刑事审判参考》（总第 79 集），法律出版社 2011 年版，第 27～30 页。

安阳市中级人民法院经审理查明：

2006年8月15日，被告人郭永明、王凯合谋绑架本村村民李跃兵，因条件不成熟而绑架未得逞。同月17日下午，二被告人在与被告人郭江峰闲谈中，郭江峰告诉他们本村汾江水泥厂老板王文生最有钱，如果能绑架王文生的大孙子王江号，要人民币（以下币种均为人民币）5000万元都给。郭永明、王凯遂决定绑架王江号。同月18日，郭永明、王凯带着绳子等作案工具在村内等候王江号伺机作案时碰到郭江峰。郭永明告诉郭江峰他们准备绑架王江号，并告知事成之后不会亏待郭江峰。19日中午，郭永明告知其父被告人郭珍付，准备当晚绑架个人，勒索现金500万元，让郭珍付负责接应。当日晚上，在郭永明、王凯多方打听王江号的基本情况时，再次碰到郭江峰。郭永明提出让郭江峰去村里找王江号，郭江峰答应后即离开（实际上未去找）。后郭永明通过他人得到了王江号的手机号，并与王江号取得了联系。同日22时许，郭永明、王凯以购买蒸馏水，需要回家拿水壶为由，将在汾江水泥厂上班的王江号骗至本村东北地，持刀对其进行威逼，用郭永明事先准备好的绳子将王江号捆到附近玉米地里的电线杆上，并用棉花堵住其嘴。随后，郭永明用王江号的手机向其家人勒索现金500万元。此后，郭永明又回家拿来一根檩条，和王凯一起用檩条等物对王江号进行殴打，后由郭永明用绳子勒住王江号的脖子，王凯捂住其口鼻，致王江号当场死亡。20日凌晨，郭永明、王凯与开车接应的郭珍付会合，郭永明用郭珍付的手机（SIM卡为王江号的）多次与王江号的家人联络，继续勒索钱财。凌晨6时许，郭珍付开车与郭永明、王凯到其家里，拿出身份证，预备到银行开账户，以转移赎金。后郭永明继续与王江号家人联络，索要赎金。中午12时许，郭永明等人被抓获。

安阳市中级人民法院认为，被告人郭永明、王凯以勒索财物为目的，绑架并杀害他人；被告人郭珍付、郭江峰为他人实施犯罪而提供帮助，四被告人的行为均构成绑架罪。被告人郭永明、王凯在共同犯罪中起主要作用，系主犯，应当按照其所参与的全部犯罪处罚；被告人郭珍付、郭江峰在共同犯罪中起次要或辅助作用，系从犯，应当从轻或减轻处罚。关于郭永明及其辩护人提出郭永明出生于1988年9月7日（农历七月二十七日），作案时年龄未满18周岁的辩护意见，经查，从安阳县蒋村乡派出所出具的户籍证明及底册，以及蒋村乡石涧村委会保存的户籍底册等证据来看，郭永明出生于公历1988年7月27日，作案时年龄已满18周岁。庭审前，本院重新调查，又对控辩双方提供的相关证据材料作了进一步的核实。从核实的证据材料看，郭永明的辩护人目前所提供的材料及本院调查的证人证言材料，尚不足以推翻公诉机关认定郭永明出生于公历1988年7月27日的事实。关于辩护人辩称郭永明检举他人重大犯罪，经查不实，本院不予采信。据此，安阳市中级人民法院判决如下：

被告人郭永明犯绑架罪，判处死刑，剥夺政治权利终身，并处没收个人全部财产（其他被告人的判决情况略）。

一审宣判后，被告人郭永明提出上诉，辩称其出生于农历一九八八年七月二十七日，犯罪时未满18周岁，原判量刑过重。其辩护人提出，郭永明犯罪时未成年，应当从轻或者减轻处罚（其他被告人的上诉意见略）。

河南省高级人民法院经审理认为，原判认定的事实清楚，证据确实、充分，定罪准确，量刑适当，审判程序合法。关于上诉人郭永明上诉及其辩护人辩称“郭永明犯罪时不满18周岁”的理由和意见，经查，原判认定郭永明犯罪时年满18周岁的证据有公安机关出具的户籍证明和户籍底册以及安阳县蒋村乡石涧村村委会保存的户籍底册等证据在案证实，因此该辩护意见不能成立，不予采纳。据此，河南省高级人民法院裁定驳回上诉，维持原判，并依法报请最高人民法院核准。

最高人民法院经复核认为，被告人郭永明伙同他人以勒索财物为目的绑架并杀害被害人，其行为构成绑架罪，郭永明在共同绑架犯罪中系主犯，其作案手段残忍，犯罪后果特别严重，应依法严惩。第一审判决、第二审裁定认定郭永明犯绑架罪的事实清楚，证据确实、充分，定罪准确，审判程序合法。但第一审判决、第二审裁定认定郭永明犯罪时已满18周岁的证据不足。遂裁定如下：

1. 不核准河南省高级人民法院（2010）豫法刑三终字第00006号刑事裁定中维持第一审对被告人郭永明以绑架罪判处死刑，剥夺政治权利终身，并处没收个人全部财产的部分。

2. 撤销河南省高级人民法院（2010）豫法刑三终字第00006号刑事裁定和河南省安阳市中级人民法院（2007）安少刑初字第8－1号刑事附带民事判决中对被告人郭永明以绑架罪判处死刑，剥夺政治权利终身，并处没收个人全部财产的部分。

3. 发回河南省安阳市中级人民法院重新审判。

安阳市中级人民法院经重新审理认为，被告人郭永明以勒索财物为目的，伙同他人绑架并杀害被害人，其行为构成绑架罪。关于被告人郭永明的年龄问题，经当庭质证郭永明的户籍证明、常住人口登记表、证人程新连、王宝风、陈保琴等的证言等证据，目前尚无法排除控辩双方证据之间的矛盾，公诉机关指控郭永明犯罪时已满18周岁的证据不足，根据《最高人民法院关于审理未成年人刑事案件具体应用法律若干问题的解释》第4条第1款的规定，应推定其犯罪时年龄不满18周岁，并依法从轻或减轻处罚。郭永明及其辩护人提出的该项辩解理由和辩护意见成立，本院予以采纳。据此，安阳市中级人民法院判决如下：

被告人郭永明犯绑架罪，判处无期徒刑，剥夺政治权利终身，并处罚金人民币5万元。

在本案中，被告人郭永明犯罪时实际年龄和登记年龄存疑，因案件无法排除合理怀疑，最高人民法院裁定不予核准其死刑。关于被告人犯罪时实际年龄和登记年龄不符，实际年龄小于登记年龄，被告人年龄的认定问题，可以参阅本文关于完全无刑事责任能力一节予以把握，这里不再赘述。只要被告人犯罪时不满18周岁，根据法律规定就不能适用死刑。在被告人犯罪时实际年龄存疑时，刑事律师应当进行调查取证，即使不能推翻公诉方的证据，但只要使案件无法排除合理怀疑，被告人就不能适用死刑。

6.2 关于审判时怀孕的妇女的认定

【案例6－37】张怡懿、杨珺犯故意杀人罪案①

被告人张怡懿，女，1978年3月8日出生于上海市，汉族，初中文化程度，无业；因涉嫌犯故意杀人罪，于2000年9月25日被刑事拘留，同年10月25日被逮捕。

被告人杨珺，女，1978年9月27日出生于上海市，汉族，初中文化程度，无业。因涉嫌犯故意杀人罪，于2000年10月30日被刑事拘留，同年11月30日被逮捕。

上海市人民检察院第二分院以被告人张怡懿、杨珺犯故意杀人罪，向上海市第二中级人民法院提起公诉。

---

① 参见最高人民法院刑事审判第一、二、三、四、五庭编：《刑事审判参考》（总第32集），法律出版社2003年版，第13～15页。

上海市第二中级人民法院经公开审理查明：

章桂花与张怡懿系母女。张怡懿与同学杨珺关系较密，因杨珺多次向张怡懿借钱后不还，引起章桂花不满，遂到杨家干涉，并阻止张怡懿与杨珺交往。杨珺对章桂花怀恨在心。2000 年 7 月，杨珺对张怡懿谈起张母章桂花如死亡，张怡懿则可获自由，且可继承遗产，张怡懿亦认为母亲管束过严，两人遂共谋杀害章桂花。同年 8 月 23 日晚，张怡懿在上海市永兴路 595 弄某号家中给其母章桂花服下安眠药，趁章桂花昏睡之机，将杨珺提供的胰岛素注入章体内。因章桂花不死，张怡懿又用木凳等物砸章桂花头部。次日中午，杨珺至张怡懿家，见章桂花仍未死亡，即与张共同捆绑章桂花的手，张用木凳猛砸章桂花头部。被害人章桂花终因颅脑损伤而死亡。嗣后，张怡懿、杨珺两人取走章桂花的存折、股票磁卡等，由杨珺藏匿。张怡懿购买水泥，并将章桂花的尸体掩埋于家中阳台上。

10 月 8 日，公安机关在对犯罪嫌疑人张怡懿采取强制措施后，又查证杨珺涉嫌参与共同杀人。但其时杨珺正怀孕，故未对其采取相应的强制措施。10 月 20 日杨珺产下一男婴并将其遗弃（此节因证据原因未予指控），公安机关遂于 10 月 30 日将其刑事拘留。

被告人张怡懿及其辩护人对事实没有异议，其辩护人对上海市公安局安康医院《精神疾病司法鉴定书》作出的关于张怡懿属于“边缘智能”的鉴定结论提出质疑，并要求重新鉴定。

被告人杨珺辩称，其没有杀人的具体行为。杨珺的辩护人认为杨珺在共同杀人犯罪中仅起次要作用；公安机关掌握杨珺涉嫌参与杀人犯罪事实时，杨珺正怀孕，因此，对杨珺应视为“审判时怀孕的妇女，不适用死刑”。

公诉人认为，杨珺在审判时已分娩，客观上已不具备《刑法》第 49 条的法定事实；刑法规定“审判时怀孕的妇女，不适用死刑”是出于对胎儿的保护考虑。杨珺产下婴儿后遗弃，再对其适用《刑法》第 49 条与立法精神不符。

根据张怡懿的辩护人对鉴定结论提出的申请，法庭依法委托上海市精神疾病司法鉴定专家委员会作精神医学复核鉴定，结论为张怡懿具有部分（限定）刑事责任能力。再次开庭时，控、辩双方对精神医学复核鉴定均无异议。

上海市第二中级人民法院认为，被告人张怡懿、杨珺共同故意杀死一人，其中，被告人张怡懿积极实施杀人行为；被告人杨珺在犯罪中出谋划策，并捆绑被害人，共同致人死亡，两被告人的行为均已构成故意杀人罪。杨珺的辩护人提出杨珺在共同犯罪中起次要作用的辩护意见与事实不符，不予采纳。张怡懿系限定刑事责任能力的精神病人，依照《刑法》第18条第3款“尚未完全丧失辨认或者控制自己行为能力的精神病人犯罪的应当负刑事责任，但是可以从轻或者减轻处罚”的规定，对张怡懿从轻处罚。公安机关已掌握杨珺涉嫌参与杀人的犯罪事实，又得知杨珺怀孕，但暂缓采取强制措施，依照《刑法》第49条的规定，对杨珺仍可视为“审判时怀孕的妇女，不适用死刑”。杨珺的辩护人提出对杨珺不应适用死刑的辩护意见可予采纳。据此，上海市第二中级人民法院于2001年6月19日以故意杀人罪分别判处被告人张怡懿、杨珺无期徒刑，剥夺政治权利终身；违法所得予以追缴。

一审判决后，张怡懿以没有与杨珺共谋杀人，仅在杨珺的指使下被动实施犯罪为由，提出上诉，并认为原判对其判处与杨珺同样的刑罚不当。

上海市高级人民法院经审理认为，张怡懿、杨珺因怨恨章桂花，杨提议将章桂花杀害，张怡懿不仅表示同意，且与杨共同至医院配得安眠药，并直接实施杀人犯罪行为。2000年8月23日晚，杨珺不在场，张怡懿单独给章桂花服用安眠药，又用木凳猛砸章桂花的头部，其故意杀人的行为主动积极。原判根据张怡懿、杨珺的犯罪事实和各自具备的法定从轻情节，以故意杀人罪判处两人无期徒刑，适用法律正确，张怡懿的上诉理由不能成立，要求再从轻、减轻处罚的意见，不予采纳。原判认定事实清楚，证据确实、充分，定罪准确，量刑适当，审判程序合法。据此，上海市高级人民法院于2001年9月17日裁定驳回上诉，维持原判。

关于“审判的时候”的起止范围，最高人民法院在1998年8月4日就河北省高级人民法院《关于审判时对怀孕妇女在公安预审羁押期间自然流产，是否适用死刑的请示》中批复，怀孕妇女因涉嫌犯罪在羁押期间自然流产后，又因同一事实被起诉、交付审判的，应当视为“审判的时候怀孕的妇女”，依法不适用死刑，即“审判时”应当自被告人被羁押时起至判决生效时止。

在本案中，被告人杨珺于10月8日被公安机关查证参与实施犯罪，公安机关理应及时将杨珺抓捕归案并进行羁押，但因杨珺即将分娩，故对其没有采取强制措施。虽然杨珺分娩后才被公安机关采取强制措施，但也应当认定为审判时怀孕的妇女。因为按照法律规定，公安机关发现杨珺犯罪事实后应当及时对杨珺采取强制措施进行羁押。在本案中，公安机关不对杨珺进行羁押的原因是其即将分娩，不适合羁押，而非没有掌握其犯罪事实或者客观上不具有羁押可能性，因此，这不影响杨珺审判时怀孕的妇女的认定。

如果不认定被告人杨珺属于“审判时怀孕的妇女”，不仅剥夺了法律赋予杨珺不适用死刑的权益，而且存在制度被滥用的风险，即司法机关在发现被告人犯罪事实后，有可能为了剥夺被告人法定不适用死刑的权益，故意待被告人分娩后才对其实施抓捕，这明显违反“审判时怀孕的妇女不适用死刑”制度的立法本意。在办理故意杀人犯罪案件中，如果被告人在分娩后即被抓捕，刑事律师要考虑是否属于该情形。

7. 关于共同故意杀人犯罪的罪责划分

共同犯罪，是指二人以上共同故意犯罪。一般来说，共同犯罪的社会危害性要比自然人单独犯罪的社会危害性要大，如何认定各被告人在共同犯罪中的地位和作用是处理共同犯罪的前提和基础。关于共同犯罪各被告人的罪责划分，《2010 年宽严相济意见》第 31 条规定：对于一般共同犯罪案件，应当充分考虑各被告人在共同犯罪中的地位和作用，以及在主观恶性和人身危险性方面的不同，根据事实和证据能分清主从犯的，都应当认定主从犯。有多名主犯的，应在主犯中进一步区分出罪行最为严重者。对于多名被告人共同致死一名被害人的案件，要进一步分清各被告人的作用，准确确定各被告人的罪责，以做到区别对待；不能以分不清主次为由，简单地一律判处重刑。

关于共同故意杀人犯罪中各被告人的罪责划分，可以根据《2010 年宽严相济意见》予以把握，综合考虑案件性质、犯罪起因、犯意提起、犯罪主导、动机、目的、手段、后果、主观恶性、人身危险性、社会危害性等确定各被告人在共同故意杀人犯罪中的地位和作用，进而确定各被告人的罪责。有多名主犯的，应当进一步区分罪责最为严重者，多名被告人致一人死亡的案件，要进一步区分各被告人的作用和地位，做到区别对待，一般只判处一名被告人死刑。

【案例 6－38】胡忠、胡学飞、童峰峰犯故意杀人罪案①

被告人胡忠，男，1969 年 3 月 22 日出生，无业。因涉嫌犯故意杀人罪于

① 参见最高人民法院刑事审判第一、二、三、四、五庭编：《刑事审判参考》（总第 68 集），法律出版社 2009 年版，第 6～8 页。

2005 年 11 月 11 日被逮捕。

被告人胡学飞，男，1985 年 11 月 11 日出生，无业。因涉嫌犯故意杀人罪于 2005 年 11 月 11 日被逮捕。

被告人童峰峰，男，1984 年 8 月 15 日出生，无业。因涉嫌犯故意杀人罪于 2005 年 11 月 11 日被逮捕。

湖北省武汉市人民检察院以被告人胡忠、胡学飞、童峰峰犯故意杀人罪，向武汉市中级人民法院提起公诉。被害人李光耀之母提起刑事附带民事诉讼。

武汉市中级人民法院经审理查明：

2005 年国庆节期间，被告人胡忠因怀疑被害人李光耀在其贩卖毒品时从中作梗，便指使被告人胡学飞教训李光耀一顿，将其打致“住院”，并答应事后给胡学飞好处。随后胡忠带胡学飞到李光耀居住处对李光耀进行了指认，并交给胡学飞人民币 1500 元。同年 10 月 7 日晚，胡学飞纠集了被告人童峰峰一同作案，并购买了两把弹簧刀。当日 20 时许，胡学飞、童峰峰看见李光耀出门在路上行走，胡学飞即冲上前持刀朝李光耀背部捅刺。李光耀被刺后挣脱逃跑，童峰峰追上将李光耀抓住，胡学飞赶上后又持刀朝李光耀身上捅刺。李光耀再次挣脱逃走，胡学飞、童峰峰追上将李光耀按倒在地并持刀朝李光耀身上乱刺，造成李光耀因双肺被刺破致急性大失血当场死亡。作案后，胡学飞打电话告知胡忠。胡忠便将人民币 3500 元交给胡学飞，胡学飞分给童峰峰人民币 750 元。同月 12 日，胡忠以“乐辉”的名义开设了个人银行账户存款供胡学飞支取，并将一部手机送给胡学飞，以便相互联系。同月 15 日、16 日，胡忠、胡学飞先后被抓获归案。同月 19 日，公安机关将准备投案的童峰峰抓获。

武汉市中级人民法院认为，被告人胡忠指使被告人胡学飞对李光耀实施伤害报复行为，造成一人死亡的严重后果，其行为已构成故意伤害罪。被告人胡学飞受胡忠指使，邀约被告人童峰峰持械共同故意非法剥夺他人生命，其行为均已构成故意杀人罪。犯罪手段特别残忍，情节特别严重，应依法惩处。童峰峰系累犯，依法应当从重处罚。童峰峰在投案途中被抓获归案，可视为自动投案，并如实供述犯罪事实，属自首，依法可从轻处罚。胡忠的亲属愿意代其赔偿部分经济损失，可酌定从轻处罚。据此，武汉市中级人民法院判决如下：

1. 被告人胡忠犯故意伤害罪，判处死刑，缓期 2 年执行，剥夺政治权利终身。

2. 被告人胡学飞犯故意杀人罪，判处死刑，剥夺政治权利终身。

3. 被告人童峰峰犯故意杀人罪，判处死刑，缓期2年执行，剥夺政治权利终身。

4. 被告人胡忠、胡学飞、童峰峰共同赔偿附带民事诉讼原告人涂杏花经济损失人民币166,387元。

一审宣判后，被告人胡忠、胡学飞、童峰峰均以事实不清、证据不足，定性不准，量刑过重为由提出上诉。

湖北省高级人民法院经审理认为，原审判决事实清楚，证据确实、充分，定罪准确，量刑适当，审判程序合法，依法裁定驳回上诉，全案维持原判；依法以故意伤害罪核准上诉人胡忠死刑，缓期2年执行，剥夺政治权利终身；以故意杀人罪核准上诉人童峰峰死刑，缓期2年执行，剥夺政治权利终身；并依法报请最高人民法院核准上诉人胡学飞死刑。

最高人民法院经复核认为，被告人胡学飞邀约他人共同故意非法剥夺他人生命，其行为已构成故意杀人罪，且情节恶劣，后果严重，无法定从轻、减轻处罚情节，应依法惩处。第一审判决、第二审裁定认定的事实清楚，证据确实、充分，定罪准确，量刑适当。审判程序合法。据此，最高人民法院核准湖北省高级人民法院以故意杀人罪判处被告人胡学飞死刑，剥夺政治权利终身的刑事裁定。

在本案中，被告人胡忠因怀疑被害人李光耀在其贩卖毒品事件中作梗，指使被告人胡学飞教训李光耀一顿，要求将其打致“住院”。胡学飞、童峰峰看见李光耀在路上行走，胡学飞冲上前持弹簧刀捅刺被害人李光耀的背部。李光耀被刺后挣扎逃跑，童峰峰追上去将其抓住，胡学飞赶上去后又持刀朝李光耀身上捅刺。李光耀再次挣脱逃跑，胡学飞、童峰峰再次抓住李进行捅刺，致李光耀因双肺被刺破急性大失血当场死亡。胡忠系故意杀人的教唆犯，胡学飞、童峰峰均系故意杀人的实行正犯，三人均属主犯，应当承担故意杀人的责任。

但本案证据表明，被告人胡忠主观上只具有伤害的故意，客观上并未实际参与实施杀人行为，因此，胡忠只对故意伤害致人死亡的结果承担责任。被告人胡学飞邀请被告人童峰峰共同作案，在共同犯罪中属于“动口又动手”的实行正犯，在杀人过程中积极主动，多次持刀捅刺李光耀的致命部位，主导着犯罪进程，因此，胡学飞在共同犯罪中的地位和作用比胡忠、童峰峰的地位更高、作用更大。童峰峰参与实施杀人行为，对李光耀的死亡结果发挥较大的作用，依法应当严惩。据此，法院判决胡学飞死刑立即执行，胡忠、童峰峰死刑，缓期两年执行。

8. 关于故意杀人犯罪情节轻微的认定及量刑把握

《刑法》第232条规定：故意杀人的，处死刑、无期徒刑或者10年以上有期徒刑；情节较轻的，处3年以上10年以下有期徒刑。如何判断故意杀人犯罪是否属于情节轻微，主要根据被告人的犯罪动机、犯罪起因、犯罪手段、主观恶性、人身危险性、危害结果以及被害人过错等因素综合判断。

8.1 关于故意杀人犯罪情节轻微的认定

关于故意杀人情节轻微的犯罪类型，主要根据1999年10月27日最高人民法院发布的《全国法院维护农村稳定刑事审判工作座谈会纪要》[①]（以下简称《1999年纪要》）和《2010年宽严相济意见》予以把握。一般来说，包括因民间纠纷、邻里纠纷、婚姻家庭、恋爱、同学、同事等民间矛盾激化引发及被害人有严重过错等引起的故意杀人犯罪都属于情节轻微。

8.2 关于故意杀人犯罪情节轻微的量刑把握

关于情节轻微的故意杀人犯罪的量刑，《刑法》第232条规定：故意杀人情节较轻的，处3年以上10年以下有期徒刑。关于因婚姻家庭、邻里纠纷等民间矛盾引发的故意杀人犯罪的量刑，《1999年纪要》第2条指出，要准确把握故意杀人犯罪适用死刑的标准。对故意杀人犯罪是否判处死刑，不仅要看是否造成了被害人死亡结果，还要综合考虑案件的全部情况。对于因婚姻家庭、邻里纠纷等民间矛盾激化引发的故意杀人犯罪，适用死刑一定要十分慎重，应当与发生在社会上的严重危害社会治安的其他故意杀人犯罪案件有所区别。对于被害人一方有明显过错或对矛盾激化负有直接责任，或者被告人有法定从轻处罚情节的，一般不应判处死刑立即执行。同时，《2010年宽严相济意见》第22条规定：对于因恋爱、婚姻、家庭、邻里纠纷等民间矛盾激化引发的犯罪，因劳动纠纷、管理失当等原因引发、犯罪动机不属恶劣的犯罪，因被害方过错或者基于义愤引发的或者具有防卫因素的突发性犯罪，应酌情从宽处罚。第23条规

---

① 法〔1999〕217号。

定：被告人案发后对被害人积极进行赔偿，并认罪、悔罪的，依法可以作为酌定量刑情节予以考虑。因婚姻家庭等民间纠纷激化引发的犯罪，被害人及其家属对被告人表示谅解的，应当作为酌定量刑情节予以考虑。犯罪情节轻微，取得被害人谅解的，可以依法从宽处理，不需判处刑罚的，可以免予刑事处罚。

8.2.1 关于婚姻家庭故意杀人犯罪的量刑把握

在实践中，因婚姻家庭纠纷引发的故意杀人犯罪案件时有发生，有的因被害人行为不端，长期家暴或者虐待家庭成员，家人因不堪忍受其暴力和虐待而将其杀害，或者被害人作恶多端，危害一方，家人大义灭亲；有的因被害人有严重疾病或轻生念头，被告人为了帮助被害人解脱将其杀害；有的因为家庭纠纷和矛盾临时起意杀人或蓄谋杀人。这些故意杀人犯罪和普通的故意杀人犯罪有所区别，笔者将举例分析。

8.2.1.1 因虐杀亲型的量刑把握

【案例6－39】吴某某、郑某某犯故意杀人罪案①

被告人吴某某，男，1989年4月22日生。2013年6月24日因涉嫌犯故意杀人罪被逮捕。

被告人郑某某，女，1972年8月24日生。2013年6月24日因涉嫌犯故意杀人罪被逮捕。

江苏省淮安市人民检察院以吴某某、郑某某犯故意杀人罪，向淮安市中级人民法院提起公诉。

淮安市中级人民法院经公开审理查明：

被害人吴某军（男，殁年44岁）与被告人吴某某、郑某某分别系父子、夫妻关系。吴某军婚后经常酗酒闹事、欺负村邻，其父母、兄弟、妻儿均曾遭其辱骂或者殴打致伤。郑某某右眼被吴某军脚踢失明。吴某军之女吴某因不堪忍受虐打曾割腕自杀，后离家外出。2011年1月一天晚上，吴某军在江苏省淮安市淮阴区渔沟镇朱湖村（现韩圩村）家中酒后闹事，无故用农具砸打吴某某头部，致吴某某额部受伤出血。吴某某负气离家外出，后被郑某某劝回。吴某军见郑某某母子二人回家后，找茬辱骂、殴打郑某某。吴某某心生气愤，尾随吴

---

① 参见最高人民法院刑事审判第一、二、三、四、五庭编：《刑事审判参考》（总第105集），法律出版社2016年版，第57～58页。

某军至屋外将其推倒，并与吴某军厮打。因吴某军在厮打过程中声称报复，吴某某拾起地上一根废弃电线缠绕吴某军颈部进行勒拽，郑某某在拉拽吴某某时发现该情形，想到已不堪忍受吴某军打骂，便帮助吴某某一起勒拽电线，致吴某军机械性窒息当场死亡。当晚，郑某某、吴某某将吴某军的尸体埋藏于自家主屋东北角的小棚内。2013 年 5 月 23 日，吴某某在浙江省湖州市南浔镇被公安机关抓获归案。次日，郑某某到公安机关投案，如实供述了犯罪事实。吴某军的近亲属均对吴某某、郑某某的犯罪行为表示谅解。

淮安市中级人民法院认为，被告人吴某某、郑某某共同以暴力手段非法剥夺他人生命，其行为均已构成故意杀人罪。二被告人系因不堪忍受被害人吴某军的暴戾，出于激愤实施犯罪行为，可以认定为故意杀人罪情节较轻的情形。吴某某首先产生犯意并实施杀人行为，在共同犯罪中起主要作用，系主犯。郑某某在共同犯罪中起次要作用，系从犯，依法予以从轻处罚。郑某某在案发后主动到公安机关投案，如实供述犯罪事实，系自首，依法予以从轻处罚。吴某某在得知郑某某归案后如实供述犯罪事实，依法予以从轻处罚。吴某军长期虐待、打骂家人，其行为违背公序良俗，严重破坏家庭关系，在案发起因上存在重大过错；吴某某、郑某某素无劣迹，是家庭暴力的受害者，因心中积怨爆发失去理智而实施杀人行为，其犯罪行为得到被害人近亲属的谅解及居住地群众的同情，对二被告人从轻处罚符合法律规定及宽严相济刑事政策。吴某某、郑某某犯罪情节较轻，社会危害性相对较小，依对二被告人在 3 年以上 10 年以下有期徒刑的量刑幅度内处罚。根据郑某某的犯罪情节和悔罪表现，对其宣告缓刑不致再危害社会。据此，淮安市中级人民法院以故意杀人罪，分别判处被告人吴某某有期徒刑 7 年；判处被告人郑某某有期徒刑 3 年，缓刑 4 年。

一审宣判后，被告人吴某某、郑某某均未提出上诉，检察机关亦未抗诉，该判决已发生法律效力。

在本案中，被害人吴某军长期欺负村邻、家暴，当地村民敢怒不敢言，造成恶劣的社会影响。被害人吴某军之女吴某因不堪忍受虐打曾割腕自杀，后离家外出。被告人郑某某右眼被吴某军脚踢失明。吴某军性格残暴，生前多次对家人实施家庭暴力，对案件的发生具有严重过错。根据《2010 年宽严相济意见》规定，对于因恋爱、婚姻、家庭、邻里纠纷等民间矛盾激化引发的犯罪，因劳动纠纷、管理失当等原因引发、犯罪动机不属恶劣的犯罪，因被害方过错或者基于义愤引发的或者具有防卫因素的突发性犯罪，应酌情从宽处罚。据此，法院分别判处吴某某有期徒刑7年；判处郑某某有期徒刑3年，缓刑4年。

刑事律师在办理因婚姻家庭、邻里纠纷等民间矛盾引发的故意杀人犯罪时，除要收集有严重过错的被害人生前劣迹，反证被告人实施故意杀人行为事出有因外，还要注意收集被告人的过往表现等品格证据，这些证据可以通过被告人的左邻右舍、同事、基层组织、单位等进行收集。虽然这些材料最终可能不会写进判决书，但只要材料客观真实，对法官的自由心证多少会有触动。因为刑事法官和刑事律师一样，以维护社会公平正义为毕生的追求。

8.2.1.2 帮亲自杀型的量刑把握

【案例6－40】邓明建犯故意杀人罪案①

被告人邓明建，男，1969年9月23日出生，农民。因涉嫌犯故意杀人罪于2011年5月31日被逮捕。

广东省广州市番禺区人民检察院以被告人邓明建犯故意杀人罪，向番禺区人民法院提起公诉。

被告人邓明建对指控的犯罪事实无异议。邓明建的辩护人基于以下理由建议法庭对邓明建从宽处罚：邓明建的犯罪动机具有一定特殊性；邓明建犯罪情节较轻，归案后具有认罪、悔罪情节，且系初犯，犯罪前一贯表现良好。

广州市番禺区人民法院经审理查明：

被告人邓明建是被害人李术兰之子。李术兰于1991年前后身患脑中风致右半身不遂，后经治疗病情有所缓解，但1996年前后病情再次复发，并伴有类风湿等疾病导致手脚疼痛、抽筋。除了邓明建外，李术兰还生有3名子女，但一直是由邓明建照料李术兰的生活起居，并负责李术兰的求医诊疗。李术兰不堪忍受长期病痛折磨，曾产生轻生念头。2010年4月，邓明建父亲病故后，邓明建因家庭经济拮据需要依靠打工维持生计，遂将李术兰从四川老家带到广州市番禺区租住处加以照顾。其间，李术兰因病情拖累多次产生轻生的念头。2011年5月16日9时许，李术兰请求邓明建为其购买农药。邓明建顺从李术兰的请求，去农药店购得两瓶农药，并将农药勾兑后拧开瓶盖递给李术兰服食，李术

---

① 参见最高人民法院刑事审判第一、二、三、四、五庭编：《刑事审判参考》（总第89集），法律出版社2013年版，第19～20页。

兰喝下农药即中毒身亡。后公安机关接到举报后，赴现场查验尸体时发现死因可疑，经初步尸检后认为死者死于有机磷中毒，遂将邓明建带回派出所调查，邓明建如实交代了以上犯罪事实。

广州市番禺区人民法院认为，被告人邓明建无视国家法律，明知农药能毒害生命，出于为母亲李术兰解除病痛，在李术兰的请求之下，帮助李术兰服用农药结束生命，其行为构成故意杀人罪。鉴于邓明建上述犯罪行为发生于家庭直系亲属之间，且系在被害人产生轻生念头后积极请求情况下所为，故其犯罪行为应当与普通严重危害社会的故意杀人行为相区别。邓明建主观恶性相对较小，社会危害亦相对较轻，属于故意杀人罪中“情节较轻”情形，可以在“三年以上十年以下有期徒刑”法定刑幅度内量刑。同时，邓明建归案后能够如实供述自己的罪行，依法可以从轻处罚。根据前述法定刑幅度和具体量刑情节，并综合考虑邓明建犯罪的具体事实、认罪悔罪态度以及众多亲友联名求情等因素，决定对邓明建从轻处罚并适用缓刑。据此，广州市番禺区人民法院以被告人邓明建犯故意杀人罪，判处有期徒刑3年，缓刑4年。

一审宣判后，被告人邓明建未提出上诉，公诉机关亦未提出抗诉，判决已发生法律效力。

本案系孝子杀母案，经媒体报道后引起较大反响。在本案中，被告人邓明建系被害人李术兰之子，邓明建长期照顾李术兰的生活起居和疾病治疗，属于老百姓眼中的孝子。李术兰长期重病缠身，不仅生理上遭受巨大痛苦，心理上也觉得拖累晚辈，为此，多次有轻生的念头，但因客观原因无法完成自杀，遂要求邓明建为其购买农药自杀。邓明建听从李术兰意见为其购买农药，李喝下农药死亡。

由于我国法律不允许安乐死，帮助他人自杀的行为仍然属于故意杀人犯罪行为，但这种类型的故意杀人犯罪和普通的故意杀人犯罪有很大的区别。无论被告人的主观恶性、人身危险性还是社会危害性，和普通的故意杀人犯罪都有很大的不同。邓明建并非追求母亲的死亡结果，相反，他悉心照料母亲多年，内心渴望母亲长命百岁，对母亲的死亡结果持排斥心理。生活总是充满了不幸和悲哀，很多时候生命只能以悲剧的形式延续和结束。李术兰肯定料想不到，这个国家的法律会在她身亡后将她的儿子推上审判席，否则，她一定不会选择让儿子帮助她完成夙愿。

在办理这类案件中，刑事律师要从“天理、国法、人情”进行布局。虽然被告人实施的行为在法律上属于犯罪行为，但是被告人的行为一定程度上符合人类本真的价值取向。从被害人角度来看，被害人对死亡结果表示认可和接受。从社会危害性角度出发，这并不会对民众的内心造成心理伤害，大部分民众内心可以接受被告人的行为并认为被告人无罪，这是人类最真实的情感表现和朴素的法感情。刑事律师需要做的是，将这种天理和人情融入案件事实中呈现给法官。

8.2.1.3　激情杀亲型的量刑把握

【案例6－41】郑建昌犯故意杀人罪案①

被告人郑建昌，男，1978年11月2日出生。2013年6月21日因涉嫌犯故意杀人罪被逮捕。

福建省福州市人民检察院以被告人郑建昌犯故意杀人罪，向福州市中级人民法院提起公诉。

被告人郑建昌否认起诉书指控的犯罪事实。其辩护人作无罪辩护，并提出，即使郑建昌构成故意杀人罪，但本案系家庭矛盾引发，属激情犯罪，建议从轻处罚。

福建省福州市中级人民法院经审理查明：

被告人郑建昌与妻子严淑娟感情不和，经常争吵。2013年5月23日7时许，郑建昌在福建省福州市晋安区福飞北路362号小康佳园5号楼501室家中与严淑娟争吵后，持铁锤猛砸严淑娟头部，后用手猛掐严淑娟颈部直至严淑娟死亡。事后，郑建昌为掩盖罪行，肢解严淑娟的尸体，用高压锅等容器烹煮尸块，驾车将尸块、作案工具等丢弃于鼓岭一带的山路和闽江内。

福建省福州市中级人民法院认为，被告人郑建昌故意非法剥夺他人生命，致一人死亡，其行为已构成故意杀人罪。据此，福建省福州市中级人民法院以故意杀人罪判处被告人郑建昌死刑，剥夺政治权利终身。

一审宣判后，被告人郑建昌不服，提出上诉。

被告人郑建昌的上诉理由是：其与被害人严淑娟感情好，没有杀人动机；有罪供述系刑讯逼供所得，在案证据不足以证实其杀害严淑娟；即便认定构成犯罪，因本案是临时起意，又是因家庭矛盾引发，请求予以改判。其辩护人提

---

① 参见最高人民法院刑事审判第一、二、三、四、五庭编：《刑事审判参考》（总第108集），法律出版社2017年版，第1～2页。

出，原判认定郑建昌杀妻的证据不足，请求改判，宣告郑建昌无罪。

福建省高级人民法院经审理认为，原判认定上诉人郑建昌故意杀人的事实清楚，证据确实、充分，定罪准确，量刑适当，审判程序合法。据此，福建省高级人民法院驳回上诉，维持原判，并依法报请最高人民法院核准。

最高人民法院复核认为，被告人郑建昌因家庭纠纷而采取锤击头部等方式将妻子杀害，其行为已构成故意杀人罪，犯罪手段残忍，情节恶劣，后果特别严重，应依法惩处。第一审判决、第二审判决认定的事实清楚，证据确实、充分，定罪准确，量刑适当，审判程序合法。据此，最高人民法院裁定核准被告人郑建昌死刑，剥夺政治权利终身的刑事判决。

并非所有因婚姻家庭、民间纠纷和邻里矛盾引发的故意杀人都属于情节轻微的故意杀人犯罪，是否属于情节轻微还需要结合案件事实而定。在本案中，被告人郑建昌和被害人严淑娟系夫妻关系。郑建昌与严淑娟争吵后，临时起意持铁锤猛砸严淑娟头部，后用手猛掐严淑娟颈部直至严淑娟死亡，符合激情杀人特征，根据法律规定可予从轻处罚，罪不至死，但是郑建昌故意杀人并碎尸和抛尸，犯罪手段极其残忍，犯罪情节极其恶劣，虽然本案因婚姻家庭纠纷引发，但不足以从轻处罚，据此，最高人民法院核准郑建昌的死刑。

8.2.2 关于民间纠纷引发的故意杀人犯罪的量刑把握

【案例 6－42】李飞犯故意杀人罪案①

被告人李飞，男，1976 年 8 月 6 日出生，无业。2006 年 4 月 14 日因犯盗窃罪被判处有期徒刑 2 年，并处罚金人民币 1000 元，2008 年 1 月 2 日刑满释放。2008 年 10 月 9 日因涉嫌犯故意杀人罪被逮捕。

黑龙江省哈尔滨市人民检察院以被告人李飞犯故意杀人罪、故意伤害罪，向哈尔滨市中级人民法院提起公诉。

被告人李飞对指控的犯罪事实没有异议，但辩称两名被害人对本案案发有一定过错。其辩护人提出，被害人徐某有过激言行，对引发本案有一定过错；李飞的母亲梁某协助公安机关抓捕李飞，李飞属投案自首，请求对李飞从轻处罚。

哈尔滨市中级人民法院经审理查明：

---

① 参见最高人民法院刑事审判第一、二、三、四、五庭编：《刑事审判参考》（总第 83 集），法律出版社 2012 年版，第 15～18 页。

2006年4月14日，被告人李飞因犯盗窃罪被判处有期徒刑2年，2008年1月2日刑满释放。2006年4月，经人介绍，李飞与被害人徐某（女，殁年26岁）建立恋爱关系。2006年8月，二人因经常吵架而分手。8月24日，派出所到李飞的工作单位给李飞建立重点人员档案时，其单位从而得知李飞曾因犯罪被判刑一事，并以此为由停止了李飞的工作。李飞认为其被停止工作与徐某有关。2006年9月12日21时许，李飞拨打徐的手机，因徐某外出，其表妹王某（被害人，时年16岁）接听了电话，并说徐已外出。后李飞又多次拨打徐某的手机，均未接通。当日23时许，李飞来到徐经营的"小天使形象设计室"附近，再次拨打徐某的手机，与徐某在电话中发生争吵。后李飞破门进入徐某在该设计室的卧室，持室内的铁锤击打徐某的头部20余下，并击打王某的头部、双手等部位数下，后又持铁锤再次击打了徐某、王某的头部，致徐某当场死亡、王某轻伤。为防止在设计室的学徒工佟某报警，李飞将徐某、王某及佟某的手机带离现场后抛弃。当月23日22时许，李飞到其姑母家中，委托其姑母转告其母亲梁某送钱。梁某得知此情后，及时将情况报告给公安机关，并于次日晚协助公安机关将前来姑母家取钱的李飞抓获。

哈尔滨市中级人民法院认为，被告人李飞故意剥夺他人生命，致一人死亡、一人轻伤，其行为构成故意杀人罪。公诉机关指控李飞犯故意杀人罪的罪名成立，但指控李飞犯故意伤害罪不当。李飞深夜破门闯入被害人徐某的卧室内，系不法行为在先，即使徐某有过激语言，也不能认定徐某有过错。李飞没有与其亲属商量投案之事，而是在去其姑母家取钱时被抓获，其行为不构成自首。李飞杀人手段特别残忍，后果特别严重，又系累犯，其亲属虽能协助公安机关将其抓获，但不足以对其从轻处罚。据此，哈尔滨中级人民法院判决如下：

被告人李飞犯故意杀人罪，判处死刑，剥夺政治权利终身。

宣判后，被告人李飞以原判定罪不准，被害人有过错，其亲属代为投案，可从轻处罚为由，向黑龙江省高级人民法院提出上诉。

黑龙江省高级人民法院经二审公开审理认为，上诉人李飞持铁锤行凶，致一人死亡、一人轻伤，其行为构成故意杀人罪。李飞虽系在其亲属协助下被抓捕归案，但没有证据证实李飞到其姑母家的目的是投案，李飞亦没有任何投案的意思表示，故对其不能认定为自首。李飞的上诉理由均不能成立。李飞杀人手段特别残忍，后果特别严重，又系累犯，应予严惩。其亲属虽能协助公安机关将其抓获，但不足以对其从轻处罚。一审判决认定的事实清楚，证据确实、充分，定罪准确，量刑适当，审判程序合法。据此，黑龙江省高级人民法院裁定驳回上诉，维持原判，并依法报请最高人民法院核准。

最高人民法院经复核认为，被告人李飞的行为构成故意杀人罪。李飞作案手段残忍，情节恶劣，且曾因犯盗窃罪被判刑，在刑罚执行完毕之后5年内又犯罪，系累犯，应依法从重处罚。但鉴于本案系民间纠纷引发，李飞的母亲积极协助公安机关将李飞抓获归案，李飞认罪态度较好，对李飞可不判处死刑立即执行。第一审判决、第二审裁定认定的事实清楚，证据确实、充分，定罪准确，审判程序合法。据此，最高人民法院裁定不核准并撤销黑龙江省高级人民法院维持第一审以故意杀人罪判处被告人李飞死刑，剥夺政治权利终身的刑事裁定，发回黑龙江省高级人民法院重新审判。

黑龙江省高级人民法院经重新审理认为，上诉人李飞杀人手段特别残忍，后果特别严重，又系累犯，应依法从重处罚。但鉴于本案系民间矛盾引发，李飞的母亲积极协助公安机关将李飞抓获归案，李飞的认罪态度较好，对李飞可不判处死刑立即执行。根据李飞的犯罪情节及主观恶性、人身危险性等情况，应依法对其限制减刑。一审判决认定的事实清楚，证据确实、充分，定罪准确，审判程序合法。据此，黑龙江省高级人民法院判决如下：

1. 维持哈尔滨市中级人民法院（2009）哈刑二初字第51号刑事判决中的定罪部分；

2. 撤销哈尔滨市中级人民法院（2009）哈刑二初字第51号刑事判决中的量刑部分；

3. 上诉人（一审被告人）李飞犯故意杀人罪，判处死刑，缓期2年执行，剥夺政治权利终身；

4. 对上诉人（一审被告人）李飞限制减刑。

在本案中，被告人李飞不能正常处理个人问题，半夜闯入被害人卧室，持铁锤分别击打被害人徐某和王某头部，致一人死亡一人轻伤，犯罪动机卑劣、作案手段残忍、危害后果严重，系累犯，理应判处死刑立即执行。但本案系因民间纠纷引起，根据《1999年纪要》和《2010年宽严相济意见》的相关规定，因民间纠纷、邻里矛盾引发的故意杀人犯罪，能不判处死刑立即执行，可不判处死刑立即执行。李飞虽然不构成自首，但到案后如实供述自己的犯罪事实，其母亲大义灭亲并积极赔偿受害人家属经济损失，量刑时应当予以考虑。综上，最高人民法院裁定不予核准李飞的死刑，将本案发回重审。黑龙江省高级人民法院重新审理后，判被告人李飞犯故意杀人罪，处死缓，剥夺政治权利终身，同时对其限制减刑。

8.2.3 关于被害人有过错的故意杀人犯罪的量刑把握

【案例6－43】贾淑芳犯故意杀人罪案[①]

被告人贾淑芳，女，1977年4月5日出生，原系内蒙古呼和浩特市某小学教师。因涉嫌犯故意杀人罪，于2000年11月28日被逮捕。

呼和浩特市人民检察院以贾淑芳犯故意杀人罪向呼和浩特市中级人民法院提起公诉。

呼和浩特市中级人民法院经公开审理查明：

被告人贾淑芳经常无故受到其丈夫高永亮的殴打、虐待。2000年10月17日2时许，被告人贾淑芳在呼和浩特市黄合少镇自家开的婚纱店内歇宿时，高永亮带女青年陈小红来到店中，要求贾淑芳到别处去睡，为此夫妻二人发生激烈争吵。后高永亮和陈小红到里屋，贾淑芳被迫躺在外屋沙发上休息。当贾淑芳进里屋取棉被时，见高与陈正在炕上睡在一起，遂持菜刀在高永亮的头颈部连砍数刀，致高永亮当即死亡。陈小红见状起身与贾淑芳夺刀，贾淑芳又持刀向陈小红的头部等连砍数刀，致陈小红死亡。杀人后，贾淑芳用斧头将里屋炕刨开，把高永亮、陈小红的尸体推人炕洞，并清理了现场血迹。次日，贾淑芳又搞来汽油浇在两具尸体上，点燃焚烧，并用斧头将高永亮尸体的右腿跺下。因邻居报警，贾淑芳在现场被公安干警抓获。

呼和浩特市中级人民法院认为，被告人贾淑芳因与其夫高永亮有矛盾，用菜刀砍死高永亮，又将高永亮带回家中的陈小红砍死，并焚尸灭迹的行为已构成故意杀人罪，且手段十分残忍、后果特别严重，应予严惩。据此，呼和浩特市中级人民法院判决如下：

被告人贾淑芳犯故意杀人罪，判处死刑，剥夺政治权利终身。

一审宣判后，被告人贾淑芳以“本人长期遭受被害人高永亮殴打、虐待，

---

① 参见最高人民法院刑事审判第一、二、三、四、五庭编：《刑事审判参考》（总第46集），法律出版社2006年版，第26～27页。

请求公正处罚”为由向内蒙古自治区高级人民法院提出上诉。贾淑芳的辩护人提出“在本案起因上被害人高永亮、陈小红有严重过错，被告人贾淑芳系激愤杀人，应从轻处罚”。

内蒙古自治区高级人民法院经审理认为，上诉人贾淑芳在本人配偶权益遭受侵害时，未能采取合法、理智的方式予以处理，而是持刀砍死二人。其行为已构成故意杀人罪，且手段残忍、后果严重，依法应予严惩。但考虑到上诉人贾淑芳经常遭受其夫高永亮的殴打、虐待的事实，以及案发时高永亮当着上诉人的面公然将女青年陈小红带回家中不法同居，二被害人在本案起因上均有明显过错的因素，对上诉人贾淑芳判处死刑可不立即执行。原判定罪正确，审判程序合法，但判处死刑立即执行不当。上诉人贾淑芳及其辩护人所提出的上诉理由和辩护意见成立，应予采纳。据此，内蒙古自治区高级人民法院判决如下：

1. 撤销呼和浩特市中级人民法院（2001）呼刑初字第 45 号刑事判决对被告人贾淑芳的量刑部分；

2. 上诉人贾淑芳犯故意杀人罪，判处死刑缓期 2 年执行，剥夺政治权利终身。

在本案中，被告人贾淑芳持菜刀砍杀他人，并肢解尸体和焚尸，犯罪手段残忍，犯罪情节恶劣，危害后果严重，理应判处死刑立即执行。但本案中，贾淑芳长期遭受被害人高永亮的家暴和虐待，高永亮对引发本案具有严重过错。案发当日，高永亮公然带社会女青年陈小红到贾淑芳处留宿，并要求已经休息的贾淑芳到别处去睡，这不仅违反公序良俗和善良风俗，而且是对贾淑芳的人格侮辱和践踏，同时这也是本案的诱因。二被害人对引发本案具有严重过错。

《1999 年纪要》指出，要准确把握故意杀人犯罪适用死刑的标准。对故意杀人犯罪是否判处死刑，不仅要看是否造成了被害人死亡的结果，还要综合考虑案件的全部情况。对于因婚姻家庭、邻里纠纷等民间矛盾激化引发的故意杀人犯罪，适用死刑一定要十分慎重，应当与发生在社会上的严重危害社会治安的其他故意杀人犯罪案件有所区别。对于被害人一方有明显过错或对矛盾激化负有直接责任，或者被告人有法定从轻处罚情节的，一般不应判处死刑立即执行。据此，法院判贾淑芳犯故意杀人罪，处死缓，剥夺政治权利终身。

同时《2010 年宽严相济意见》规定，对于因恋爱、婚姻、家庭、邻里纠纷等民间矛盾激化引发的犯罪，因劳动纠纷、管理失当等原因引发、犯罪动机不属恶劣的犯罪，因被害方过错或者基于义愤引发的或者具有防卫因素的突发性犯罪，应酌情从宽处罚。当然，本案发生在《2010 年宽严相济意见》之前。

8.2.4　关于危险游戏引发的故意杀人犯罪的量刑把握

【案例 6－44】张静犯故意杀人罪案①

被告人张静，女，1992 年 9 月 15 日出生，农民工。2012 年 8 月 23 日因涉嫌犯故意杀人罪被逮捕。

浙江省宁波市人民检察院以被告人张静犯故意杀人罪，向宁波市中级人民法院提起公诉。

被告人张静辩称其没有杀死被害人的故意。张静的辩护人认为张静的行为仅构成过失致人死亡罪，不构成故意杀人罪，请求法庭对张静从轻处罚。

宁波市中级人民法院经公开审理查明：

被告人张静与被害人张丽敏均在浙江省慈溪市务工，二人共同租住于慈溪市周巷镇城中村傅家兴二弄 14 号 102 室。2012 年 8 月 13 日 1 时许，张静用手机上网时发现一条"用绳子勒脖子会让人产生快感"的信息，决定与张丽敏尝试一下，并准备了裙带作为勒颈工具。随后，张静与张丽敏面对面躺在床上，张静将裙带缠系在张丽敏的颈部，用双手牵拉裙带的两端勒颈。其间，张丽敏挣扎、呼救。两人的亲友、邻居等人闻声而至，在外敲窗询问，张静答称张丽敏在说梦话。后张静发现张丽敏已窒息死亡，遂割腕自杀，未果。当日 8 时许，张静苏醒后报警求救，经民警询问，其交代了自己的犯罪事实。案发后双方家属达成赔偿和解协议。

宁波市中级人民法院认为，被告人张静与被害人张丽敏相约做"用绳子勒脖子产生快感"的游戏，张静用裙带勒张丽敏颈部，且在张丽敏呼救时依然勒颈，放任张丽敏死亡结果的发生，其行为构成故意杀人罪。公诉机关指控的罪名成立。张静作为成年人，理应对勒颈可以致人死亡的常识有所认识，且当被害人被勒颈产生激烈反应，伴有脚踢床板，喊叫救命等行为时，张静更应明知其行为可能会产生致人死亡的结果，但仍放任被害人死亡结果的发生，其行为符合故意杀人罪的特征。鉴于张静案发后主动报警，如实供认自己的犯罪事实，

---

① 参见最高人民法院刑事审判第一、二、三、四、五庭编：《刑事审判参考》（总第 101 集），法律出版社 2015 年版，第 80～81 页。

构成自首，并积极向被害人的亲属赔偿经济损失且获得谅解，依法可以减轻处罚。据此，宁波市中级人民法院以被告人张静犯故意杀人罪，判处有期徒刑7年。

一审宣判后，被告人张静以定性不当为由，向浙江省高级人民法院提起上诉。

浙江省高级人民法院经公开审理认为，原判认定的事实清楚，证据确实、充分，定罪和适用法律正确，量刑适当，审判程序合法，遂裁定驳回上诉，维持原判。

在本案中，被告人张静和被害人张丽敏约定玩“用绳子勒脖子产生快感”的游戏，张静作为心智健全的成年人，应当知道在张丽敏挣扎用双脚踢打床板时继续勒颈可能导致其死亡，张静没有及时停止游戏，其主观上至少是间接故意，对张丽敏的死亡结果至少持放任的心理。另外，张丽敏明知该游戏可能导致死亡，仍然配合张静的要求，具有一定的承诺和过错，但张丽敏的承诺仅限轻伤以内的危害后果。张静作案后主动报警，如实供述自己的罪行，认罪、悔罪态度好，主观恶性和人身危险性较低，张静家属积极赔偿张丽敏家属损失并获得谅解，依法可以从轻处罚。据此，法院判张静犯故意杀人罪，处有期徒刑7年。

9. 关于常见影响故意杀人犯罪的量刑因素

故意杀人犯罪的案件结果受诸多因素的影响，包括被告人的犯罪动机、犯罪手段、犯罪结果、主观恶性、人身危险性、社会危害性、自首、立功、认罪、悔罪态度，也包括被害人家属反应程度以及社会影响，还包括公安机关证据收集的完整性和合法性以及法官的价值取向和量刑尺度，更包括刑事律师的专业素养和敬业精神等。同一个故意杀人犯罪案件，不同的司法人员和刑事律师可能会得出不同的结果，但有些因素对量刑的影响是必然的，笔者将对几种常见影响量刑的因素进行分类讨论。

9.1 关于舆情对故意杀人犯罪量刑的影响

虽然法律规定法院定罪量刑应当以事实为依据，以法律为准绳，但是舆情对故意杀人犯罪的量刑的影响不可小觑。舆情对量刑的影响分为积极影响和消极影响。积极影响是指案件经互联网、媒体等媒介广泛传播，在全国范围引起较大反响，舆论一致认为，被告人的行为社会危害性较小，被告人犯罪事出有因，情有可原，应当对被告人从轻或减轻处罚。比如，在于欢故意伤害案中，一审法院判于欢犯故意伤害罪，判处无期徒刑。案件经媒体报道后，舆情认为被害人在于欢面前裸露下体侮辱于母具有明显过错，于欢系正当防卫，一审判决结果过重。山东省高级人民法院在舆情的压力和影响下，公开审理认为，于欢系正当防卫，但明显超出必要限度并造成严重损害，系防卫过当，据此，判于欢犯故意伤害罪，处有期徒刑5年。

舆情对量刑的消极影响是指被告人的罪行本不应判处较重的刑罚，但案件经互联网、媒体的传播后，民愤极大，舆情一致认为要严惩被告人。比如，在西安药某某故意杀人案件中，被告人药某某系激情杀人，系自首，认罪悔罪态度较好，可不判处死刑立即执行。但案件经媒体报道后，要求判处药某某死刑的声音不绝于耳，甚至有的电视节目提前对药某某进行审判演习，舆情一致要求判处药某某死刑。排山倒海的舆论导致法院压力非常大。判决结果这里不再赘述。

在办理故意杀人犯罪案件中，舆情对案件的影响有利的，刑事律师可以顺势而为。这里并非鼓励或者怂恿刑事律师制造舆情干预司法，任何干预和影响司法独立的行为都为法律所禁止。笔者要表达的是，虽然刑事律师不能制造舆情，但是舆情对案件本身有利的，可以视而不见听而不闻，这并不违反刑事律师的职业伦理和职业操守。如果舆情对案件影响不利，刑事律师要建议被告人家属对一些空穴来风的不实信息进行澄清和回应，尽可能消除不利影响。

9.2 关于被害人家属反应程度对量刑的影响

【案例6-45】张士禄犯故意杀人罪①

被告人张士禄，男，1983年12月8日出生，农民。2007年10月22日因涉嫌犯故意杀人罪被逮捕。

河南省南阳市人民检察院以被告人张士禄犯故意杀人罪，向南阳市中级人

① 参见最高人民法院刑事审判第一、二、三、四、五庭编：《刑事审判参考》（总第113集），法律出版社2019年版，第30～32页。

民法院提起公诉。

被告人张士禄对公诉机关指控的事实无异议，辩称不是有意杀人，不构成故意杀人罪。其辩护人提出，张士禄认罪态度较好，请求从轻处罚。

南阳市中级人民法院经审理查明：

被告人张士禄与被害人张文平（殁年69岁）均系河南省方城县二郎庙乡安楼村村民。2007年秋，因张文平饲养的牛吃了张士禄家的庄稼，二人发生纠纷。张文平之子张留江得知此事后曾携刀找过张士禄，因张士禄当时不在家而未找到。张士禄得知此事后，心中恼怒。2007年10月9日18时许，张士禄酒后持杀猪刀至张文平家，持刀朝张文平胸部捅刺一刀，致张文平心脏被刺破大失血而死亡。张文平之妻贾书琴（时年66岁）见状上前阻拦，张士禄又持刀刺扎贾书琴背部、左前臂致其轻微伤。后张士禄又刺扎张文平儿媳郭丽肖（时年22岁）右臂一刀致其轻微伤。此时，张士禄亲属赶到现场将杀猪刀夺下，并将张士禄拖走。次日凌晨，公安人员在张士禄亲属的带领下在一机井房内将张士禄抓获。

南阳市中级人民法院认为，被告人张士禄故意非法剥夺他人生命的行为已构成故意杀人罪，且造成一人死亡，二人轻微伤，罪行极其严重，应依法惩处。关于被告人张士禄的辩解，经查，张士禄持刀冲入张文平家，言称想死想活，说明其主观上有杀人的故意，客观上猛刺张文平胸部，致张文平心脏贯通伤当场死亡，又刺扎贾书琴、郭丽肖，致二人受伤，其行为已构成故意杀人罪，其辩解理由不能成立，不予采纳。据此，南阳市中级人民法院以故意杀人罪判处被告人张士禄死刑，剥夺政治权利终身。

一审宣判后，张士禄上诉提出，其无杀人故意，案发时张文平先持木棍对其击打，被害方有过错，被抓获时正准备去投案，原判量刑重。

河南省高级人民法院经审理认为，被告人张士禄的行为已构成故意杀人罪。张士禄杀死一人，杀伤二人，情节恶劣，罪行极其严重，应依法惩处。关于张士禄及其辩护人所提被害人张文平先持木棍击打张士禄及张士禄无杀人故意的上诉理由，经查，现场目击者贾书琴、郭丽肖均证明案发时张士禄持刀进院后在楼梯上直接持杀猪刀猛扎张文平胸部，张士禄归案后亦供述其见张文平从房顶下来走到楼梯口时直接持杀猪刀朝张文平胸部“用力扎了一下”，在案证据证明张文平并未持木棍击打张士禄，且张士禄持长达一尺的杀猪刀直接猛扎张文平胸部，致张文平心脏被刺破导致大失血而死亡，其非法剥夺他人生命的主观故意明显，故该上诉理由和辩护意见不能成立。关于张士禄及其辩护人所提被害方在案发前因上有一定过错的上诉理由，经查，本案确因张文平家的牛吃张士禄家的庄稼这一民间纠纷引发，但事隔数日后，张士禄酒后持刀到被害人家中报复，不能认定被害人在案发前因上有过错，故该上诉理由不能成立。关于张士禄所提案发后张士禄准备投案的上诉理由，经查，案发后，张士禄向亲友索要钱财，并向亲友表示要去广州打工，且躲藏在村外机井房内直至被公安机关抓获，张士禄并未有投案的意思表示及行为，故该上诉理由亦不能成立。据此，依法裁定驳回上诉，维持原判，并报请最高人民法院核准。

最高人民法院经复核认为，被告人张士禄故意非法剥夺他人生命的行为，已构成故意杀人罪。张士禄因琐事持刀杀人，致一人死亡、二人轻微伤，罪行极其严重，应依法惩处。鉴于本案系因民间矛盾引发，被害人方在案件起因上负有一定责任，被告人亲属有协助抓捕情节，故对张士禄判处死刑，可不立即执行。第一审判决、第二审裁定认定的事实清楚，证据确实、充分，定罪准确。审判程序合法。但量刑不当。据此，依法裁定不核准河南省高级人民法院维持第一审对被告人张士禄以故意杀人罪判处死刑，剥夺政治权利终身的刑事裁定。

在本案中，被害人家属强烈要求判处被告人张士禄死刑，并多次进京上访，扬言若不判处张士禄死刑，就杀掉张士禄全家。据此，河南省高级人民法院两次将本案发回南阳市中级人民法院重新审判，因迫于被害人家属的强烈反应和上访压力，南阳市中级人民法院最终判处张士禄死刑。最高人民法院经复核认为，被告人张士禄因生活琐事持刀杀人，致一人死亡、二人轻微伤，罪行极其严重，但本案系因民间纠纷引发，被害人在案件起因上具有一定的过错，张士禄虽不构成自首，但其亲属协助公安机关将其抓捕归案，量刑时应予以酌情考虑，张士禄罪不至死，依法裁定不予核准其死刑。

刑事律师在办理故意杀人犯罪案件中，不仅要做好被告人的辩护工作，而且要做好被害人家属的安抚工作。因为做好安抚工作不仅可以化解矛盾，而且可以减轻法院的判案压力。关于安抚工作，刑事律师要积极寻求向被害人家属表达哀悼和歉意的机会，组织被告人家属向被害人家属赔礼道歉，根据被告人家属的赔付能力以及被害人家属的诉求，做好刑事赔偿，力争取得被害人家属的谅解。一般来说，只要被告人取得被害人家属的谅解，就可以不判处死刑立即执行。

9.3 关于被告人取得谅解对量刑的影响

【案例6-46】张保林犯故意杀人罪案[①]

被告人张保林，男，1964年2月10日出生，农民。2013年3月15日因涉嫌犯故意杀人罪被逮捕。

安徽省蚌埠市人民检察院以被告人张保林犯故意杀人罪，向蚌埠市中级人民法院提起公诉。

被告人张保林辩称，被害人张东亚两次到其家门口辱骂，其去张东亚家问究竟，遭被害人张保亮持棍打、骂，其才夺棍打张保亮一棍，张东亚过来用棍打在其肩上，其才与之对打。其辩护人提出，被害人张东亚两次辱骂张保林引发本案，应适当减轻张保林责任；被害人张保亮患有其他疾病，是外力作用导致脑瘤破裂而死；张保林没有打在场的张东亚的妻子、孩子，没有犯罪前科，潜逃期间没有犯罪，认罪态度好，主观恶性相对较小，请求对张保林从轻处罚。

蚌埠市中级人民法院经审理查明：

被告人张保林与被害人张东亚（殁年37岁）均系安徽省固镇县任桥镇清凉村张南组村民，两家平时没有矛盾。2005年11月3日下午，张保林与张东亚等人到安徽省宿州市芦岭街吃饭喝酒。酒后，张保林骑摩托车带张东亚回村，快到村口时，因道路不平，张保林要张东亚下车步行，自己先骑车回家。张东亚对此不满，当晚先后两次到张保林家外面长时间辱骂张保林。当日23时许，张保林驾驶摩托车、提着矿灯到张东亚家院内，遇到张东亚的父亲张保亮（殁年60岁），因言语不和，张保林持铁棍朝张保亮头面部猛击，张东亚的母亲冯立英（时年57岁）从屋内出来，张保林又持铁棍击打冯立英头面部，致其轻伤。随后，张东亚进入院内，张保林持铁棍对张东亚头面部等处击打数下，致张东亚因急性外伤性蛛网膜下腔出血当场死亡，张保亮经送医院抢救无效于同月15日死亡。经鉴定，张保亮死因系头部受重击引发脉络丛乳头瘤血管破裂造成广泛性脑室系统出血。作案后张保林长期潜逃。

蚌埠市中级人民法院认为，被告人张保林在因琐事遭被害人张东亚两次辱

---

① 参见最高人民法院刑事审判第一、二、三、四、五庭编：《刑事审判参考》（总第113集），法律出版社2019年版，第35～37页。

骂后，即恼羞成怒，深夜闯入张东亚家中，遇着人搭话即用矿灯照射，持棍猛力击打三人头面等要害部位，置死伤后果于不顾，致一人当场死亡、一人经抢救无效死亡、一人轻伤，其行为构成故意杀人罪。虽然张东亚在案发原因上存在过错，张保亮系外力作用于疾患抢救无效死亡，但综合本案的犯罪性质、犯罪情节及对社会的危害程度等因素，不足以对张保林从轻处罚。据此，蚌埠市中级人民法院以故意杀人罪判处张保林死刑，剥夺政治权利终身。

一审宣判后，被告人张保林提出上诉，所提上诉理由及辩护人所提辩护意见与一审时的意见一致。

安徽省高级人民法院经审理认为，被告人张保林因琐事遭被害人张东亚两次辱骂后，不能冷静对待，深夜闯入张东亚家中，持棍猛力击打三人头面等要害部位，致一人当场死亡、一人抢救无效死亡、一人轻伤，其行为构成故意杀人罪。犯罪性质恶劣，手段残忍，后果严重，应依法严惩。原判认定的事实清楚，证据确实、充分，定罪正确，量刑适当。审判程序合法。据此，依法裁定驳回上诉，维持原判，并报请最高人民法院核准。

最高人民法院经复核认为，被告人张保林故意非法剥夺他人生命的行为已构成故意杀人罪。张保林因琐事遭被害人张东亚辱骂后，持铁棍击打张东亚及其父母张保亮、冯立英头面部，致二人死亡、一人轻伤，情节恶劣，后果特别严重，应依法惩处。鉴于本案系民间矛盾激化引发，张东亚对引发本案负有责任；被害人张保亮的死亡主要由其自身患有的脑瘤疾病引发，张保林的击打行为只是张保亮死亡的诱因之一，张保林不应对张保亮的死亡结果承担全部责任；张保林归案后认罪、悔罪，对其判处死刑，可不立即执行。第一审判决、第二审裁定认定的事实清楚，证据确实、充分，定罪准确。审判程序合法。据此，最高人民法院裁定不核准安徽省高级人民法院维持第一审以故意杀人罪判处被告人张保林死刑，剥夺政治权利终身的刑事附带民事裁定。

在本案中，被告人张保林因琐事持铁棍击打张东亚及其父母张保亮、冯立英头面部，致二人死亡、一人轻伤，情节恶劣，后果特别严重，应依法严惩。鉴于本案系民间矛盾激化引发，张东亚对引发本案负有责任；被害人张保亮的死亡主要由其自身患有的脑瘤疾病引发，张保林的击打行为只是张保亮死亡的诱因之一，张保林不应对张保亮的死亡结果承担全部责任；张保林归案后认罪、悔罪；最重要的是，最高人民法院复核期间，在承办法官的主持下，张保林家属和被害人家属双方以现金和土地使用权相结合的方式达成谅解赔偿协议，被害人家属出具谅解书。据此，最高人民法院不予核准张保林的死刑。

在办理故意杀人犯罪中，刑事律师要不遗余力说服被告人家属积极赔偿被害人家属的经济损失，促成双方达成刑事和解并出具谅解书。赔偿损失的方式不仅包括支付金钱，而且包括提供劳务以及一切有经济价值和效用的物品或权益。刑事和解不仅可以弥补被害人家属的损失，化解社会矛盾和纠纷，而且可以为被告人争取宽大处理的机会。

10. 关于 DNA 鉴定意见关联性的认定及量刑把握

当前，通过 DNA 多样态分析进行个人识别成为公安机关侦破刑事案件的常规手段。由于 DNA 遗传标记具有科学性和客观性，人们普遍认为 DNA 鉴定意见属于不容置疑的铁证，这种偏见很容易让人忽视 DNA 鉴定意见的另一关键环节，即 DNA 鉴定意见和案件的关联性。换言之，虽然 DNA 鉴定结论和被告人的 DNA 遗传标记高度相似，但这并不意味着犯罪行为就是被告人所为，因为被告人的 DNA 载体有可能于案发前或案发后出现在案发现场。DNA 鉴定意见作为公诉机关指控被告人的有罪证据，如何认定 DNA 鉴定意见和案件的关联性，是认定被告人罪与非罪的关键。

10.1　关于 DNA 鉴定意见关联性的认定

在故意杀人犯罪中，关于 DNA 鉴定意见关联性的认定，可以从以下几个方面进行把握。首先，故意杀人案件中没有 DNA 鉴定意见的，要么是 DNA 鉴定意见中鉴定结论和被告人的 DNA 遗传标记不匹配，公诉机关没有将 DNA 鉴定意见作为证据提交；要么是案发现场遭到严重破坏，无法提取到相关物证。针对案件没有 DNA 鉴定意见，被告人拒不认罪，或者只有被告人有罪供述，没有其他物证相互印证时，刑事律师要综合全案判断是否属于冤假错案。

其次，鉴定结论和被告人的 DNA 遗传标记高度相似，并不意味着犯罪行为系被告人所为。因为 DNA 遗传标记可以通过人的血迹、组织、细胞、汗液、唾液、毛发、指纹、精斑、骨骼、牙齿等检测出，这些 DNA 载体有可能于案发前或者案发后出现在案发现场。比如，在一起故意杀人案件中，被告人和被害人系同事关系，被告人数月前到被害人家做过客，后被害人在家中被人杀害。警方在被害人家中沙发底下、卫生间、厨房等多处提取到可疑指纹、毛发和烟蒂，通过检测发现，这些DNA遗传标记系同一人。警方通过DNA遗传标记比对很快锁定犯罪嫌疑人，但发现犯罪嫌疑人不具有作案可能，因为案发时犯罪嫌疑人正在贵州某监狱服刑。之所以出现这样的原因是因为包括血迹、汗液、唾液等DNA载体在特定的环境下可以保持数月甚至更长的时间。因此，被告人的DNA载体完全有可能在案发前就存在于案发现场，还可能产生于案发之后。比如，案发后，被告人曾到案发现场看热闹而遗留在案发现场。

10.2　关于DNA鉴定意见关联性的量刑把握

【案例6－47】康文良犯故意杀人罪案[①]

被告人康文良，男，1969年10月9日出生，农民。2010年10月12日因涉嫌犯故意杀人罪被逮捕。

安徽省亳州市人民检察院以被告人康文良犯故意杀人罪，向亳州市中级人民法院提起公诉。

被告人康文良及其指定辩护人提出：康文良受到刑讯逼供才在侦查阶段作出有罪供述，认定康文良故意杀人的证据不足，请求宣告康文良无罪。

亳州市中级人民法院经审理查明：

2010年9月4日凌晨，被告人康文良到本村村民徐某某（被害人，女，殁年41岁）家附近，发现徐某某家堂屋西间南侧窗户未关严，遂产生与徐某某发生性关系之念，便翻窗入室。徐某某被惊醒后从卧室出来，发现康文良后与之厮打，康文良用马扎（用绳子编制的木板凳）猛击徐某某头面部数下，又将徐某某推倒在地扼住颈部致徐死亡。经法医鉴定，徐某某系被他人用木质钝器打击头面部致重度颅脑损伤合并机械性窒息死亡。

亳州市中级人民法院认为，被告人康文良采用暴力手段剥夺徐某某的生命，其行为构成故意杀人罪。公诉机关指控罪名成立。对康文良提出其在侦查阶段的供述系刑讯逼供，徐某某不是其杀害的辩解及其辩护人的无罪辩护意见，经查，侦查机关同步录音录像及检察机关相关证明证实在侦查阶段公安机关未采取非法手段对康文良进行讯问，康文良的有罪供述与证人证言、马扎上检出康

① 参见最高人民法院刑事审判第一、二、三、四、五庭编：《刑事审判参考》（总第115集），法律出版社2019年版，第37～39页。

文良与徐某某混合DNA的鉴定意见、法医鉴定意见等证据相互印证，足以认定康文良故意杀害徐某某的犯罪事实，相关辩解及辩护意见与事实不符，不予采纳。据此，亳州市中级人民法院以故意杀人罪判处康文良死刑，剥夺政治权利终身。

一审宣判后，被告人康文良以受到刑讯逼供才在侦查阶段作出有罪供述，认定其作案证据不足为由，向安徽省高级人民法院提出上诉，请求宣告其无罪。

安徽省人民检察院出庭检察员认为，本案有充分证据证明被害人徐某某系他杀，对物证马扎上的DNA的鉴定意见能够认定康文良接触过徐某某家的马扎，康文良在侦查机关和检察机关的有罪供述部分细节与在案证人证言印证，有一定证据证明康文良杀害徐某某的犯罪事实，但还有待进一步证明，建议二审法院在进一步查清事实的基础上依法作出公正裁决。安徽省高级人民法院经审理认为，本案事实不清，证据不足，裁定撤销原判，发回亳州市中级人民法院重新审判。

亳州市中级人民法院经重新审理，再次以故意杀人罪判处被告人康文良死刑，剥夺政治权利终身。

被告人康文良以认定其作案证据不足为由，向安徽省高级人民法院提出上诉，请求宣告其无罪。

安徽省高级人民法院经审理认为，原判认定事实清楚，证据确实、充分，定性准确，量刑适当，审判程序合法。裁定驳回上诉，维持原判，并依法报请最高人民法院核准。

最高人民法院复核认为，第一审判决、第二审裁定认定被告人康文良犯故意杀人罪的事实不清，证据不足，裁定不核准康文良死刑，发回安徽省高级人民法院重新审判。

安徽省高级人民法院经审理，将本案发回亳州市中级人民法院重新审判。

亳州市中级人民法院经重新审理，第三次以故意杀人罪判处被告人康文良死刑，剥夺政治权利终身。

被告人康文良以认定其作案证据不足为由，向安徽省高级人民法院提出上诉，请求宣告其无罪。

安徽省高级人民法院经审理认为，认定被告人康文良犯故意杀人罪的事实不清，证据不足，裁定撤销原判，宣告康文良无罪。

本案的关键证据是被害人徐某某家的马扎检测出徐某某和被告人康文良的混合 DNA。本案的有罪证据除了康文良在侦查阶段的有罪供述外，就是该鉴定意见。该鉴定意见成为认定康文良罪与非罪的关键证据。本案发生在农村地区，案发之初，徐某某家属误以为徐系意外事故死亡，没有报警和保护现场，包括康文良在内的多名村民进入现场围观，案发现场遭到严重破坏。公安机关通过对作案工具马扎进行鉴定，检测出徐某某和康文良的混合 DNA 后才将其作为犯罪嫌疑人予以羁押。本案证据表明，该鉴定意见和本案关联性较低，无法排除合理怀疑，不能确定犯罪行为系康文良所为。

首先，案发之初，本案并没有作为刑事案件，案发后，包括被告人康文良在内的众多村民到案发现场围观，不排除康文良的 DNA 遗传标记是案发后才出现在马扎上。其次，被害人徐某某和康文良系邻居，有农村生活经验的人都知道，邻居之间相互借用东西较为常见，马扎乃活动物件，不排除康文良在案发前借用或者到徐家串门时接触过涉案马扎，康文良的 DNA 遗传标记有可能于案发前就存在于马扎。最后，证据表明，案发后至少有三人接触过涉案马扎，但鉴定意见却无法检出其他三人的 DNA，说明即使有人使用该马扎作案，也可能无法检测出 DNA，不能排除有第三人作案。

因此，该鉴定意见只能证明康文良接触过涉案马扎，但不能得出康文良使用该马扎杀害徐某某的唯一结论。据此，法院判决康文良无罪。

11. 关于故意杀人犯罪案件证明标准的认定及案件处理

关于刑事案件的证明标准，《刑事诉讼法》第 55 条规定：对一切案件的判处都要重证据，重调查研究，不轻信口供。只有被告人供述，没有其他证据的，不能认定被告人有罪和处以刑罚；没有被告人供述，证据确实、充分的，可以认定被告人有罪和处以刑罚。证据确实、充分，应当符合以下条件：（1）定罪量刑的事实都有证据证明；（2）据以定案的证据均经法定程序查证属实；（3）综合全案证据，对所认定事实已排除合理怀疑。

11.1 关于故意杀人犯罪案件证明标准的认定

关于死刑案件的证明标准，《2010 年规定》第 5 条规定：办理死刑案件，对被告人犯罪事实的认定，必须达到证据确实、充分。证据确实、充分是指：

（1）定罪量刑的事实都有证据证明；（2）每一个定案的证据均已经法定程序查证属实；（3）证据与证据之间、证据与案件事实之间不存在矛盾或者矛盾得以合理排除；（4）共同犯罪案件中，被告人的地位、作用均已查清；（5）根据证据认定案件事实的过程符合逻辑和经验规则，由证据得出的结论为唯一结论。办理死刑案件，对于以下事实的证明必须达到证据确实、充分：（1）被指控的犯罪事实的发生；（2）被告人实施了犯罪行为与被告人实施犯罪行为的时间、地点、手段、后果以及其他情节；（3）影响被告人定罪的身份情况；（4）被告人有刑事责任能力；（5）被告人的罪过；（6）是否共同犯罪及被告人在共同犯罪中的地位、作用；（7）对被告人从重处罚的事实。

11.2 关于故意杀人案件无法达到证明标准的案件处理

【案例6－48】杨增龙犯故意杀人罪案①

被告人杨增龙，又名杨龙，男，1976年1月11日出生。2005年12月28日因犯收购赃物罪被判处罚金人民币3000元。2009年2月18日因涉嫌犯故意杀人罪被逮捕。

河北省保定市中级人民法院审理保定市人民检察院指控被告人杨增龙犯故意杀人罪一案，于2010年8月30日以故意杀人罪判处被告人杨增龙无期徒刑，剥夺政治权利终身。宣判后，附带民事诉讼原告人提出上诉。河北省高级人民法院于2010年12月15日裁定撤销原判，发回重审。保定市中级人民法院依法重新审理后，于2011年9月14日以故意杀人罪判处被告人杨增龙无期徒刑，剥夺政治权利终身。宣判后，附带民事诉讼原告人提出上诉。河北省高级人民法院于2012年3月29日再次裁定撤销原判，发回重审。保定市中级人民法院于2013年1月30日对该案依法重新审理。

保定市人民检察院指控被告人杨增龙的行为构成故意杀人罪。

被告人杨增龙当庭否认杀害被害人，辩称其有罪供述系侦查人员对其刑讯逼供所得。杨增龙的辩护人提出，本案事实不清、证据不足；被告人供述与现场勘查笔录、尸检报告等证据相互矛盾，请求宣告杨增龙无罪。

保定市中级人民法院经审理认定的事实与前两次审理认定的事实基本相同，

① 参见最高人民法院刑事审判第一、二、三、四、五庭编：《刑事审判参考》（总第108集），法律出版社2017年版，第26～28页。

具体如下：被告人杨增龙与被害人郭某某有不正当男女关系。2009年1月13日19时许，杨增龙因欲与前妻复婚，约郭某某到河北省定州市韩家庄村西砖窑西侧谈分手之事，二人因此发生争执，杨增龙将郭某某打晕，后用刀将郭某某头颅割下，埋到附近小麦田里。

保定市中级人民法院认为，被告人杨增龙故意非法剥夺郭某某生命，其行为已构成故意杀人罪。关于杨增龙提出的有罪供述系侦查人员对其刑讯逼供所得的辩解理由，经查，杨增龙在侦查阶段所作的有罪供述和其主动向公安机关提交的悔过书相同；杨增龙当庭承认作出有罪供述时对其讯问的两名侦查人员郝某某、陆某未对其刑讯逼供，并有庭审录像为证；杨增龙所称刑讯逼供的侦查人员均出庭作证，并称没有对其实施刑讯逼供；看守所体检记录记载杨增龙入所时体表无外伤；除杨增龙供述外，无其他证据证实侦查人员对其有刑讯逼供行为；综上，对该辩解理由不予采纳。杨增龙故意杀害郭某某的事实，有其在侦查阶段的供述及尸检报告、现场勘查笔录、证人证言等证据证实，证据之间能相互印证，本案基本事实清楚，基本证据确实、充分。据此，保定市中级人民法院以故意杀人罪判处被告人杨增龙无期徒刑，剥夺政治权利终身。

一审宣判后，被告人杨增龙不服，提出上诉。其上诉理由及其辩护人的辩护意见如下：原判认定事实不清，证据不足，现有证据不能形成完整证据链条；公安机关存在刑讯逼供，有罪供述不能作为定案的证据，应当宣告杨增龙无罪。

河北省人民检察院认为，上诉人杨增龙有作案动机；有罪供述部分细节与现场勘查笔录、尸检报告、手机通话记录及基站信息显示一致，无罪辩解与基站信息及手机通话记录不符。但讯问录像没有同步，指认现场过程不完整，没有提取到指向杨增龙实施犯罪的相关物证。综上，除供述以外的间接证据达不到法律规定的证据确实、充分的证明标准，建议二审法院依法判决。

河北省高级人民法院经审理认为，原判据以定案的证据主要是上诉人杨增龙的有罪供述，杨增龙写的悔过书虽明确承认实施了犯罪，但悔过书从证据分类来看也属于被告人供述的一种方式。杨增龙在侦查期间曾作过有罪供述，但对检察机关推翻有罪供述，称有罪供述系侦查人员刑讯逼供取得，现公安机关讯问录像和指认现场录像均存在瑕疵，讯问录像不是同步录制，指认现场录像中显示指认过程也不完整，未能体现杨增龙指示侦查人员寻找杀人现场和掩埋被害人头颅的地点，指认过程的客观性存疑。杨增龙的有罪供述没有其他客观物证印证，间接证据也未能形成完整的证明体系，二审期间检察机关亦没有补充证明杨增龙犯罪的新证据。原判认定杨增龙于2009年1月13日杀害被害人郭某某的事实不清，证据不足，不能认定杨增龙有罪。据此，河北省高级人民法院判决撤销原判，宣告上诉人杨增龙无罪。

本案是事实不清、证据不足，指控罪名不能成立的无罪判决的典型案例。首先，本案的同步录音录像和指认现场录像不完整。根据《刑事诉讼法》第123条规定，侦查人员在讯问犯罪嫌疑人的时候，可以对讯问过程进行录音或者录像；对于可能判处无期徒刑、死刑的案件或者其他重大犯罪案件，应当对讯问过程进行录音或者录像。录音或者录像应当全程进行，保持完整性。在本案中，被告人杨增龙犯故意杀人罪，可能判处无期徒刑或者死刑，应当对讯问过程同步录音录像，检察机关未能就同步录音录像的完整性提供证据证明。

其次，被告人杨增龙提出有罪供述系刑讯逼供作出，根据看守所健康检查笔录和讯问录像对比显示，杨增龙脸上有明显的外伤，不能排除其遭受刑讯逼供的可能，因此，杨增龙的庭前供述应当予以排除。此外，杨增龙的有罪供述和其他客观物证无法相互印证，间接证据也未能形成完整的证据体系。二审期间检察机关亦没有补充新证据。本案事实不清，证据不足，据此，法院宣告杨增龙无罪。

七、黑社会性质组织犯罪量刑把握及辩护

当前，受国内国际多种因素影响，我国黑社会性质组织犯罪较为活跃。由于这类犯罪组织化程度较高，与各种社会治安问题相互交织，并不断向政治领域和经济领域渗透，破坏力极大，严重威胁国家长治久安和人民安居乐业。黑社会性质组织犯罪包括组织、领导、参加黑社会性质组织罪，入境发展黑社会组织罪和包庇、纵容黑社会性质组织罪。这些犯罪本身并没有死刑，但是黑社会性质组织存续期间组织成员往往伴随实施故意杀人、故意伤害、非法拘禁、寻衅滋事、强迫交易等犯罪，在数罪并罚的情况下，被告人可能适用死刑。本文章要从刑事辩护视角，对黑社会性质组织犯罪中一些事实认定及量刑进行讨论。

1. 关于黑社会性质组织的认定

我国《刑法》第294条规定：组织、领导黑社会性质的组织的，处7年以上有期徒刑，并处没收财产；积极参加的，处3年以上7年以下有期徒刑，可以并处罚金或者没收财产；其他参加的，处3年以下有期徒刑、拘役、管制或者剥夺政治权利，可以并处罚金。

境外的黑社会组织的人员到中华人民共和国境内发展组织成员的，处3年以上10年以下有期徒刑。

国家机关工作人员包庇黑社会性质的组织，或者纵容黑社会性质的组织进行违法犯罪活动的，处5年以下有期徒刑；情节严重的，处5年以上有期徒刑。

犯前三款罪又有其他犯罪行为的，依照数罪并罚的规定处罚。

黑社会性质的组织应当同时具备以下特征：（1）形成较稳定的犯罪组织，人数较多，有明确的组织者、领导者，骨干成员基本固定；（2）有组织地通过违法犯罪活动或者其他手段获取经济利益，具有一定的经济实力，以支持该组织的活动；（3）以暴力、威胁或者其他手段，有组织地多次进行违法犯罪活动，为非作恶，欺压、残害群众；（4）通过实施违法犯罪活动，或者利用国家工作人员的包庇或者纵容，称霸一方，在一定区域或者行业内，形成非法控制或者重大影响，严重破坏经济、社会生活秩序。

关于黑社会性质组织的认定，应当严格按照组织特征、经济特征、行为特征和危害特征进行把握，既不能人为地增设条件也不能减少条件，这是罪刑法定的要求，也是法治的要求。本章将对黑社会性质组织的四个特征分别讨论。

1.1　关于黑社会性质组织的组织特征的认定

关于黑社会性质组织的组织特征的认定，《刑法》第294条规定：形成较稳定的犯罪组织，人数较多，有明确的组织者、领导者，骨干成员基本固定。2000年12月5日，最高人民法院发布的《关于审理黑社会性质组织犯罪的案件具体应用法律若干问题的解释》①（以下简称《2000年解释》）第1条从结构组织和组织纪律对黑社会性质组织的组织特征作了规定：组织结构比较紧密，人数较多，有比较明确的组织者、领导者，骨干成员基本固定，有较为严格的组织纪律。

针对实践中黑社会性质组织的组织特征不明显的认定，2009年12月9日，最高人民法院、最高人民检察院、公安部联合发布的《办理黑社会性质组织犯罪案件座谈会纪要》②（以下简称《2009年纪要》指出，黑社会性质组织不仅有明确的组织者、领导者，骨干成员基本固定，而且组织结构较为稳定，并有比较明确的层级和职责分工。当前，一些黑社会性质组织为了增强隐蔽性，往往采取各种手段制造“人员频繁更替、组织结构松散”的假象。因此，在办案时，要特别注意审查组织者、领导者，以及对组织运行、活动起突出作用的积极参加者等骨干成员是否基本固定、联系是否紧密，不要被其组织形式的表象

① 法释〔2000〕42号。

② 法〔2009〕382号。

所左右。

关于黑社会性质组织的组织纪律的认定，2015 年 10 月 13 日，最高人民法院发布的《全国部分法院审理黑社会性质组织犯罪案件工作座谈会纪要》①（以下简称《2015 年纪要》）指出，对于黑社会性质组织的组织纪律、活动规约，应当结合制定、形成相关纪律、规约的目的与意图来进行审查判断。凡是为了增强实施违法犯罪活动的组织性、隐蔽性而制定或者自发形成，并用以明确组织内部人员管理、职责分工、行为规范、利益分配、行动准则等事项的成文或不成文的规定、约定，均可认定为黑社会性质组织的组织纪律、活动规约。

2018 年 1 月 16 日，最高人民法院、最高人民检察院、公安部、司法部联合印发的《关于办理黑恶势力犯罪案件若干问题的指导意见》②（以下简称《2018 年意见》）第 4 条对黑社会性质组织的组织、领导行为作了规定：发起、创建黑社会性质组织，或者对黑社会性质组织进行合并、分立、重组的行为，应当认定为“组织黑社会性质组织”；实际对整个组织的发展、运行、活动进行决策、指挥、协调、管理的行为，应当认定为“领导黑社会性质组织”。黑社会性质组织的组织者、领导者，既包括通过一定形式产生的有明确职务、称谓的组织者、领导者，也包括在黑社会性质组织中被公认的事实上的组织者、领导者。

【案例 7 -1】邓伟波等组织、领导、参加黑社会性质组织罪案③

被告人邓伟波，男，汉族，1973 年 5 月 11 日出生，无业。1991 年因盗窃被劳动教养 3 年，1995 年被强制戒毒 2 年，2007 年 6 月 29 日因本案被逮捕。

被告人龚南敏，绰号“大姐”“大家姐”，女，汉族，1974 年 3 月 22 日出生，无业。2007 年 6 月 15 日因本案被逮捕。

（其他被告人基本情况略）

广东省广州市人民检察院指控被告人邓伟波、龚南敏、何锦超、鲍海华、万泗洪、刘伟光、娄春华、费建义、于同福、刘榕安、卢永庆、李彦军犯组织、领导、参加黑社会性质组织罪，非法制造、买卖枪支、弹药罪，聚众斗殴罪，向广州市中级人民法院提起公诉。

---

① 法〔2015〕291 号。

② 法发〔2018〕1 号。

③ 参见最高人民法院刑事审判第一、二、三、四、五庭编：《刑事审判参考》（总第 74 集），法律出版社 2010 年版，第 12 ~ 17 页。

广州市中级人民法院经审理查明：

（一）关于组织、领导、参加黑社会性质组织的事实

2004年下半年开始，被告人邓伟波为发展黑社会性质组织，逐步吸纳被告人何锦超、刘伟光为固定成员，为该组织非法制造、买卖枪支、弹药，从中牟利。此后，邓伟波又发展被告人卢永庆为组织成员，协助其买卖、运送、储存枪支、弹药。同年，刘伟光又将被告人刘榕安发展为组织成员，将刘伟光经营的一间塑料模具厂作为该组织非法制造枪支、弹药的“地下”工场，大规模进行非法制造、买卖枪支、弹药的犯罪活动。2006年8月，邓伟波为控制广州市海珠区沥滘综合市场放心肉的经营权，将被告人鲍海华发展为组织骨干成员，让其负责管理该市场的放心肉经营，并采取暴力威胁等手段，直接操纵市场，打击竞争对手。2007年1月，邓伟波、龚南敏先后在广州市海珠区沥滘北村地区非法开设、经营“健身舞池酒吧”和“沥滘社区体育中心”等娱乐场所，邓伟波将鲍海华介绍给龚南敏认识，两人共同雇请鲍海华作为“看场”的主管，并让鲍海华招募手下人员。后鲍海华招募了被告人娄春华、于同福、费建义等人负责“看场”。此三名被告人均由鲍海华随时调配，且工资由鲍海华负责发放。同时，龚南敏还吸纳被告人万泗洪为该组织成员，协助其管理组织成员及处理组织的财务工作，为组织购买所用的对讲机、制服和作案工具等。邓伟波还从龚南敏处以优惠价格承租了位于广州市海珠区沥滘北村的一间无牌烧烤档进行非法经营，由被告人李彦军负责管理烧烤档的生意，并负责该组织成员的伙食保障。为了便于组织行动，召集人力，更好地形成威慑作用，邓伟波又在龚南敏租住的房顶安装了无线电发射台，为组织联络提供保障。邓伟波、龚南敏对“看场”人员进行有组织的管理和控制：(1) 为“看场”人员发放统一制服，要求“看场”人员留统一发型；(2) 为“看场”人员配发对讲机和配备三节伸缩棍；(3) 为“看场”人员安排统一食宿，统一调遣“看场”人员。邓伟波为了更好地控制手下成员，笼络人心，凡在重大节日都要设宴款待手下成员、派发红包，为手下成员偿还赌债，对为该组织利益受伤的手下成员提供医疗费、生活费等。

2004年下半年至案发，逐步形成了以被告人邓伟波为首，以被告人龚南敏、何锦超、鲍海华为积极参加者，其他被告人为一般成员的黑社会性质组织。该组织通过实施非法制造、买卖枪支、弹药，聚众斗殴，敲诈勒索等一系列违

法犯罪活动，垄断了广州市海珠区沥滘综合市场的放心肉经营权，非法控制了海珠区沥滘北村地区的娱乐场所，获取了巨大经济利益，为该组织积蓄了一定的经济实力，为非作恶，称霸一方，严重破坏了当地的经济、社会生活秩序。

（二）关于非法制造、买卖枪支、弹药的事实

1. 为获取非法经济利益，从2004年10月开始，被告人邓伟波伙同被告人刘伟光研制“雷明登”猎枪。邓伟波提供“雷明登”猎枪的图纸和枪支实物样板，刘伟光纠集汤剑明（另案处理）在其经营的位于广州市海珠区沥滘北村西大街的无牌塑料模具厂内研制加工生产了“雷明登”猎枪共9支，均由邓伟波贩卖给罗军（另案处理），刘伟光及汤剑明获利人民币（以下均为人民币）15,000元。

2. 为迅速壮大组织实力，自2006年下半年开始，被告人邓伟波指使其组织成员被告人何锦超、鲍海华、刘伟光、刘榕安、卢永庆等人，共同制造、买卖枪支、弹药。其间，由邓伟波提供枪支样本和货源、联系买家等；邓伟波、鲍海华等人参与出资；何锦超、刘伟光、刘榕安负责枪支的研制、改造和加工；何锦超、鲍海华、卢永庆则负责运送枪支给买家。在广州市荔湾区沙洛下村499号刘伟光经营的振鹏塑料模具厂内，上述等人共同制造了“雷明登”霰弹猎枪、仿“五四”式手枪、仿“六四”式手枪、仿“马卡洛夫”手枪等数十支，自制子弹数百发，用于贩卖。案发后，公安机关在广州市海珠区邓伟波住处查获发令枪弹、弹壳、警用工作证皮套、手铐等物品；在广州市珠海区何锦超住处查获仿“六四”式手枪、仿“五四”式手枪、仿“马卡洛夫”手枪等15支以及自制手枪子弹292发、小口径左轮手枪1支以及小口径子弹8发、猎枪霰弹10发、射钉弹、啪啪子弹、弹匣等物品；在振鹏塑料模具厂查获半成品的仿“马卡洛夫”手枪3支、自制手枪子弹3发以及枪管、枪筒、火药、啪啪子弹、弹壳等用于制造枪支、弹药的半成品及材料一批；在广州市海珠区卢永庆住处查获仿“马卡洛夫”手枪6支、猎枪霰弹240发、自制猎枪管2支等物品。经检验，送检的22支手枪均属于以火药动力发射枪弹的非军用枪支，具有杀伤力；送检的558发子弹性能良好。

（三）关于聚众斗殴的事实

1. 2006年12月23日15时许，被告人邓伟波为了争夺广州市海珠区沥滘综合市场放心肉的经营权，打击竞争对手，纠集被告人鲍海华、崔旭（另案处

理）等二十多人，并指使鲍海华到被告人何锦超的住处拿取自制手枪1支，然后分别持枪、棍等工具，到沥滘综合市场附近，与被害人李某等十多人持械对打。其间，鲍海华开枪击中被害人李某的右肩部，致李某轻微伤。

2. 2007年5月7日2时许，被告人邓伟波因怀疑有人准备在其非法经营的“健身舞池酒吧”闹事，为维护组织利益，使用对讲机联系被告人龚南敏，由龚南敏以有人闹事为由，通知广州市海珠区沥滘村治安队。同时，邓伟波、龚南敏指使酒吧“看场”人员被告人鲍海华、娄春华、费建义、于同福等人，携带三节伸缩棍、对讲机等，以协助治安队员抓捕闹事人员为借口，追至广州市海珠区沥滘迎祥坊8号门口附近，对途经该处的被害人张某、罗某、杨某等人实施殴打，致杨某轻伤、张某等轻微伤。

广州市中级人民法院认为，被告人邓伟波为获取非法利益，在广州市海珠区沥滘一带组织、发展无业人员为其亲信和打手，逐步形成以其为组织、领导核心，以被告人龚南敏、鲍海华、何锦超等为基本固定成员的人数众多的黑社会性质组织，有组织地通过多次非法制造、买卖枪支、弹药，聚众斗殴，非法控制猪肉市场，敲诈勒索等违法犯罪活动，聚敛钱财，具有一定的经济实力，在一定区域内称霸一方，为非作恶，欺压群众，严重破坏了经济、社会生活秩序，其行为已构成组织、领导黑社会性质组织罪，对该集团所犯的全部罪行负责；被告人龚南敏、鲍海华、何锦超积极参加邓伟波组织、领导的黑社会性质组织，是该组织的骨干成员，其行为均已构成参加黑社会性质组织罪；被告人刘伟光、刘榕安、卢永庆、娄春华、于同福、费建义、万泗洪、李彦军参加邓伟波组织、领导的黑社会性质组织，参与违法犯罪活动，其行为均已构成参加黑社会性质组织罪。对于上述各被告人依法按其在组织、领导、参加黑社会性质组织犯罪中的地位、作用进行处罚。被告人邓伟波、刘伟光、何锦超、刘榕安、卢永庆、鲍海华无视国家法律，结伙非法制造、买卖枪支、弹药，情节严重，其行为均已构成非法制造、买卖枪支、弹药罪。其中，邓伟波起组织、指挥作用，是主犯；刘伟光提供厂房设备，并负责具体技术操作，何锦超、刘榕安、卢永庆积极实施具体行为，均起了主要作用，均是主犯；鲍海华仅参与部分出资和运送枪支、弹药的交易行为，且没有实际获得分红，其行为起次要作用，是从犯，可减轻处罚。被告人邓伟波、龚南敏、鲍海华、娄春华、费建义、于同福无视国家法律，聚众斗殴，其行为均已构成聚众斗殴罪。其中，邓伟波、鲍海华参与两起且在第一起聚众斗殴中使用枪械，情节严重；被告人邓伟波、龚南敏、鲍海华、何锦超、刘伟光、刘榕安、卢永庆、娄春华、于同福、费建义犯有数罪，依法应实行并罚。公诉机关指控的事实清楚，证据确实、充分，罪名成立，应予支持。但指控被告人龚南敏组织、领导黑社会性质组织的证据不足，不予认定。被告人邓伟波、何锦超归案后能主动协助公安机关抓获同案犯，有立功表现，依法可从轻处罚。据此，广州市中级人民法院判决如下：

1. 被告人邓伟波犯非法制造、买卖枪支、弹药罪，判处死刑，缓期 2 年执行，剥夺政治权利终身；犯组织、领导黑社会性质组织罪，判处有期徒刑 5 年；犯聚众斗殴罪，判处有期徒刑 4 年；决定执行死刑，缓期 2 年执行，剥夺政治权利终身。

2. 被告人刘伟光犯非法制造、买卖枪支、弹药罪，判处无期徒刑，剥夺政治权利终身；犯参加黑社会性质组织罪，判处有期徒刑 2 年；决定执行无期徒刑，剥夺政治权利终身。

3. 被告人何锦超犯非法制造、买卖枪支、弹药罪，判处有期徒刑 15 年，剥夺政治权利 5 年；犯参加黑社会性质组织罪，判处有期徒刑 3 年；决定执行有期徒刑 17 年 6 个月，剥夺政治权利 5 年。

……

7. 被告人龚南敏犯参加黑社会性质组织罪，判处有期徒刑 3 年 6 个月；犯聚众斗殴罪，判处有期徒刑 2 年 6 个月；决定执行有期徒刑 5 年 6 个月。

（其他被告人的判决情况略）

宣判后，被告人邓伟波、龚南敏、费建义、于同福提出上诉。

广东省高级人民法院经依法审理，认为一审判决认定的事实清楚，证据确实、充分，定罪准确，量刑适当，审判程序合法。裁定驳回上诉，维持原判。

关于黑社会性质组织的组织特征的认定，《2009 年纪要》指出，黑社会性质组织不仅有明确的组织者、领导者，骨干成员基本固定，而且组织结构较为稳定，并有比较明确的层级和职责分工。当前，一些黑社会性质组织为了增强隐蔽性，往往采取各种手段制造“人员频繁更替、组织结构松散”的假象。因此，要特别注意审查组织者、领导者，以及对组织运行、活动起突出作用的积极参加者等骨干成员是否基本固定、联系是否紧密，不要被其组织形式的表象所左右。具体而言，可以从以下两个方面进行把握。

首先，有明确的组织成员，组织结构稳定。黑社会性质组织要有明确的组织者、领导者，骨干成员基本稳定，具有一定规模，人数较多，组织成员一般在10人以上。组织者、领导者、骨干成员基本固定，并非组织者、领导者和骨干成员人员和人数没有变化，个别老成员退出和新成员加入不影响基本稳定的认定。在本案中，被告人邓伟波自2004年下半年起，为发展黑社会性质组织，吸纳被告人何锦超、刘伟光、龚南敏、鲍海华为固定成员以及其他参加人员，各被告人听命于邓伟波，相继实施聚众斗殴、敲诈勒索等犯罪行为。组织者、领导者和骨干成员基本稳定，组织结构稳定。

其次，组织成员之间层级分明，有组织、有纪律。各被告人之间是否层级分明、有组织、有纪律是黑社会性质组织和一般共同犯罪的区别之一。这种层级主要通过组织者、领导者、骨干成员的级别体现，上级领导并管理下级，下级服从上级管理。纪律性则通过用以明确组织内部人员管理、职责分工、行为规范、利益分配、行动准则等事项的成文或不成文的规定、约定体现。在本案中，被告人邓伟波控制何锦超、鲍海华、龚南敏等骨干成员，骨干成员控制积极参加人员，可谓层级分明。邓伟波对组织成员进行统一化管理，要求成员穿统一制服、留统一发型、统一配对讲机、统一安排食宿等，可谓纪律严明。

因此，本案具备黑社会性质组织犯罪的组织特征。

1.2　关于黑社会性质组织的经济特征的认定

关于黑社会性质组织的经济特征的认定，《刑法》第294条规定：有组织地通过违法犯罪活动或者其他手段获取经济利益，具有一定的经济实力，以支持该组织的活动。关于黑社会性质组织的经济规模，以及经济利益是否用于违法犯罪活动或者维系犯罪组织的生存、发展的认定，《2009年纪要》指出，一定的经济实力是黑社会性质组织坐大成势，称霸一方的基础。由于不同地区的经济发展水平、不同行业的利润空间均存在很大差异，加之黑社会性质组织存在、发展的时间也各有不同，因此，在办案时不能一般性地要求黑社会性质组织所具有的经济实力必须达到特定规模或特定数额。此外，黑社会性质组织的敛财方式也具有多样性。实践中，黑社会性质组织不仅会通过实施赌博、敲诈、贩毒等违法犯罪活动攫取经济利益，而且还往往会通过开办公司、企业等方式“以商养黑”“以黑护商”。因此，无论其财产是通过非法手段聚敛，还是通过合法的方式获取，只要将其中部分或全部用于违法犯罪活动或者维系犯罪组织的生存、发展即可。“用于违法犯罪活动或者维系犯罪组织的生存、发展”，一般是指购买作案工具、提供作案经费，为受伤、死亡的组织成员提供医疗费、丧葬费，为组织成员及其家属提供工资、奖励、福利、生活费用，为组织寻求非法保护以及其他与实施有组织的违法犯罪活动有关的费用支出等。

关于黑社会性质组织“一定的经济实力”以及“所获经济利益全部或部分用于违法犯罪或者维系犯罪组织的生存、发展”的认定，《2015年纪要》指出，“一定的经济实力”，是指黑社会性质组织在形成、发展过程中获取的，足以支持该组织运行、发展以及实施违法犯罪活动的经济利益。包括：（1）有组织地通过违法犯罪活动或其他不正当手段聚敛的资产；（2）有组织地通过合法的生产、经营活动获取的资产；（3）组织成员以及其他单位、个人资助黑社会性质组织的资产。通过上述方式获取的经济利益，即使是由部分组织成员个人掌控，也应计入黑社会性质组织的“经济实力”。各高级人民法院可以根据本地区的实际情况，对黑社会性质组织所应具有的“经济实力”在20万～50万元幅度内，自行划定一般掌握的最低数额标准。是否将所获经济利益全部或部分用于违法犯罪活动或者维系犯罪组织的生存、发展，是认定经济特征的重要依据。无论获利后的分配与使用形式如何变化，只要在客观上能够起到豢养组织成员、维护组织稳定、壮大组织势力的作用即可认定。

关于黑社会性质组织“有组织的通过违法犯罪活动或者手段获取经济利益”和“具有一定的经济实力”的认定，《2018年意见》第7条规定：在组织的形成、发展过程中通过以下方式获取经济利益的，应当认定为“有组织地通过违法犯罪活动或者其他手段获取经济利益”：（1）有组织地通过违法犯罪活动或其他不正当手段聚敛；（2）有组织地以投资、控股、参股、合伙等方式通过合法的生产、经营活动获取；（3）由组织成员提供或通过其他单位、组织、个人资助取得。通过上述方式获得一定数量的经济利益，应当认定为“具有一定的经济实力”，同时也包括调动一定规模的经济资源用以支持该组织活动的能力。通过上述方式获取的经济利益，即使是由部分组织成员个人掌控，也应计入黑社会性质组织的“经济实力”。组织成员主动将个人或者家庭资产中的一部分用于支持该组织活动，其个人或者家庭资产可全部计入“一定的经济实力”，但数额明显较小或者仅提供动产、不动产使用权的除外。由于不同地区的经济发展水平、不同行业的利润空间均存在很大差异，加之黑社会性质组织存在、发展的时间也各有不同，在办案时不能一般性地要求黑社会性质组织所具有的经济实力必须达到特定规模或特定数额。

【案例7－2】王平等犯组织、领导、参加黑社会性质组织罪案①

被告人王平，男，1956年10月11日出生，农民，1992～1994年任吉林省通化市二道江区鸭园镇向阳村副村长，1995年起任该村书记兼村长，2001年起任通化嘉丰药业股份有限公司董事长，自1993年起历任通化市二道江区四届、五届、六届人大代表。2004年5月14日因涉嫌犯非法拘禁罪经二道江区人大常委会许可被逮捕。

被告人王斌，男，1965年1月5日出生，个体煤窑业主。因涉嫌犯聚众斗殴罪于2004年5月14日被逮捕。

被告人李祖全，男，1977年11月13日出生，农民。1996年因犯抢劫罪被判处有期徒刑2年，缓刑3年，2004年6月11日因涉嫌犯故意伤害罪被逮捕。

被告人杨伟东，男，1971年9月16日出生，农民。因涉嫌犯寻衅滋事罪于2007年6月4日被取保候审。

被告人牟志勇，男，1973年11月7日出生，农民，向阳村副书记。因涉嫌犯滥伐林木罪于2007年12月4日被取保候审。

（其他被告人的基本情况略）

吉林省通化市人民检察院以被告人王平、王斌、李祖全、杨伟东、牟志勇、宋殿礼、张淑英、肖永江、张希元、黄满海、邹良国、赵凤海等分别犯组织、领导、参加黑社会性质组织罪，非法拘禁罪，故意伤害罪，敲诈勒索罪，故意毁坏财物罪，寻衅滋事罪，强迫交易罪，滥伐林木罪，职务侵占罪，挪用特定款物罪，挪用资金罪，偷税罪，非法占用农用地罪，虚报注册资本罪，擅自发行股票罪，妨害公务罪，非法收购滥伐林木罪，故意毁坏财物罪，向通化市中级人民法院提起公诉。

通化市中级人民法院经审理查明：

（一）关于组织、领导、参加黑社会性质组织事实

自1992年以来，被告人王平利用其担任吉林省通化市二道江区人大代表，

---

① 参见最高人民法院刑事审判第一、二、三、四、五庭编：《刑事审判参考》（总第74集），法律出版社2010年版，第74～80页。

二道江区鸭园镇向阳村副村长、村长，通化嘉丰药业股份有限公司（以下简称嘉丰药业公司）董事长等多重身份，以向阳村村委会及其虚报注册资本成立的嘉丰药业公司为依托，采取非法手段侵占公共财物、混淆账目、敲诈勒索、乱罚款、擅自发行股票、滥伐集体和个人承包的林木并出售获利，大肆非法敛财和获取经济利益，逐步形成了以王平为组织者、领导者，以其家族成员王斌及原向阳村村委会副书记年志勇、社会闲散人员李祖全、杨伟东为骨干成员，人数较多的黑社会性质组织。十余年来，该组织大肆进行伤害他人身体、私设公堂、非法限制他人人身自由、寻衅滋事、故意毁坏公私财物、强买强卖、以暴力手段阻碍国家工作人员依法执行职务等违法犯罪活动，称霸一方，为非作恶，欺压、残害群众，在向阳村及周边地区形成了非法控制，严重破坏了当地的经济、社会生活秩序。

（二）关于故意伤害事实

1. 2003 年 3 月 8 日晚，王平因其大舅哥李罡夫被人打伤，其到二道江区鸭园镇卫生院探望，后得知是被段立霞、刘福有夫妇的亲属打伤，王平让葛春瑜（王平外甥）将段立霞找到卫生院，对段立霞实施殴打。后王平又对刘福有实施殴打。经法医鉴定，段立霞为轻伤、刘福有为轻微伤。

（其他故意伤害事实略）

（三）关于非法拘禁事实

1. 1993 年 8 月某日 21 时许，王平酒后欲找向阳村村民董维娟，当王平跳墙进入董家院内时，被董维娟男友刘庆刚发现，因刘怀疑王平是小偷，便用木捧将王平打倒，王平报明身份后刘庆刚住手，刘庆刚被王平带回向阳村村部。王平令刘庆刚跪在地上，先后与黄振龙（王平外甥）、尤忠强对刘庆刚实施殴打时间长达 6 个多小时。

2. 1992 年秋，向阳村村民王刚志家柴禾堆被点燃，时任向阳村副村长的王平怀疑系该村村民唐家和、李俊杰二人所为，于当日 21 时许指使村保安员将唐、李二人带到向阳村村部。为获取二人放火的口供，王平与保安队成员黄振清（王平外甥）、滕连贵、左风林等人对二人进行殴打、体罚，后唐、李承认放火。唐家和于次日 7 时交罚款人民币（以下所涉币种均为人民币）1500 元后被放回，李俊杰于第三日交罚款 500 元后被放回。

（四）关于寻衅滋事事实

1.1993年4月19日下午，黄振清因加油与鸭园加油站职工鄢长玉发生口角并厮打，后被人拉开。黄振清认为在殴打中未占上风，于当日21时许，纠集左风林、夏丰江等人赶往加油站欲打鄢长玉。王平得知此事后，即纠集姜敏、周连财等人一同赶到鸭园加油站，鄢长玉见状躲进收款室内并将门反锁。王平指挥黄振清等人将收款室前后围住，钢木棒、石头等将加油站收款室门窗玻璃砸碎，鄢长玉被黄振清等人用木棒和石块打伤。经鉴定属轻微伤。

2.2000年6月20日23时许，通化市东昌区居民逄风光、单少辉、邓宏伟三人驾车行至二道江区北线工贸小区附近时，三人被一伙人殴打。逄风光将被打情况用电话告诉了王平，王平即带王玉波赶到。与此同时，赵风海在通化市接邓宏伟电话闻听此事后也与刘强带领数人租两台出租车赶至现场，与王平等人汇合。后因怀疑打逄、单、邓的人进了“海鲜火锅城”饭店，王平等人闯进饭店，对业主肖艳秋等多人实施殴打，致孙连章、许全二人轻伤，孙长江轻微伤，并将饭店餐具、玻璃器具等物品全部砸毁，饭店损失价值7000余元。

（其他寻衅滋事事实略）

（五）关于强迫交易事实

1983年，向阳村村民李财在承包的70亩山地上种植落叶松36,000棵，王平见树木长势好，欲出低价购买。自1984年起至2000年8月，王平多次出面或委托他人找李财协商买其林木，李财均以价低拒绝。王平因此怀恨在心，多次找机会对李财以乱罚款的形式施以报复。后李财怕王平继续报复，于2000年被迫将价值81,802.92元的林木以22,000元的低价卖给王平。此外，王平还采取威胁手段，在2000～2001年以19,600元的低价购买了，向阳村曲宝祥、高殿清、李树信、高殿武、王德福、王永华、王立华、张学义、薛井发、潘义勤、王广仁、刘成志、于天喜、于昌天、刘凯、毛新利16户村民种植的共价值66,111元的林木3万余株。

（六）关于妨害公务事实

1994年11月某日傍晚，王平因村里煤井塌方，指使周连财到通化县东莱乡购买了三汽车无号印、无手续的木材，当车行至东莱乡腰岭村木材检查站时，被东莱乡主管林业的副乡长张晓军等人拦截。王平闻听此事后赶到检查站，因张晓军不同意放行，王平便对张施以殴打，张被迫将汽车放行。

（七）关于职务侵占事实

1. 1999 年 7 月 30 日，王平在未经过任何部门批准的情况下，以招商引资可发奖金的名义，私自决定从向阳村提取奖金 60,001. 28 元占为己有。2002 年 2 月 2 日，王平以同样手段从村里提取奖金 162,000 元占为己有。

2. 1998 年 1 月 23 日，二道江区财政局给向阳村拨款 10 万元，王平将其中 92,500 元占为己有。

3. 2001 年 4 月至 10 月，王平从嘉丰药业公司分 3 次借给其朋友张宝勤 21 万元，张将此款偿还后被王平转至向阳村报销 15 万元，并将该款计入向阳村借嘉丰药业公司的款项。

4. 2003 年 10 月，因向阳村欠嘉丰药业公司款无力偿还，王平私自决定将向阳村的固定资产低价转让给嘉丰药业公司，从而侵占集体财产 100 余万元。

（八）关于非法占用农用地的事实

2001 年春至 2003 年春，王平未经土地部门批准，擅自在通化市二道江区鸭园镇向阳村五组土地上兴建嘉丰药业公司 GMP 生产车间，占用基本农田 7. 58 亩（复耕）。在向阳村四组土地上兴建嘉丰药业公司股份有限公司厂房、办公楼等，占用基本农田 30. 12 亩，致使大量农田遭到毁坏。

（九）关于虚报注册资本的事实

2001 年夏，王平在其净资产仅有 8. 55 万元的情况下，利用虚假的银行存单，并虚拟股东发起设立股份有限公司，于 2001 年 7 月在吉林省工商行政管理局骗取了注册资本额为 5800 万元的通化嘉丰药业公司的工商注册登记，虚报注册资本额为 5791. 45 万元。

（十）关于擅自发行股票的事实

2001 年 4 月，王平违反国家证券管理法规，未经国家证券管理部门批准，以通化嘉丰药业公司的名义擅自向社会公众公开发行股票，共有 844 人认购股票 1076. 06 万元。

（十一）关于挪用资金的事实

1. 2001 年 10 月 18 日，王平将向阳村公款 3 万元私自借给其朋友高广义，至今未还。

（其他违法事实略）

通化市中级人民法院认为，以被告人王平为首，以其家族成员、原部分村委会委员、原“护青队”和“保安队”为主要成员的犯罪组织，自1992年开始，实施违法犯罪活动，至1997年该组织已经由恶势力犯罪组织逐步演变成带有黑社会性质的犯罪组织，严重破坏了当地及周边的经济和社会生活秩序，造成了极为恶劣的社会影响，具有很大的社会危害性，被告人王平已构成组织、领导黑社会性质组织罪；被告人李祖全、王斌、杨伟东、牟志勇明知是黑社会性质的组织而参加，其行为均已构成参加黑社会性质组织罪；被告人王平、李祖全故意伤害他人身体，分别致人轻伤、重伤，其行为均已构成故意伤害罪；被告人王平、王斌、邹良国、杨伟东、赵凤海逞强争霸、随意殴打他人，造成恶劣影响，其行为均已构成寻衅滋事罪；被告人王平、杨伟东、李祖全非法剥夺他人人身自由，其行为均已构成非法拘禁罪；被告人王平以明显低价强行购买他人林木，严重侵犯了正常的市场商品交易秩序，其行为已构成强迫交易罪；被告人王平以暴力方法阻碍国家机关工作人员依法履行职责，其行为已构成妨害公务罪；被告人王平、宋殿礼、张淑英利用职务之便，非法占有本村财物，其行为均已构成职务侵占罪；被告人王平、肖永江、张希元、黄满海、牟志勇违反国家《森林法》的规定，未经林业主管部门批准，擅自采伐集体林木及其本人林木，其行为均已构成滥伐林木罪；被告人王平使用虚假证明文件，欺骗公司登记主管部门取得公司登记，虚报注册资本数额巨大，其行为已构成虚报注册资本罪；被告人王平未经国家有关主管部门批准，擅自发行股票数额巨大，后果严重，其行为已构成擅自发行股票罪；被告人王平利用职务上的便利，将向阳村公款私自借给他人，数额较大不退还，其行为已构成挪用资金罪；被告人王平违反国家土地管理法规，非法改变农用地用途，造成农用地大量毁坏，其行为已构成非法占用农用地罪。公诉机关指控的罪名成立。被告人王平、王斌、李祖全、杨伟东、牟志勇均犯有数罪，依法应予数罪并罚。据此，通化市中级人民法院判决如下：

1. 被告人王平犯故意伤害罪，判处有期徒刑2年6个月；犯非法拘禁罪，判处有期徒刑2年6个月；犯寻衅滋事罪，判处有期徒刑4年6个月；犯强迫交易罪，判处有期徒刑2年6个月，并处罚金20万元；犯妨害公务罪，判处有期徒刑2年；犯职务侵占罪，判处有期徒刑13年，并处没收个人全部财产；犯滥伐林木罪，判处有期徒刑6年，并处罚金50万元；犯非法占用农用地罪，判处有期徒刑2年6个月，并处罚金5万元；犯虚报注册资本罪，判处有期徒刑2年，并处罚金280万元；犯擅自发行股票罪，判处有期徒刑2年6个月，并处罚金50万元；犯挪用资金罪，判处有期徒刑4年；犯组织、领导黑社会性质组织罪，判处有期徒刑6年；刑期总和50年，决定执行有期徒刑20年，并处没收个人全部财产。

（其他被告人的判决情况略）

一审宣判后，王平等人分别以其行为不构成组织、领导、参加黑社会性质组织罪为由提出上诉。辩护人意见与上诉理由相同。

吉林省高级人民法院二审认为，原判认定的事实清楚，证据确实、充分，定罪准确，量刑适当，审判程序合法。据此，吉林省高级人民法院驳回上诉，维持原判。

关于黑社会性质组织的经济特征的认定，可以从以下几个方面进行把握。首先，黑社会性质组织获取经济收益的手段没有限制，实践中，黑社会性质组织不仅通过实施赌博、敲诈、贩毒等违法犯罪活动攫取经济利益，而且还往往通过开办公司、企业等有组织地以投资、控股、参股、合伙等方式通过合法的生产、经营活动获取经济利益。无论其财产是通过非法手段聚敛，还是通过合法的方式获取，只要将其中部分或全部用于违法犯罪活动或者维系犯罪组织的生存、发展，就符合黑社会性质组织经济特征的要求。其次，黑社会性质组织将获取的经济利益用于违法犯罪活动或者维系犯罪组织的生存、发展，一般是指购买作案工具、提供作案经费，为受伤、死亡的组织成员提供医疗费、丧葬费，为组织成员及其家属提供工资、奖励、福利、生活费用，为组织寻求非法保护以及其他与实施有组织的违法犯罪活动有关的费用支出等。最后，黑社会性质组织的经济实力要有一定规模，最低标准在20万~50万元。

在本案中，以被告人王平为首的黑社会性质组织成员利用担任村干部的便利条件，以村委会的名义通过发放奖金等形式侵占集体财产；通过威胁、恐吓、罚款等方式强迫他人将山林以远低于市场价出售给自己；通过虚假注册资本、发行股票等方式敛财。以王平为首的黑社会性质组织将犯罪所得的经济收益，一方面通过各种方式奖励给组织成员，以维持犯罪组织的存在，另一方面将犯罪所得的经济收益创办公司，用于发展和壮大犯罪组织。

因此，本案具备黑社会性质组织的经济特征。

1.3 关于黑社会性质组织的行为特征的认定

关于黑社会性质组织的行为特征的认定，《刑法》第294条规定：以暴力、威胁或者其他手段，有组织地多次进行违法犯罪活动，为非作恶，欺压、残害群众。关于黑社会性质组织寻求保护伞的行为特征，《2000 年解释》第 1 条规定：通过贿赂、威胁等手段，引诱、逼迫国家工作人员参加黑社会性质组织活动，或者为其提供非法保护。

关于黑社会性质组织行为特征中的“其他手段”、“黑社会性质组织实施的违法犯罪活动”以及“多次进行违法犯罪活动”的认定，《2009 年纪要》指出，暴力性、胁迫性和有组织性是黑社会性质组织行为方式的主要特征，但有时也会采取一些“其他手段”。根据司法实践经验，《刑法》第 294 条规定的“其他手段”主要包括：以暴力、威胁为基础，在利用组织势力和影响已对他人形成心理强制或威慑的情况下，进行所谓的“谈判”“协商”“调解”；滋扰、哄闹、聚众等其他干扰、破坏正常经济、社会生活秩序的非暴力手段。

“黑社会性质组织实施的违法犯罪活动”主要包括以下情形：由组织者、领导者直接组织、策划、指挥、参与实施的违法犯罪活动；由组织成员以组织名义实施，并得到组织者、领导者认可或者默许的违法犯罪活动；多名组织成员为逞强争霸、插手纠纷、报复他人、替人行凶、非法敛财而共同实施，并得到组织者、领导者认可或者默许的违法犯罪活动；组织成员为组织争夺势力范围、排除竞争对手、确立强势地位、谋取经济利益、维护非法权威或者按照组织的纪律、惯例、共同遵守的约定而实施的违法犯罪活动；由黑社会性质组织实施的其他违法犯罪活动。

黑社会性质组织实施犯罪活动过程中，往往伴随大量的违法活动，对此均应作为黑社会性质组织的违法犯罪事实予以认定。但如果仅实施了违法活动，而没有实施犯罪活动的，则不能认定为黑社会性质组织。此外，“多次进行违法犯罪活动”只是认定黑社会性质组织的必要条件之一，最终能否认定为黑社会性质组织，还要结合危害性特征来加以判断。即使有些案件中的违法犯罪活动已符合“多次”的标准，但根据其性质和严重程度，尚不足以形成非法控制或者重大影响的，也不能认定为黑社会性质组织。

关于黑社会性质组织行为特征认定过程中应当注意的问题，《2015 年纪要》指出，涉案犯罪组织仅触犯少量具体罪名的，是否应认定为黑社会性质组织要结合组织特征、经济特征和非法控制特征（危害性特征）综合判断，严格把握。黑社会性质组织实施的违法犯罪活动包括非暴力性的违法犯罪活动，但暴力或以暴力相威胁始终是黑社会性质组织实施违法犯罪活动的基本手段，并随时可能付诸实施。因此，在黑社会性质组织所实施的违法犯罪活动中，一般应有一部分能够较明显地体现出暴力或以暴力相威胁的基本特征。否则，定性时应当特别慎重。

属于《2009 年纪要》规定的五种情形之一的，一般应当认定为黑社会性质组织实施的违法犯罪活动，但确与维护和扩大组织势力、实力、影响、经济基础无任何关联，亦不是按照组织惯例、纪律、活动规约而实施，则应作为组织成员个人的违法犯罪活动处理。组织者、领导者明知组织成员曾多次实施起因、性质类似的违法犯罪活动，但并未明确予以禁止的，如果该类行为对扩大组织影响起到一定作用，可以视为是按照组织惯例实施的违法犯罪活动。

关于黑社会性质组织实施犯罪的手段行为的认定，《2018 年意见》第 9 条规定：黑社会性质组织实施的违法犯罪活动包括非暴力性的违法犯罪活动，但暴力或以暴力相威胁始终是黑社会性质组织实施违法犯罪活动的基本手段，并随时可能付诸实施。暴力、威胁色彩虽不明显，但实际是以组织的势力、影响和犯罪能力为依托，以暴力、威胁的现实可能性为基础，足以使他人产生恐惧、恐慌进而形成心理强制或者足以影响、限制人身自由、危及人身财产安全或者影响正常生产、工作、生活的手段，属于《刑法》第 294 条的“其他手段”，包括但不限于所谓的“谈判”“协商”“调解”以及滋扰、纠缠、哄闹、聚众造势等手段。

为确立、维护、扩大组织的势力、影响、利益或者按照纪律规约、组织惯例多次实施违法犯罪活动，侵犯不特定多数人的人身权利、民主权利、财产权利，破坏经济秩序、社会秩序，应当认定为“有组织地多次进行违法犯罪活动，为非作恶，欺压、残害群众”。符合以下情形之一的，应当认定为是黑社会性质组织实施的违法犯罪活动：（1）为该组织争夺势力范围、打击竞争对手、形成强势地位、谋取经济利益、树立非法权威、扩大非法影响、寻求非法保护、增强犯罪能力等实施的；（2）按照该组织的纪律规约、组织惯例实施的；（3）组织者、领导者直接组织、策划、指挥、参与实施的；（4）由组织成员以组织名义实施，并得到组织者、领导者认可或者默许的；（5）多名组织成员为逞强争霸、插手纠纷、报复他人、替人行凶、非法敛财而共同实施，并得到组织者、领导者认可或者默许的；（6）其他应当认定为黑社会性质组织实施的。

【案例7-3】符青友等人犯敲诈勒索罪、强迫交易罪、故意销毁会计账簿罪、对公司、企业人员行贿罪案①

被告人符青友，男，1964年10月20日出生。2012年1月6日因本案被逮捕。

（其他被告人的情况略）

安徽省旌德县人民检察院以被告人符青友犯组织、领导黑社会性质组织罪，强迫交易罪，敲诈勒索罪，抽逃出资罪，故意销毁会计账簿罪，对公司、企业人员行贿罪；被告人汪利群犯参加黑社会性质组织罪，强迫交易罪，敲诈勒索罪，抽逃出资罪，故意销毁会计账簿罪，对公司、企业人员行贿罪；被告人吕宽仂、谢观宏、符青红、黄国有、王文宾、张国庆、符腊美、黄智勇犯参加黑社会性质组织罪，强迫交易罪，敲诈勒索罪；被告人刘道财犯参加黑社会性质组织罪，强迫交易罪，抽逃出资罪，对公司、企业人员行贿罪，向旌德县人民法院提起公诉。

被告人符青友、汪利群、吕宽仂、谢观宏、符青红、黄国有、王文宾、张国庆、符腊美、黄智勇均辩称，其行为不构成组织、领导、参加黑社会性质组织罪。

旌德县人民法院经公开审理查明：

组织、领导、参加黑社会性质组织的事实

2003年，旌德县人民政府对旌阳镇北门旧城区进行改造，被告人符青友等人成为失地农民。同年年底，符青友、汪利群、刘道财合伙购买了一台挖掘机，并邀请了旌德县旌阳镇新光村书记冯德田隐名合伙，以“三友公司”名义在北门范围内承揽土方工程。符青友提议以“当地事应当由当地人做”为由垄断北门范围内土方工程，汪利群、刘道财表示同意。之后，符青友等3人采取暴力、威胁、围堵等手段先后强行承揽利民安置区土方工程、中易公司在北门范围内的土方工程、解放北路道路工程，从此确立了符青友等人在北门建筑劳务市场的强势地位。

---

① 参见最高人民法院刑事审判第一、二、三、四、五庭编：《刑事审判参考》（总第107集），法律出版社2017年版，第52~59页。

2002年3月，旌阳镇原新光村北门劳务队成立，由吕宽仂任队长，成员主要是北门村民组有运输机械的农民。2007年10月，符青友邀集吕宽仂、符青红、谢观宏、黄国有、王文宾、张国庆等18人以入股形式筹集资金将北门村民组范围内的建筑劳务一次性“买断”。成立了新的北门劳务组。符青友实际控制该劳务组，决定人员安排、价格确定、纠纷解决等重大事项。在劳务组内部，吕宽仂、谢观宏、黄智勇、符青红、黄国有、张国庆、王文宾等人明确分工。2008年，该劳务组扩大组织成员吸收符腊美加入，并进而扩大范围，买断和平、老伍村民组在旌阳镇中易文锦苑二期建设工程中的劳务。2010年6月，符青友邀集汪利群、吕宽仂、谢观宏、符青红、黄国有、王文宾、张国庆、符腊美等共计16人买断窑上、汪家村民组在旌阳镇中易文锦苑三期建设工程中的劳务。北门劳务组成为符青友领导组织的另一重要组成部分。

自2003年起，符青友、汪利群、刘道财通过有组织地实施强迫交易，敲诈勒索，向公司、企业人员行贿等违法犯罪活动，获取非法利益。其中，三人在承揽的北门土方工程中非法获利1,067,721.36元。2007~2011年，符青友控制的北门劳务组，通过强迫交易手段在沙石供应方面非法获利1,927,023.54元。此外，符青友等人通过敲诈勒索手段获取补偿款共计343,660元。北门劳务组将上述违法所得在劳务组成员之间平均分配，已查明的分红金额达210万元。

为维系组织的生存和发展，该组织将非法聚敛的经济利益部分用于为组织成员提供工资、福利、生活费用；部分用于购买机械设备、承揽工程；部分用于支付医疗费、行政罚款等；部分用于“买断”其他村民组劳务，扩大势力范围、攫取更大的非法经济利益，从而使该组织进一步坐大成势，称霸一方。

以符青友为首的犯罪组织以暴力、威胁手段为基础，在利用组织势力和影响已对他人形成心理强制的情况下，除有组织地实施强迫交易，敲诈勒索，抽逃出资，故意销毁会计账簿，向公司、企业人员行贿等犯罪活动外，还组织实施强行索要补偿费、无施工资质及未取得工程施工许可证进行施工等违法活动。

该组织通过多次有组织地实施强迫交易、敲诈勒索等违法犯罪活动，给在旌阳镇北门社区内生活的群众及生产经营者形成心理强制和威慑，致使合法利益受损的群众及生产经营者不敢要账，或放弃工程，或不敢控告；致使开发商、承建商不能自主选择土方施工者及建筑材料供应者，被迫接受三友公司及北门劳务组提供的劳务。该组织严重危害了旌德县建筑领域持证经营、自由交易、公平竞争等市场秩序和社会公共秩序，极大地危害了旌德县经济发展和社会稳定。

（强迫交易、敲诈勒索等事实略）

旌德县人民法院认为，以被告人符青友为组织者、领导者，以被告人汪利群、吕宽仂为积极参加者，以被告人谢观宏、符青红、黄国有、王文宾、张国庆、符腊美、刘道财为一般参加者的团伙，人数较多，分工明确，骨干成员基本固定，结构稳定，组织成员均服从符青友指挥。该组织以三友公司和北门劳务组为依托，以恐吓、滋扰、围堵、哄闹、聚众等胁迫性手段，欺压群众，确立称霸北门劳务市场的强势地位，对北门区域内劳动群众、开发商、建筑商、建筑材料供应商等形成心理强制和威慑，长时间非法控制和垄断北门土方工程，沙石、砖块供应及运输等劳务市场，采用所谓的“谈判”“协商”“调解”等非暴力手段，有组织地大肆实施强迫交易、敲诈勒索等违法犯罪活动，非法获取巨额经济利益。这些经济利益或用于进行购买机械设备、“买断劳务”等犯罪准备，或用于为组织成员提供工资福利和生活费用，笼络组织成员，或用于行贿牟利等违法犯罪活动，以维系组织的生存、发展，坐大成势，称霸一方。该组织的行为严重破坏了北门劳务市场交易秩序，对旌德县房地产开发行业的正常秩序产生了恶劣影响，损害了旌德县的经济发展环境。被告人符青友的行为已构成组织、领导黑社会性质组织罪。被告人汪利群、吕宽仂、谢观宏、符青红、黄国有、王文宾、张国庆、符腊美、刘道财的行为已构成参加黑社会性质组织罪。据此，旌德县人民法院判决如下：

被告人符青友犯组织、领导黑社会性质组织罪，判处有期徒刑 7 年，并处没收财产人民币 200 万元；犯强迫交易罪，判处有期徒刑 5 年，并处罚金 150 万元；犯敲诈勒索罪，判处有期徒刑 4 年，并处罚金 30 万元；犯故意销毁会计账簿罪，判处有期徒刑 1 年，并处罚金 5 万元；犯对公司、企业人员行贿罪，免予刑事处罚；犯行贿罪，判处有期徒刑 1 年。数罪并罚，决定执行有期徒刑 15 年，并处没收财产人民币 200 万元，罚金人民币 185 万元。

（其他被告人判决情况略）

宣判后，符青友、汪利群、吕宽仂、谢观宏、符青红、黄国有、王文宾、张国庆、符腊美提出上诉，均认为其行为不构成组织、领导、参加黑社会性质组织罪。

宣城市中级人民法院经审理查明：

2003年，旌德县人民政府对旌阳镇北门旧城区进行改造，被告人符青友等人成为失地农民。2004年，旌德县县城北门街区改造建设指挥部在旌北改〔2004〕3号会议纪要中要求在价格、质量、服务效果同等的情况下，由所在地村级劳务组织优先承揽劳务。

2003年年底，符青友、汪利群、刘道财合伙购买了一台挖掘机，在北门范围内承揽土方工程。为便于承接工程和解决纠纷，三人邀请了旌德县旌阳镇新光村（2005年并入北门社区）书记冯德田隐名合伙，以“三友公司”（当时未注册）名义承揽工程。2004年年初，符青友、汪利群、刘道财以土地被征用，需要寻找生活出路为由，向旌德县政府提出申请，要求以“三友公司”的名义承包北门旧城改造中的各项劳务，得到“在同等条件下优先安排”的批示。2006年3月符青友、汪利群、刘道财注册成立了三友公司，符青友任法定代表人，全面负责公司经营及重要事项的决策；汪利群负责该公司财务；刘道财负责工程施工。其间，符青友、汪利群、刘道财三人利用旌德县北门旧城区改造之机，为强揽工程，共同实施强迫交易、敲诈勒索等犯罪而组成较为固定的犯罪组织，并以三友公司为依托，大肆实施强迫交易，敲诈勒索，抽逃出资，故意销毁会计账簿，对公司、企业人员行贿等行为，对旌德县城北门范围内的土方工程形成较大影响。自2003年至案发，该犯罪组织在北门土方工程中非法获利1,067,721.36元，上述非法获利已作为三友公司利润在股东间按出资比例分配。

2002年3月，为加强城区建筑劳务市场管理工作，旌阳镇原新光村成立了新光村劳务市场管理领导组，所辖的北门、老伍、窑上等村民组分别成立劳务队，从事建筑工地运输业务。其中，北门劳务队由吕宽仂任队长，成员主要是北门村民组有运输机械的农民。2007年10月，符青友出面将北门村民组范围内的建筑劳务一次性“买断”，吸收吕宽仂、符青红、谢观宏、黄国有、王文宾、张国庆等18户入股参加，形成买断后的北门劳务组。符青友等人为强揽沙石、红砖供应及运输劳务，以买断后的北门劳务组为依托，为共同实施强迫交易、敲诈勒索犯罪而组成较为固定的犯罪组织，对北门村民组所辖范围内在建工程的沙石、红砖供应及运输劳务形成较大影响。2008年，该组织吸收符腊美加入，并买断和平、老伍村民组在旌阳镇中易文锦苑二期建设工程中的劳务。

2010年6月，该组织吸收汪利群加入，买断窑上、汪家村民组在旌阳镇中易文锦苑三期建设工程中的劳务。该组织自2007起至案发，通过多次实施强迫交易、敲诈勒索等行为，对北门村民组所辖范围及被买断劳务的在建工程中沙石、红砖等建筑材料供应及运输劳务产生一定控制。符青友等人将通过强迫交易手段高价获得的沙石供应交由其他人承揽，从中获取巨额利润，在沙石供应方面非法获利1,927,023.54元；通过敲诈勒索手段获取补偿款303,660元。该组织将上述非法获利在成员间平均分配，已查明的分红金额达210万元。

以符青友为首要分子的两个犯罪组织除单独实施上述行为外，还在旌阳镇解放北路等部分工程建设上，为了各自利益，相互帮衬，共同实施强迫交易、敲诈勒索犯罪行为，强揽土方工程和劳务，符青友等人实施的具体犯罪活动如下：

（一）强迫交易的事实

1.2003年11月，符青友、汪利群、刘道财合伙购买了一台挖掘机。为强揽旌阳镇利民安置区土方工程，三人未经被害人陈颖松同意便将挖掘机开到陈颖松的施工现场。符青友通过谩骂、恐吓挖掘机驾驶员，采用拦停工程机械的威胁方式，强行要求承揽部分工程。陈颖松被迫将部分工程交给符青友等三人施工。后陈颖松退出利民安置区土方工程，离开旌德县。之后，符青友等三人以北门农民失地为由，并以“三友公司”（未经工商登记成立）名义，向旌德县政府申请承包北门旧城改造中的各项劳务，得到“在同等条件下优先安排”的批示。符青友、汪利群、刘道财故意曲解该批示的本意，借该批示对中易公司施压，强行要求中易公司将利民安置区剩余土方工程交由三人施工，中易公司被迫与三人签订协议。符青友、汪利群、刘道财从该项工程中非法获利234,973元。

2.2004年年初，符青友、汪利群、刘道财多次找到中易公司，以农民失地为由，歪曲“在同等条件下优先安排”批示的本意，认为在北门范围内的土方工程必须由三人施工，强行要求中易公司将北门开发范围内的土方平整工程交由三人施工，中易公司被迫答应。符青友、汪利群、刘道财从该项工程中非法获利562,430.89元。

（其他强迫交易的事实略）

（二）敲诈勒索的事实

1.2007年10月，旌德县泰科置业有限公司（以下简称泰科公司）开发建设旌阳镇泰科上河铭门工程，该工程土方项目由三友公司承揽施工（含开挖、回填、清运）。同年11月，在施工过程中，当施工方负责人蒋兆华要求被告人符青友履行协议，将渣土清理外运时，符青友却以渣土中含有中易公司的渣土为由，要求施工方另行支付费用。为了不延误工期，泰科公司被迫答应符青友的要求，额外支付了39,450元。

2. 2008年1月，旌阳镇中易北组团1号楼建设过程中，被告人吕宽仂、谢观宏、符青红、黄国有、张国庆、黄智勇找到施工方负责人吴成震，要求砖块运输必须交由北门劳务组承揽，或者支付补偿款。为了不延误工期，吴成震被迫同意对北门劳务组进行“补偿”，共支付补偿款23,210元。

3. 2008年2月，旌阳镇中易北组团2号楼建设过程中，被告人吕宽仂、谢观宏、符青红、黄国有、张国庆、黄智勇、王文宾找到施工方负责人吴洪峰、方卫国，要求砖块运输必须交由北门劳务组承揽，或者支付补偿款。为了不延误工期，施工方被迫支付红砖补偿款5120元。上述被告人采取同样的方法向中易北组团3号楼、4号楼施工方负责人温宗淮索取红砖补偿款10,000元。

（其他敲诈勒索的事实以及故意销毁会计账簿，对公司、企业人员行贿等事实略）

宣城市中级人民法院认为，三友公司与北门劳务组在资金来源、业务范围、利润分配上相互独立，一审判决将三友公司与北门劳务组认定为符青友统一领导下的黑社会性质组织不当。三友公司和北门劳务组将获取的经济利益在股东或劳务组成员间按出资比例分配，股东或劳务组成员将分得的经济利益用于各自的家庭生活，未将获取的非法经济利益再用于组织的生存和发展，认定本案具备黑社会性质组织的经济特征证据不足。符青友等人在承揽土方工程或沙石材料供应的过程中，违法犯罪行为的暴力性不突出，不符合黑社会性质组织的行为方式。一审判决认定符青友等10名被告人犯组织、领导、参加黑社会性质组织罪的证据不足……符青友组织、领导犯罪集团进行强迫交易等犯罪活动，系犯罪集团的首要分子，应按集团所犯全部罪行处罚。其中，组织、领导强迫交易38起，非法获利3,246,744.90元；敲诈勒索10起，犯罪数额303,660元；故意销毁依法应当保存的会计账簿，情节严重；向公司、企业人员行贿40,000元，行贿89,759元等。据此，宣城市中级人民法院判决如下：

上诉人符青友犯强迫交易罪，判处有期徒刑5年，并处罚金人民币100万元；犯敲诈勒索罪，判处有期徒刑4年，并处罚金人民币30万元；犯故意销毁会计账簿罪，判处有期徒刑1年，并处罚金人民币5万元；犯对公司、企业人员行贿罪，免予刑事处罚；犯行贿罪，判处有期徒刑1年。数罪并罚，决定执行有期徒刑9年，并处罚金人民币135万元。

（其他被告人改判情况略）

在本案中，一审法院认为被告人符青友等人构成黑社会性质组织，二审法院认为本案认定符青友构成黑社会性质组织犯罪的经济特征和行为特征的证据不足，依法改判符青友等人不构成黑社会性质组织。关于黑社会性质组织的行为特征的认定，《2009年纪要》指出，暴力性、胁迫性和有组织性是黑社会性质组织行为方式的主要特征。关于暴力性的把握，《2015年纪要》指出，涉案犯罪组织仅触犯少量具体罪名的，是否应认定为黑社会性质组织要结合组织特征、经济特征和非法控制特征综合判断，严格把握。在黑社会性质组织所实施的违法犯罪活动中，一般应有一部分能够较明显地体现出暴力或以暴力相威胁的基本特征。确与维护和扩大组织势力、实力、影响、经济基础无任何关联，亦不是按照组织惯例、纪律、活动规约而实施的暴力或以暴力相威胁的行为，作为组织成员个人的违法犯罪活动处理。《2018年意见》规定，黑社会性质组织实施的违法犯罪活动包括非暴力性的违法犯罪活动，但暴力或以暴力相威胁始终是黑社会性质组织实施违法犯罪活动的基本手段，并随时可能付诸实施。暴力、威胁色彩虽不明显，但实际是以组织的势力、影响和犯罪能力为依托，以暴力、威胁的现实可能性为基础，足以使他人产生恐惧、恐慌进而形成心理强制或者足以影响、限制人身自由、危及人身财产安全或者影响正常生产、工作、生活的手段，属于《刑法》第294条的“其他手段”，包括但不限于所谓的“谈判”“协商”“调解”以及滋扰、纠缠、哄闹、聚众造势等手段。

简言之，黑社会性质组织实施的犯罪行为中应当有一部分犯罪行为明显体现出暴力或以暴力相威胁的基本特征，使用暴力或以暴力相威胁的目的是维护和扩大组织势力、实力、影响、经济基础。暴力、威胁色彩不明显的，要足以使他人产生恐惧、恐慌进而形成心理强制或者足以影响、限制人身自由、危及人身财产安全或者影响正常生产、工作、生活。这里的“他人”应当具有一定的规模和数量，至少是特定行业的不特定多数人，否则，不能认定为具有黑社会性质组织的行为特征。在本案中，被告人符青友等人实施的敲诈勒索、强迫交易等犯罪中的暴力成分并不明显，并未对当地的劳务行业和建筑行业的不特定多数人造成心理强制，符青友等人使用暴力或以暴力相威胁的目的并非为了维护和壮大黑社会性质组织的势力、实力、影响、经济基础，而是为了获取个人利益。

因此，本案不具备黑社会性质组织的行为特征。

1.4　关于黑社会性质组织的危害特征的认定

关于黑社会性质组织的危害特征的认定，《刑法》第294条规定：通过实施违法犯罪活动，或者利用国家工作人员的包庇或者纵容，称霸一方，在一定区域或者行业内，形成非法控制或者重大影响，严重破坏经济、社会生活秩序。关于黑社会性质组织的危害特征的表现形式，《2000年解释》第1条规定：在一定区域或者行业范围内，以暴力、威胁、滋扰等手段，大肆进行敲诈勒索、欺行霸市、聚众斗殴、寻衅滋事、故意伤害等违法犯罪活动，严重破坏经济、社会生活秩序。

关于黑社会性质组织的危害特征中的“一定区域”和“一定行业”的认定，《2009年纪要》指出，称霸一方，在一定区域或者行业内，形成非法控制或者重大影响，从而严重破坏经济、社会生活秩序，是黑社会性质组织的本质特征，也是黑社会性质组织区别于一般犯罪集团的关键所在。对于“一定区域”的理解和把握：区域的大小具有相对性，且黑社会性质组织非法控制和影响的对象并不是区域本身，而是在一定区域中生活的人，以及该区域内的经济、社会生活秩序。因此，不能简单地要求“一定区域”必须达到某一特定的空间范围，而应当根据具体案情，并结合黑社会性质组织对经济、社会生活秩序的危害程度加以综合分析判断。对于“一定行业”的理解和把握：黑社会性质组织所控制和影响的行业，既包括合法行业，也包括黄、赌、毒等非法行业。这些行业一般涉及生产、流通、交换、消费等一个或多个市场环节。

通过实施违法犯罪活动，或者利用国家工作人员的包庇、纵容，称霸一方，并具有以下情形之一的，可认定为“在一定区域或者行业内，形成非法控制或者重大影响，严重破坏经济、社会生活秩序”：对在一定区域内生活或者在一定行业内从事生产、经营的群众形成心理强制、威慑，致使合法利益受损的群众不敢举报、控告的；对一定行业的生产、经营形成垄断，或者对涉及一定行业的准入、经营、竞争等经济活动形成重要影响的；插手民间纠纷、经济纠纷，在相关区域或者行业内造成严重影响的；干扰、破坏他人正常生产、经营、生活，并在相关区域或者行业内造成严重影响的；干扰、破坏公司、企业、事业单位及社会团体的正常生产、经营、工作秩序，在相关区域、行业内造成严重影响，或者致使其不能正常生产、经营、工作的；多次干扰、破坏国家机关、行业管理部门以及村委会、居委会等基层群众自治组织的工作秩序，或者致使上述单位、组织的职能不能正常行使的；利用组织的势力、影响，使组织成员获取政治地位，或者在党政机关、基层群众自治组织中担任一定职务的；其他形成非法控制或者重大影响，严重破坏经济、社会生活秩序的情形。

《2015 年纪要》进一步指出，黑社会性质组织所控制和影响的“一定区域”，应当具备一定空间范围，并承载一定的社会功能。既包括一定数量的自然人共同居住、生活的区域，如乡镇、街道、较大的村庄等，也包括承载一定生产、经营或社会公共服务功能的区域，如矿山、工地、市场、车站、码头等。对此，应当结合一定地域范围内的人口数量、流量、经济规模等因素综合评判。如果涉案犯罪组织的控制和影响仅存在于一座酒店、一处娱乐会所等空间范围有限的场所或者人口数量、流量、经济规模较小的其他区域，则一般不能视为是对“一定区域”的控制和影响。黑社会性质组织所控制和影响的“一定行业”，是指在一定区域内存在的同类生产、经营活动。黑社会性质组织通过多次有组织地实施违法犯罪活动，对黄、赌、毒等非法行业形成非法控制或重大影响的，同样符合非法控制特征（危害性特征）的要求。《2009 年纪要》明确了可以认定为“在一定区域或者行业内，形成非法控制或者重大影响，严重破坏经济、社会生活秩序”的 8 种情形，适用时应当注意以下问题：第 1 种情形中的“致使合法利益受损的群众不敢举报、控告的”，是指致使多名合法利益遭受犯罪或者严重违法活动侵害的群众不敢通过正当途径维护权益。第 2 种情形中的“形成垄断”，是指可以操控、左右、决定与一定行业相关的准入、退出、经营、竞争等经济活动。“形成重要影响”，是指对与一定行业相关的准入、退出、经营、竞争等经济活动具有较大的干预和影响能力，或者具有在该行业内占有较大市场份额，通过违法犯罪活动或以其他不正当手段在该行业内敛财数额巨大（最低数额标准由各高院根据本地情况在 20 万～50 万元的幅度内自行划定），给该行业内从事生产、经营活动的其他单位、组织、个人造成直接经济损失 100 万元以上等情节之一。第 3、4、5 种情形中的“造成严重影响”，是指具有致人重伤或致多人轻伤、通过违法犯罪活动或以其他不正当手段敛财数额巨大（数额标准同上）、造成直接经济损失100万元以上、多次引发群体性事件或引发大规模群体性事件等情节之一。第6种情形中的“多次干扰、破坏国家机关、行业管理部门以及村委会、居委会等基层群众自治组织的工作秩序”，包括以拉拢、收买、威胁等手段多次得到国家机关工作人员包庇或纵容，或者多次对前述单位、组织中正常履行职务的工作人员进行打击、报复的情形。第7种情形中的“获取政治地位”，是指当选各级人大代表、政协委员。“担任一定职务”，是指在各级党政机关及其职能部门、基层群众自治组织中担任具有组织、领导、监督、管理职权的职务。

《2018年意见》第11条对“一定区域”的界定以及“在一定区域或者行业内，形成非法控制或者重大影响，严重破坏经济、社会生活秩序”认定作了补充规定：鉴于黑社会性质组织非法控制和影响的“一定区域”的大小具有相对性，不能简单地要求“一定区域”必须达到某一特定的空间范围，而应当根据具体案情，并结合黑社会性质组织对经济、社会生活秩序的危害程度加以综合分析判断。通过实施违法犯罪活动，或者利用国家工作人员的包庇或者不依法履行职责，放纵黑社会性质组织进行违法犯罪活动的行为，称霸一方，并具有以下情形之一的，可认定为“在一定区域或者行业内，形成非法控制或者重大影响，严重破坏经济、社会生活秩序”：（1）致使在一定区域内生活或者在一定行业内从事生产、经营的多名群众，合法利益遭受犯罪或严重违法活动侵害后，不敢通过正当途径举报、控告的；（2）对一定行业的生产、经营形成垄断，或者对涉及一定行业的准入、经营、竞争等经济活动形成重要影响的；（3）插手民间纠纷、经济纠纷，在相关区域或者行业内造成严重影响的；（4）干扰、破坏他人正常生产、经营、生活，并在相关区域或者行业内造成严重影响的；（5）干扰、破坏公司、企业、事业单位及社会团体的正常生产，经营、工作秩序，在相关区域、行业内造成严重影响，或者致使其不能正常生产、经营、工作的；（6）多次干扰、破坏党和国家机关、行业管理部门以及村委会、居委会等基层群众自治组织的工作秩序，或者致使上述单位、组织的职能不能正常行使的；（7）利用组织的势力、影响，帮助组织成员或他人获取政治地位，或者在党政机关、基层群众自治组织中担任一定职务的；（8）其他形成非法控制或者重大影响，严重破坏经济、社会生活秩序的情形。

【案例7－4】王云娜等人犯故意伤害罪、寻衅滋事罪、非法拘禁罪、敲诈勒索罪案[①]

被告人王云娜，别名刘颖，女，1978年4月25日出生。2009年7月25日因本案被逮捕。

被告人王淄，男，1980年7月9日出生。2009年7月25日因本案被逮捕。

被告人贺辰宇，男，1988年8月12日出生。2007年12月4日因犯盗窃罪被判处有期徒刑8个月，2008年5月7日刑满释放。2009年7月25日因本案被逮捕。

（其他被告人基本情况略）

河北省石家庄市人民检察院以被告人王云娜、王淄、董重旭、刘勇、王占朋、贺辰宇、贺广金、孟奇、郑悍博、李龙、陈龙、周磊璞、李亚斌、贾光、刘亮、冯双华、孔德贤、苑朝旺、崔业权、郗先、李文平、宋彦章、吕亮亮分别犯组织、领导、参加黑社会性质组织罪，故意伤害罪，寻衅滋事罪，非法拘禁罪，敲诈勒索罪，故意毁坏财物罪，向非国家工作人员行贿罪，向石家庄市中级人民法院提起公诉。

石家庄市人民检察院指控：2008年8月，被告人王云娜（刘颖）成立了石家庄市固瑞特保温材料厂，为了扩大自己的经济实力，在此基础上又分别先后设立了固瑞特科技有限公司和瑞华线材厂。在经营中为了垄断市场，攫取巨额利润，王云娜指使其丈夫王淄、胞弟刘亮和公司的员工董重旭等人并纠集社会闲散人员刘勇、贺广金等人多次实施违法犯罪活动，并在违法犯罪过程中逐步树立了“老大”的领导地位。

尤其是2009年3月以来，王云娜为了进一步垄断保温材料市场，获得更大的经济利益，指使王淄、刘亮、董重旭、李亚斌、冯双华、郗先、崔业权、孔德贤和“混社会”的刘勇、贺广金、王占朋、贺辰宇等人，对同行业内的其他公司业务员及相关人员多次进行跟踪殴打。特别是2009年5月5日，在王云娜的指挥下，其团伙的主要成员无故对同行业竞争对手，石家庄恒保龙保温材料公司（以下简称恒保龙保温材料公司）董事长朱龙华进行跟踪并殴打，造成朱

---

① 参见最高人民法院刑事审判第一、二、三、四、五庭编：《刑事审判参考》（总第107集），法律出版社2017年版，第79～84页。

龙华死亡的严重后果，在社会上和行业内造成了恶劣的影响，严重破坏了正常的经营秩序。

在该团伙实施的一系列故意伤害、寻衅滋事、非法拘禁、敲诈勒索、行贿、故意毁坏财物等犯罪活动中，逐步形成了以王云娜为组织者、领导者，王淄、刘亮、董重旭、刘勇、贺广金为骨干成员，李亚斌、冯双华、郗先、崔业权、孔德贤、王占朋、贺辰宇为成员的较为固定的犯罪组织。王云娜为了便于随时调遣和指使团伙成员进行违法犯罪活动，为该团伙主要成员提供了汽车多部，并专门在石家庄市御景园D座2－502购置房产供团伙主要成员冯双华、孔德贤、郗先等人居住。

被告人刘勇、王占朋、贺广金等人听命于被告人王云娜，积极充当王云娜的打手。平日里，他们除在各自的势力范围内进行违法犯罪活动外，一旦受到王云娜的召集，便迅速带领手下蜂拥而至，积极参与王云娜组织的寻衅滋事和故意伤害他人的违法犯罪活动。王云娜为了有效地控制团伙成员，除对固定成员发放工资外，还对在违法犯罪活动中的积极参与者予以重奖。例如，贺广金因多次积极参与王云娜组织的寻衅滋事犯罪活动，王云娜给予其5000元奖励；团伙成员李文平等3人积极参与王云娜指挥的敲诈勒索活动后，王云娜高兴地给予每个积极参加者3000元奖励。

王云娜犯罪团伙凭借着近年来多次的违法犯罪活动和其名下公司采用的行贿、偷逃税款、欠账不还等一系列违法手段，非法获利近千万元。王云娜依靠其非法获得的经济实力，积极地支持其组织的犯罪活动，为组织骨干和团伙成员提供各种违法犯罪经费支出达20余万元。例如，2009年5月5日，刘勇等人参与将朱龙华殴打致死后，王云娜为让刘勇逃避公安机关的抓捕，给刘勇现金1万元帮助其逃匿。

王云娜犯罪团伙通过实施一系列有组织的故意伤害、寻衅滋事、非法拘禁、敲诈勒索、行贿、故意毁坏财物、窝藏等违法犯罪活动后，扩大了自己的势力和影响，获取了一定的经济实力，逐步形成了以家庭为基础、以血缘为纽带、以经济做后盾，人数众多、成员相对固定、层次分明、分工明确的黑社会性质犯罪组织，在石家庄市一定范围和行业内称霸一方，为非作恶，严重破坏了当地正常的经济、社会、生活秩序。

（公诉机关另指控故意伤害、寻衅滋事、非法拘禁、敲诈勒索、故意毁坏财

物、向非国家工作人员行贿罪等事实略）

被告人王云娜的辩护人提出：王云娜不构成组织、领导黑社会性质组织罪，故意伤害罪，敲诈勒索罪，故意毁坏财物罪，向非国家工作人员行贿罪，指控王云娜犯寻衅滋事罪、非法拘禁罪证据不足。

石家庄市中级人民法院经公开审理查明：

（一）故意伤害的事实

2009年5月5日14时许，被告人王淄在通往河北省晋州市的公路上发现挤塑板生意上的竞争对手恒保龙保温材料公司的富康车后，便决定教训对方一下，遂打电话和被告人王云娜商量，在征得王云娜同意后，王淄即安排被告人董重旭、贾光、李亚斌、周磊璞对富康车进行跟踪，并安排董重旭打电话让被告人刘勇找几个人过来。刘勇找来被告人王占朋、贺辰宇、郑悍博、李龙、陈龙，王淄驾车将之送到富康车停泊的辛集广兴泡沫厂附近。18时许，周磊璞、李亚斌分别驾驶汽车在安新线辛集境内马兰路段追上被害人朱龙华驾驶的富康轿车，刘勇将富康车拦住，刘勇、王占朋、贺辰宇、李龙、陈龙、郑悍博对朱实施殴打，王占朋持镐把殴打朱的身体，贺辰宇、郑悍博持镐把打击朱头部，之后分别乘车逃离现场。其中，贺辰宇多次持镐把击打被害人头部并致镐把折断，造成朱龙华颅骨骨折，经送医院抢救无效死亡。王云娜在得知朱龙华已死亡后，为让刘勇逃避公安机关的抓捕，给刘勇等人1万元现金帮助其逃跑。

（二）寻衅滋事的事实

1. 2009年3月23日中午，被告人王云娜纠集被告人王淄、董重旭、李亚斌、刘勇、郗先、崔业权、冯双华、孔德贤、贺辰宇、李朋（在逃）、云龙（在逃）分乘7辆汽车来到河北省栾城县楼底镇西羊市村恒保龙保温材料公司聚众滋事，用汽车挡住恒保龙保温材料公司门口，使该厂拉货车辆不能出入，时间长达三四小时，在派出所民警的劝说下，才将堵在厂门口的汽车开走。当业务员张军芝回厂时，刘勇、李朋、云龙、贺辰宇、李亚斌等人无故对张军芝进行殴打，打掉其门牙两颗，该伤经法医鉴定为轻伤。

2. 被告人王云娜于2009年4月3日上午从被告人冯双华、崔业权口中得知恒保龙保温材料公司业务员曹跃峰在石家庄市维也纳工地做业务后，为恐吓打压对方，达到垄断市场目的，便指使王淄、贺广金、冯双华、崔业权在石家庄市南二环将曹跃峰拦截，由贺广金对曹进行殴打后逃跑。

3. 2009年4月29日下午，被告人王云娜、王淄从崔业权口中得知恒保龙保温材料公司工作人员严忠明到石家庄市金水湾工地做挤塑板业务后，便决定对严忠明进行殴打。王云娜指使被告人冯双华、苑朝旺对严忠明实施跟踪，指使被告人贺广金和李韩伟（在逃）殴打严忠明。当日下午在石家庄市金水湾工地外的公路上，贺广金、李韩伟对严忠明进行殴打致轻微伤，之后二人乘坐苑朝旺、冯双华的车逃离现场。

（非法拘禁、敲诈勒索、故意毁坏财物、向非国家工作人员行贿的事实略）

石家庄市中级人民法院经审理认为，对于公诉机关指控的被告人王云娜犯组织、领导黑社会性质组织罪，被告人王淄、董重旭、刘勇、王占朋、贺辰宇、贺广金、李亚斌、刘亮、冯双华、孔德贤、崔业权、郝先犯参加黑社会性质组织罪的公诉意见，经查，从现有证据来看，本案不具备黑社会性质组织犯罪的四个法定特征：在组织体系方面，未形成固定的犯罪组织，也欠缺王云娜对所谓成员的控制、约束的证据；在社会危害方面，缺少王云娜所在公司对石家庄市保温材料行业进行垄断和非法控制的证据，现有证据主要是对竞争对手之一的石家庄市恒保龙挤塑板厂实施了一些违法犯罪行为……在行为特征方面，从目前的证据来看，组织犯罪只涉及故意伤害、寻衅滋事、故意毁坏财物三个罪名，且故意毁坏财物一案证据不足。综上，本案不符合黑社会性质组织犯罪的构成要件，现有证据不足以认定……公诉机关指控王云娜犯故意毁坏财物罪，向非国家工作人员行贿罪证据不足，指控罪名不成立……在故意伤害一案中，被告人王云娜参与预谋，王淄系犯意提起者和组织、指挥者，贺辰宇系致人死亡的直接责任者，且系累犯，应当从重处罚。据此，石家庄市中级人民法院判决如下：

1. 被告人贺辰宇犯故意伤害罪，判处死刑，剥夺政治权利终身；犯寻衅滋事罪，判处有期徒刑6个月；决定执行死刑，剥夺政治权利终身。

2. 被告人王淄犯故意伤害罪，判处死刑，缓期2年执行，剥夺政治权利终身；犯寻衅滋事罪，判处有期徒刑1年6个月；犯非法拘禁罪，判处有期徒刑1年；决定执行死刑，缓期2年执行，剥夺政治权利终身。

3. 被告人王云娜犯故意伤害罪，判处有期徒刑13年，剥夺政治权利3年；犯寻衅滋事罪，判处有期徒刑2年；犯非法拘禁罪，判处有期徒刑1年；犯敲诈勒索罪，判处有期徒刑3年，并处罚金1万元；决定执行有期徒刑16年，剥夺政治权利3年，并处罚金1万元。

（其他被告人判决情况略）

一审宣判后，被告人王云娜等人提出上诉。王云娜及其辩护人提出：王云娜不构成故意伤害罪、敲诈勒索罪，非法拘禁刘双良一案，情节显著轻微，不应作为犯罪处理等上诉理由和辩护意见。

石家庄市人民检察院抗诉提出：原判决认定现有证据不足以认定本案符合黑社会性质组织犯罪的四个法定特征，属于认定事实确有错误，适用法律不当。从现有证据来看，本案已形成以王云娜为组织者、领导者，王淄、董重旭、刘勇、刘亮、贺广金为骨干成员，李亚斌等7名被告人为成员的较为固定的犯罪组织。该组织为在一定区域内控制保温材料行业，实施了多起犯罪，在行业内和群众中造成了恶劣影响，该组织通过系列的违法犯罪活动拥有较为雄厚的经济基础，并部分用于组织骨干和团伙成员的犯罪支出。综上所述，原判决在认定事实上确有错误，适用法律不当，直接导致了对各被告人量刑畸轻的后果。

河北省人民检察院支持抗诉意见为：被告人王云娜构成组织、领导黑社会性质组织罪，被告人王淄、董重旭、刘勇、刘亮、贺广金、李亚斌、王占朋、贺辰宇、郗先、冯双华、崔业权、孔德贤构成参加黑社会性质组织罪。

河北省高级人民法院经审理认为，对于检察机关抗诉所提被告人王云娜、王淄、董重旭、刘勇、王占朋、贺辰宇、刘亮、贺广金、李亚斌、冯双华、孔德贤、崔业权、郗先构成组织、领导、参加黑社会性质组织罪的理由，经查，被雇人员到王云娜企业的目的大多是打工挣钱，且来去基本自愿，没有证据证实王云娜对成员进行控制约束；按照检察机关指控的组织形成时间即2008年8月以来，该团伙暴力行为构成犯罪的较少，且罪名只有故意伤害和寻衅滋事，犯罪的多样性差；社会危害特征方面，没有证据证实王云娜公司对石家庄市保温材料行业形成垄断和非法控制，不符合认定黑社会性质组织犯罪要求的在一定区域或者行业内，形成非法控制或者重大影响，严重破坏经济、社会生活秩序的特征，对该抗诉意见不予支持……依法判决驳回王云娜、王淄、贺辰宇等人的上诉和检察机关对王云娜、王淄、贺辰宇等人分别构成组织、领导、参加黑社会性质组织罪的抗诉，维持原审对被告人王云娜、王淄、贺辰宇等人的判决，对王占朋等8人依法改判。

最高人民法院经复核审理，依法核准了河北省高级人民法院维持第一审对被告人贺辰宇以故意伤害罪判处死刑，剥夺政治权利终身；以寻衅滋事罪判处有期徒刑6个月；决定执行死刑，剥夺政治权利终身的刑事附带民事判决。

在一定区域或者行业内，形成非法控制或者重大影响，从而严重破坏经济、社会生活秩序，是黑社会性质组织的本质特征，也是黑社会性质组织区别于一般犯罪集团的关键所在。关于非法控制或重大影响，应当是一定区域或者行业形成事实上的控制或重大影响，时间上具有稳定性和持续性。在本案中，被告人王云娜等人指向的犯罪对象均系业务竞争对手恒保龙保温材料有限公司老板及员工，持续时间较短，不足以对当地的保温材料行业形成事实上的控制和影响作用。王云娜等人实施的犯罪行为只有4起，不足以对当地经济、社会生活秩序造成严重破坏。

因此，本案不具备黑社会性质组织的危害特征。

在认定黑社会性质组织的特征时，刑事律师要坚持两点论和重点论，把握好主要矛盾和次要矛盾，以及矛盾的主要方面和次要方面的关系。虽然难以全面否定公诉机关的指控，但是黑社会性质组织的四个特征是并存关系，刑事律师只需否定其中任何一个特征就可以达到目的。在具体案件中，刑事律师可以将四个特征进行主次布局，将其中最为明显的特征作为主攻阵地，其他特征作为防守阵营，做到有进有退，防守并施。

2. 关于黑社会性质组织形成时间的认定

关于黑社会性质组织形成时间的认定，《2009年纪要》指出，黑社会性质组织一般在短时间内难以形成，而且成员人数较多，但鉴于普通犯罪集团、“恶势力”团伙向黑社会性质组织发展是一个渐进的过程，没有明显的性质转变的节点，故对黑社会性质组织存在时间、成员人数问题不宜作出“一刀切”的规定。对于那些已存在一定时间，且成员人数较多的犯罪组织，在定性时要根据其是否已具备一定的经济实力，是否已在一定区域或行业内形成非法控制或重大影响等情况综合分析判断。

关于黑社会性质组织形成时间的起点，《2015年纪要》指出，黑社会性质组织存续时间的起点，可以根据涉案犯罪组织举行成立仪式或者进行类似活动的时间来认定。没有前述活动的，可以根据足以反映其初步形成核心利益或强势地位的重大事件发生时间进行审查判断。没有明显标志性事件的，也可以根据涉案犯罪组织为维护、扩大组织势力、实力、影响、经济基础或按照组织惯例、纪律、活动规约而首次实施有组织的犯罪活动的时间进行审查判断。存在、发展时间明显过短、犯罪活动尚不突出的，一般不应认定为黑社会性质组织。

《2018 年意见》第 6 条进一步规定：黑社会性质组织未举行成立仪式或者进行类似活动的，成立时间可以按照足以反映其初步形成非法影响的标志性事件的发生时间认定。没有明显标志性事件的，可以按照本意见中关于黑社会性质组织违法犯罪活动认定范围的规定，将组织者、领导者与其他组织成员首次共同实施该组织犯罪活动的时间认定为该组织的形成时间。该组织者、领导者因未到案或者因死亡等法定情形未被起诉的，不影响认定。

【案例 7－5】史锦钟等人犯组织、领导、参加黑社会性质组织罪案①

被告人史锦钟，男，1979 年 3 月 25 日出生。2007 年 10 月 9 日因犯故意伤害罪被判处有期徒刑 2 年，2008 年 8 月 23 日刑满释放。2012 年 4 月 13 日因本案被逮捕。

（其他被告人基本情况略）

江西省吉安市人民检察院以被告人史锦钟、尹忠华、龙武、刘晓武、龚鹏、沈卫、尹卫民、尹友朵、刘海清、高远宇、张江华、皮文林、刘峰、李泽明、刘东东、雷作、周江维、吕金伟、廖红旗分别犯组织、领导、参加黑社会性质组织罪，故意伤害罪，以危险方法危害公共安全罪，开设赌场罪，赌博罪，非法持有枪支罪，非法拘禁罪，强迫交易罪，窝藏罪，向吉安市中级人民法院提起公诉。

史锦钟及其辩护人提出：史锦钟的行为不构成组织、领导黑社会性质组织罪。

吉安市中级人民法院经公开审理查明：

（一）组织、领导、参加黑社会性质组织的事实

被告人史锦钟原为江西省永新县恶势力团伙头目刘文广的手下。2004 年 10

---

① 参见最高人民法院刑事审判第一、二、三、四、五庭编：《刑事审判参考》（总第 107 集），法律出版社 2017 年版，第 24～29 页。

月，史锦钟伙同沈卫等人持枪伤害在永新县有名的恶势力头目夏永东，迫使夏永东离开永新县。因此事件，史锦钟名声大震，并先后网罗社会闲散人员沈卫、尹卫民、高远宇、刘海清、张江华、黄建军、尹忠华、尹友朵等人听其差遣。2006年刘文广死后，该恶势力团伙演变为分别以史锦钟为首和以姜小伟为首的两个犯罪组织，相互之间因争霸立势而产生矛盾，互有摩擦。2006年6月，史锦钟为打压姜小伟一方，指使沈卫、刘海清等成员携带枪支、刀具在永新县高桥楼镇将姜小伟手下成员龙海涛等人打伤。为此，史锦钟手下的大部分成员入狱服刑，史锦钟也于2007年10月在浙江省宁波市因犯故意伤害罪被判刑入狱。2008年8月，史锦钟出狱后，继续网罗先前的组织成员，又发展了刘晓武、龙武、龚鹏、尹忠华等骨干成员。该组织通过暴力、威胁或其他手段，实施了大量的有组织犯罪活动，形成了一个以永新县城为主要活动区域，以史锦钟为组织者、领导者，以尹忠华、龙武、刘晓武、龚鹏、沈卫、尹卫民、尹友朵、刘海清、高远宇为积极参加者，张江华、皮文林、刘峰、李泽明、刘东东、雷作、周江维、吕金伟、廖红旗、黄建军（另案处理）、尹志权（另案处理）为一般参与者，组织严密、层级清晰、结构稳定的黑社会性质组织。

该犯罪组织先后在江西省永新县、吉安市，利用组织的恶名和强势地位，有组织地通过暴力、威胁等手段，开设赌场、经营客运班线、插手工程，以获取非法利益。其中，仅在永新县、吉安市开设赌场便获利300余万元，还通过入股永新至安福等客运班线和强行夺取永新县站前西路工程获取利益。该组织在聚敛财富的同时，还通过利益纽带维系组织的生存、发展和壮大。一方面，该组织平时作案所用经费，购置作案工具（砍刀、枪支）、车辆的费用，组织成员作案后用于逃匿、摆平关系的费用，交纳取保候审保证金、支付赔偿金等费用均由组织统一支付，总计支出20余万元。另一方面，史锦钟通过强迫转让方式获取站前西路工程后，安排骨干成员刘晓武担任项目经理，负责工程日常建设等事宜；还将班线中的股权分配给刘晓武、龙武、尹卫明、刘峰等人，形成利益共同体；并通过给沈卫、雷作、龚鹏等人发工资、发红包、食宿全包等方式笼络组织成员。

该犯罪组织为了排除异己、聚敛钱财，使用暴力、威胁和其他手段，或者利用组织的强势地位，大肆实施有组织的违法犯罪活动。其中，故意伤害案7起，共造成1人死亡，1人重伤，7人轻伤；以危险方法危害公共安全案1起，造成1人重伤，2人轻伤；开设赌场案2起；赌博案2起；非法持有枪支案4起；非法拘禁案1起；强迫交易案2起；窝藏案1起，另外，该组织还有数起寻衅滋事等违法行为。史锦钟利用该组织的势力和影响，指使或纵容组织成员寻衅滋事、冲击赌场、逼取赌债，以达到让赌客到该组织开设的赌场进行赌博的目的；使用暴力、威胁或其他手段插手工程建设，纵容组织成员插手茶麸生意，意图垄断永新县茶麸收购市场；利用组织恶名或强势地位，充当打手，随意插手他人纠纷，在永新县称霸一方，极大地破坏了当地的经济秩序和社会生活秩序，严重危害群众生命财产安全。

（二）故意伤害的事实

1. 被告人史锦钟与姜小伟素有积怨。自2006年起，分别以两人为首的犯罪组织之间多有矛盾。为打压对方，提高自己威望，史锦钟多次纠集组织成员殴打姜小伟。2011年，史锦钟以刘文飞拖欠其赌债不还为由，多次安排组织成员刘晓武、龚鹏、尹忠华等人找刘索要赌债。刘文飞因与姜小伟系亲戚，便找到姜出面帮忙。史锦钟认为是姜小伟从中作梗，多次扬言若姜小伟插手此事，就先将其“搞掉”。随后，史锦钟多次指使组织成员龙武、皮文林等人殴打姜小伟直至最终将其伤害致死。具体事实如下：

2011年3月的一天，史锦钟在永新县城开心100宾馆安排皮文林（已判刑）去打姜小伟，并给皮文林一把猎枪和一把仿制手枪，还安排吕金伟协同实施，吕金伟带廖红旗从安福县赶至永新县与皮文林会合。3月15日，皮文林和吕金伟持枪、廖红旗持刀蹲守在永新县才丰乡姜小伟女朋友家附近伺机作案。待姜小伟出门后，皮文林、吕金伟先后开枪，由于吕金伟所持枪支未击发，姜小伟随即躲避。皮文林追上后又朝姜小伟连开两枪，击中姜小伟腿部，该伤情经鉴定为轻伤乙级。

2011年10月的一天，史锦钟在永新县城开心100宾馆安排龙武去打姜小伟，并交给龙武一把仿六四手枪。龙武与李泽明、刘东东下楼准备去打姜小伟时，因姜已开车离去而未实施。此后，史锦钟多次交代龙武一定要打到姜小伟。

2011年11月6日，龙武听从史锦钟指示，安排李泽明、刘东东（2人均已判刑）去打姜小伟。龙武带李、刘2人指认姜小伟后，把史锦钟给的仿制手枪交给李泽明，并购置了两把不锈钢菜刀交给李、刘2人。随后龙武躲在永新县城茗园街一灯具店附近负责接应，李泽明先持枪朝站在店门口的被害人贺珂开枪（枪未击发），后李、刘2人分别持刀将贺珂砍伤，李、刘2人事后才得知，误将贺珂当作姜小伟砍伤。作案后，史锦钟安排龙武等人到自己位于吉安市青原区的出租房内躲避。经鉴定，被害人贺珂的伤势为轻伤甲级。

2012年1月，史锦钟多次指示龙武要在过年前打到姜小伟。1月17日下午，龙武在永新县城茗园街发现姜小伟的行踪后，随即赶到史锦钟的哥哥史锦明家中纠集尹友朵、龚鹏去砍姜小伟。龚鹏找来3把菜刀，后3人驾驶一辆小轿车前往茗园街寻找姜小伟。在“日丰管业”店门口发现姜小伟后，龙武先持刀砍向姜小伟腿部，姜随即往店内躲避，龚鹏、尹友朵、龙武3人持刀朝姜小伟头部、背部、手臂、腿部等处乱砍。见姜小伟被砍倒在地，3人驾车逃离。龙武向史锦钟报告已经砍到姜小伟，史锦钟便要3人先返回史家，然后交给龙武2000元，并先后安排刘晓武、尹忠华等人帮助3人逃匿。被害人姜小伟经医院抢救无效死亡。经鉴定，姜小伟系失血性休克死亡。

2. 被害人夏永东曾打过被告人史锦钟。2004年，夏永东因琐事在史锦钟经营的发廊里打了一个人，史锦钟要求夏永东赔偿未果，便决意报复。2004年10月10日晚，史锦钟纠集被告人沈卫和“小飞”“飞侠”（2人均另案处理），四人持两把仿六四手枪、一把猎枪、一把砍刀，在永新县城品牌街开枪击伤夏永东。经鉴定，夏永东的伤势为轻伤乙级。

3. 2006年6月，被告人史锦钟组织成员被姜小伟手下打伤。6月29日，史锦钟邀集沈卫、尹卫民、高远宇、刘海清（均已判刑）等骨干成员商议报复。在发现被害人龙海涛等人行踪后，尹卫民带上一支六连发转盘枪，纠集尹忠华、尹友朵、贺小云（均已判刑）驾车跟踪，沈卫驾车纠集黄建军（已判刑）等人、刘海清驾车纠集吴小园（已判刑）等人、高远宇驾车纠集尹志权（已判刑）等人均朝高桥楼方向追去。在永新县高桥楼派出所地段，尹卫民等人驾车合围被害人黄小康、龙海涛等人驾驶的车辆，尹卫民下车持枪威胁黄小康等人，尹忠华、贺小云分别持马刀、锁具砍砸被害人驾驶汽车的玻璃，黄建军、尹志权、龙风荣（已判刑）持刀将被害人砍伤。经鉴定，被害人黄小康、龙海涛、刘路平为轻伤甲级，田志强为轻伤乙级。经鉴定，尹卫民所持枪支具有杀伤力。

（其他故意伤害事实，开设赌场、赌博、非法持有枪支、非法拘禁、强迫交易、窝藏事实以及其他违法事实略）

吉安市中级人民法院经审理认为，被告人史锦钟的行为已构成组织、领导黑社会性质组织罪、故意伤害罪、以危险方法危害公共安全罪、开设赌场罪、赌博罪、非法持有枪支罪、非法拘禁罪、强迫交易罪，依法应数罪并罚。史锦钟在黑社会性质组织中起组织、领导作用，系首要分子。其在刑罚执行完毕后5年以内再犯应当判处有期徒刑以上刑罚之罪，系累犯，应当从重处罚。据此，吉安市中级人民法院判决如下：

被告人史锦钟犯组织、领导黑社会性质组织罪，判处有期徒刑9年，并处没收财产人民币5万元；犯故意伤害罪，判处死刑，缓期2年执行，剥夺政治权利终身；犯以危险方法危害公共安全罪，判处有期徒刑10年；犯开设赌场罪，判处有期徒刑3年，并处罚金人民币3万元；犯赌博罪，判处有期徒刑2年，并处罚金人民币2万元；犯非法持有枪支罪，判处有期徒刑4年；犯非法拘禁罪，判处有期徒刑2年；犯强迫交易罪，判处有期徒刑2年，并处罚金人民币1万元。决定执行死刑，缓期2年执行，剥夺政治权利终身，并处没收财产人民币5万元，罚金人民币6万元。

（其他被告人判决情况略）

一审宣判后，吉安市人民检察院以被告人史锦钟到案后无悔罪表现，一审法院判处史锦钟死缓，属于适用法律不当，导致量刑畸轻，应当判处死刑为由提出抗诉。

被告人史锦钟、尹忠华、龙武、尹友朵、龚鹏、刘晓武、沈卫、尹卫民、刘海清以其行为不构成组织、领导、参加黑社会性质组织罪分别提出上诉。

江西省高级人民法院经审理后认定，2004年10日晚，被告人史锦钟伙同他人故意伤害夏永东一案不属于黑社会性质组织所实施的犯罪，系史锦钟等人实施的个人犯罪。

江西省高级人民法院经审理认为，上诉人史锦钟的行为已构成组织、领导黑社会性质组织罪、故意伤害罪、以危险方法危害公共安全罪、开设赌场罪、赌博罪、非法持有枪支罪、非法拘禁罪、强迫交易罪，依法应数罪并罚。史锦钟在黑社会性质组织中起组织、领导作用，系首要分子，其在刑罚执行完毕后5年以内再犯应当判处有期徒刑以上刑罚之罪，系累犯，应当从重处罚。考虑史锦钟有一定的认罪悔罪表现，对其可酌情从轻处罚，对其所犯故意伤害罪可判处死刑，但不必立即执行。同时考虑史锦钟系黑社会性质组织的组织者、领导者，人身危险性极大，对其应限制减刑。对江西省人民检察院抗诉意见书和出庭意见中关于一审对史锦钟判处死缓，量刑畸轻，应当判处死刑立即执行的意见不予采纳。据此，江西省高级人民法院判决如下：

1. 维持一审判决对上诉人史锦钟的定罪量刑；

2. 对上诉人史锦钟限制减刑。

（其他上诉人、原审被告人的定罪处刑情况略）

关于黑社会性质组织的形成时间的起点，《2015 年纪要》指出，黑社会性质组织存续时间的起点，可以根据涉案犯罪组织举行成立仪式或者进行类似活动的时间来认定。没有前述活动的，可以根据足以反映其初步形成核心利益或强势地位的重大事件发生时间进行审查判断。没有明显标志性事件的，也可以根据涉案犯罪组织为维护、扩大组织势力、实力、影响、经济基础或按照组织惯例、纪律、活动规约而首次实施有组织的犯罪活动的时间进行审查判断。关于黑社会性质组织的形成时间，《2009 年纪要》指出，黑社会性质组织一般在短时间内难以形成，而且成员人数较多，但鉴于普通犯罪集团、“恶势力”团伙向黑社会性质组织发展是一个渐进的过程，没有明显的性质转变的节点，故对黑社会性质组织存在时间、成员人数问题不宜作出“一刀切”的规定。对于那些已存在一定时间，且成员人数较多的犯罪组织，在定性时要根据其是否已具备一定的经济实力，是否已在一定区域或行业内形成非法控制或重大影响等情况综合分析判断。简言之，黑社会性质组织没有举行成立仪式或者类似活动的，可以根据足以反映黑社会性质组织初步形成核心利益或强势地位的重大事件的发生时间，或者涉案犯罪组织为维护、扩大组织势力、实力、影响、经济基础或按照组织惯例、纪律、活动规约而首次实施有组织的犯罪活动的发生时间以及是否已在一定区域或行业内形成非法控制或重大影响等情况综合分析判断。

在本案中，二审法院认为被告人史锦钟等人构成黑社会性质组织，但 2004 年史锦钟纠集沈卫故意伤害夏永东的犯罪行为系自然人犯罪，而非黑社会性质组织实施的犯罪行为。因为 2004 年，史锦钟系恶势力刘文广的手下，以史锦钟为领导者的黑社会性质组织并未形成，2006 年刘文广死后，史锦钟才开始网罗社会闲散人员，逐渐组建自己的团伙。2004 年，史锦钟等人仍属于恶势力，并未举办黑社会性质组织的成立仪式。虽然故意伤害夏永东事件让史锦钟名声大噪，但并未形成以其为首的核心利益和强势地位，没有对特定区域和行业形成非法控制和重大影响。

因此，本案中黑社会性质组织的形成时间要晚于2004年。

3. 关于黑社会性质组织成员的认定及罪责划分

关于黑社会性质组织的组成成员的认定，《2009年纪要》指出，组织者、领导者，是指黑社会性质组织的发起者、创建者，或者在组织中实际处于领导地位，对整个组织及其运行、活动起决策、指挥、协调、管理作用的犯罪分子，既包括通过一定形式产生的有明确职务、称谓的组织者、领导者，也包括在黑社会性质组织中被公认的事实上的组织者、领导者；积极参加者，是指接受黑社会性质组织的领导和管理，多次积极参与黑社会性质组织的违法犯罪活动，或者积极参与较严重的黑社会性质组织的犯罪活动且作用突出，以及其他在组织中起重要作用的犯罪分子，如具体主管黑社会性质组织的财务、人员管理等事项的犯罪分子；其他参加者，是指除上述组织成员之外，其他接受黑社会性质组织的领导和管理的犯罪分子。

关于不属于黑社会性质组织成员的认定，《2009年纪要》指出，对于参加黑社会性质的组织，没有实施其他违法犯罪活动的，或者受蒙蔽、胁迫参加黑社会性质的组织，情节轻微的，可以不作为犯罪处理。《2015年纪要》进一步指出，对于参加黑社会性质组织，没有实施其他违法犯罪活动，或者受蒙蔽、威胁参加黑社会性质组织，情节轻微的，可以不作为犯罪处理。对于参加黑社会性质组织后仅参与少量情节轻微的违法活动的，也可以不作为犯罪处理。以下人员不属于黑社会性质组织的成员：（1）主观上没有加入黑社会性质组织的意愿，受雇到黑社会性质组织开办的公司、企业、社团工作，未参与或者仅参与少量黑社会性质组织的违法犯罪活动的人员；（2）因临时被纠集、雇用或受蒙蔽为黑社会性质组织实施违法犯罪活动或者提供帮助、支持、服务的人员；（3）为维护或扩大自身利益而临时雇用、收买、利用黑社会性质组织实施违法犯罪活动的人员。上述人员构成其他犯罪的，按照具体犯罪处理。

关于组织行为、领导行为、参加行为的认定，《2018年意见》第4条规定：发起、创建黑社会性质组织，或者对黑社会性质组织进行合并、分立、重组的行为，应当认定为“组织黑社会性质组织”；实际对整个组织的发展、运行、活动进行决策、指挥、协调、管理的行为，应当认定为“领导黑社会性质组织”。黑社会性质组织的组织者、领导者，既包括通过一定形式产生的有明确职务、称谓的组织者、领导者，也包括在黑社会性质组织中被公认的事实上的组织者、领导者。知道或者应当知道是以实施违法犯罪为基本活动内容的组织，仍加入并接受其领导和管理的行为，应当认定为“参加黑社会性质组织”。没有加入黑社会性质组织的意愿，受雇到黑社会性质组织开办的公司、企业、社团工作，未参与黑社会性质组织违法犯罪活动的，不应认定为“参加黑社会性质组织”。参加黑社会性质组织并具有以下情形之一的，一般应当认定为“积极参加黑社会性质组织”：多次积极参与黑社会性质组织的违法犯罪活动，或者积极参与较严重的黑社会性质组织的犯罪活动且作用突出，以及其他在组织中起重要作用的情形，如具体主管黑社会性质组织的财务、人员管理等事项。第 6 条规定：黑社会性质组织成员既包括已有充分证据证明但尚未归案的组织成员，也包括虽有参加黑社会性质组织的行为但因尚未达到刑事责任年龄或因其他法定情形而未被起诉，或者根据具体情节不作为犯罪处理的组织成员。

关于黑社会性质组织实施的违法犯罪事实的认定，《2009 年纪要》指出，黑社会性质组织实施的违法犯罪活动主要包括以下情形：由组织者、领导者直接组织、策划、指挥并参与实施的违法犯罪活动；由组织成员以组织名义实施，并得到组织者、领导者认可或者默许的违法犯罪活动；多名组织成员为逞强争霸、插手纠纷、报复他人、替人行凶、非法敛财而共同实施，并得到组织者、领导者认可或者默许的违法犯罪活动；组织成员为组织争夺势力范围、排除竞争对手、确立强势地位、谋取经济利益、维护非法权威或者按照组织的纪律、惯例、共同遵守的约定而实施的违法犯罪活动；由黑社会性质组织实施的其他违法犯罪活动。

《2018 年意见》第 10 条规定：为确立、维护、扩大组织的势力、影响、利益或者按照纪律规约、组织惯例多次实施违法犯罪活动，侵犯不特定多数人的人身权利、民主权利、财产权利，破坏经济秩序、社会秩序，应当认定为“有组织地多次进行违法犯罪活动，为非作恶，欺压、残害群众”。符合以下情形之一的，应当认定为是黑社会性质组织实施的违法犯罪活动：（1）为该组织争夺势力范围、打击竞争对手、形成强势地位、谋取经济利益、树立非法权威、扩大非法影响、寻求非法保护、增强犯罪能力等实施的；（2）按照该组织的纪律规约、组织惯例实施的；(3) 组织者、领导者直接组织、策划、指挥、参与实施的；(4) 由组织成员以组织名义实施，并得到组织者、领导者认可或者默许的；(5) 多名组织成员为逞强争霸、插手纠纷、报复他人、替人行凶、非法敛财而共同实施，并得到组织者、领导者认可或者默许的；(6) 其他应当认定为黑社会性质组织实施的。

关于黑社会性质组织成员的罪责划分，《2000 年解释》第 3 条规定：组织、领导、参加黑社会性质的组织又有其他犯罪行为的，根据《刑法》第 294 条第 3 款的规定，依照数罪并罚的规定处罚；对于黑社会性质组织的组织者、领导者，应当按照其所组织、领导的黑社会性质组织所犯的全部罪行处罚；对于黑社会性质组织的参加者，应当按照其所参与的犯罪处罚。对于参加黑社会性质的组织，没有实施其他违法犯罪活动的，或者受蒙蔽、胁迫参加黑社会性质的组织，情节轻微的，可以不作为犯罪处理。

《2009 年纪要》指出，对黑社会性质组织的组织者、领导者，应根据法律规定和本纪要中关于“黑社会性质组织实施的违法犯罪活动”的规定，按照该组织所犯的全部罪行承担刑事责任。组织者、领导者对于具体犯罪所承担的刑事责任，应当根据其在该起犯罪中的具体地位、作用来确定。对黑社会性质组织中的积极参加者和其他参加者，应按照其所参与的犯罪，根据其在具体犯罪中的地位和作用，依照罪责刑相适应的原则，确定应承担的刑事责任。

关于已退出或者新接任的组织者、领导者的罪责认定，《2015 年纪要》指出，对于在黑社会性质组织形成、发展过程中已经退出的组织者、领导者，或者在加入黑社会性质组织之后逐步发展成为组织者、领导者的犯罪分子，应对其本人参与及其实际担任组织者、领导者期间该组织所犯的全部罪行承担刑事责任。

【案例 7－6】刘汉等人组织、领导、参加黑社会性质组织罪案①

被告人刘汉，男，汉族，1965 年 10 月 25 日出生，原系四川汉龙（集团）有限公司董事局主席，曾任中国人民政治协商会议四川省第九届委员会委员，

---

① 参见最高人民法院刑事审判第一、二、三、四、五庭编：《刑事审判参考》（总第 107 集），法律出版社 2017 年版，第 64～71 页。

第十届、第十一届委员会常务委员会委员，四川省工商业联合会副会长。2013年8月8日因本案被逮捕。

被告人唐先兵，男，汉族，1974年8月11日出生。2013年7月27日因本案被逮捕。

被告人仇德峰，男，汉族，1979年5月16日出生，2002年11月4日因犯寻衅滋事罪被判处有期徒刑四年，2005年5月30日刑满释放。2013年7月27日因本案被逮捕。

（其他被告人、被告单位的基本情况略）

湖北省咸宁市人民检察院以被告人刘汉犯组织、领导黑社会性质组织罪，故意杀人罪，故意伤害罪，非法拘禁罪，非法买卖枪支罪，非法持有枪支、弹药罪，串通投标罪，非法经营罪，敲诈勒索罪，故意毁坏财物罪，妨害公务罪，寻衅滋事罪，开设赌场罪，窝藏罪，骗取贷款、票据承兑、金融票证罪；被告人唐先兵犯参加黑社会性质组织罪，故意杀人罪，故意伤害罪……被告人仇德峰犯参加黑社会性质组织罪、故意杀人罪……向咸宁市中级人民法院提起公诉。

咸宁市中级人民法院经审理查明：

（一）组织、领导、参加黑社会性质组织的事实

1993年，被告人刘汉在四川省广汉市开办圣罗兰游戏机厅，从事赌博活动，由其哥哥刘坤（曾用名刘建，另案处理）管理。此后，刘汉与孙晓东（另案处理）在四川省绵阳市合伙成立绵阳市平原建材公司，通过经营建筑材料、从事期货交易等业务，逐渐积累经济实力，并于1997年3月在绵阳市成立被告单位四川汉龙（集团）有限公司（以下简称汉龙集团），后又安排被告人刘小平（刘汉的姐姐）管理公司财务。同年4月，汉龙集团成立绵阳小岛建设开发有限公司，在绵阳市游仙区小岛开发房地产，招募被告人唐先兵、仇德峰等组建保安队。保安队多次对当地村民使用暴力，强行推进工程建设，唐先兵等人将村民熊伟杀死。其间，被告人孙华君（孙晓东的哥哥）经营典当行，网罗被告人缪军、李波、车大勇、刘岗等人在广汉市、绵阳市发展黑恶势力。孙华君为刘汉、孙晓东发展经济实力提供武力保护，将缪军、车大勇、刘岗派到刘汉、孙晓东开办的经济实体工作，在刘汉、孙晓东的指使下组织唐先兵等人枪杀了对汉龙集团产生威胁的王永成。

与此同时，以刘维（刘汉的弟弟，另案被告人）为首的黑恶势力在被告人

刘汉的资助下不断发展、壮大。1994 年 9 月，刘维因妨害公务被取保候审后回到广汉市。刘汉将圣罗兰游戏机厅交给刘维经营，出资为刘维开办餐饮、娱乐场所。刘维积累了一定经济实力后，逐步发展手下成员，将广汉市有名的“操哥”（混社会的人）陈富伟的小弟曾建军（另案被告人）、张顺（另案处理）收归名下，还将陈力铭、旷晓燕、文香灼、旷小坪（均系另案被告人）等人发展为小弟。曾建军、陈力铭、旷晓燕、文香灼、旷小坪等人亦各自发展手下成员。刘维安排曾建军等人在赌博游戏机厅“看场子”、收取“保护费”，枪杀了与其争夺势力范围的周政，逐步垄断了广汉市赌博游戏机行业。刘维还成立广汉市乙源实业发展有限公司等经济实体大肆敛财，结交四川省什邡市人民检察院原副检察长刘忠伟、四川省德阳市公安局刑侦支队原政委刘学军、德阳市公安局装备财务处原处长吕斌（均系另案被告人）等人充当其“保护伞”，将广汉市音豪娱乐会所作为组织集会场所。刘维还为刘汉、孙晓东聚敛钱财、排除异己提供暴力支持，多次派手下携带枪支保护刘汉，为刘汉、孙晓东等人杀害王永成、策划杀害史俊泉提供枪支，并策划枪杀了对刘家产生威胁的陈富伟。

随着经济实力的增强，被告人刘汉与孙晓东于2000 年将汉龙集团总部迁至四川省成都市。刘汉、孙晓东通过“政商结合”，不仅成为四川省知名的民营企业家，还分别获得四川省政协常委、绵阳市人大代表等身份，并利用政治地位和结交的关系多次对刘维、孙华君等人的违法犯罪活动提供庇护。

被告人刘汉与刘维、孙晓东、孙华君以兄弟亲情、合作经营为纽带，以汉龙集团等经济实体为依托，相互支持、相互融合，逐步形成了以刘汉、刘维、孙晓东为组织者、领导者，被告人唐先兵、孙华君、缪军、曾建军、文香灼、旷小坪、陈力铭、旷晓燕和詹军（另案被告人）等人为骨干成员，被告人刘岗、李波、车大勇、仇德峰、刘小平、肖永红和张东华、田先伟、张伟、袁绍林、曾建、桓立柱、孙长兵、闵杰、李君国、钟昌华、黄谋、王雷、王万洪、刘光辉（均系另案被告人）等人为其他参加者的较稳定的犯罪组织。刘汉负责决策和指挥整个组织的运转；孙晓东负责执行刘汉指示及汉龙集团日常经营管理；刘维负责为组织打击、铲除对手，谋取非法利益，树立非法权威。

该犯罪组织崇尚暴力，从武术学校、退伍军人中招募多名保安、保镖，吸纳刑满释放人员和社会闲散人员，购置刀具、警械，非法买卖、持有大量枪支、弹药，为实施暴力犯罪提供保障。该犯罪组织宣扬“为公司利益要敢打敢冲，出了事公司会负责”“要是公司遇到事了，打架要打赢，要勇敢一点”“表现好的有重用，不好的被开除”“‘哥佬倌’带小弟，小弟服从‘哥佬倌’指挥”等不成文的规约和纪律，纵容成员为组织利益实施违法犯罪活动，并通过奖励、提拔为组织利益“敢打敢冲”的成员和开除少数违反组织纪律的成员，不断强化组织纪律和规约，树立组织者、领导者权威。

该犯罪组织不仅通过有组织地实施开设赌场、敲诈勒索等违法犯罪活动敛财，壮大经济实力，还分别依托汉龙集团、乙源实业公司等经济实体的经营活动攫取巨额经济利益，具有强大的经济实力。为了扩充经济实力、维护组织利益，被告人刘汉和刘维、孙晓东等人以暴力为后盾，利用黑恶势力排挤、打击竞争对手，铲除障碍，“以黑护商”。该组织还“以商养黑”，将所获收益部分用于支持组织成员实施违法犯罪活动，购买枪支、弹药、刀具和车辆等作案工具，提升组织犯罪能力，增强组织威慑力；组织手下成员聚会、娱乐、吸毒等，为组织成员发放工资、奖金，购买房屋、车辆，偿还赌债，提供逃跑、赔偿费用；收买国家工作人员，为组织实施违法犯罪活动提供庇护。

该犯罪组织为树立其非法权威，维护其非法利益，为非作恶，欺压、残害群众，有组织地实施了故意杀人，故意伤害，非法拘禁，非法买卖枪支，非法持有枪支、弹药，敲诈勒索，故意毁坏财物，妨害公务，寻衅滋事，开设赌场，窝藏等数十起犯罪活动以及随意殴打他人、聚众赌博、串通拍卖等11起违法行为，共造成8人死亡、多人受伤等极其严重的危害后果。该组织通过实施违法犯罪活动及利用国家工作人员的包庇和纵容，称霸一方，在广汉市、绵阳市、什邡市等地形成重大影响，并对广汉市的赌博游戏机行业形成非法控制，严重破坏了上述地区的经济秩序和社会生活秩序。

（二）故意杀人的事实

1. 1997年4月，汉龙集团成立小岛公司，开发四川省绵阳市游仙区小岛。工程开发过程中，小岛公司多次与当地村民发生冲突。在1998年3～4月的一次冲突中，被告人唐先兵（小岛公司保安）被村民熊伟（男，绰号熊三娃，殁年22岁）打伤。唐先兵起意报复熊伟，并请同为该公司保安的被告人仇德峰等人帮忙。1998年8月13日23时许，唐先兵从仇德峰处得知熊伟行踪后，携带水果刀赶到绵阳市凯旋酒廊。仇德峰向唐先兵指认了熊伟所在位置，唐先兵走进酒廊，持刀朝熊伟右胸部连扎两刀后跑出酒廊，乘坐仇德峰事先租好的出租车逃离现场。熊伟被他人送往医院经抢救无效死亡。经法医鉴定，被害人熊伟系外伤性心脏破裂死亡。时任汉龙集团娱乐有限公司经理的被告人肖永红得知情况后，当即向孙晓东汇报，并分别安排唐先兵、仇德峰到广汉躲藏，为二人提供生活费，仇德峰工资照发。后仇德峰回到绵阳，汉龙集团将其从小岛公司保安队调至工程部开车，工资待遇提高。

2. 1999 年年初，被害人王永成（男，殁年 29 岁）的朋友李小东因琐事被汉龙集团员工何均等人砍伤，王永成扬言要炸毁汉龙集团办公场所、保龄球馆及汉龙集团总经理孙晓东乘坐的车辆。孙晓东得知该消息后，即向被告人刘汉作了汇报，刘汉指使孙晓东找人“做掉”王永成。孙晓东向被告人孙华君、缪军传达了刘汉要教训王永成的指示。孙华君安排黄强、杨建伟（均另案处理）打探王永成行踪，提供桑塔纳轿车用于作案。刘维应孙晓东的要求，安排其司机罗廷刚（另案处理）将 2 支手枪、1 支滑膛枪送交缪军。缪军安排被告人车大勇开车，将枪支分发给被告人唐先兵、刘岗、李波，组织唐先兵等人试枪并在汉龙集团职工宿舍集中住宿。同年 2 月 13 日晚，黄强、杨建伟在绵阳市凯旋酒廊发现王永成，随即联系缪军。缪军安排车大勇驾驶桑塔纳轿车载唐先兵、刘岗、李波前往，其随后赶到。在凯旋酒廊门口，黄强向缪军等人指认了王永成，缪军先行离开。唐先兵、刘岗各持手枪在凯旋酒廊门口守候，李波持滑膛枪在附近警戒，当王永成走出凯旋酒廊时，唐先兵朝王永成连开两枪，将王永成击倒在地刘岗亦开枪，但因枪支故障未能击发。随后，车大勇驾车接应唐先兵等人逃离现场。王永成因被枪弹击伤致外伤性心脏破裂、双肺裂创，经抢救无效死亡。

事后，当地公安机关根据相关线索怀疑孙华君、缪军等人涉嫌犯罪，对其进行抓捕。缪军、车大勇将作案所用桑塔纳轿车销毁。孙晓东将王永成已被杀死以及公安机关抓捕情况向被告人刘汉作了汇报，刘汉当即安排孙华君等人到深圳市佳宁娜广场小区躲藏。经刘汉同意，孙晓东在孙华君、缪军逃匿期间从汉龙集团的资产中给予孙华君、缪军共计 100 余万元，为唐先兵、刘岗、缪军长期发放工资直至该三人归案，还提供凯迪拉克轿车和奥迪 A8 轿车给孙华君使用。

（其他犯罪事实略）

咸宁市中级人民法院认为，被告人刘汉伙同他人网罗被告人唐先兵、孙华君、缪军、刘岗、李波、仇德峰、肖永红、车大勇、刘小平等，形成较稳定的犯罪组织。该组织存续20年，成员多达30余人，有明确的组织者、领导者，骨干成员基本固定；通过有组织地实施违法犯罪活动或者其他手段获取经济利益，具有强大的经济实力，以支持该组织的活动；以暴力、威胁或者其他手段，有组织地实施故意杀人、故意伤害、非法拘禁等违法犯罪活动数十起，非法持有、买卖枪支20支，为非作恶，欺压、残害群众，共造成8人死亡、多人受伤等严重后果；通过实施违法犯罪活动和利用国家工作人员的包庇、纵容，称霸一方，在四川省广汉市、绵阳市、什邡市等地形成重大影响，并对广汉市的赌博游戏机行业形成非法控制，该犯罪组织依法应认定为黑社会性质组织。被告人刘汉组织、领导黑社会性质组织，其行为构成组织、领导黑社会性质组织罪。被告人刘汉作为黑社会性质组织的组织者、领导者和首要分子，应当对该组织所实施的全部罪行负责，其行为分别构成组织、领导黑社会性质组织罪，故意杀人罪，故意伤害罪，非法拘禁罪，非法买卖枪支罪，非法持有枪支、弹药罪，非法经营罪，敲诈勒索罪，故意毁坏财物罪，妨害公务罪，开设赌场罪，寻衅滋事罪和窝藏罪。被告人唐先兵积极参加黑社会性质组织，并伙同其他组织成员故意非法剥夺他人生命，故意损害他人身体健康，其行为分别构成参加黑社会性质组织罪、故意杀人罪、故意伤害罪……被告人仇德峰参加黑社会性质组织，伙同其他组织成员故意非法剥夺他人生命，其行为分别构成参加黑社会性质组织罪、故意杀人罪。据此，咸宁市中级人民法院判决如下：

1. 被告人刘汉犯组织、领导黑社会性质组织罪，判处有期徒刑15年，并处没收个人全部财产；犯故意杀人罪，判处死刑，剥夺政治权利终身；犯故意伤害罪，判处有期徒刑13年；犯非法拘禁罪，判处有期徒刑10年；犯非法买卖枪支罪，判处有期徒刑3年；犯非法持有枪支、弹药罪，判处有期徒刑5年；犯非法经营罪，判处有期徒刑7年，并处没收财产人民币3000万元；犯敲诈勒索罪，判处有期徒刑5年；犯故意毁坏财物罪，判处有期徒刑3年；犯妨害公务罪，判处有期徒刑2年；犯开设赌场罪，判处有期徒刑5年，并处罚金人民币200万元；犯寻衅滋事罪，判处有期徒刑2年；犯窝藏罪，判处有期徒刑2年；犯骗取贷款、票据承兑、金融票证罪，判处有期徒刑6年，并处罚金人民币5000万元。决定执行死刑，剥夺政治权利终身，并处没收个人全部财产。

2. 被告人唐先兵犯参加黑社会性质组织罪，判处有期徒刑7年，并处罚金人民币20万元；犯故意杀人罪，判处死刑，剥夺政治权利终身；犯故意伤害罪，判处有期徒刑13年。决定执行死刑，剥夺政治权利终身，并处罚金人民币20万元。

3. 被告人仇德峰犯参加黑社会性质组织罪，判处有期徒刑3年，并处罚金人民币5万元；犯故意杀人罪，判处有期徒刑10年，剥夺政治权利1年。决定执行有期徒刑12年，剥夺政治权利1年，并处罚金人民币5万元。

（其他被告人、被告单位的判决情况略）

宣判后，被告人刘汉、唐先兵、仇德峰提出上诉。

刘汉及其辩护人提出：刘汉不构成组织、领导黑社会性质组织罪，原审判决所认定的组织犯罪，有的系孙晓东、刘维组织实施，刘汉事先根本不知情；有的系他人出于个人恩怨实施；有的被法院生效判决确认为个人犯罪。将这些由多人为各自目的所实施的犯罪拼凑成“有组织地”实施违法犯罪活动，与事实不符，刘汉不应承担刑事责任等上诉理由和辩护意见。

唐先兵及其辩护人提出：唐先兵不属于黑社会性质组织骨干成员，现有证据无法证明王永成身上的致命枪伤系唐先兵造成，也没有充分的证据证明熊伟身上的致命刀伤系唐先兵造成等上诉理由和辩护意见。

仇德峰及其辩护人提出：熊伟被杀案应定性为故意伤害罪，仇德峰系黑社会性质组织的其他参加者，在熊伟被杀案中系从犯等上诉理由和辩护意见。

湖北省高级人民法院经审理认为，原审判决认定上诉人刘汉犯组织、领导黑社会性质组织罪，故意杀人罪，故意伤害罪，非法拘禁罪，非法买卖枪支罪，非法持有枪支、弹药罪，敲诈勒索罪，故意毁坏财物罪，妨害公务罪，开设赌场罪，寻衅滋事罪，窝藏罪；上诉人唐先兵犯参加黑社会性质组织罪、故意杀人罪、故意伤害罪；上诉人仇德峰犯参加黑社会性质组织罪、故意杀人罪的事实清楚，定罪准确，量刑适当。依法判决：上诉人刘汉犯骗取贷款、票据承兑、金融票证罪，判处有期徒刑4年，并处罚金人民币1000万元；犯组织、领导黑社会性质组织罪，判处有期徒刑15年，并处没收个人全部财产；犯故意杀人罪，判处死刑，剥夺政治权利终身；犯故意伤害罪，判处有期徒刑13年；犯非法拘禁罪，判处有期徒刑10年；犯非法买卖枪支罪，判处有期徒刑3年；犯非法持有枪支、弹药罪，判处有期徒刑5年；犯敲诈勒索罪，判处有期徒刑5年；犯故意毁坏财物罪，判处有期徒刑3年；犯妨害公务罪，判处有期徒刑2年；

犯开设赌场罪，判处有期徒刑5年，并处罚金人民币200万元；犯寻衅滋事罪，判处有期徒刑2年；犯窝藏罪，判处有期徒刑2年并罚。决定执行死刑，剥夺政治权利终身，并处没收个人全部财产。驳回唐先兵、仇德峰的上诉，维持原判。湖北省高级人民法院依法对被告人刘汉、唐先兵的死刑判决报请最高人民法院核准。

最高人民法院复核认为，被告人刘汉伙同他人组织、领导人数众多、骨干成员基本固定的较稳定的犯罪组织，有组织地通过违法犯罪活动或者其他手段获取经济利益，具有支持该组织活动的经济实力，以暴力、威胁或者其他手段，有组织地多次进行违法犯罪活动，为非作恶，欺压、残害群众，称霸一方，在一定区域或者行业内形成非法控制或者重大影响，严重破坏经济、社会生活秩序，其行为已构成组织、领导黑社会性质组织罪……在故意杀害王永成的共同犯罪中，刘汉提出杀人犯意，事后藏匿、资助组织成员，起组织、指挥作用……故意杀害熊伟的犯罪系黑社会性质组织的骨干成员唐先兵为维护组织利益而实施……被告人唐先兵积极参加黑社会性质的组织，其行为已构成参加黑社会性质组织罪；唐先兵伙同他人故意非法剥夺被害人生命，其行为已构成故意杀人罪……第一审、第二审判决认定被告人刘汉组织、领导黑社会性质组织，故意杀人，故意伤害，非法拘禁，非法买卖枪支，非法持有枪支、弹药，敲诈勒索，故意毁坏财物，妨害公务，寻衅滋事，开设赌场和窝藏的事实和被告人唐先兵参加黑社会性质组织、故意杀人、故意伤害的事实，以及第二审判决认定被告人刘汉骗取贷款、票据承兑、金融票证的事实清楚，证据确实、充分，定罪准确。第一审判决中除非法经营罪和骗取贷款、票据承兑、金融票证罪以外的量刑及第二审判决量刑适当。审判程序合法。故裁定核准湖北省高级人民法院（2014）鄂刑一终字第00076号刑事判决中对被告人刘汉和被告人唐先兵的定罪量刑部分。

关于黑社会性质组织成员的认定，《2009年纪要》指出，组织者、领导者，是指黑社会性质组织的发起者、创建者，或者在组织中实际处于领导地位，对整个组织及其运行、活动起着决策、指挥、协调、管理作用的犯罪分子，既包括通过一定形式产生的有明确职务、称谓的组织者、领导者，也包括在黑社会性质组织中被公认的事实上的组织者、领导者；积极参加者，是指接受黑社会性质组织的领导和管理，多次积极参与黑社会性质组织的违法犯罪活动，或者积极参与较严重的黑社会性质组织的犯罪活动且作用突出，以及其他在组织中起重要作用的犯罪分子，如具体主管黑社会性质组织的财务、人员管理等事项的犯罪分子。

在本案中，1993 年，被告人刘汉招募唐先兵、仇德峰等人组建保安队，1994 年，刘汉将曾建军、张顺等人收归名下。经过多年的发展，逐步形成了以刘汉、刘维、孙晓东为组织者、领导者，以唐先兵、孙华君等人为骨干成员，以刘岗、李波等人为参与者的黑社会性质组织。刘汉作为该组织的最高决策者，对组织的经济和人员支配拥有绝对的控制权，全面负责整个组织的运转，属于黑社会性质组织的组织者和领导者。被告人唐先兵长期追随刘汉，直接听命于刘汉并多次实施犯罪行为，属于黑社会性质组织的骨干成员。

关于黑社会性质组织实施的违法犯罪的认定，《2009 年纪要》指出，由组织者、领导者直接组织、策划、指挥并参与实施的违法犯罪活动；由组织成员以组织名义实施，并得到组织者、领导者认可或者默许的违法犯罪活动；多名组织成员为逞强争霸、插手纠纷、报复他人、替人行凶、非法敛财而共同实施，并得到组织者、领导者认可或者默许的违法犯罪活动；组织成员为组织争夺势力范围、排除竞争对手、确立强势地位、谋取经济利益、维护非法权威或者按照组织的纪律、惯例、共同遵守的约定而实施的违法犯罪活动；由黑社会性质组织实施的其他违法犯罪活动。同时《2018 年意见》第 10 条规定，为确立、维护、扩大组织的势力、影响、利益或者按照纪律规约、组织惯例多次实施违法犯罪活动，侵犯不特定多数人的人身权利、民主权利、财产权利，破坏经济秩序、社会秩序，应当认定为“有组织地多次进行违法犯罪活动，为非作恶，欺压、残害群众”。符合以下情形之一的，应当认定为是黑社会性质组织实施的违法犯罪活动：（1）为该组织争夺势力范围、打击竞争对手、形成强势地位、谋取经济利益、树立非法权威、扩大非法影响、寻求非法保护、增强犯罪能力等实施的；（2）按照该组织的纪律规约、组织惯例实施的；（3）组织者、领导者直接组织、策划、指挥、参与实施的；（4）由组织成员以组织名义实施，并得到组织者、领导者认可或者默许的；（5）多名组织成员为逞强争霸、插手纠纷、报复他人、替人行凶、非法敛财而共同实施，并得到组织者、领导者认可或者默许的；（6）其他应当认定为黑社会性质组织实施的。

在本案中，被告人唐先兵、仇德峰将村民熊伟杀死，表面上看似是个人恩怨，实质上是为了推进工程的建设，属于组织成员为组织争夺势力范围、排除竞争对手、确立强势地位、谋取经济利益、维护非法权威而实施的犯罪行为。刘汉事后对唐先兵和仇德峰的杀人行为进行经济奖励和赞许，说明刘汉对唐先兵和仇德峰的杀人行为表示默许和肯定，应当认定为黑社会性质组织实施的犯罪行为。刘汉指使被告人孙晓东“做掉”王永成，属于刘汉本人直接组织、策划并参与的行为，也应当认定为黑社会性质组织实施的犯罪行为。

关于黑社会性质组织成员的罪责划分，《2000 年解释》第 3 条规定，组织、领导、参加黑社会性质的组织又有其他犯罪行为的，根据《刑法》第 294 条第 3 款的规定，依照数罪并罚的规定处罚；对于黑社会性质组织的组织者、领导者，应当按照其所组织、领导的黑社会性质组织所犯的全部罪行处罚；对于黑社会性质组织的参加者，应当按照其所参与的犯罪处罚。《2009 年纪要》指出，对黑社会性质组织的组织者、领导者，应根据法律规定和本纪要中关于“黑社会性质组织实施的违法犯罪活动”的规定，按照该组织所犯的全部罪行承担刑事责任。组织者、领导者对于具体犯罪所承担的刑事责任，应当根据其在该起犯罪中的具体地位、作用来确定。对黑社会性质组织中的积极参加者和其他参加者，应按照其所参与的犯罪，根据其在具体犯罪中的地位和作用，依照罪责刑相适应的原则，确定应承担的刑事责任。

在本案中，被告人刘汉作为黑社会性质组织的组织者和领导者，应当对其组织和领导的黑社会性质组织所犯的全部罪行承担责任，同时对于刘汉直接参与实施的犯罪行为，应当根据其在共同犯罪中的地位和作用确定相应的刑事责任。被告人唐先兵作为黑社会性质组织的骨干成员，应当对其参与实施的犯罪行为承担责任。

4. 关于黑社会性质组织犯罪证据要求和证明标准的认定

关于黑社会性质组织犯罪的证据要求和证明标准，《2009 年纪要》指出，办理涉黑案件同样应当坚持案件“事实清楚，证据确实、充分”的法定证明标准。但应当注意的是，“事实清楚”是指能够对定罪量刑产生影响的事实必须清楚，而不是指整个案件的所有事实和情节都要一一查证属实；“证据确实、充分”是指能够据以定罪量刑的证据确实、充分，而不是指案件中所涉全部问题的证据都要达到确实、充分的程度。对此，一定要准确理解和把握，不要纠结那些不影响定罪量刑的枝节问题。比如，在可以认定某犯罪组织已将所获经济利益部分用于组织活动的情况下，即使此部分款项的具体数额难以全部查实，也不影响定案。

《2015 年纪要》进一步指出，办理黑社会性质组织犯罪案件应当坚持“事实清楚，证据确实、充分”的法定证明标准。黑社会性质组织犯罪案件侦查取证难度大，“四个特征”往往难以通过实物证据来加以证明。审判时，应当严格依照《刑事诉讼法》及有关司法解释的规定对相关证据进行审查与认定。在确保被告人供述、证人证言、被害人陈述等言词证据取证合法、内容真实，且综合全案证据，已排除合理怀疑的情况下，同样可以认定案件事实。

【案例 7－7】乔永生等犯组织、领导、参加黑社会性质组织罪案①

被告人乔永生，男，1970 年 1 月 24 日出生，原太原市小店区政府办公室工人。因涉嫌犯组织、领导、参加黑社会性质组织罪于 2005 年 2 月 25 日被逮捕。

被告人宋利勇，又名宋涛，男，1981 年 5 月 24 日出生，原太原市东客站龙观天下别墅保安。因涉嫌犯参加黑社会性质组织罪于 2005 年 2 月 25 日被逮捕。

被告人王旭升，又名“光头”，男，1987 年 2 月 11 日出生，无业。因涉嫌犯参加黑社会性质组织罪于 2005 年 2 月 25 日被逮捕。

（其他被告人的基本情况略）

山西省太原市人民检察院以被告人乔永生、曹燕青、李小红、康瑞东、王利生、胡建林、郭喜平、贾杰义、刘乾宇、卜鹏飞、安栋、闫小林、王明星、刘国强、宋利勇、王旭升、赵黎明、苗志强、周翠民、梁鹏东、李俊红等人分别犯组织、领导、参加黑社会性质组织罪，故意伤害罪，敲诈勒索罪，强迫交易罪，非法拘禁罪，故意毁坏财物罪，聚众扰乱社会秩序罪，聚众斗殴罪，非法持有枪支罪，赌博罪，买卖国家机关证件罪，包庇罪，向太原市中级人民法院提起公诉。

太原市中级人民法院经审理查明：

（一）关于组织、领导、参加黑社会性质组织事实

以被告人乔永生为首的各被告人为了牟取非法经济利益而纠集在一起，通

---

① 参见最高人民法院刑事审判第一、二、三、四、五庭编：《刑事审判参考》（总第 74 集），法律出版社 2010 年版，第 110～114 页。

过故意伤害、非法拘禁、故意毁坏财物等犯罪活动侵犯他人的人身权利和财产权利。同时，通过敲诈勒索、强迫交易、聚众扰乱礼会秩序、聚众斗殴等犯罪活动攫取非法利益，破坏正常的生产、生活秩序和市场经济秩序，公诉机关指控乔永生等人的行为构成组织、领导、参加黑社会性质组织罪。但太原市中级人民法院认为，公诉机关指控被告人乔永生等犯组织、领导、参加黑社会性质组织罪不能成立，理由如下：公诉机关未能提供充分的证据证实乔永生所领导的犯罪集团或团伙已经形成较稳定的、严密的犯罪组织，也无确实的证据证实该集团或团伙逐步形成了一定的组织纪律；未能提供充分的证据证实该集团或团伙通过强迫交易获得经济利益并用于支持该集团或团伙的活动和笼络组织成员；未能提供充分的证据证实该集团或团伙通过实施违法犯罪活动，称霸一方，形成非法控制。

（1995～2005年，被告人乔永生等人实施多起故意伤害、敲诈勒索、强迫交易、非法拘禁、聚众扰乱社会秩序、聚众斗殴、非法持有枪支、故意毁坏财物和赌博等犯罪具体事实略）

太原市中级人民法院认为，被告人乔永生作为组织、领导犯罪集团的首要分子，其参与和涉及故意伤害犯罪4起，致1人重伤、4人轻伤；参与敲诈勒索犯罪8起，数额巨大；参与强迫交易犯罪3起；参与非法拘禁犯罪1起，具有殴打情节，应从重处罚；参与聚众扰乱社会秩序犯罪1起，系首要分子；参与持械聚众斗殴犯罪1起；涉及非法持有枪支犯罪2起，情节严重；涉及故意毁坏财物犯罪1起；还实施赌博犯罪。据此，太原市中级人民法院判决如下：被告人乔永生犯故意伤害罪，判处有期徒刑8年；犯敲诈勒索罪，判处有期徒刑7年；犯强迫交易罪，判处有期徒刑2年，并处罚金20万元；犯非法拘禁罪，判处有期徒刑2年6个月；犯故意毁坏财物罪，判处有期徒刑1年6个月；犯聚众扰乱社会秩序罪，判处有期徒刑6年；犯聚众斗殴罪，判处有期徒刑6年；犯非法持有枪支罪，判处有期徒刑3年；犯赌博罪，判处有期徒刑2年，并处罚金6万元；决定执行有期徒刑20年，并处罚金26万元；违法所得继续予以追缴。

指控被告人宋利勇参加黑社会性质组织犯罪的证据不足，指控罪名不能成立，据此，太原市中级人民法院判决如下：被告人宋利勇无罪。

指控被告人王旭升参加黑社会性质组织犯罪的证据不足，指控罪名不能成立，据此，太原市中级人民法院判决如下：被告人王旭升无罪。

宣判后，太原市人民检察院提出抗诉认为，被告人乔永生等16人犯组织、领导、参加黑社会性质组织罪事实清楚，证据确实、充分。一审判决认定乔永生等16人的行为不构成组织、领导、参加黑社会性质组织罪，系认定事实有误，适用法律不当。

被告人乔永生提出上诉认为，一审法院认定其为组织、领导犯罪集团的首要分子，参与和涉及了9起案件，从而认定其构成故意伤害罪等9项罪名，缺乏事实和法律依据。一审判决认定的犯罪集团不能成立，其非犯罪集团的首要分子。其辩护人还提出，一审判决认定乔永生等人的行为不构成组织、领导、参加黑社会性质组织罪符合法律规定，太原市人民检察院的抗诉书认为乔永生等人的行为构成组织、领导黑社会性质组织罪的抗诉理由不能成立。

二审经审理查明的事实和采信的证据与一审基本一致。

山西省高级人民法院认为，乔永生等人组成的犯罪集团符合黑社会性质组织的组织特征、经济特征、行为特征和非法控制特征，构成组织、领导、参加黑社会性质组织罪。理由如下：

第一，形成了较稳定的犯罪组织，人数达16人，以乔永生为明确的组织者、领导者，有8名基本固定的骨干成员；第二，有组织地通过违法犯罪活动或者其他手段获取经济利益，具有一定的经济实力，以支持该组织的活动；第三，以暴力、威胁或者其他手段，有组织地实施了26起犯罪和多起违法活动，欺压残害群众；第四，通过实施违法犯罪活动，在太原市小店区建筑行业内产生重大影响，严重破坏了太原市的经济生活秩序，是一个较为典型的黑社会性质组织。检察机关抗诉及当庭所提原判认定事实错误，适用法律错误，乔永生等16人的行为构成组织、领导、参加黑社会性质组织罪的理由和意见成立。乔永生等上诉人、原审被告人及部分上诉人的辩护人所提各上诉人及原审被告人的行为不构成组织、领导、参加黑社会性质组织罪的意见不能成立。原判未认定上诉人乔永生等16人的行为构成组织、领导、参加黑社会性质组织罪有误，应予改判。据此，山西省高级人民法院判决如下：

1. 维持太原市中级人民法院（2006）并刑初字第8号刑事判决对上诉人乔永生所判刑罚第1项中关于故意伤害罪、非法拘禁罪、聚众扰乱社会秩序罪、聚众斗殴罪、非法持有枪支罪、赌博罪的量刑部分及决定执行刑罚部分，违法所得继续予以追缴。

2. 撤销太原市中级人民法院（2006）并刑初字第 8 号刑事判决对上诉人乔永生有关敲诈勒索罪、强迫交易罪、故意毁坏财物罪的量刑部分。

3. 上诉人（原审被告人）乔永生犯组织、领导黑社会性质组织罪，判处有期徒刑 6 年；犯强迫交易罪，判处有期徒刑 1 年，并处罚金 20 万元；犯敲诈勒索罪，判处有期徒刑 5 年；与原判故意伤害罪、非法拘禁罪、聚众扰乱社会秩序罪、聚众斗殴罪、赌博罪数罪并罚，总合刑期 39 年 6 个月，并处罚金 26 万元，决定执行有期徒刑 20 年，并处罚金 26 万元。

……

17. 原审被告人宋利勇犯参加黑社会性质组织罪，判处有期徒刑 1 年 11 个月。

18. 原审被告人王旭升犯参加黑社会性质组织罪，免予刑事处罚。

……

关于黑社会性质组织的认定，应当严格按照黑社会性质组织的组织特征、经济特征、行为特征和危害特征予以把握。在本案中，首先，被告人乔永生等人自 1995 年起为实施犯罪形成以乔永生为首的犯罪组织，有 8 名基本固定的骨干成员，组织成员众多，组织结构稳定，符合黑社会性质组织的组织特征。其次，乔永生等人通过实施强迫交易、敲诈勒索等犯罪行为获取经济利益，并用于维系、支持犯罪组织的发展和生存，符合黑社会性质组织的经济特征。再次，乔永生等人通过暴力、威胁等手段实施故意伤害、强迫交易、敲诈勒索等犯罪事实，具有明显的暴力行为，符合黑社会性质组织的行为特征。最后，乔永生等人长期实施违法犯罪活动，对太原市小店区建筑行业形成非法控制和重大影响，严重破坏经济、生活秩序，符合黑社会性质组织的危害特征。因此，乔永生等人构成黑社会性质组织。

由于黑社会性质组织持续时间长，犯罪事实多，部分犯罪证据因客观原因无法收集。关于黑社会性质组织犯罪的证明标准问题，《2009 年纪要》指出，办理涉黑案件同样应当坚持案件“事实清楚，证据确实、充分”的法定证明标准。但应当注意的是，“事实清楚”是指能够对定罪量刑产生影响的事实必须清楚，而不是指整个案件的所有事实和情节都要一一查证属实；“证据确实、充分”是指能够据以定罪量刑的证据确实、充分，而不是指案件中所涉全部问题的证据都要达到确实、充分的程度。简言之，只需对影响被告人定罪量刑的犯罪事实达到事实清楚，证据确实、充分，而非全案犯罪事实达到事实清楚，证据确实、充分。

针对黑社会性质组织犯罪案件侦查取证难度大，“四个特征”往往难以通过实物证据来加以证明，《2015年纪要》指出，在确保被告人供述、证人证言、被害人陈述等言词证据取证合法、内容真实，且综合全案证据，已排除合理怀疑的情况下，同样可以认定案件事实。在本案中，虽然被告人乔永生等人实施犯罪的相关物证因客观原因难以收集，但本案的被告人供述、被害人陈述、证人证言、犯罪工具以及被告人控制的银行账户等证据相互印证，形成完整的证据链，案件事实清楚，证据确实、充分，足以证明乔永生等人构成黑社会性质组织犯罪。

5. 关于黑社会性质组织犯罪从轻处罚的量刑把握

关于黑社会性质组织犯罪从轻处罚的量刑情节，主要有自首、立功和被害人谅解。关于虽不构成自首，但到案后如实供述犯罪事实的量刑把握，《2015年纪要》指出，黑社会性质组织的成员虽不具有自首情节，但到案后能够如实供述自己罪行，并具有以下情形之一的，一般应当适用《刑法》第67条第3款的规定予以从轻处罚：（1）如实交代大部分尚未被掌握的同种犯罪事实；（2）如实交代尚未被掌握的较重的同种犯罪事实；（3）如实交代犯罪事实，并对收集定案证据、查明案件事实有重要作用的。

关于黑社会性质组织成员立功的量刑把握，《2009年纪要》指出，积极参加者、其他参加者配合司法机关查办案件，有提供线索、帮助收集证据或者其他协助行为，并对侦破黑社会性质组织犯罪案件起到一定作用的，即使依法不能认定立功，一般也应酌情对其从轻处罚。组织者、领导者检举揭发与该黑社会性质组织及其违法犯罪活动有关联的其他犯罪线索，即使依法构成立功或者重大立功，在量刑时也应从严掌握。

《2015年纪要》进一步指出，积极参加者、一般参加者配合司法机关查办案件，有提供线索、帮助收集证据或者其他协助行为，并在侦破黑社会性质组织犯罪案件、认定黑社会性质组织及其主要成员、追缴黑社会性质组织违法所得、查处“保护伞”等方面起到较大作用的，即使依法不能认定立功，一般也应酌情对其从轻处罚。组织者、领导者、骨干成员以及“保护伞”协助抓获同案中其他重要的组织成员，或者骨干成员能够检举揭发其他犯罪案件中罪行同样严重的犯罪分子，原则上依法应予从轻或者减轻处罚。组织者、领导者检举揭发与该黑社会性质组织及其违法犯罪活动有关联的其他犯罪线索，如果在是否认定立功的问题上存在事实、证据或法律适用方面的争议，应当严格把握。依法应认定为立功或者重大立功的，在决定是否从宽处罚、如何从宽处罚时，应当根据罪责刑相一致原则从严掌握。可能导致全案量刑明显失衡的，不予从宽处罚。

关于黑社会性质组织成员通过经济赔偿取得被害人谅解的量刑把握，《2015年纪要》指出，审理黑社会性质组织犯罪案件，应当通过判处和执行民事赔偿以及积极开展司法救助来最大限度地弥补被害人及其亲属的损失。被害人及其亲属确有特殊困难，需要接受被认定为黑社会性质组织成员的被告人赔偿并因此表示谅解的，量刑时应当特别慎重。不仅应当查明谅解是否确属真实意思表示以及赔偿款项与黑社会性质组织违法所得有无关联，而且在决定是否从宽处罚、如何从宽处罚时，也应当从严掌握。可能导致全案量刑明显失衡的，不予从宽处罚。

【案例7－8】邓统文等人犯组织、领导、参加黑社会性质组织罪案①

被告人邓统文，绰号“邓胖”，男，1985年9月18日出生。2010年4月14日因犯故意伤害罪被樟树市人民法院判处有期徒刑3年，缓刑4年。2011年7月6日因本案被逮捕。

（其他被告人基本情况略）

江西省宜春市人民检察院以被告人邓统文犯组织、领导黑社会性质组织罪，故意杀人罪，故意伤害罪，故意毁坏财物罪，寻衅滋事罪，开设赌场罪，非法买卖枪支罪，非法持有枪支、弹药罪，敲诈勒索罪……向宜春市中级人民法院提起公诉。

被告人邓统文及其辩护人提出：邓统文的行为不构成组织、领导黑社会性质组织罪。其中，本案未查扣任何财产，没有证据证实该组织具备经济实力，

① 参见最高人民法院刑事审判第一、二、三、四、五庭编：《刑事审判参考》（总第107集），法律出版社2017年版，第100～104页。

不具备黑社会性质组织的经济特征。

（其他辩解理由和辩护意见略）

宜春市中级人民法院经公开审理查明：

（一）组织、领导、参加黑社会性质组织的事实

自2005年年底开始，被告人邓统文与他人先后在江西省樟树市洋湖乡晏梁村店前自然村、鹿江街道大路口村老邹坊、大桥街道枧头村黄家脑等地开设赌场非法牟利，并先后收刘欢、敖祥（同案被告人，均已判刑）等人为“小弟”。在此期间，胡小强（同案被告人，已判刑）及严露、朱海林（均另案处理）等人亦曾跟随邓统文。2007年1月，邓统文为了报复竞争对手敖志富，伙同他人持刀、枪将敖志富手下“小弟”聂江涛砍伤，并将聂江涛的女友徐兆华刺成重伤。此举极大地提升了邓统文在当地的“名气”，而以邓统文为组织者、领导者的犯罪组织也随之得以快速发展。其中，敖祥、刘欢及王波文、丁文波（同案被告人，均已判刑）为积极参加者，敖超、熊建申、游龙明、尚波、杜程远、丰凯强、张威、熊四华、胡思生、丁梁、彭建军、邹雪勇（同案被告人，均已判刑）等人为其他参加者。邓统文通过对骨干成员敖祥、刘欢、王波文的授意和指挥来对整个犯罪组织进行控制、管理，并形成了对组织成员进行管理与奖惩的一系列不成文的组织纪律和行为规则。

2005年年底以来，邓统文及其组织成员以开设赌场等方式聚敛了巨额经济利益，并用于购买枪支、刀具、对讲机等作案工具，向组织成员发放工资及生活费用，安排部分组织成员集中吃、住等，为该组织的运行、发展提供经济支撑。该组织在樟树市观上镇、江西省丰城市拖船镇（毗邻樟树市观上镇）等地区长期、多次开设赌场，并以暴力手段“护赌”以及强行在他人开设的赌场“入股”，在上述地区的这一非法行业中确立了重要地位。为了扩大势力范围、排除竞争对手、维护非法权威以及插手其他行业，2007年1月以来，该组织还在樟树市大肆实施故意杀人，故意伤害，故意毁坏财物，寻衅滋事，非法买卖枪支，非法持有枪支、弹药，敲诈勒索等多种违法犯罪活动，作案30余起，致死1人，致伤3人（重伤1人，轻伤2人），损毁公民合法财物价值数万元，已在当地形成重大影响，严重破坏了正常的社会生活秩序和经济秩序。

（二）故意杀人、寻衅滋事的事实

1. 2011年5月29日17时许，被告人邓统文指使被告人敖祥带领被告人王

波文、敖超、丰凯强、游龙明、胡思生、熊建申、熊四华、尚波等人携带枪支、刀具乘车前往樟树市东门菜市场旁“东门老年活动中心”麻将馆，在要求强行入股未果后，朝麻将馆开枪进行恐吓。同年6月1日上午，敖祥在邓统文的授意下，召集组织成员携带枪支、刀具、“雷管”到樟树市盐矿家属区会合。邓统文指使敖祥再次带领王波文、丁文波、敖超、熊建申、游龙明、丰凯强、张威、胡思生、尚波等人分乘由被告人熊四华、丁梁驾驶的两辆车前往该麻将馆“砸场子”。到达后，熊四华、丁梁未下车。敖祥、王波文、丁文波、敖超、熊建申、游龙明6人持枪，丰凯强、张威、胡思生、尚波等人持刀下车，敖超走在前面。在此麻将馆“守场子”的被害人杨素庭在隔壁“三百斤”麻将馆门口见敖超等人过来，随即持枪朝敖超等人先开一枪，但未击中人。熊建申、敖祥、王波文、丁文波、敖超、游龙明随即朝杨素庭开枪。丰凯强、张威、胡思生、尚波等人持刀站在一旁。杨素庭中枪后躲入“三百斤”麻将馆，丁文波持枪追人，朝坐在地上的杨素庭开了一枪后退出。敖祥等人朝该麻将馆及旁边店面等处开了十多枪后，携作案工具乘熊四华、丁梁的车回到盐矿家属区与邓统文会面。敖祥、王波文、丁文波向邓统文汇报了枪击事实。案发后，被害人杨素庭随即被送往医院，经抢救无效于2011年6月3日死亡。经鉴定，杨素庭系被散弹枪击伤头面部致重度颅脑损伤，因急性中枢神经功能衰竭而死亡。

2. 2011年5月5日，被告人敖祥带领被告人敖超、丰凯强、游龙明及蔡彬、罗旭等人在樟树市观上镇巷里村委开设赌场，杨峻等人持枪将赌场“抄掉”，并打伤罗旭，砸烂了赌场内的车辆。为此，敖祥在请示被告人邓统文后，带领敖超、丰凯强、游龙明及蔡彬等人携带刀枪开车寻找杨峻等人报复。当行至樟树市老火车站博彩超市旁时发现一辆广本无牌轿车，敖祥等人以为杨俊等人在车上，便朝汽车开枪、扔自制“雷管”，致使晏刚、游泳受伤。在晏刚、游泳等人逃走后，敖祥等人冲上去将未来得及逃跑的“朋朋”拉下车进行殴打，并持刀将广本汽车砸烂。

3. 被告人邓统文欲参股江西晶昊盐化有限公司煤灰煤渣处理承包项目，遭到承包股东之一熊金芽（绰号“大佬”）拒绝。邓统文遂在2011年4月左右指使被告人敖祥、王波文带人持枪到樟树市洋湖乡晏梁村委店前村找熊金芽未果后，朝天鸣枪示威恐吓。同年5月28日18时许，邓统文指使敖祥、王波文、丁文波、敖超、熊建申、熊四华、丰凯强、游龙明、胡思生、尚波及蔡彬携带刀枪乘车再次前往熊金芽家进行恐吓。因不能确认熊金芽家具体位置，便开枪将熊金芽家旁一户村民的窗户打碎，并朝天开枪恐吓后离开。22时许，邓统文再次指使被告人敖祥带领被告人王波文、敖超、熊建申、熊四华、丰凯强、游龙明、胡思生及蔡彬携带刀枪乘车前往店前村找熊金芽。在问清熊金芽家位置后，敖祥等人强行踢开熊金芽家大门，对熊金芽的妻子持刀进行恐吓，并推翻熊金芽家摩托车、电视机、衣柜等物，用刀将摩托车等物砍烂后离开。

（其他寻衅滋事的事实略）

（三）故意伤害的事实

2011年3~4月，被害人陈凯的朋友带人砍伤被告人丁梁后，又在樟树市银河大酒店KTV打了被告人邓统文女友的弟弟。邓统文遂指使被告人王波文带人报复陈凯。2011年4月30日16时左右，王波文纠集被告人熊建申、丁梁、熊四华、杜程远和陈星（另案处理）等人，携带两把枪及数把菜刀在樟树市大唐歌飞KTV门口找到陈凯。王波文、熊四华各持一把枪，熊建申、丁梁、杜程远和陈星上前抓住陈凯砍了几刀。陈凯被砍后挣脱逃跑，王波文遂持枪向陈凯逃跑的方向开了一枪。经法医鉴定，被害人陈凯伤情为轻伤乙级。

（其他故意伤害的事实略）

（四）故意毁坏财物的事实

2010年年底至2011年年初，被告人邓统文欲参股江西晶昊盐化有限公司煤灰煤渣处理承包项目。在遭到承包股东拒绝后，邓统文对多名承包股东多次采取暴力、威胁手段进行报复。2011年1月7日2时许，邓统文指使被告人敖祥带领被告人敖超、丰凯强、丰路平、“小猛”等人持刀到樟树市香格里拉小区内，将承包股东之一陈庆的一辆大众迈腾轿车（车牌号为赣CE0606）砸烂。经鉴定，车辆损失为24,897元。

（其他故意毁坏财物以及开设赌场，非法买卖枪支，非法持有枪支、弹药，敲诈勒索的事实略）

宜春市中级人民法院经审理认为，被告人邓统文的行为已构成组织、领导黑社会性质组织罪，故意杀人罪，故意伤害罪，故意毁坏财物罪，寻衅滋事罪，开设赌场罪，非法买卖枪支罪，非法持有枪支、弹药罪，敲诈勒索罪。被告人邓统文在缓刑考验期限内犯新罪且判决以前还有漏罪，应当撤销缓刑，数罪并罚。被告人邓统文在黑社会性质组织的犯罪活动中起组织、领导作用，系首要分子，应对该组织所犯全部罪行承担责任。据此，宜春市中级人民法院判决如下：

被告人邓统文犯组织、领导黑社会性质组织罪，判处有期徒刑9年，并处没收财产人民币10万元；犯故意杀人罪，判处死刑，剥夺政治权利终身；犯故意伤害罪，判处有期徒刑2年；犯故意毁坏财物罪，判处有期徒刑5年；犯寻衅滋事罪，判处有期徒刑7年；犯开设赌场罪，判处有期徒刑7年，并处罚金人民币50万元；犯非法买卖枪支罪，判处有期徒刑3年；犯非法持有枪支、弹药罪，判处有期徒刑5年6个月；犯敲诈勒索罪，判处有期徒刑2年，并处罚金人民币1万元。与前罪数罪并罚，决定执行死刑，剥夺政治权利终身，并处没收财产人民币10万元，罚金人民币51万元；

（其他被告人定罪量刑情况略）

一审判决后，被告人邓统文不服，以不构成组织、领导黑社会性质组织罪，二审期间其亲属与被害人亲属自愿达成了民事赔偿及谅解协议等为由向江西省高级人民法院提出上诉，请求二审依法改判。

江西省高级人民法院经审理认为，原判认定的犯罪事实清楚，证据确实、充分，定罪准确，量刑适当，审判程序合法。裁定驳回邓统文的上诉，维持原判，并将依法报请最高人民法院核准。

最高人民法院经复核，依法核准被告人邓统文死刑。

关于黑社会性质组织犯罪被告人通过赔偿被害人经济损失获得谅解的量刑把握，《2015年纪要》指出，被害人及其亲属确有特殊困难，需要接受被认定为黑社会性质组织成员的被告人赔偿并因此表示谅解的，量刑时应当特别慎重。不仅应当查明谅解是否确属真实意思表示以及赔偿款项与黑社会性质组织违法所得有无关联，而且在决定是否从宽处罚、如何从宽处罚时，也应当从严掌握。可能导致全案量刑明显失衡的，不予从宽处罚。简言之，黑社会性质组织成员通过赔偿被害人并获得谅解的，不仅要考虑被害人是否真实谅解，而且要查证赔偿款是否和犯罪所得有关联，此外，谅解并不必然从宽处罚。

关于黑社会性质组织犯罪的量刑把握，2010年2月8日，最高人民法院发布的《2010年宽严相济意见》第30条规定，对于恐怖组织犯罪、邪教组织犯罪、黑社会性质组织犯罪和进行走私、诈骗、贩毒等犯罪活动的犯罪集团，在处理时要分别情况，区别对待：对犯罪组织或集团中的为首组织、指挥、策划者和骨干分子，要依法从严惩处，该判处重刑或死刑的要坚决判处重刑或死刑。

由于黑社会性质组织犯罪社会危害极大，严重威胁人民群众的生命、财产安全，影响人民群众安居乐业，法律规定对黑社会性质组织犯罪的组织者、领导者要依法严惩，该判处重刑或死刑的要坚决判处重刑或死刑。在本案中，被告人邓统文等人为非作恶，为争夺当地赌博业的控制权，多次持枪支、砍刀等杀伤性器械实施故意杀人、故意伤害、寻衅滋事、故意毁损财物等犯罪行为，主观恶性极深，人身危险性极高，社会危害极大，最高人民法院认为，邓统文对被害人的赔偿不足以对其从轻处罚，据此，裁定核准其死刑。

6. 关于包庇、纵容黑社会性质组织罪的认定及量刑把握

6.1　关于包庇、纵容黑社会性质组织罪的认定

《刑法》第 294 条规定：国家机关工作人员包庇黑社会性质的组织，或者纵容黑社会性质的组织进行违法犯罪活动的，处 5 年以下有期徒刑；情节严重的，处 5 年以上有期徒刑。关于“包庇”和“纵容”的认定，《2000 年解释》第 5 条规定：包庇，是指国家机关工作人员为使黑社会性质组织及其成员逃避查禁，而通风报信，隐匿、毁灭、伪造证据，阻止他人作证、检举揭发，指使他人作伪证，帮助逃匿，或者阻挠其他国家机关工作人员依法查禁等行为。纵容，是指国家机关工作人员不依法履行职责，放纵黑社会性质组织进行违法犯罪活动的行为。

关于包庇、纵容黑社会性质组织罪的主观内容的认定，《2009 年纪要》指出，本罪主观方面要求必须是出于故意，过失不能构成本罪。会议认为，只要行为人知道或者应当知道是从事违法犯罪活动的组织，仍对该组织及其成员予以包庇，或者纵容其实施违法犯罪活动，即可认定本罪。至于行为人是否明知该组织系黑社会性质组织，不影响本罪的成立。

关于包庇、纵容黑社会性质组织罪“情节严重”的认定，《2000 年解释》第 6 条规定：国家机关工作人员包庇、纵容黑社会性质的组织，有下列情形之一的，属于《刑法》第 294 条第 4 款规定的“情节严重”：（1）包庇、纵容黑社会性质组织跨境实施违法犯罪活动的；（2）包庇、纵容境外黑社会组织在境内实施违法犯罪活动的；（3）多次实施包庇、纵容行为的；（4）致使某一区域

或者行业的经济、社会生活秩序遭受黑社会性质组织特别严重破坏的；（5）致使黑社会性质组织的组织者、领导者逃匿，或者致使对黑社会性质组织的查禁工作严重受阻的；（6）具有其他严重情节的。

关于包庇、纵容黑社会性质组织罪中行为人是否利用职务之便，《2018年意见》第22条规定：《刑法》第294条第3款中规定的“包庇”行为，不要求相关国家机关工作人员利用职务便利。利用职务便利包庇黑社会性质组织的，酌情从重处罚。包庇、纵容黑社会性质组织，事先有通谋的，以具体犯罪的共犯论处。

【案例7－9】黄向华等犯组织、参加黑社会性质组织罪，陈国阳、张伟洲犯包庇黑社会性质组织罪案①

被告人黄向华，绰号“黄脚”，男，1980年7月8日出生于广东省四会市，汉族，无业。2005年4月6日因本案被逮捕。

（被告人邓洪枢、曾浩斌、黄建华等30人基本情况略）

被告人陈国阳，男，1969年7月30日出生于广东省广宁县，汉族，原任四会市公安局副局长。2005年5月19日因本案被逮捕。

被告人张伟洲，男，1972年5月16日出生于广东省四会市，汉族，原任四会市公安局治安管理股股长。2005年5月26日因本案被逮捕。

广东省肇庆市人民检察院以被告人黄向华、邓洪枢、陈国阳、张伟洲等33人犯组织、参加黑社会性质组织罪，故意杀人罪，故意伤害罪，聚众斗殴罪，寻衅滋事罪，故意毁坏财物罪，敲诈勒索罪，赌博罪，非法持有枪支罪，绑架罪，包庇黑社会性质组织罪，私藏弹药罪，受贿罪，向肇庆市中级人民法院提起公诉。

肇庆市中级人民法院经审理查明：

（一）组织、参加黑社会性质组织事实

1999年的某天晚上，被告人邓洪枢与吴建军等人在四会市东城区“新领域”酒吧喝酒时，因跳舞与“叶少强帮”的同伙成员发生冲突，致使邓洪枢被打伤昏迷住院治疗一星期，龙杰锋（已死亡）为此组织了几十人与叶少强进行

---

① 参见最高人民法院刑事审判第一、二、三、四、五庭编：《刑事审判参考》（总第74集），法律出版社2010年版，第21～26页。

谈判，逼迫“叶少强帮”赔偿了医疗费。后龙杰锋与被告人邓洪枢、黄向华等罗源籍青年在四会城中区十四号码头的沙滩聚会时，龙杰锋提出大家（罗源仔）要团结，不要出去被人欺负。于是，被告人邓洪枢、黄向华等人便一致推举龙杰锋为头目，由此形成了以四会罗源籍青年为骨干的“罗源帮”。

自1999年年底以来，龙杰锋先后吸纳被告人黄向华、邓洪枢、曾浩斌等为“罗源帮”骨干分子，被告人叶德宝、王念辉、蓝志明等数十人为“罗源帮”成员。至2000年，“罗源帮”逐渐形成了人数众多，结构稳定，分工明确，控制严密，有一定经济来源的黑社会性质组织。2002年以来，龙杰锋将“罗源帮”改名为“龙兴社”（以下均称“龙兴社”）。

“龙兴社”组织自成立以来，在龙杰锋的指使、授意下，由骨干分子带领手下的“马仔”在四会市城区、乡镇开设多处赌场，以“抽水、放高利贷”的形式非法牟取暴利；对不服从他们管理的赌场，则由“龙兴社”成员对其进行“扫场”，迫使这些赌场无法生存，逐渐对四会市的赌场予以垄断。龙杰锋还利用其东城派出所联防队的职务之便，指使加入“龙兴社”的联防队员为赌场通风报信及看风，防止被警察查获。“龙兴社”还向四会市多间娱乐场所及广宁县、怀集县鱼贩个体户收取巨额保护费，进行敲诈勒索，对拒交保护费的就对其进行滋事；甚至对鱼车进行投毒，使其不能正常经营。为获取更多的非法利益，“龙兴社”还通过驱赶、恐吓等暴力手段把来自怀集、广宁等地的鱼贩赶出四会的贩鱼市场，然后由该组织出资购买鱼车经营，企图垄断该行业以牟取暴利。“龙兴社”通过开设赌场“抽水、放高利贷”，收取娱乐场所及鱼贩的保护费等非法手段获取了巨额经济利益。

“龙兴社”组织规定每位成员都要服从龙杰锋的指挥，并规定帮规，对不听从指挥，违反规定的成员进行处罚；该组织有比较固定的聚集场所，有事就由龙杰锋召集“龙兴社”的骨干成员到金三角桌球城等地开会商议；为方便统一行动，其成员实行集中居住；为使其成员能充当打手，还组织其成员进行体能训练。“龙兴社”的骨干成员有比较明确的分工：有负责开设赌场的，有负责收取“保护费”的，有负责充当打手的，有负责购买、保管刀具、枪械的。“龙兴社”还设立了“应急基金”，由龙杰锋统一支配，用于“龙兴社”成员日常开支以及赔付打架斗殴的死伤者医疗费、抚恤金等。

“龙兴社”组织自成立以来，在龙杰锋及被告人黄向华、邓洪枢等人的领导、组织下，其成员多次与其他黑恶势力相互打架斗殴，涉及多宗命案及故意伤害案，致多人死伤，实施了多起故意杀人、故意伤害、寻衅滋事、聚众斗殴、故意毁坏财物、敲诈勒索、赌博等违法犯罪行为，为非作恶，欺压、残害群众，在四会市造成了恶劣影响，严重破坏了经济、社会生活秩序。

（认定的故意杀人、故意伤害、聚众斗殴、寻衅滋事、故意毁坏财物、敲诈勒索、赌博、非法持有枪支、绑架事实略）

……

（十一）包庇黑社会性质组织事实

被告人陈国阳、张伟洲多年来担任龙杰锋的直接领导，明知龙杰锋有参与故意伤害等违法犯罪行为，明知其手下人数众多，并有开设赌场、收取保护费、打架斗殴等违法犯罪行为，而不依法履行职责，甚至作假证据予以包庇，致使“龙兴社”黑社会性质组织得以发展壮大，横行四会城乡多年，严重破坏当地经济、社会生活秩序。其包庇事实具体如下：

1. 2000 年 9 月 30 日，龙杰锋及其手下邓耀明、曾浩斌、黄向华等人将被害人刘洪燕的右脚打断致轻伤，将被害人肖辉头部打致轻微伤。公安人员当场将龙杰锋、吴建军等人抓获带回城北派出所。被告人张伟洲知道情况后，明知伤者右脚被打断，已涉嫌刑事犯罪，为达到包庇龙杰锋的目的，一方面，找城北派出所的领导说情；另一方面，叫吴建军把打伤人的责任包揽起来，不要说出龙杰锋打人的事实，并许以行政拘留的轻处罚。然后，对两被害人软硬兼施，迫使两被害人答应接受赔偿不追究龙杰锋等人的刑事责任。当天，龙杰锋即被被告人张伟洲带走，致使龙杰锋免受法律追究，而吴建军等人则被处以行政拘留 15 天。

2. 2000 年 10 月 28 日晚，四会市“龙华夜总会”门口发生被害人吴德森被故意伤害致死案。时任东城派出所所长的被告人陈国阳、东城派出所副所长的被告人张伟洲，在案发后得知龙杰锋案发时到达现场，并与其手下“罗源帮”成员曾浩斌、邱经伦等人参与打人，致使吴德森被伤害致死。被告人陈国阳、张伟洲明知龙杰锋不是出警人员，而是参与打人的犯罪嫌疑人，却召集当晚出警的派出所民警梁悦明、治安联防队员梁志权等人要求他们在上级调查时不要将龙杰锋当晚参与打人的事实说出来。被告人陈国阳还打电话给四会市公安局巡警大队队长雷国森，要求参加出警的巡警隐瞒事实，不要将龙杰锋打人的事实如实汇报，导致前来调查的省、市上级公安机关纪检督察部门调查得到的情况失实，致使龙杰锋一直逍遥法外，免受法律的追究。

（认定的私藏弹药、受贿事实略）

肇庆市中级人民法院认为，被告人黄向华、邓洪枢等黑社会性质组织“龙兴社”成员无视国家法律，组织、参与黑社会性质组织，在龙杰锋的领导下，有组织地实施了一系列违法犯罪行为，直接造成了被害人罗广发、李志洪、黎观娣、吴德森死亡，被害人叶德永、黄国明重伤，被害人刘洪燕、谭凯信轻伤和被害人肖辉、戴国标轻微伤等严重后果。“龙兴社”在四会市城乡为非作歹，欺压、残害群众，严重破坏了四会当地的经济、社会生活秩序，应依法惩处……被告人陈国阳、张伟洲对“龙兴社”组织及其首领龙杰锋实施的违法犯罪行为进行包庇，其行为构成了包庇黑社会性质组织罪。在被害人吴德森被伤害致死案中共同包庇龙杰锋及“龙兴社”组织的犯罪行为中，被告人陈国阳的罪责较被告人张伟洲重，对被告人张伟洲可从轻处罚。此外，被告人陈国阳的行为还构成了私藏弹药罪、受贿罪，依法应当数罪并罚。被告人张伟洲的行为还构成了受贿罪，依法应当数罪并罚。被告人陈国阳、张伟洲能主动供述侦查机关没有掌握的受贿犯罪事实，属自首，且两被告人案发后能退清赃款，结合案情，对被告人陈国阳可减轻处罚，对被告人张伟洲可从轻处罚。据此，肇庆市中级人民法院判决如下：

1. 被告人黄向华犯组织黑社会性质组织罪，判处有期徒刑 9 年；犯故意杀人罪，判处死刑，缓期 2 年执行，剥夺政治权利终身；犯故意伤害罪判处无期徒刑，剥夺政治权利终身；犯聚众斗殴罪，判处有期徒刑 3 年；犯寻衅滋事罪，判处有期徒刑 3 年；犯故意毁坏财物罪，判处有期徒刑 5 年；犯敲诈勒索罪，判处有期徒刑 9 年；犯赌博罪，判处有期徒刑 3 年，并处罚金人民币 10 万元；数罪并罚，决定执行死刑，缓期 2 年执行，剥夺政治权利终身，并处罚金人民币 10 万元。

（被告人邓洪枢、曾浩斌、黄建华等 30 人的判决情况略）

……

32. 被告人陈国阳犯包庇黑社会性质组织罪，判处有期徒刑 7 年；犯私藏弹药罪，判处有期徒刑 6 个月；犯受贿罪，判处有期徒刑 2 年；数罪并罚，决定执行有期徒刑 8 年 6 个月。

33. 被告人张伟洲犯包庇黑社会性质组织罪，判处有期徒刑6年；犯受贿罪，判处有期徒刑6个月；数罪并罚，决定执行有期徒刑6年。

（附带民事赔偿情况略）

一审判决后，被告人黄向华、张伟洲等11人提出了上诉。张伟洲在上诉中提出，原判认定其犯包庇黑社会性质组织罪且情节严重的事实不清，要求从轻处罚。

广东省高级人民法院经审理认为，原判认定事实清楚，适用法律正确，量刑适当，审判程序合法，上诉人黄向华、张伟洲等11人所提上诉理由及辩护人的意见，经查不能成立，因此，对其从轻处罚的上诉请求，不予采纳。据此，广东省高级人民法院裁定驳回上诉，维持原判。

关于包庇黑社会性质组织罪的认定，《2000年解释》第5条指出，包庇是指国家机关工作人员为使黑社会性质组织及其成员逃避查禁，而通风报信，隐匿、毁灭、伪造证据，阻止他人作证、检举揭发，指使他人作伪证，帮助逃匿，或者阻挠其他国家机关工作人员依法查禁等行为。纵容是指国家机关工作人员不依法履行职责，放纵黑社会性质组织进行违法犯罪活动的行为。

在本案中，被告人龙杰锋原为四会市公安局的民警，被告人陈国阳、张伟洲作为龙杰锋曾经的直属领导，在“龙兴社”黑社会性质组织发展壮大过程中，明知龙杰锋及其手下参与实施数起犯罪行为，不依法履行职责，反而为龙杰锋及其手下隐瞒犯罪事实、指使他人虚假作证、为龙杰锋等人找关系，致使龙杰锋及其手下脱逃法律制裁，为非作恶，横行多年，严重破坏当地经济、社会生活秩序，造成恶劣影响。据此，陈国阳、张伟洲构成包庇黑社会性质组织罪。

6.2　关于包庇、纵容黑社会性质组织罪的量刑把握

关于包庇、纵容黑社会性质组织罪的量刑把握，《2009年纪要》指出，要严惩“保护伞”，采取多种措施深入推进打黑除恶工作。黑社会性质组织之所以能在一些地方坐大成势，与个别国家工作人员的包庇、纵容有直接关系。各级人民法院、人民检察院和公安机关要把查处“保护伞”与办理涉黑案件有机地结合起来，与反腐败工作紧密地结合起来，与纪检、监察部门做好衔接配合，加大打击力度，确保实现“除恶务尽”的目标。

《2015年纪要》进一步指出，个别国家机关工作人员的包庇、纵容，不仅

会对黑社会性质组织的滋生、蔓延起到推波助澜的作用，而且会使此类犯罪的社会危害进一步加大。各级人民法院应当充分认识“保护伞”的严重危害，将依法惩处“保护伞”作为深化打黑除恶工作的重点环节和深入开展反腐败斗争的重要内容，正确运用刑法的有关规定，有效加大对于“保护伞”的惩处力度。同时，各级人民法院还应当全面发挥职能作用，对于审判工作中发现的涉及“保护伞”的线索，应当及时转往有关部门查处，确保实现“除恶务尽”的目标。对于黑社会性质组织的组织者、领导者、骨干成员及其“保护伞”，要依法从严惩处。根据所犯具体罪行的严重程度，依法应当判处重刑的要坚决判处重刑。确属罪行极其严重，依法应当判处死刑的，也必须坚决判处。

关于充当黑恶势力“保护伞”和村霸“保护伞”的量刑把握，《2018 年意见》第 23 条规定：公安机关、人民检察院、人民法院对办理黑恶势力犯罪案件中发现的涉嫌包庇、纵容黑社会性质组织犯罪、收受贿赂、渎职侵权等违法违纪线索，应当及时移送有关主管部门和其他相关部门，坚决依法严惩充当黑恶势力“保护伞”的职务犯罪。第 24 条规定：依法严惩农村“两委”等人员在涉农惠农补贴申领与发放、农村基础设施建设、征地拆迁补偿、救灾扶贫优抚、生态环境保护等过程中，利用职权恃强凌弱、吃拿卡要、侵吞挪用国家专项资金的犯罪，以及放纵、包庇“村霸”和宗族恶势力，致使其坐大成患；或者收受贿赂、徇私舞弊，为“村霸”和宗族恶势力充当“保护伞”的犯罪。

【案例 7－10】刘学军、刘忠伟、吕斌犯包庇、纵容黑社会性质组织罪案①

被告人刘学军，男，1969 年 10 月 21 日出生，曾任四川省德阳市公安局刑侦支队政委。2013 年 6 月 23 日因本案被逮捕。

被告人刘忠伟，男，1968 年 12 月 24 日出生，曾任四川省什邡市人民检察院副检察长。2013 年 6 月 14 日因本案被逮捕。

被告人吕斌，男，汉族，1969 年 3 月 26 日出生，曾任四川省德阳市公安局装备财务处处长。2013 年 6 月 14 日因本案被逮捕。

湖北省咸宁市人民检察院以被告人刘学军、刘忠伟、吕斌犯包庇、纵容黑社会性质组织罪，受贿罪，向咸宁市中级人民法院提起公诉。

---

① 参见最高人民法院刑事审判第一、二、三、四、五庭编：《刑事审判参考》（总第 107 集），法律出版社 2017 年版，第 117～120 页。

被告人刘学军及其辩护人提出：公诉机关指控刘学军犯包庇、纵容黑社会性质组织罪和受贿罪属重复评价，应按一罪处罚，并依照刑法从旧兼从轻原则，适用1997年修订的《刑法》对其量刑等辩解和辩护意见。

被告人刘忠伟及其辩护人提出：刘忠伟包庇、纵容黑社会性质组织的行为结束于2009年4月，应对该行为适用1997年修订的《刑法》定罪量刑，不应与受贿罪并罚；刘忠伟揭发他人犯罪的行为构成立功，依法可以从轻或减轻处罚等辩解和辩护意见。

被告人吕斌及其辩护人提出：吕斌对刘维杀害陈富伟等人案并不知情，亦无查禁职责，不属不依法履行职责等辩解和辩护意见。

咸宁市中级人民法院经审理查明：

包庇、纵容黑社会性质组织的事实

被告人刘学军、刘忠伟、吕斌身为国家机关工作人员，明知刘汉、刘维等人在四川省广汉市、什邡市等地有组织地长期从事违法犯罪活动，却不依法履行职责，多次纵容刘汉、刘维等人组织、领导的黑社会性质组织进行违法犯罪活动，或者积极帮助该组织成员逃避查禁或打击，为其充当“保护伞”。具体事实如下：

1. 1997年前后，被告人刘忠伟受刘维等人所托，为刘维在什邡市经营带有赌博性质的游戏机厅寻找场所、疏通关系。在刘维等人经营该游戏机厅过程中，刘忠伟多次在公安机关检查前向刘维通风报信。该游戏机厅被什邡市公安局城东派出所查处后，刘忠伟出面帮刘维要回了被查扣的游戏机主板。

2. 1999年前后，被告人刘忠伟明知刘维没有持枪资格，仍应刘维要求向其提供手枪子弹约30发。

3. 2001年下半年，被告人刘学军负责侦办1998年周政被杀案，其从广汉市公安局调取该案案卷，并将刘维、闵杰列为该案重要犯罪嫌疑人。同期，闵杰因涉嫌犯非法持有、私藏枪支等罪被德阳市公安局抓获，刘维唯恐其杀害周政的罪行败露，委托被告人刘忠伟帮忙打探。刘忠伟从刘学军处得知闵杰没有供出刘维的情况后，通过陈力铭告诉刘维。后刘忠伟将刘学军介绍给刘维认识。在侦办周政被杀案未能取得进展的情况下，刘学军长期隐匿该案案卷，不归还广汉市公安局。2010年年初，公安机关决定将周政被杀案和陈富伟等人被杀案并案侦查，多方查找周政被杀案原始案卷，最后在刘学军的办公室找到，发现此案卷部分原始材料缺失。

4. 2002~2009 年，被告人刘学军、刘忠伟、吕斌多次接受刘维等人安排的吃请和娱乐活动，并多次与刘维、陈力铭、旷晓燕及旷小坪（另案处理）等人共同吸食毒品，对刘维等人吸食毒品等行为不予制止和揭发。

5. 2006 年前后，被告人刘忠伟找被告人吕斌要来枪支配件，帮助刘维将枪柄塑料卡口损坏的一支六四式手枪修复。

6. 2008 年，陈富伟出狱后扬言要报复刘维、刘汉及其家人。刘维得知后，在被告人刘学军、刘忠伟、吕斌面前反复提及此事，欲通过刘学军利用职权追究陈富伟刑事责任。之后，刘忠伟、吕斌多次帮助刘维督促刘学军，让刘学军加快侦办进度。其间，刘维曾当着刘学军、刘忠伟、吕斌的面，扬言要报复陈富伟。2009 年年初，陈富伟等人被杀。德阳市公安局侦查陈富伟等人被杀案期间，以刘学军与刘维交往密切为由，决定让刘学军回避。刘学军回避后，将公安机关正在侦查刘维的情况故意泄露给刘维。刘学军、刘忠伟、吕斌掌握了刘维涉嫌杀害陈富伟等人重要情况后，直至 2013 年本案案发时仍隐瞒不报。

（受贿的事实略）

咸宁市中级人民法院认为，被告人刘学军、刘忠伟、吕斌身为国家机关工作人员，包庇刘汉、刘维等人组织、领导的黑社会性质组织，纵容该组织进行违法犯罪活动，3 名被告人的行为均构成包庇、纵容黑社会性质组织罪。3 名被告人的包庇、纵容行为致使该黑社会性质组织的组织者、领导者刘维逃匿多年，且刘学军、刘忠伟多次实施包庇、纵容行为，依法均应认定为情节严重。据此，咸宁市中级人民法院判决如下：

1. 被告人刘学军犯包庇、纵容黑社会性质组织罪，判处有期徒刑 8 年；犯受贿罪，判处有期徒刑 11 年；决定执行有期徒刑 16 年。

2. 被告人刘忠伟犯包庇、纵容黑社会性质组织罪，判处有期徒刑 6 年；犯受贿罪，判处有期徒刑 10 年 6 个月；决定执行有期徒刑 13 年。

3. 被告人吕斌犯包庇、纵容黑社会性质组织罪，判处有期徒刑 5 年；犯受贿罪，判处有期徒刑 10 年；决定执行有期徒刑 11 年。

（其他判决内容略）

宣判后，被告人刘学军、刘忠伟、吕斌不服，向湖北省高级人民法院提出上诉。刘学军、刘忠伟、吕斌及其各自辩护人均提出：原判适用法律错误，3 人的包庇、纵容行为都发生在《刑法修正案（八）》施行前，应适用修正前的刑法对3人定罪处罚等上诉理由及辩护意见。

湖北省高级人民法院经审理认为，原审判决认定事实清楚，证据确实、充分，适用法律正确，量刑适当，审判程序合法。依法裁定驳回上诉，维持原判。

关于包庇、纵容黑社会性质组织罪的量刑，无论是法律法规还是刑事政策都要求依法从严惩处“保护伞”，根据所犯具体罪行的严重程度，依法应当判处重刑的要坚决判处重刑。确属罪行极其严重，依法应当判处死刑的，也必须坚决判处。这是因为国家机关工作人员的包庇、纵容行为，不仅会对黑社会性质组织的滋生、蔓延起到推波助澜的作用，而且会使此类犯罪的社会危害进一步加大，严重威胁国家长治久安和人民安居乐业。

在本案中，被告人刘学军、刘忠伟、吕斌为刘汉、刘维黑社会性质组织提供保护，在刘汉、刘维黑社会性质组织发展壮大过程中，刘学军等人多次包庇、纵容行为助长了刘汉、刘维领导的黑社会性质组织的嚣张气焰和生长速度，刘汉、刘维领导的黑社会性质组织长期为非作恶，作恶多端，对当地的生活、经济秩序造成严重破坏和影响。刘学军、刘忠伟、吕斌的包庇、纵容行为，情节恶劣，后果严重，依法应当严惩。据此，法院判刘学军、刘忠伟、吕斌犯包庇、纵容黑社会性质组织罪，分别处有期徒刑8年、6年、5年。

7. 关于利用信息网络实施犯罪的黑恶势力的认定

2019年7月23日，最高人民法院、最高人民检察院、公安部、司法部联合发布《关于办理利用信息网络实施黑恶势力犯罪刑事案件若干问题的意见》（以下简称《2019年意见》）。《2019年意见》指出，坚决依法严厉惩处利用信息网络实施的黑恶势力犯罪，有效维护网络安全和经济、社会生活秩序。严格依法办案，坚持“打准打实”，认真贯彻落实宽严相济刑事政策，切实做到宽严有据、罚当其罪，实现政治效果、法律效果和社会效果的统一。

关于利用信息网络实施犯罪的黑恶势力的认定，《2019年意见》指出，利用信息网络实施违法犯罪活动，符合《刑法》、《2018年意见》以及最高人民法院、最高人民检察院、公安部、司法部《关于办理恶势力刑事案件若干问题的意见》等规定的恶势力、恶势力犯罪集团、黑社会性质组织特征和认定标准的，应当依法认定为恶势力、恶势力犯罪集团、黑社会性质组织。认定利用信息网络实施违法犯罪活动的黑社会性质组织时，应当依照黑社会性质组织的“四个特征”进行综合审查判断，分析“四个特征”相互间的内在联系，根据在网络空间和现实社会中实施违法犯罪活动对公民人身、财产、民主权利和经济、社会生活秩序所造成的危害，准确评价，依法予以认定。

认定利用信息网络实施违法犯罪的黑恶势力组织特征，要从违法犯罪的起因、目的，以及组织、策划、指挥、参与人员是否相对固定，组织形成后是否持续进行犯罪活动、是否有明确的职责分工、行为规范、利益分配机制等方面综合判断。利用信息网络实施违法犯罪的黑恶势力组织成员之间一般通过即时通讯工具、通讯群组、电子邮件、网盘等信息网络方式联络，对部分组织成员通过信息网络方式联络实施黑恶势力违法犯罪活动，即使相互未见面、彼此不熟识，不影响对组织特征的认定。利用信息网络有组织地通过实施违法犯罪活动或者其他手段获取一定数量的经济利益，用于违法犯罪活动或者支持该组织生存、发展的，应当认定为符合黑社会性质组织经济特征。通过线上、线下相结合的方式，有组织地多次利用信息网络实施违法犯罪活动，侵犯不特定多数人的人身权利、民主权利、财产权利，破坏经济秩序、社会秩序的，应当认定为符合黑社会性质组织行为特征。单纯通过线上方式实施的违法犯罪活动，且不具有为非作恶、欺压残害群众特征的，一般不应作为黑社会性质组织行为特征的认定依据。对利用信息网络实施黑恶势力犯罪非法控制和影响的“一定区域或者行业”，应当结合危害行为发生地或者危害行业的相对集中程度，以及犯罪嫌疑人、被告人在网络空间和现实社会中的控制和影响程度综合判断。虽然危害行为发生地、危害的行业比较分散，但涉案犯罪组织利用信息网络多次实施强迫交易、寻衅滋事、敲诈勒索等违法犯罪活动，在网络空间和现实社会造成重大影响，严重破坏经济、社会生活秩序的，应当认定为“在一定区域或者行业内，形成非法控制或者重大影响”。

8. 关于恶势力的认定及量刑把握

8.1 关于恶势力的认定

关于黑社会性质组织犯罪的治理，中央要求“打早打小”，对有可能发展成为黑社会性质组织的犯罪集团、“恶势力”团伙要及早打击，将黑社会性质组织及时消灭于雏形或萌芽状态，绝不能允许其坐大成势。2019 年 2 月 28 日，最高人民法院、最高人民检察院、公安部、司法部联合发布《关于办理恶势力刑事案件若干问题的意见》①（以下简称《2019 年恶势力意见》）对恶势力犯罪的认定以及量刑作了较为详细的规定。

关于恶势力的认定，《2019 年恶势力意见》规定，恶势力，是指经常纠集在一起，以暴力、威胁或者其他手段，在一定区域或者行业内多次实施违法犯罪活动，为非作恶，欺压百姓，扰乱经济、社会生活秩序，造成较为恶劣的社会影响，但尚未形成黑社会性质组织的违法犯罪组织。恶势力一般为 3 人以上，纠集者相对固定。纠集者，是指在恶势力实施的违法犯罪活动中起组织、策划、指挥作用的违法犯罪分子。成员较为固定且符合恶势力其他认定条件，但多次实施违法犯罪活动是由不同的成员组织、策划、指挥，也可以认定为恶势力，有前述行为的成员均可以认定为纠集者。恶势力的其他成员，是指知道或应当知道与他人经常纠集在一起是为了共同实施违法犯罪，仍按照纠集者的组织、策划、指挥参与违法犯罪活动的违法犯罪分子，包括已有充分证据证明但尚未归案的人员，以及因法定情形不予追究法律责任，或者因参与实施恶势力违法犯罪活动已受到行政或刑事处罚的人员。仅因临时雇用或被雇用、利用或被利用以及受蒙蔽参与少量恶势力违法犯罪活动的，一般不应认定为恶势力成员。

“经常纠集在一起，以暴力、威胁或者其他手段，在一定区域或者行业内多次实施违法犯罪活动”，是指犯罪嫌疑人、被告人于 2 年之内，以暴力、威胁或者其他手段，在一定区域或者行业内多次实施违法犯罪活动，且包括纠集者在内，至少应有 2 名相同的成员多次参与实施违法犯罪活动。对于“纠集在一起”时间明显较短，实施违法犯罪活动刚刚达到“多次”标准，且尚不足以造成较为恶劣影响的，一般不应认定为恶势力。单纯为牟取不法经济利益而实施的“黄、赌、毒、盗、抢、骗”等违法犯罪活动，不具有为非作恶、欺压百姓特征的，或者因本人及其近亲属的婚恋纠纷、家庭纠纷、邻里纠纷、劳动纠纷、合法债务纠纷而引发以及其他确属事出有因的违法犯罪活动，不应作为恶势力案件处理。

“多次实施违法犯罪活动”至少应包括 1 次犯罪活动。对于反复实施强迫交

① 法发〔2019〕10 号。

易、非法拘禁、敲诈勒索、寻衅滋事等单一性质的违法行为，单次情节、数额尚不构成犯罪，但按照刑法或者有关司法解释、规范性文件的规定累加后应作为犯罪处理的，在认定是否属于“多次实施违法犯罪活动”时，可将已用于累加的违法行为计为1次犯罪活动，其他违法行为单独计算违法活动的次数。已被处理或者已作为民间纠纷调处，后经查证确属恶势力违法犯罪活动的，均可以作为认定恶势力的事实依据，但不符合法定情形的，不得重新追究法律责任。认定“扰乱经济、社会生活秩序，造成较为恶劣的社会影响”，应当结合侵害对象及其数量、违法犯罪次数、手段、规模、人身损害后果、经济损失数额、违法所得数额、引起社会秩序混乱的程度以及对人民群众安全感的影响程度等因素综合把握。

恶势力实施的违法犯罪活动，主要为强迫交易、故意伤害、非法拘禁、敲诈勒索、故意毁坏财物、聚众斗殴、寻衅滋事，但也包括具有为非作恶、欺压百姓特征，主要以暴力、威胁为手段的其他违法犯罪活动。恶势力还可能伴随实施开设赌场、组织卖淫、强迫卖淫、贩卖毒品、运输毒品、制造毒品、抢劫、抢夺、聚众扰乱社会秩序、聚众扰乱公共场所秩序、交通秩序以及聚众“打砸抢”等违法犯罪活动，但仅有前述伴随实施的违法犯罪活动，且不能认定具有为非作恶、欺压百姓特征的，一般不应认定为恶势力。

关于恶势力犯罪集团的认定，《2019年恶势力意见》规定，恶势力犯罪集团，是指符合恶势力全部认定条件，同时又符合犯罪集团法定条件的犯罪组织。恶势力犯罪集团的首要分子，是指在恶势力犯罪集团中起组织、策划、指挥作用的犯罪分子。恶势力犯罪集团的其他成员，是指知道或者应当知道是为共同实施犯罪而组成的较为固定的犯罪组织，仍接受首要分子领导、管理、指挥，并参与该组织犯罪活动的犯罪分子。恶势力犯罪集团应当有组织地实施多次犯罪活动，同时还可能伴随实施违法活动。全部成员或者首要分子、纠集者以及其他重要成员均为未成年人、老年人、残疾人的，认定恶势力、恶势力犯罪集团时应当特别慎重。

8.2 关于恶势力的量刑把握

关于恶势力的量刑把握，《2019年恶势力意见》规定，对于恶势力的纠集者、恶势力犯罪集团的首要分子、重要成员以及恶势力、恶势力犯罪集团共同犯罪中罪责严重的主犯，要正确运用法律规定加大惩处力度，对依法应当判处重刑或死刑的，坚决判处重刑或死刑。同时要严格掌握取保候审，严格掌握不起诉，严格掌握缓刑、减刑、假释，严格掌握保外就医适用条件，充分利用资格刑、财产刑等法律手段全方位从严惩处。对于符合《刑法》第37条之1规定的，可以依法禁止其从事相关职业。对于恶势力、恶势力犯罪集团的其他成员，在共同犯罪中罪责相对较小、人身危险性、主观恶性相对不大的，具有自首、立功、坦白、初犯等法定或酌定从宽处罚情节，可以依法从轻、减轻或免除处罚。认罪认罚或者仅参与实施少量的犯罪活动且只起次要、辅助作用，符合缓刑条件的，可以适用缓刑。

恶势力犯罪集团的首要分子检举揭发与该犯罪集团及其违法犯罪活动有关联的其他犯罪线索，如果在认定立功的问题上存在事实、证据或法律适用方面的争议，应当严格把握。依法应认定为立功或者重大立功的，在决定是否从宽处罚、如何从宽处罚时，应当根据罪责刑相一致原则从严掌握。可能导致全案量刑明显失衡的，不予从宽处罚。恶势力犯罪集团的其他成员如果能够配合司法机关查办案件，有提供线索、帮助收集证据或者其他协助行为，并在侦破恶势力犯罪集团案件、查处“保护伞”等方面起到较大作用的，即使依法不能认定立功，一般也应酌情对其从轻处罚。

犯罪嫌疑人、被告人同时具有法定、酌定从严和法定、酌定从宽处罚情节的，量刑时要根据所犯具体罪行的严重程度，结合被告人在恶势力犯罪集团中的地位、作用、主观恶性、人身危险性等因素整体把握。对于恶势力的纠集者、恶势力犯罪集团的首要分子、重要成员，量刑时要体现总体从严。对于在共同犯罪中罪责相对较小、人身危险性、主观恶性相对不大，且能够真诚认罪悔罪的其他成员，量刑时要体现总体从宽。恶势力刑事案件的犯罪嫌疑人、被告人自愿如实供述自己的罪行，承认指控的犯罪事实，愿意接受处罚的，可以依法从宽处理，并适用认罪认罚从宽制度。对于犯罪性质恶劣、犯罪手段残忍、社会危害严重的犯罪嫌疑人、被告人，虽然认罪认罚，但不足以从轻处罚的，不适用该制度。

图书在版编目(CIP)数据

刑辩律师办案指引 / 徐永兴著. -- 北京 ：法律出版社，2021
ISBN 978-7-5197-5296-5

Ⅰ. ①刑… Ⅱ. ①徐… Ⅲ. ①刑事诉讼-辩护-案例-中国 Ⅳ. ①D925.210.5

中国版本图书馆 CIP 数据核字(2021)第 020117 号

刑辩律师办案指引
XINGBIAN LÜSHI BAN'AN ZHIYIN

徐永兴 著

责任编辑 薛 晗 田 浩
装帧设计 鲁 娟

出版 法律出版社
总发行 中国法律图书有限公司
经销 新华书店
印刷 三河市龙大印装有限公司
责任校对 郭艳萍
责任印制 胡晓雅

编辑统筹 法商出版分社
开本 710 毫米×1000 毫米 1/16
印张 25.5
字数 400 千
版本 2021 年 3 月第 1 版
印次 2021 年 3 月第 1 次印刷

法律出版社/北京市丰台区莲花池西里 7 号(100073)
网址/www.lawpress.com.cn
投稿邮箱/info@lawpress.com.cn
举报维权邮箱/jbwq@lawpress.com.cn
销售热线/400-660-8393
咨询电话/010-63939796

中国法律图书有限公司/北京市丰台区莲花池西里 7 号(100073)
全国各地中法图分、子公司销售电话：
统一销售客服/400-660-8393/6393
第一法律书店/010-83938432/8433 西安分公司/029-85330678 重庆分公司/023-67453036
上海分公司/021-62071639/1636 深圳分公司/0755-83072995

书号:ISBN 978-7-5197-5296-5 **定价**:86.00 元
(如有缺页或倒装,中国法律图书有限公司负责退换)